대한법률연구회가 만드는 생활법률 기본지식

일반인을 위한

호적·가사소송
생활법률의 기본지식

법무사 **정주수** 지음

가림 M&B

대한법률연구회가 만드는 생활법률 기본지식

일반인을 위한

호적·가사소송
생활법률의 기본지식

법무사 정주수 지음

가림M&B

머리말

사람은 생존한 동안 권리와 의무의 주체로 삶을 영위하게 된다. 사회 생활을 함에 있어 신분측면의 "호적제도"와 재산측면의 "등기제도"는 동전의 양면과도 같이 친근한 생활규범이라 하겠다.

호적법은 신고에 의하여 호적부에 등재되고 공시기능을 하게 되므로 호적신고는 일상생활에 있어 가장 기본이 되는 법적 절차임에 틀림이 없을 것이다.

통상의 호적신고에 있어서는 출생신고나 사망신고의 경우 첨부서면으로 출생증명서나 진단서 또는 검안서를 교부받아 신고서에 첨부하여 신고하면 호적신고절차는 손쉽게 마무리된다. 이에 반하여 재판에 의한 호적신고의 경우에는 호적신고에 앞서 그 전단계로 재판이라는 절차가 있어 이와 같은 장벽때문이 일반 국민들에게는 접근하기 어려운 장애로 비쳐지고 있는 실정이다.

이러한 재판은 판결절차, 조정절차, 심판절차, 허가절차 등 가사소송절차, 가사조정절차, 가사비송절차, 호적비송절차 등 그 유형이 다양하여 이들을 모두 이해하기란 쉽지만은 않을 것이다.

재판에 의한 호적신고는 첨부서면으로 재판의 등본 및 확정증명서를 첨부하여야 하고, 허가에 의한 호적신고에는 허가서등본을 첨부하여야 한다. 여기서 말하는 재판은 가사소송법 중 가사소송사건의 "가류사건"과 "나류사건"의 전부를 말하고, 허가는 가사소송법 중 가사비송사건의 "라류사건"의 일부(3·4호)와 호적비송사건을 지칭하게 된다.

이 재판이 판결절차라면 판결등본 및 확정증명서를 첨부하게 되고, 조정절차라면 조정조서와 송달증명서를 첨부하게 된다. 법원의 허가도 가사비송절차라면 심판서를, 호적비송절차라면 결정서라는 명칭의 허가의 등본을 첨부하게 된다. 따라서 재판에 의한 호적신고와 가사소송은 뗄레야 뗄 수 없는 불가분의 관계에 있다.이러함에도 종래의 호적관련 문헌들이 호적 따로 가사소송 따로 다루고 있어 재판에 의한 호적신고는 호적영역에서 도외시되는 경향마저 없지 않다.

이 책의 구성은 1장 호적제도 개관, 2장 호적부, 3장 호적의 기재, 4장 호적신고절차, 5장 호적정정절차, 6장 개명 · 창성절차, 7장 취적절차, 8장 친권 · 후견절차, 9장 실종선고 · 부재선고절차, 10장 호적공무원 처분에 대한 불복절차, 부록편으로 구분하여 기술하되, 먼저 일반인을 위한 기본사항을 서술하고 손쉽게 이해할 수 있는 서식과 문례(文例)를 소개하였다. 호적신고절차에서는 통상의 호적신고절차를 설명한 다음 재판에 의한 호적신고는 호적신고절차라는 큰 틀안에서 재판절차와 신고절차를 함께 다루었다. 호적정정절차를 비롯하여 실종부재선고절차에서도 재판절차와 신고절차를 함께 다루었다.

이 책의 제호를 『호적 · 가사소송』이라 하였음도 호적 따로 가사소송 따로라는 불편함을 해소하고 호적절차에 재판절차를 수용하여 독자가 쉽게 이해하고 실제 활용도를 높이고자 함이다.

끝으로 이 책이 호적제도에 관한 올바른 이해와 호적관련 사건을 처리하는 데 기여할 수 있기를 기원한다.

2002. 1. 19.
청량리 창민서사에서
저자 정 주 수

제2장 호적부

제3장 호적의 기재

제4장 호적신고

제 5 장 호적정정 절차

제 6 장 개명 · 창성 절차

제7장 취적 절차

제8장 친권 · 후견 절차

제 9 장 실종선고 · 부재선고 절차

제10장 호적공무원 처분에 대한 불복 절차

제1장 호적제도 개관

호적제도 통칙
호적사무의 관장
호적사무의 감독

호적제도 통칙

---

1. 호적제도 개설

가. 호적제도의 개념

호적은 국민의 신분관계를 호적부라는 공부에 등록하여 이를 공시·공증하는 제도를 말한다.

호적은 시(구)·읍·면의 구역 내에 본적을 정하는 자에 대하여 호주를 기준으로 하여 가(家)별로 편제하여 가(家)의 구성원 각 개인의 출생에서 사망에 이르기까지의 중요한 신분변동관계를 시간적 순서에 따라 동적으로 파악할 수 있는 기능을 가지고 있으며 호주와 가족간의 신분관계와 가족상호간의 신분관계를 파악할 수 있는 기능도 가지고 있다.

국민의 신분관계를 공증하는 유일한 공문서인 호적부에 등재된 사항은 진실에 부합하는 것으로 추정되고 또한 강한 증명력(공증력)을 갖게 되지만 호적부의 기재사항을 번복할만한 반증이 있는 경우에는 그 추정은 번복될 수 있는 것이므로 호적의 기재에 공신력은 인정되지 아니한다.

나. 호적제도의 사명

호적은 ① 국민 개인의 신분관계를 등록하여 공증하는 것을 그 기본적인 사명으로 하고 있다. 그리고 ② 호적에 기재된 자는 우리나라 국적보유의 추정을 받게 되므로 호적은 우리나라 국적을 가지고 있다는 증명의 자료가 되고, ③ 인구 동태통계의 기초자료가 된다. ④ 주민등록법의 시행으로 호적법에 의한 신고로서 주민등록표에 등재하거나, 등록사항을 정정 또는 말소하기 때문에 호적은 주민등록표의 정확성을 담보하는 사명도 갖게 되었다.

다. 호적사무의 근거 법규

(1) 형식적 의의의 호적법

(가) 개요

서기 1960년 1월 1일 법률 제535호로서 제정·공포된 호적법을 말한다. 우리나라 국민 개개인의 모든 신분법상 중요한 법률관계는 호적의 기재에 의하여 공증이 될 뿐만 아니라 민법상 신분관계의 발생, 변경, 소멸은 호적의 신고에 의하여 비로소 효력이 발생하는 경우가 많다. 따라서 호적법은 실체법인 민법의 부속법으로서 신분에 관한 절차법이라고 할 수 있다.

(나) 호적법의 적용 범위

🔵 때에 관한 적용범위

호적법도 일반 법령과 같이 법률불소급의 원칙에 따라서 그 시행일이 1960년 1월 1일 이전에 발생한 사항에 관하여는 원칙적으로 적용되지 아니한다. 그러나 법규 자체의 규정으로 법률불소급의 원칙에 대한 예외의 규정을 둔 경우에는 소급적 효력을 갖게 됨은 물론이다. "구법의 규정에 의한 호적 및 가호적은 이를 호적법의 규정에 의한 호적 또는 가호적으로 본다(법

제138조)"라고 하는 규정 등이 그 예이다.

○ 장소에 관한 적용범위

호적법은 대한민국의 영토권이 미치는 전지역에 적용된다. 대한민국의 국내에 있는 자는 대한민국의 국민이거나 외국인이거나를 막론하고 모두 적용되는데, 이것을 호적법의 속지적 효력이라고 한다. 다만, 국내에 있는 자라 할지라도 치외법권을 가진 외국의 원수, 외교사절 및 그 수행원들에게는 호적법의 효력이 미치지 않는다.

국내에 있는 외국인은 그 거주지 또는 신고인의 주소지나 현주지에서 호적 신고를 할 수 있으며(법 제25조 제2항), 호적사무관장자는 이를 수리하여 특종신고서류편철장에 보존하도록(규칙 제81조) 하고 있다.

○ 사람에 관한 적용범위

대한민국의 국민은 국내에 있거나 국외에 있거나를 불문하고 모두 호적법의 적용을 받는데, 이것을 호적법의 속인적 효력이라고 한다.

(2) 실질적 의의의 호적법

개인의 신분관계를 공시·공증하는 호적사무에 관하여 규정하고 있는 모든 법률을 의미한다. 따라서 호적법 외에 민법, 재외국민취적·호적정정및호적정리에관한특례법, 부재선고등에관한특별조치법, 입양촉진및절차에관한특례법, 혼인신고특례법 등이 이에 포함된다.

(3) 호적법시행규칙, 호적예규, 선례

예규라 함은 통첩·질의회답 기타 명칭 여하를 불문하고 동종의 사항에 관하여 일반적·계속적으로 적용될 수 있는 성질의 사무처리지침을 말하고, 그밖에 구체적 사항의 처리례로서 적당한 것을 선례라 한다. 따라서 호적사무처리에 관한 근거법령이 없을 때에는 호적법시행규칙이나 호적예규, 선례가 그 처리근거가 되는 것이다.

호적사무의 관장

1. 호적사무 개설

가. 호적사무의 개념

호적사무라 함은 호적법이 정하는 바에 의하여 각종의 신고나 신청 등의 수리 및 호적의 기재 그리고 신분관계를 공증하는 사무와 이에 수반되는 모든 사무를 말한다.

그러므로 호적사무의 대부분이 국민의 신분상의 권리의무와 중대한 관계가 있고 법의 해석작용을 본질로 하고 있으므로 즉 신고에 대한 심사에 있어서 신고사항이 법률상의 요건을 구비하고 있는가 또는 법령에 위반하고 있지 않은가를 심사하게 된다. 따라서 시·구·읍·면의 장은 신고의 수리에 있어서 일반적으로 법령의 해석권한을 가진다고 할 것이다.

나. 호적사무의 성질

호적사무는 국가사무이지만 호적사무의 처리는 시·구·읍·면의 장에게 위임하여 처리하고 있다. 여기서 위임은 단체위임이 아닌 기관위임이므로 시 · 구 · 읍 · 면의 장이 호적사무를 관장하고 있으나 호적사무처리에 대한 조례는 제정할 수 없는 것이다.

지방자치법 제9조 제2항은 호적사무를 지방자치단체의 사무로 규정하고 있으나 「수수료 등의 귀속」을 규정한 호적법 제6조는 호적사무처리에 관한 수수료 · 과태료를 호적사무를 관장하는 지방자치단체의 수입으로 하고, 「사무비용」을 규정한 호적법 제7조는 호적에 관한 사무에 요하는 비용은 그 사무를 관장하는 지방자치단체의 부담으로 한다는 취지에 비추어 지방자치법 규정의 지방자치단체의 사무란 호적사무처리에 필요한 예산 및 재정에 관한 업무를 지방자치단체의 업무로 한다는 뜻이라고 해석된다. 이와 같은 해석이 이제까지의 일반적 견해였다.

판례는 호적사무는 국가의 사무로서 국가기관위임에 의하여 수행하는 사무가 아니고 지방자치법 제9조가 정하는 지방자치단체의 사무라 할 것이고, 단지 일반행정사무와는 달리 사법적 성질이 강하여 법원의 감독을 받는 데 지나지 않는다고 한다. 그러나 호적사무는 국민 각인의 신분관계를 공증하고 그 형성에 관여하는 사무이므로 호적사무는 국가사무에 속하고 지방자치단체의 사무는 아니라고 이해된다.

그 전에 지방자치법은 지방자치단체사무의 예시로 호적에 관한 사무를 규정하고 있는 바, 이는 호적사무의 성격을 규정하였다기보다는 지방자치법 제9조 제1항 후단의 「법령에 의하여 지방자치단체에 속하는 사무」를 처리하는 위임사무를 포괄적으로 예시한 규정으로 보아야 할 것이다.

지방지치법 제9조 제2항은 지방자치단체의 사무를 예시함에 있어서 동조 제1항의 취지에 부합되게 먼저 지방자치단체의 고유사무인 자치사무를 예시하고 그 다음에 법령에 의하여 지방자치단체에 속하는 사무를 예시하였더라면 하는 아쉬움이 있다. 따라서 지방자치법 제9조는 「지방자치단체는 그 관할구역의 자치사무와, 이밖에 법령에 의하여 지방자치단체에 속하는 국가위임사무(단체위임이나 기관위임임을 막론하고)를 처리한다」는 지방자치단체의 사무범위를 규정한 것이다.

이는 명백히 법원조직법 제2조〔법원의 권한〕제3항과 호적법 제4조〔감독〕의 입법취지에 저촉된다고 하겠으나 이는 지방자치법 제9조 제2항 단서에 의하여 호적법의 규정이 우선하므로 호적사무가 국가사무라는 해석에는 영향이 없다고 본다. 그리고 호적사무는 대부분 국민의 신분상 권리나 의무에 중대한 관련이 있고 각종 신고사항에 대한 법률상의 요건구비 여부와 법령 해석 위반 여부에 대한 심사권한이 있으므로 법의 해석적용을 하는 사법적 성격이 강하여 일반행정사무와는 다른 사법행정사무의 성격을 짙게 안고 있어 사법행정사무로 분류되고 있는 것이다.

요약컨대 호적사무의 성질은 국가사무이나 기관위임에 의하여 지방자치단체와 그 보고기관인 시·구·읍·면의 장이 처리하는 지방자치단체의 관장사무로 이해하면 될 것이다.

이와 같은 호적사무는 관장사무와 감독사무라는 이원화된 구조체계를 지니고 있다.

2. 호적사무 관장자

① 호적사무관장자라 함은 자기의 이름으로 호적사무를 처리하는 자를 말하며, 호적에 관한 사무는 시·읍·면의 장(도농복합 형태의 시에 있어서 동 지역에 대하여는 시장, 읍·면지역에 대하여는 읍·면장으로 한다)이 이를 관장하도록 하고 있다(법 제2조).

그러나 서울특별시 및 광역시와 구를 둔 시에 있어서는 구청장이 호적사무를 관장하게 되므로(법 제5조), 우리가 흔히 호적사무관장자라고 할 때에는 시(구)·읍·면의 장을 말하는 것이다. 이는 좁은 의미에 있어서의 호적사무관장자이다.

② 호적사무관장자인 시(구)·읍·면의 장이 취임한 때에는 5일 이내에

감독법원에 취임보고와 함께 호적사무에 사용할 직인과 서미인(書尾印)의 인감을 보고하여야 한다.

3. 호적사무담임자

① 호적사무관장자인 시(구)·읍·면의 장이 호적사무를 직접 처리하기란 현실적으로 매우 어려운 실정이므로 실제로는 호적담임자를 임명하여 호적담임자로 하여금 호적사무를 처리토록 하고 있다(규칙 제2조).

그러나 호적사무관장자의 보조기관인 호적담임자는 자기의 명의로는 호적사무를 처리할 수가 없고 호적사무관장자의 명의로 처리하여야 한다.

② 시(구)·읍·면의 장이 호적담임자를 임면한 때에도 5일 이내에 감독법원에 임면보고를 하여야 한다(규칙 제2조).

4. 호적사무 관장자의 대리자

① 호적사무관장자인 시(구)·읍·면의 장이 호적법 제3조 제1항의 제척사유가 있거나 출장, 결근, 결원 등의 사유로 인하여 호적사무를 처리할 수 없는 경우에는 시(구)·읍·면의 장의 직무를 대리하는 자가 호적사무도 관장하도록 하고 있다(예규 제63호).

여기에서 시(구)·읍·면의 장을 대리하는 자라 함은 시(구)·읍·면의 장이 유고시 그 직무를 대리하여 처리할 수 있는 자를 법규 등에 의하여 미리 정해 놓은 자를 말하며, 통상 부시장, 부구청장 등이 이에 해당된다.

② 호적사무관장자의 대리자는 자기명의로 호적사무를 처리하므로 호적

사무관장자의 보조자인 호적사무담임자와는 다르며, 호적사무관장자의 대리자가 호적사무를 대리하는 때에는 직위나 직급으로 반드시 대리자격의 표시를 하여야 한다.

③ 시(구)·읍·면의 장의 대리자가 호적사무를 대리한 때에는 대리종료일로부터 5일 이내에 감독법원에 대리보고를 하여야 하며, 또한 취임일로부터 5일 이내에 호적사무에 사용할 직인과 서미인의 인감을 보고하여야 한다.

5. 시(구)·읍·면의 장 이외의 호적사무관장자

가. 동(洞)의 장

① 시(市)에 있어서 출생·사망의 신고는 호적법 제25조의 2의 규정에 의하여 신고할 장소가 신고사건본인의 주민등록지 또는 주민등록을 할 지역과 같은 경우에는 신고사건본인의 주민등록지 또는 주민등록을 할 지역을 관할하는 동에서도 할 수 있다. 이 경우 동의 장은 소속 시장 또는 구청장을 대행하여 호적에 관한 신고서의 수리, 본적지관할 시(구)·읍·면의 장에게 신고서의 송부, 그밖에 대법원규칙이 정하는 호적에 관한 사무를 처리하는 등 호적사무의 일부를 담당하는 호적사무관장자로 볼 수 있을 것이다.

② 동에서 처리할 수 있는 호적사건은 출생 및 사망신고에 한하나, 호주승계인이 호주에 대한 사망신고를 할 때에는 예외적으로 호주승계신고도 수리할 수 있다. 이와 같이 동에서 접수하는 사건은 동에서 접수한 일자를 신고일로 호적에 기재하여야 한다(예규 제537호).

나. 재외 공관의 장

① 외국에 주재하는 대사 · 공사 · 영사는 재외 국민의 호적법상 각종 신고 (신청)나 또는 그 나라 방식에 의하여 작성한 각종 신고사건에 관한 증서의 등본을 수리하고, 또 그 나라의 항구에 도착한 우리나라의 선박의 장으로부터 출생이나 사망에 관한 항해일지의 등본을 수리하여 1개월 이내에 외교통상부장관을 경유하여 이를 본적지의 시(구) · 읍 · 면의 장에게 발송하여야 한다.

② 그러므로 외국에 주재하는 재외 공관의 장은 호적부의 조제나 호적의 기재 등을 할 수는 없으나 호적법상의 신고 또는 신청 등에 대한 수리기관으로서 호적사무의 일부를 분장하고 있는 호적사무관장자이다.

6. 출장소에서의 호적사무처리

① 시(구) · 읍 · 면의 출장소에서도 호적사무를 취급할 수 있다. 그러나 출장소에서 호적사무를 취급하려는 때에는 미리 감독법원에 출장소 개설 등의 보고를 하여야 한다(규칙 제5조).

② 출장소에서 호적사무를 취급하는 경우, 출장소장은 호적사무관장자가 아니므로 시(구) · 읍 · 면의 장의 명의로 호적사무를 처리하여야 한다. 따라서 출장소에서 발급하는 호적등 · 초본은 모두 시(구) · 읍 · 면의 장의 명의로 발급하여야 하며, 호적사건의 통계도 시(구) · 읍 · 면의 사건에 포함시켜 보고하여야 한다. 다만, 사무처리의 편의를 위하여 출장소에서 취급하는 호적사무에 관하여 접수장 기타의 장부를 별도로 조제하여 사용하는 것은 무방하다(예규 제424호).

7. 호적사무관장자의 제척

호적사무관장자인 시(구)·읍·면의 장은 자기 또는 자기와 호적을 같이 하는 자에 관한 호적사건에 대하여는 그 호적사무를 처리할 수 없으며(법 제 3조), 이때에는 호적사무관장자의 직무를 대리하는 자가 그 호적사무를 처리한다(예규 제63호). 이는 신분관계를 공시·공증하는 호적사무의 공정한 처리를 위하여 마련된 제도이다.

여기에서 호적을 같이 하는 자라 함은 호적신고의 사건본인이 호주나 가족 또는 친족관계의 유무와 관계없이 호적사무관장자와 동일한 호적 내에 있는 자를 모두 포함한다. 그러나 자기나 자기와 호적을 같이하는 자가 사건본인이 아니고 신고인이나 보증인에 불과한 경우에는 제척의 대상이 되지 않는다.

가. 제척사유 때문에 처리할 수 없는 호적사무

제척사유가 있는 때에는 호적신고·신청 등의 수리, 호적기재, 호적신고서 등의 타 시(구)·읍·면의 장에게의 송부, 호적부본의 작성 및 감독법원에의 송부, 호적등·초본 작성 등의 호적사무는 처리할 수 없으며, 단순한 서류 및 장부의 정리나 보관과 같은 사무만 처리할 수 있다.

나. 제척사유가 있는 호적기재의 효력

제척사유가 있는 호적사건을 호적공무원이 과오로 이를 수리하여 호적기재를 하였더라도 그 기재사항에 다른 과오가 없으면 호적정정을 할 필요가 없다(예규 제109호).

호적사무의 감독

1. 감독기관

호적은 국민의 신분관계를 공시·공증할 뿐만 아니라 호적의 기재내용은 민법상 행위능력이나 친권, 후견인 등 재산관계 및 상속관계에도 큰 영향을 미치고 있으므로 호적기재의 진실성을 담보하고 전국적으로 통일된 사무처리를 위하여 엄격한 호적사무의 감독이 필요한 것이다. 호적사무가 일반 행정사무와는 달리 사법적 성격을 가진 일종의 사법행정사무라는 점에서 호적사무를 상급행정기관의 감독하에 두지 아니하고 법원의 감독하에 두게 된 것이다.

① 호적사무는 시(구)·읍·면의 사무소의 소재지를 관할하는 가정법원장이 이를 감독하고(법 제4조 제1항), 가정법원지원장은 가정법원장의 명을 받아 그 관할구역 내의 호적사무를 감독한다(법 제4조 제2항). 그러나 가정법원지원장은 그 관할구역 내에서 호적사무를 감독하는 권한이 법률에 의하여 부여된 것이므로 가정법원장의 명을 받아야만 비로소 그 권한이 생기는 것은 아니고, 단지 호적사무감독의 통일을 기하기 위하여 감독권을 행사함에 있어 가정법원장의 지휘·감독을 받음에 그칠 뿐이다.

가정법원 및 가정법원지원이 설치되지 아니한 지역에 있어서 가정법원의 권한에 속하는 사항은 가정법원지원이 설치될 때까지 해당 지방법원 및 지방법원지원이 이를 관할하기 때문에 서울가정법원이 설치되어 있는 서울 이외 지역에서는 지방법원장 및 지방법원지원장이 호적사무를 감독하게 된다.

② 호적사무감독관청인 법원의 감독을 받는 대상기관은 호적사무관장자인 시(구)·읍·면의 장이고(법 제4조), 호적사무를 대행하고 있는 재외공관의 장이나 동장은 감독법원의 직접적인 감독은 받지 않는다. 따라서 동장의 호적사무처리에 대하여는 해당 시장이나 구청장이 감독할 수밖에 없으며 재외공관장의 호적사무처리에 대하여는 외교통상부장관이 감독할 수밖에 없다.

2. 감독내용

호적사무의 감독은 이를 수동적인 감독방식과 능동적인 감독방식의 2가지 내용으로 구분할 수 있다.

전자의 경우는 감독법원이 시·구·읍·면의 장의 각종 보고에 의한 감독방식이고, 후자의 경우는 시·구·읍·면의 장에 대한 훈령의 시달, 호적부본 및 신고서류의 조사, 호적사무감사, 교육의 실시, 과태료의 재제 등 위보고 이외의 능동적인 감독방식을 들 수 있다.

가. 보고에 의한 감독사항

호적법규가 규정하고 있는 시·구·읍·면의 장의 보고사항을 들면 다음과 같다.

● 호적사무관장자의 취임보고(시행규칙 제1조 제1항)

- 호적사무의 대리보고(시행규칙 제1조 제2항)
- 호적담임자의 임면보고(시행규직 제2조)
- 직인, 서미인의 보고(시행규칙 제3조)
- 출장소 개설 등의 보고(시행규칙 제5조 제1항)
- 사무소 · 출장소 이전의 보고(시행규칙 제6조)
- 행정구역의 변경보고(시행규칙 제7조)
- 행정구역변경으로 인한 호적관계서류의 인계인수의 보고(시행규칙 제8조 제1항 · 제2항)
- 본적경정의 보고(시행규칙 제9조)
- 호적부의 반출과 반출한 호적부의 원상회복보고(시행규칙 제10조)
- 호적부 및 제적부의 멸실보고(시행규칙 제23조)
- 호적의 간이한 직권정정의 보고(제22조 제2항 단서)
- 사건표의 작성보고(제50조 제1항 · 제2항)
- 가정법원의 허가에 의한 호적정정신청사건, 취적 및 개명신고사건의 특별보고(호적예규 제370호)

나. 보고 이외의 감독사항

(1) 훈령의 시달에 의한 감독 : 감독법원은 감독권의 행사방법으로서 훈령을 발할 수 있으며 예구, 선례, 통첩, 질의응답 등으로 시달된다.

(2) 호적(제적)부본 및 신고서류의 조사 : 시 · 구 · 읍 · 면의 장은 호적 또는 제적의 부본과 호적신고서류를 다음달 10일까지 감독법원에 송부하여야 하고, 이의 송부를 받은 감독법원은 지체없이 이를 조사하고 법규에 위배된 것이 있는 때에는 시정지시 기타 필요한 처분을 명해야 한다.

(3) 호적사무감사 : 감독법원은 관내 시 · 구 · 읍 · 면의 호적사무에 대한 사무감사를 적어도 연 1회 이상 실시하고 대법원장에 보고하여야 한다.

호적예규 제425호 호적사무관장자에 대한 호적사무감사처리지침에서 구체적 내용을 담고 있다.

(4) 호적공무원에 대한 교육 실시 : 감독법원은 관내 호적관서의 호적공무원들에 대하여 교육을 실시하여야 한다. 호적공무원에 대한 교육실시 및 결과보고요령(호적예규 제407호)에 의하면 호적관장자에 대한 교육과 호적담임자에 대한 교육으로 구분하여 교육시기·내용·방법 등을 구체적으로 규정하고 있다.

(5) 감독법원의 직권정정허가신청에 대한 허가 및 인가 : 호적의 기재의 착오·유루가 시·구·읍·면의 장의 과오로 인한 것인 때에는 법원의 허가를 얻어 시·구·읍·면의 장이 직권으로 정정할 수 있다(제22조 제2항).

보존기간이 경과한 호적에 관한 각종의 부책과 서류의 폐기는 감독법원의 인가를 요한다(시행규칙 제96조). 또한 멸실 또는 멸실의 우려가 있는 호적(제적)부의 재제·보완에도 법원의 인가를 요한다(제13조).

(6) 호적공무원명부 등의 비치 감독 : 감독법원은 호적공무원명부를 비치하고 호적관장자의 취임보고, 호적관장자의 직무대리보고, 호적담임자의 임면보고가 있을 때에는 그 사유를 기재하여 감독하게 된다(시행규칙 제4조).

제2장 호적부

호적부 · 제적부

---

1. 호적부

가. 호적부의 개념

① 호적부라 함은 여러 개의 호적을 지번의 순서에 따라 편철한 장부를 말한다(법 제9조). 호적법은 시(구) · 읍 · 면의 구역 내에 본적을 정하는 자에 대하여 호주를 기준으로 민법상 가별(家別)로 호적을 편제하도록 하고 있다(법 제8조).

② 호적용지는 갑지와 을지로 구분하되 갑지는 호적법시행규칙 별지 제13호 서식에 의하여, 을지는 별지 제14호 서식에 의하여 작성하며 튼튼한 한지 또는 파일지로 조제하여야 한다(규칙 제14조).

③ 호적의 용지 중 그 어느 기재란에 여백이 없게 된 때에는 같은 모형의 용지를 붙여 쓸 수 있다. 이 경우 붙여진 용지와 본지에는 직인으로 간인하여야 한다(규칙 제15조). 호적이 여러 장인 때에는 각 장에 걸쳐 시(구) · 읍 · 면의 장의 직인으로 간인을 하여야 하고, 갑지 전면의 장수란에는 그 호적의 장수를 기재하고 시(구) · 읍 · 면의 장이 날인하여야 한다.

나. 호적부의 편철

① 호적은 지번의 순서에 따라 편철하되(법 제9조), 본적이 같은 지번으로 된 호적이 둘 이상 있는 때에는 호주성명의 한글 자모순서에 따라 편철한다(규칙 제16조).

② 호적부는 가제식으로 편철하되, 가제의 편의상 바인더를 사용할 수 있다(예규 제239호). 호적부에는 표지를 붙여야 하고, 분책할 수도 있으며, 분책을 한 때에는 그 표지에 번호를 붙이고 지구별로 분책을 한 때에는 그 지구의 명칭도 기재하여야 한다(규칙 제17조).

③ 행정구역 또는 토지의 명칭이 변경된 때에는 호적의 기재는 정정된 것으로 보지만 그 기재를 경정하여도 무방하다. 그러나 지번의 변경이 있을 때에는 호적의 기재를 경정하여야 한다(법 제23조). 행정구역 또는 지번의 변경에 따라 본적란의 기재를 경정한 경우에는 호적부표지에 기재한 명칭도 경정한다(규칙 제79조). 호적부표지 기재의 경정사유는 호적부의 표지이면에 기재하여야 한다.

다. 호적부의 보존

호적의 원본은 시(구)·읍·면의 사무소에 이를 비치하되(법 제10조) 시정장치가 있는 견고한 서장 또는 창고에 엄중히 보존하여야 한다(규칙 제20조). 그러나 시(구)·읍·면에 출장소를 설치한 경우에는 출장소의 호적사무처리를 위하여 필요한 호적은 출장소에 비치한다.

호적은 영구보존하여야 하고(규칙 제93조), 사변을 피하기 위하여 필요한 경우 이외에는 시(구)·읍·면의 사무소 밖으로 옮기지 못한다.

2. 제적부

가. 제적부의 개념

① 제적이라 함은 호주승계, 무후, 기타의 사유로 호주와 가족이 모두 제적되거나 말소된 호적을 말하고, 이를 호적부로부터 분리하여 따로 편철·보존하는 장부를 제적부라고 한다(법 제14조).

호적이 사람의 신분관계를 공시·공증하는 현재의 공부임에 반하여, 제적은 사람의 신분관계를 공시·공증하는 과거의 공부라는 점에서 차이가 있으나 양자를 통틀어서 호적으로 부르는 것이 일반적인 호적의 개념이다.

② 제적의 대상자는 ㉮ 호주승계, 분가 등에 의하여 신호적이 편제된 자, ㉯ 혼인, 입양, 인지, 입적 등으로 타가에 입적한 자, ㉰ 사망자, 실종선고를 받은 자, 국적상실자 등이며 이들은 종전의 호적에서 제적된다(법 제21조).

③ 호적법 제13조 및 동법시행규칙 제23조에 의하여 멸실 등의 호적을 재제 또는 보완의 절차를 종료한 때에는 호적원본에 제적의 표시를 한 후 제적으로 관리하고 있으나(예규 제429호), 이는 본래 의미의 제적은 아니다.

나. 제적부의 편철

제적부는 제적의 순시에 따라 편철하고 매년 별책으로 하나, 필요에 따라 분책하거나 합철할 수 있다. 제적부의 각 장에는 장수를 기입하고 표지에는 「서기 ○○○○년 제적부」라고 기재하여야 하는데, 제적부를 분책하는 때에는 그 표지에 번호를 붙이고, 지구별로 분책하는 때에는 그 지구의 명칭도 기재하여야 한다(규칙 제18조).

다. 제적부의 보존

제적의 원본은 시(구)·읍·면의 사무소에 이를 비치한다(법 제10조). 제적부도 호적부와 마찬가지로 잠금장치가 있는 견고한 서장 또는 창고에 비치하고 엄중히 보존하여야 한다.

제적부는 당해 연도의 다음해부터 기산하여 80년간 보존하며(규칙 제93조), 보존기간을 경과한 제적부는 감독법원의 인가를 받아 폐기하여야 한다(규칙 제96조). 그 이외에 제적부의 반출금지 등은 호적부의 경우와 같다.

3. 호적, 제적의 부본

가. 부본의 작성

호적과 제적은 원본과 부본을 작성하여 원본은 시(구)·읍·면의 사무소에 비치·보존하고, 부본은 감독법원에 송부하여 감독법원이 보존한다(법 제10조).

감독법원이 호적 및 제적의 부본을 보존하는 이유는 첫째, 호적기재의 내용 및 신고수리의 적부 등 호적(제적)의 편제가 적법한지 여부를 감독법원이 조사하고, 둘째, 호적 및 제적의 원본이 멸실된 경우에는 재제자료로 활용하고, 셋째, 부정사건의 방지를 도모하는 데에 활용하기 위함이다.

나. 부본작성 방법

호적(제적)의 부본은 원본에 의하여 시(구)·읍·면의 장이 작성하는데, 묵을 사용함을 원칙으로 하나 사무간소화를 위하여 자동복사기에 의하여 작성할 수 있다(예규 제431호).

부본도 원본과 마찬가지로 시(구)·읍·면의 장이 서미인 및 간인을 하여야 한다. 그러나 부본을 자동복사기를 이용하여 작성하는 경우 그 복사본에 간인이 나타나 있는 때에는 간인을 생략할 수 있고, 서미인은 날인하지 아니하여도 무방하다(예규 제432호, 제482호).

다. 부본의 송부

(1) 부본을 송부하여야 하는 경우

시(구)·읍·면의 장은 다음 각호의 경우에는 1개월마다 다음달 10일까지 호적(제적)의 부본을 호적의 편제 또는 제적의 순서에 따라 편철한 후 (동, 리별 구분은 요하지 아니함) 각장마다 장수를 기입하여 그 목록과 함께 감독법원에 송부하여야 한다.

- 호적을 새로 편제하거나 재제한 때
- 호적이 제적으로 된 때
- 호적이 그 편제일(호적부본을 송부할 때에는 그 송부일)로부터 25년이 경과한 때
- 제적의 기재를 정정한 때
- 법원이 필요에 의하여 송부를 명할 때

등이다.

(2) 송부방법과 보존

① 시(구)·읍·면의 장이 감독법원에 호적 및 제적의 부본을 송부할 때에는 호적 및 제적부본 목록을 각 2통씩 작성하여 그 중 각 1부는 각 부본에 첨부하고 나머지 각 1부는 호적부본 목록편철장과 제적부본 목록편철장에 각각 편철하여 보존한다. 호적 또는 제적의 부본을 송부할 때에는 그 목록의 첫 장 표면의 난 외에 발송인과 직인을 찍어야 한다(규칙 제22조 제2항).

② 감독법원에서 호적(제적)부본의 송부를 받은 때에는 호적(제적)부본 목록과 부본의 일치 여부를 확인하고 조사를 마친 다음 시(구)·읍·면별 및 연도별로 호적의 편제 또는 제적의 순서에 따라 호적(제적)부본부에 편철하여 보존한다.

③ 호적(제적)부본의 보존기간은 제적원본과 마찬가지로 당해 연도의 다음해부터 기산하여 80년간 보존한다(규칙 제94조).

라. 부본의 경정

호적(제적)의 기재내용 중 본적 또는 호주의 성명이 변경된 경우에는 당해 호적 또는 제적의 부본 중 그에 관한 기재를 경정하고 난 외에 그 사유와 연월일을 기재하고 처리자가 날인하여야 한다(규칙 제84조). 그러나 위와 같은 경우를 제외하고는 호적부본은 그 기재내용이 변경되어도 경정하지 아니한다.

4. 호적(제적)의 재제·보완

가. 재제·보완의 개념

호적(제적)의 재제·보완이라 함은 호적 또는 제적의 전부 또는 일부가 멸실되었거나 또는 멸실의 우려가 있는 때에 이를 멸실 전의 상태로 회복하는 절차를 말한다. 호적의 원본 전부가 멸실되었거나 멸실의 우려가 있는 때에 호적을 다시 조제하는 것은 재제의 방법에 의하고, 일부가 멸실되었거나 멸실의 우려가 있는 때에 호적의 원본 중 해당 부분만을 다시 작성하는 것은 보완의 방법에 의하도록 하고 있다(예규 제429호).

그 밖에도 일정한 정책적 목적수행을 위하여서 재제를 할 수 있는 경우가 있는데, 호적전산화를 위한 재제, 자동복사기 사용을 위한 재제, 한글전용화를 위한 재제 또는 일본어로 기재된 호적의 재제 등이 그 예이다.

나. 재제(보완) 신청 및 승인

(1) 멸실 보고 및 재제(보완) 신청

호적(제적)이 멸실되었거나 멸실의 우려가 있는 때에는 시(구) · 읍 · 면의 장은 지체없이 호적법시행규칙 별지 제22호 서식에 의하여 감독법원에 호적의 멸실 등 보고와 동시에 재제(보완)에 관한 승인신청을 하여야 한다(예규 제428호).

[별지 제22호 서식의 응용서식]

기 관 명

호 발 제 호
수 신 ○○ 법원장
제 목 **호적(재적) 멸실보고 및 재제승인신청**
　당 시청(읍 · 면사무소 또는 출장소)비치 호적 중 아래와 같이 멸실되었음을 보고하오니 재제승인 바랍니다.

아 래

1. 멸실된 호적의 표시

본적	호주성명	멸실된 부분

2. 멸실된 연월일 :
3. 멸실의 원인 :

○○시(읍 · 면)장 ○○○ 직인

(2) 재제(보완)의 승인

호적(제적)의 재제(보완)는 호적법 제13조 및 호적법시행규칙 제23조 규정에 의하여 대법원장의 승인을 받도록 되어 있으나, 호적예규 제428호는 재제에 대한 복잡한 사무를 간소화하기 위하여 승인에 관한 권한을 가정법원장(지방법원장)에게 위임하고 있다(승인에 관한 권한은 지원장에게는 위임되어 있지 않음).

따라서 감독법원의 장이 지원장인 경우에는 시(구)·읍·면의 장으로부터 멸실 등 보고 및 재제(보완)의 승인신청을 받은 경우 즉시 필요한 조사를 하고, 가정법원장(지방법원장)에게 재제(보완)의 방법에 관한 승인을 받아야 한다. 가정법원장(지방법원장)이 호적의 재제(보완) 승인을 하였거나 재제(보완)의 완료 보고를 받은 경우에는 지체없이 이를 대법원장에게 보고하여야 한다(예규 제428호).

다. 재제(보완)의 방법

(1) 호적을 재제(보완)하는 방법(예규 제429호)

🔵 호적의 원본이 멸실된 경우
감독법원에 보관되어 있는 부본 및 신고서류에 의하여 호적을 재제한다.

🔵 호적의 원본이 멸실될 우려가 있는 경우
당해 호적원본에 의하여 호적을 재제한다.

🔵 호적의 원본과 부본 및 신고서류가 모두 멸실된 경우
호주 또는 이해관계인의 멸실호적 회복신고(별지 양식)에 의하여 호적을 재제하되 위 멸실호적 회복 신고 및 그 소명자료는 재제된 호적부본과 함께 감독법원에 송부한다.

다만, 시(구)·읍·면의 장은 멸실호적의 호주나 이해관계인이 재제할 호적에 관한 사항을 기재하고 소명자료를 첨부하여 멸실호적 회복신고를 하도

록 하는 고시문을 일간신문에 공고하거나 시(구) · 읍 · 면의 게시판에 7일 이상 게시하여야 하며, 이와 같은 내용을 호주에게도 통지하여야 한다.

(2) 제적을 재제(보완)하는 방법

◐ 제적 부본이 있는 경우

감독법원은 제적의 전부 또는 일부에 대한 멸실보고를 받은 때에는 우선 제적부본의 존부를 조사하여 제적부본이 있는 때에는 그 제적부본의 등본을 작성하여 그 동본에 기하여 재제(보완)를 하도록 한다.

◐ 제적부본이 없는 경우

이해관계인으로 하여금 재제의 근거자료를 제출하게 하여 그 자료에 기하여 재제(보완)토록 할 것이나, 이해관계인이 제출한 자료가 제적등본 등 재제에 관한 사항을 공적으로 증명하는 자료인 경우에 한하여 재제를 할 수 있다.

제적의 경우 호적에 비하여 근거자료의 엄격성을 요구하는 이유는 제적은 사람의 현존하는 신분관계가 아니고 과거의 신분관계에 관한 사항이기 때문에 재제의 자료를 엄격히 제한하지 아니하면 재제한 제적의 진실성을 보장할 수 없기 때문이다.

[예규 제429호 별지 양식]

<table>
<tr><td colspan="5" align="center">멸 실 회 복 신 고</td></tr>
<tr><td colspan="5">○○○○장 귀하   년   월   일</td></tr>
<tr><td rowspan="5">멸실회복자</td><td>① 본 적</td><td></td><td></td><td></td></tr>
<tr><td></td><td>호주성명</td><td>호주와의 관계</td><td></td></tr>
<tr><td>② 주 소</td><td></td><td></td><td></td></tr>
<tr><td></td><td>세대주성명</td><td>세대주와의 관계</td><td></td></tr>
<tr><td>③ 성 명</td><td colspan="3"></td></tr>
<tr><td colspan="2">④ 신분에 관한 사항</td><td colspan="3"></td></tr>
</table>

⑤ 기타 사항				
⑥ 신고인	본 적		호주성명	
	주 소		자 격	
	서명날인		출 생 연 월 일	

※ 기재요령

1. 제4란에는 이 양식에 정한 사항 이외에 신분에 관한 모든 사항(호적법 제15조)을 기재하여야 하며, 별지로 작성하여 첨부할 수 있습니다.
2. 제5란 기타 사항란에는 호적에 기재하여야 할 사항을 명료하게 하는데 특히 필요한 사항을 기재합니다.
3. 제6란 중 자격란에는 호주, 이해관계인 등 해당되는 자격을 기재합니다.

라. 재제(보완) 호적의 기재 방법

(1) 호적 원본에 의한 재제(보완)의 경우

원호적의 기재사항을 전부 이기하여야 하나 ① 행정구역의 명칭변경사유(지번 변경 포함) ② 재제사유 ③ 최후의 전적사유 이외의 전적사유 ④ 일본통치시대의 창씨개명 및 성명복귀사유 등은 이기하지 아니하여도 무방하다 (예규 제408호).

그러나 호적 원본에 의한 재제의 경우에도 호적부가 조만간 멸실될 것으로 인정된 경우에는 호적기재사항 전부를 이기하여야 한다.

(2) 호적부본에 의한 재제(보완)의 경우

부본 및 신고서를 그대로 재제하여야 한다.

마. 재제(보완)의 완료 보고

시(구)·읍·면의 장은 호적(제적)의 재제(보완)를 완료하였을 때에는 지
체없이 감독법원에 보고하여야 한다. 가정법원장(또는 지방법원장)이 대법원
장에게 재제(보완)의 완료보고를 할 때에는 승인 및 재제일자와 건수만을
보고(예: ○○동 ○○번지 호주 ○○○외 ○건)하되 시(구)·읍·면의 장으로
부터 보고받은 목록의 첫 머리와 마지막에 기재된 호적(제적)의 등본 각 1통
씩을 첨부하여 보고하여야 한다(예규 제428호).

바. 재제한 호적(제적)의 부본송부와 감독법원의 조사

(1) 시(구)·읍·면의 장의 부본 송부

　시(구)·읍·면의 장이 호적(제적)을 재제할 때에는 감독법원의 조사확인
을 받을 필요없이 바로 그 사무소에 비치하고 재제로 인하여 말소된 호적
(제적)의 부본과 재제로 인하여 새로 편제된 호적(제적)의 부본을 작성하여
다음달 10일까지 감독법원에 송부하여야 한다(예규 제429호).

(2) 감독법원의 부본 조사

　부본을 송부받은 감독법원은 재제로 인하여 말소된 호적(제적)의 부본과
재제로 인하여 새로 편제된 호적(제적)의 부본을 대조하여 재제가 올바로
이루어졌는지의 여부를 조사하고 잘못된 점이 있으면 시정 조치하여야 한
다.

사. 이해관계인의 신청에 의한 호적의 재제(정정 호적의 재제)

(1) 의의

　시(구)·읍·면의 장의 과오 또는 당사자의 일방이나 제3자의 범법행위로
인하여 호적의 기재가 잘못된 경우에는 후에 그 기재내용이 올바르게 정정
되었다 하더라도 그 정정사유 등이 기재되어 있는 호적을 그대로 존치하여

공시하는 것은 사회통념상 이해관계인에게 현저하게 부당하다고 인정되므로, 이러한 경우에는 이해관계인의 신청에 의하여 당해 호적을 호적재제 또는 보완절차에 준하여 재제할 수 있도록 하였다. 이 경우 원호적은 이를 제적처리한 후 등 · 초본의 발급을 할 수 없도록 하여 개인의 부당한 인권침해를 방지토록 하고 있다(예규 제473호).

(2) 재제(보완)신청을 할 수 있는 대상

이해관계인이 호적의 재제 또는 보완신청을 할 수 있는 경우는 다음에 열거하는 호적에 한하여 인정된다.

(가) 시(구) · 읍 · 면의 장이 과로오 호적의 기재를 잘못하였으나 그 기재 내용이 후에 올바르게 정정된 다음의 호적

- 출생신고에 의하여 갑의 호적에 입적하여야 할 자를 과오로 다른 사람인 을의 호적에 입적시켰다가 후에 이를 정정한 때
- 후처의 자의 모란에 후처의 이름을 기재하여야 할 것을 과오로 전처의 이름을 기재하였다가 후에 이를 정정한 때
- 갑남이 을녀와 혼인한 것으로 신고된 것을 과오로 다른 사람인 병녀와 혼인한 것으로 잘못 기재하였다가 사후에 이를 정정회복한 때
- 갑 · 을 부부가 이혼한 것으로 신고된 것을 과오로 병 · 정 부부가 이혼한 것으로 기재하였다가 후에 이를 정정회복한 때
- 갑에 대한 사망신고를 과오로 다른 생존자인 을에 대하여 사망 기재를 하였다가 후에 이를 정정회복한 때
- 출생신고에 의하여 호적을 기재할 때 과오로 사망한 것으로 잘못 기재하였다가 후에 이를 정정한 때

(나) 당사자 사이에 혼인(입양)의사의 합의가 없음을 원인(민법 제815조 제1호, 제883조 제1호)으로 하는 혼인(입양)무효판결에 기한 호적정정신청으로 당해 호적이 정정된 때

(다) 호적정정이 이루어진 호적으로서 위 (1), (2)항에 해당되지 아니하는 호적 중 관할 가정법원장(지방법원장)이 그 정정사유 등이 기재되어 있는 당해 호적을 그대로 존치하여 공시하는 것이 사회통념상 이해관계인에게 현저하게 부당하다고 인정하는 호적

(3) 이해관계인의 재제(보완) 신청

① 위 "나"항에 규정되어 있는 호적을 재제 또는 보완하고자 하는 당해 호적상의 이해관계인은 서면에 의하여 호적의 재제 또는 보완신청을 하여야 한다. 다만, 위 "나"항 중 시(구) · 읍 · 면의 장의 과오로 인한 경우를 제외하고는 호적정정신청과 동시에 이를 신청할 수 있다.

② 호적의 재제 또는 보완신청서에는 재제 또는 보완의 신청인과 신청연월일 및 그 내용, 재제 또는 보완의 신청인과 호적에 잘못 기재된 자와의 관계를 기재하여야 하며 호적정정신청과 동시에 하는 경우를 제외하고는 신청인이 이해관계인임을 소명하는 호적등본 등을 첨부하여야 한다.

③ 위 "나"항 "(2)"에 해당하는 호적의 재제 또는 보완신청서에는 혼인(입양)무효판결과 그 확정증명 및 혼인(입양)무효가 당사자 일방이나 제3자의 범죄행위를 원인으로 하여 이루어진 경우에는 이를 소명하는 서면(예컨대, 형사판결, 검사의 기소유예결정, 피의자의 소재불명 등으로 수사종결이 불가한 경우에 하는 검사의 기소중지결정, 피의자가 사망하였거나 피의자에 대하여 재판권이 없는 등으로 공소권이 없는 경우에 하는 검사의 불기소결정 등)을 첨부하여야 한다.

(4) 시(구) · 읍 · 면의 장의 재제(보완)의 승인 신청

① 이해관계인으로부터 호적의 재제 또는 보완의 신청을 받은 시(구) · 읍 · 면의 장은 관할 가정법원장(지방법원장)에게 호적의 재제 또는 보완의 승인신청을 하여야 한다. 다만, 호적정정신청과 동시에 신청하는 때에는 그 호적정정 절차를 완료한 후에 승인신청을 하여야 한다.

② 승인신청서에는 위 "다"항의 재제 또는 보완신청서(첨부서면 포함)의 사본을 첨부하여야 한다.

(5) 재제(보완)의 방법

(가) 이기 범위의 특례

호적을 재제 또는 보완함에 있어서는 위 "나"항의 사유로 정정이 된 당해 호적기재사항과 그 정정에 관한 기재는 이를 이기하지 아니한다.

(나) 재제 또는 보완의 기재

호적의 멸실우려로 인한 재제 또는 보완의 경우에 준하여 한다(예규 제494호 참조).

(6) 재제(보완) 절차를 완료한 원호적(제적으로 관리하게 됨)에 대한 등·초본 청구의 가부

① 재제 또는 보완절차를 완료함으로써 제적으로 관리하게 된 원호적에 대하여는 등·초본을 발급할 수 없다.

② 재제 또는 보완절차의 완료로 제적으로 관리하게 된 원호적은 그 호적용지 갑지의 우측 상단에 "호적예규 제473호에 의한 제적으로 등·초본발급불가"라는 부전지를 첨부한 후 제적부에 편철·보존한다.

5. 호적부 등의 공개

가. 개요

호적부 및 제적부는 사람의 신분관계를 공증함을 목적으로 하여 조제하는 것이므로 일반국민에게 공개할 성질의 것이어서 종전에는 호적기재상 그 호적과는 전연 관계가 없는 제3자나 외국인으로부터의 청구에 대하여도 공개가 허용되어 왔다. 그러나 호적법 중 개정법률(2000. 12. 29. 법률 제6308호)에 의하여 개인의 프라이버시를 보호하기 위하여 호적등 · 초본의 발급 및 호적부의 열람을 제한하게 되었다. 종래의 무제한 공개주의에서 제한적 공개주의로 전환된 것이다.

나. 호적공개 및 그 제한

(1) 원칙

누구든지 수수료를 납부하고 호적부의 열람, 호적의 등 · 초본의 교부청구 또는 호적의 기재사항에 변경이 없다는 증명, 호적에 기재된 사항에 관한 증명을 청구할 수 있다.

(2) 청구사유의 기재

호주 및 가족 등 대법원규칙으로 정하는 다음 각 호에 해당하는 자를 제외하고는 호적의 열람, 등 · 초본 및 증명의 청구시에는 그 청구사유를 기재하여야 한다.

따라서 변호사, 법무사 등이 그 직무상 청구하는 경우에도 당연히 청구사유를 기재하여야 할 것이다.

● 호주 및 그 가족

● 국가 또는 지방자치단체의 공무원으로서 직무상의 필요에 의하여 청구
하는 자
● 다른 법령에 의하여 청구할 수 있는 자

(3) 호적공개의 제한

시(구)·읍·면의 장은 호적부의 열람 등 호적공개 청구가 호적에 등재된
자에 대한 사생활의 비밀침해 등 부당한 목적임이 분명한 때에는 그 열람,
교부 및 증명을 거부할 수 있다(법 제12조 제3항).

[별지 제26-1호 서식]

호적부 등의 열람 및 등·초본, 증명신청서				
신청대상호적(제적)	본 적			
	호주성명	(한자)	초본대상자	
신청내용	1. 호적등본(말소·제적된 자 포함)...( )통 2. 호적등본(말소·제적된 자 제외)...( )통 3. 호적초본.........................( )통 4. 열람(호적부 또는 제적부)...........( )건 5. 열람(신고서류) 년 월 일 접수		6. 제적등본........................( )통 7. 제적초본........................( )통 8. 호적기재에 변경이 없다는 증명...( )통 9. 호적기재사항에 관한 증명......... ( )통 신고		
※ 수수료	① 등본 1통당 600원, ② 초본 1통당 500원, ③ 증명 1건당 200원, ④ 열람 1건당 200원			
신청인	성명	(서명 또는 ㉑)	주민등록번호	신청인의자격	의
	주소			전화번호	
접수번호	20 년 월 일 ○○시(읍·면) 장 귀하			

※ 작 성 요 령	1. 청구사유란 및 신청인의 자격란은 구체적으로 아래 예와 같이 기재하여야 하며, 청구사유를 기재하지 않거나 신청인란 또는 청구사유의 기재가 허위임이 명백한 때에는 열람 또는 등·초본 등의 교부가 거부될 수 있습니다. 다만, 다음 각 호에 해당하는 자가 신청하는 경우에는 그 사유를 기재하지 않아도 됩니다. ① 호주 및 그 가족, ② 국가 또는 지방자치단체의 공무원으로서 직무상의 필요에 의하여 청구하는 자, ③ 다른 법령에 근거하여 청구할 수 있는 자 ※예) 청구사유 : 결혼을 위한 상대방(○○○)의 신분확인, 가사소송 관련(○○○의 ○○사건) 법원제출용 신청인의 자격 : 호주본인, 호주의 자, 가족 ○○○와 결혼예정자 2. 호적기재사항에 관한 증명을 신청하는 경우에는 신청서에 그 증명원 2통을 첨부하여야 합니다.

- - - - - - - - - - - - - - - 절 취 선 - - - - - - - - - - - - - - -

접 수 증

접수일자 : 20 . . .   신청인 성명 :

접수번호 :   납부수수료액 :

열람·교부예정시간 :

○○시(읍·면)장   ㉑

210㎜×297㎜

다. 호적공개 유형, 방법

(1) 호적(제적) 신고서류의 열람

호적부, 제적부 및 신고서류의 열람은 호적담임자가 보는 앞에서 하여야 한다(법 제12조, 14조, 규칙 제21조 제2항). 이는 호적부 등의 훼손이나 자구의 변개 등 부정행위를 사전에 방지하기 위해서이다.

① 호적부 및 제적부의 열람은 누구나 청구할 수 있으나(단 호주 및 그 가족 등이 아닌 경우에는 그 청구사유를 기재하여야 하며 열람이 거부될 수도 있

다), 시(구) · 읍 · 면의 장이 수리한 신고서류의 열람은 이해관계인만이 청구할 수 있다(법 제47조 제2항).

호적관서에 보관중인 호적신고서류에 대하여는 열람의 연장으로서 인증 없는 단순한 사본을 교부할 수는 있으나 인증있는 등본을 발급할 수는 없다 (1999. 6. 30. 법정 3202-210).

위의 이해관계인은 다음 각 호의 1에 해당되는 자를 말한다(규칙 제85조 제1항).

● 신고인 또는 사건본인

● 호주 또는 가족

● 공무상 필요 기타 정당한 이해관계를 소명한 자(규칙 제85조 제1항)

② 시(구) · 읍 · 면의 장에 대하여 열람 또는 기재사항의 증명을 청구할 수 있는 호적신고서류라 함은 신고를 수리하여 호적기재를 마친 후 감독법원에 송부하기 이전의 호적신고서류는 물론 불수리하여 불수리신고서류편철장에 편철된 호적신고서류와 특종 신고서류편철장에 편철된 호적신고서류도 포함된다고 할 것이다.

(2) 호적(제적) 등 · 초본

(가) 등 · 초본 작성방법

등본은 호적원본의 내용을 전부 등사한 서면이고, 초본은 원본의 내용 중 일부를 등사한 서면이다. 시(구) · 읍 · 면의 장은 청구인의 청구에 따라 제적자에 관한 기재의 등사를 생략하고 등본을 작성할 수 있다(법 제12조 제4항).

호적등 · 초본의 인증문에는 위조변조사건을 미연에 방지하고 동시에 책임소재를 명료하게 하기 위하여 시(구) · 읍 · 면의 장의 직명, 성명을 기재한 후 직인을 찍는 외에 처리한 자가 날인하도록 하였다(규칙 제24조 제2항).

(나) 등 · 초본의 재인증(호적의 기재사항에 변경이 없다는 증명)

호적 또는 제적의 등 · 초본이 발행시일은 상당한 기간 경과되었으나 기재사항의 변경이 없는 경우에, 그 등 · 초본을 새로 작성한 것과 같은 공증력을 가지게 하는 것을 말한다(법 제12조 제1항, 규칙 제25호).

(다) 모사전송방법에 의한 등 · 초본 발급

호적예규 제519호는 호적법시행규칙 제24조의 2에 따라, 민원인의 편의를 도모하고 호적민원사무를 합리적으로 처리하기 위하여 시행된 모사전송방법에 의한 호적(제적) 등 · 초본 발급사무에 관한 사항을 상세히 규정하고 있다.

모사전송방법으로 호적(제적) 등 · 초본을 발급할 수 있는 기관으로는 특별시 · 광역시 · 도 · 시 · 군 · 구 및 읍 · 면 · 동(출장소와 현장민원실을 포함한다)과 농업협동조합중앙회 및 농업협동조합이 있다.

위 발급기관에서는 민원인의 신청에 따라 관할의 제한을 받지 아니하고 다른 호적관서에서 보관중인 호적(제적)의 등 · 초본을 모사전송의 방법에 의하여 발급하는데, 이와 같이 작성된 등 · 초본에는 증명기관과 교부기관의 인증문이 각 날인되며, 모사전송 방법으로 작성한 취지가 기재된다.

(라) 동사무소에서의 등 · 초본 발급

시 또는 구 관할구역 내의 동사무소에서도 전산정보처리조직에 의하여 호적(제적)의 등 · 초본을 발급할 수 있다(예규 제538호). 즉, 전산정보처리조직에 의한 호적(제적) 등 · 초본을 발급청구를 받은 동사무소에서는 시청 또는 구청의 호적부전산기에 저장되어 있는 호적전산정보를 전산망을 통하여 전송받아 출력시키는 방법으로 호적(제적) 등 · 초본을 작성하여 발급한다.

위와 같이 동사무소에서 호적(제적) 등 · 초본을 발급하고자 할 때에는 호적 사무관장자인 시장 또는 구청장은 그 동사무소를 특정하여 감독법원의 승인을 받아야 하며, 감독법원의 승인을 받은 때에는 동사무소에서 사용할 시장 또는 구청장의 직인을 감독법원에 보고하여야 한다.

(마) 전산호적(제적)부 등·초본 교부 및 열람

🔴 전산호적부 등·초본의 발급

전산정보처리조직에 의하여 호적사무를 처리하는 경우에 호적(제적)의 등본 또는 초본을 호적(제적)부에 기록된 사항의 전부나 일부를 증명하는 서면을 말하며 호적등본(말소·제적된 자를 포함하는 등본과 제외하는 등본)과 호적초본, 제적등본과 제적초본 등 5종의 등·초본이 있다.

등·초본에는 그 작성한 시(구)·읍·면의 장이 직인을 찍고 직무대리자가 등·초본을 작성하는 경우에는 그 대리자격을 표시하여야 하며, 등·초본이 여러 장으로 이루어지는 때에는 각 장에 걸쳐 직인 또는 천공방식으로 간인하여야 한다.

전산정보처리조직에 의하여 호적사무를 처리하는 시(구)·읍·면의 장은 전산정보처리조직에 의하여 호적사무를 처리하는 다른 시(구)·읍·면의 관할구역 안의 호적(제적)에 대하여도 호적(제적)의 등·초본을 교부할 수 있으며, 이러한 등·초본의 교부청구가 있는 경우에는 청구 받은 시(구)·읍·면의 장의 명의로 작성하여 교부하며 수수료도 그 교부기관의 수입이 된다.

🔴 무인등본발급기를 이용한 전산호적부 등·초본 발급

또한 전산정보처리조직에 의하여 호적사무를 처리하는 시(구)·읍·면의 장은 신청인 스스로 입력하여 관할구역 및 다른 전산호적관서 관할구역안의 호적 또는 제적의 등·초본을 발급받을 수 있는 장치(무인등본발급기)를 이용하여 호적 또는 제적 등·초본의 교부업무를 처리할 수 있다(규칙 제104조, 103조).

● 신청인

무인등본발급기에 의한 호적 등·초본의 발급은 호주 및 그 가족 본인이 신청하는 경우에 한하여 할 수 있으며, 전산호적관서의 장은 신청인이 호주 및 그 가족 본인임을 확인하는 방법을 정하여야 한다(예규 제591호 8조, 1항

2항).

● 보고

무인등본발급기에 의한 호적등 · 초본을 발급하고자 하는 전산호적관서의 장은 미리 그 설치장소, 실시시기, 무인등본발급기에서 사용할 직인, 신청인 본인 여부 확인방법 및 시스템에 대한 안전관리대책에 관하여 감독법원의 장에게 보고하여야 한다(예규 591호 8조 3항).

○ 전산호적부의 열람

전산정보처리조직에 의하여 호적사무를 처리하는 경우에 호적부의 열람은 호적 등 · 초본의 양식에 준하여 호적사항을 출력한 서면을 열람목적으로 교부하거나 전자적 방법에 의하여 그 내용을 보게 하는 방법에 의할 수 있으며, 열람목적으로 서면을 출력하여 교부할 경우에는 열람용 서면임을 표시하는 문구를 그 서면에 기재하여야 한다.

전산정보처리조직에 의하여 호적사무를 처리하는 시(구) · 읍 · 면의 장은 전산정보처리조직에 의하여 호적사무를 처리하는 다른 시(구) · 읍 · 면의 관할구역 안의 호적(제적)부에 대하여도 열람하게 할 수 있다(법 제124조의 4, 예규 591호 9조).

(3) 호적(제적)의 기재사항 증명

호적 또는 제적의 기재사항 중 필요한 사항만을 증명함으로써 등 · 초본 작성의 노고를 덜게 하여 사무의 간소화를 기하기 위한 것으로, 등 · 초본과 동일한 공증력이 있다(법 제12조 제1항, 규칙 제26조).

이 제도는 증명을 요하는 호적기재사항이 간단한 경우에 편리할 뿐만 아니라, 특히 멸실된 호적이 재제되기 전에는 호적의 등 · 초본 발급이 불가능하므로 부득이 이 제도에 의존할 수밖에 없다(예규 제152호). 이는 감독법원의 호적기재사항 확인제도와는 그 성질이 다르다.

호적(또는 제적)의 기재사항증명의 대상은 호적 또는 제적의 원본에 기재

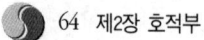

된 사항 이외에 호적신고서류에 기재된 사항도 포함된다(규칙 제26조).

[별지 제26호 서식]

증명원

1. 증명을 구하는 호적(제적 · 신고서류) :
2. 증명을 구하는 사항 :

   위 사항이 위 호적(제적 또는 신고서류)에 기재되어 있음을 증명하여 주시기 바랍니다.

20 . . .

위 원인 ○ ○ ○ (인)

○ ○ 시(읍 · 면)장 귀하

위 증명합니다.

20 . . .

○ ○ 시(읍 · 면)장 ○ ○ ○ (직인) 직인

(4) 감독법원의 호적기재사항 확인

해외에 거주하는 우리나라 국민이 주거지법에 따라 호적정리신청을 함에 있어서 관계국에서 그 첨부서류로 시(구) · 읍 · 면의 장이 발급한 호적등본의 기재사항이 틀림없다는 상부관청(감독법원)의 확인서를 요구하고 있는 실정이다.

제3장 호적의 기재

호적기재 통칙

1. 개설

가. 호적기재의 의의

호적기재라 함은 신고, 보고, 신청 등 호적법규가 정한 사유에 기하여 사람의 신분에 관한 공적 장부인 '호적부' 또는 보조기억장치(자기디스크, 자기테이프 기타 이와 유사한 방법에 의하여 일정한 호적사항을 확실하게 기록·보관할 수 있는 전자적 정보저장매체를 포함한다. 이하 '전산호적부'라 한다)에 호적법규가 정한 사항(호적기재사항)을 기재하는 호적공무원의 행위를 말한다. 그러나 때로는 호적에 등재된 기재 그 자체를 뜻하는 말로 쓰이기도 한다.

즉, 호적기재는 호적사무관장자인 시(구)·읍·면의 장이 호적신고나 신청 등의 수리처분에 터잡아 행하는 구체적인 사실행위로, 별개의 독립된 처분이 아니고 수리처분의 집행에 불과한 것이다.

혼인신고가 수리되면 혼인이 유효하게 성립되는 것이고 호적부에 기재까지 함을 요하지 않는다는 판례가 있다(대법원 1991. 12. 10. 선고 91므344 판결).

따라서 호적신고 등의 수리처분이 있으면 호적기재가 불가능하여 특종 신고서류 편철장에 편철하는 경우를 제외하고는 반드시 호적기재를 하여야 함이 원칙이다.

그러나 호적부는 사람의 신분을 공증 및 공시하기 위한 공부이므로 그 기재사항이 적법하고 진실에 부합하여야 한다. 따라서 호적공무원이 잘못하여 신고사항이 객관적으로 명백히 허위인 호적신고 등을 수리한 경우에는 그 수리처분은 무효이므로 그에 따른 호적기재를 거부할 수 있다.

나. 호적기재의 효력

호적부에 기재된 사항은 일응 그 기재가 적법하게 되었고, 진실에 부합한 것으로 추정을 받게 되나 기재사항을 번복할 만한 명백한 반증에 의하여 번복할 수 있다는 것은 이미 설명하였다. 그러나 반증에 의하여 호적기재의 사실상 추정력을 번복할 수 있는 경우일지라도 그 호적기재를 호적공무원이 마음대로 정정할 수 없으며, 위법하거나 사실과 부합하지 아니한 호적기재는 호적정정절차에 의하여 정정하여야 한다.

다. 호적기재 례

같은 내용의 신분관계를 호적공무원마다 각자가 다른 방식으로 기재하는 것은 호적부의 공시적 기능에 적합하지 못함은 물론 호적공무원의 호적기재 업무를 어렵게 할 소지가 있다. 따라서 호적기재방식을 정형화하여 일반성과 간결성을 유지하고 전국적 통일을 기하고자 대법원은 호적법시행규칙에 따라 예규 및 통첩으로서 호적기재례를 정하여 전국 호적관서에 시달하였다.

(1) 문장식 기재례

호적기재사항을 하나의 문장으로 연결하여 기재하는 방식으로 호적사무

를 수작업에 의하여 호적용지에 기재하는 경우에 채택하고 있는 기재례이
다.

(2) 항목식 기재례

호적기재내용을 이루는 각 사항을 항목별로 구분하여 기재하는 방식으로,
호적사무를 전산정보처리조직에 의하여 처리하여 전산호적부에 기록하는
경우에 채택하고 있는 기재례이다.

(3) 기재례 예시

(가) 혼인

문장식 기재례		항목식 기재례
○년 ○월 ○일 ○○○와 혼인신고(인)	혼인	【신고일】 ○년 ○월 ○일 【배우자】 ○○○

(나) 재판상 이후

문장식 기재례		항목식 기재례
○년 ○월 ○일 ○○법원 ○○○와 이혼판결확정 (또는 화해성립, 조정성립, 조정에 갈음하는 결정 확정), ○년 ○월 ○일 ○○ ○ 신고 (인)	이혼	【이혼판결확정(또는 화해성립, 조정성립, 조정에 갈음하는 결정확정)일】○년 ○월 ○일 【판결(또는 화해, 조정, 결정)법원】○○법원 【배우자】 ○○○ 【신고자】 ○년 ○월 ○일 【신고인】 ○○○

라. 호적기재 문자

(1) 일반 원칙

① 호적의 기재는 한글과 아라비아 숫자로 한다. 그러나 성명란은 한자로 표기할 수 없는 경우를 제외하고는 "김철수(金哲秀)"와 같이 한글과 한자를 병기하고, 본란은 한자로 표기할 수 없는 경우를 제외하고는 한자로 기재한다. 따라서 성명이나 본이라도 성명란이나 본란 이외의 신분사항란 등에 기재할 때에는 한글로 기재하여야 한다. 다만, 동음이자(同音異字)로 개명 또는 호적정정이 된 결과 전후의 이름의 한글표기가 동일한 경우에는 신분사항란에 한글과 한자를 병기하여 그 사유를 기재한다.

② 호적부에 기재하는 문자는 자획을 명확히 하여야 하고 약자나 부호를 사용할 수 없다(규칙 제70조 제1항). 그러나 성명이 약자나 변자체로 기재된 호적을 이기하는 경우에는 약자나 변자체를 그대로 이기하여야 한다.

③ 본이 한글로 기재되어 있는 경우에는 한자로 추완기재하여야 하고(예규 제290호), 외국어로 기재된 호적기재는 한글로 고쳐서 기재하며 단기 연호는 서기 연호로 경정기재하여야 한다.

(2) 외국의 국호, 인명, 지명을 표기하는 경우

① 호적부와 호적신고서에 외국의 국호, 인명, 지명을 한글로 표기함에 있어서는 교육부가 고시하는 '외래어표기법'에 의함을 원칙으로 한다.

② 신고서에 기재된 외국 '국호와 지명'의 한글표기가 외래어표기법에 맞지 아니하는 경우 호적부에는 외래어표기법에 맞게 기재한다(인명에 대하여는 그러하지 아니한다).

③ 신고서에 외국의 인명, 지명을 표기함에 있어 외국어(한자 포함)의 표기만 있고 당해 외국에서의 발음대로 한글 표기가 없는 경우에는 이를 보정시킨 뒤 수리하여야 하고, 호적에도 당해 외국에서의 발음대로 한글로 기재하여야 한다. 다만, 외국어의 표기가 한자인 경우에는 그대로 수리하여 성

명란의 인명은 한자로 기재하고 성명란 이외의 인명 및 지명 등은 우리나라에서의 한자 발음대로의 한글로 기재한다.

(3) 문자의 개변

(가) 호적용지에 의하여 호적부를 작성한 경우

호적기재에 오자나 탈자가 있는 경우에도 지우개나 약물을 사용하여 지우는 것은 절대로 금지된다. 따라서 문자를 정정·삭제·삽입할 때에는 그 자수를 난 외에 기재하고 시(구)·읍·면의 장이 날인하여야 하며 삭제된 문자는 읽을 수 있도록 자체를 남겨야 한다(규칙 제70조).

그러나 서미인을 날인함으로써 호적기재가 완료된 때에는 오기나 유루가 있더라도 호적정정절차에 의하여서만 정정할 수 있다.

◎ 호적기재의 삭제·정정·삽입의 예시

삭두자 (인)	천안시 대창동 5번지에서 출생, ~~신고~~ 1975년 4월 20일 부 신고(인)
삭네자 정네자 (인)	홍길동과 2000년 5월 3일 ~~김길녀와~~ 혼인신고(인)
삽두자 (인)	협의 2001년 6월 10일 홍길동과　∨　이혼신고, 제적(인)
삭일행 (인)	~~2001년 6월 10일 홍길동과 협의이혼신고, 제적(인)~~

(나) 전산호적부의 경우

호적사항을 보조기억장치에 기록하는 경우에는 기록상 오자나 탈자가 있더라도 전산정보처리시스템에 의하여 정정이 가능하므로 규칙 제70조 제3항, 제4항의 규정은 그 적용이 배제된다.

그러나 식별부호까지 기록한 후에도 오기나 유루가 있더라도 그대로 정정·삭제·삽입할 수 없고, 호적정정절차에 의하여서만 정정할 수 있음은 호적용지에 의하여 작성된 호적부의 경우와 같다.

2. 호적기재의 사유

호적부에 사람의 신분관계를 기재하기 위한 일정한 기재원인을 호적기재사유라 한다. 시(구)·읍·면의 장이 호적의 기재를 함에는 반드시 호적법에 정하여진 사유가 있어야 한다. 따라서 호적의 기재는 신고·신청 등의 사유에 기하여 기재되는 것이 원칙이지만 예외적으로 직권에 의한 호적기재의 경우도 있다.

가. 신고 등에 의한 호적기재

(1) 신고

신고(申告)는 호적기재사유 중에서 가장 기본적이고 원칙적인 것으로서 호적기재의 중심이 된다. 대부분의 호적기재가 신고에 의하여 이루어진다. 호적법이 신고를 기재사유로 하고 있는 것은 당해 신분관계의 변동사실을 가장 잘 알고 있는 사건본인 또는 신고인의 신고를 바탕으로 호적기재를 하는 것이 가장 진실을 확보하는 방법이기 때문이다.

(2) 보고

보고(報告)는 신고를 기대할 수 없을 때 보충적으로 인정되는 방법으로서 일정한 보고의무자의 보고에 의하여 호적기재를 할 수 있음을 규정하고 있다. 보고는 신고에 대한 보충적 제도로서 인정되는 호적 기재사유이다.

(3) 신청

법 제120조 내지 124조에 규정된 호적정정의 신청을 말한다.

호적의 기재가 위법 또는 진실에 반하는 경우에는 일정한 자가 법원의 판결이나 허가를 얻어 시(구)·읍·면의 장에게 그에 따른 호적기재의 정정을 신청하며 이에 기초하여 호적정정이 이루어진다.

또한 호적법 제58조에 의해 부모가 기아를 찾은 경우에 하는 호적의 정정 신청도 여기서 말하는 신청에 포함된다. 그러나 예규 제381호의 직권정정신청은 호적공무원의 직권정정기재를 촉구하는 의미의 신청이므로 여기에서 말하는 호적기재사유로서의 신청은 아니다.

(4) 증서의 등본

① 우리나라 국민이 외국에서 그 나라의 방식에 따라 실체적인 창설적 신분행위(혼인, 인지, 입양 등)를 하고 그 나라의 권한 있는 기관에서 작성한 증서의 등본(그 명칭에 불구하고 신분행위가 성립된 사실을 증명한 서면)을, 그 지역을 관할하는 재외공관의 장이나 신고사건본인의 본적지 호적관서의 장에게 제출한 경우에는 호적기재를 하게 된다(법 제40조).

여기에서 외국이라 함은 원칙적으로 우리나라와 국교가 있는 외국을 지칭하나, 예규 제317호 및 선례(2권 179항)는 미수교 국가의 권한 있는 기관에서 작성한 증서의 등본에 의한 호적기재를 허용하고 있다.

② 그러나 한국인이 신분변동사항에 대하여 거주지 나라 방식에 따라 고유 의미의 보고적 신고(출생, 사망 등)를 한 후 그 수리증명서 등을 교부받은 경우에도 증서의 등본 제출방식에 의한 호적기재는 할 수 없고, 별도로 호적신고를 하여야 한다. 다만, 이 경우에 그 수리증명서 등이 호적신고서에 첨부하여야 할 출생증명서나 사망증명서 등을 갈음할 수는 있다.

③ 외국에 거주하고 있는 한국인이 외국 법원의 확정판결을 받아 재판상 이혼, 재판상 인지신고와 같은 전래적 의미의 보고적 신고를 하는 경우에, 그 거주지 나라 방식에 의하여 신고한 사실을 증명하는 서면으로는 호적신

고서에 첨부하여야 할 확정판결과 집행판결에 갈음할 수 없다(예규 제52호).

(5) 항해일지의 등본

일정한 선박의 선장은 항해 중 출생 또는 사망의 사실이 있는 때에는 출생신고서 또는 사망신고서에 기재할 사항을 항해일지에 기재하고 서명날인하여야 하며, 그 항해일지 등본을 시(구)·읍·면의 장 또는 재외공관의 장에게 발송하여(법 제54조, 제94조) 호적기재를 하게 된다.

(6) 재판서

시(구)·읍·면의 장의 위법·부당한 호적사무에 관한 처분에 대하여 당사자의 불복으로 가정법원이 호적기재를 명한 재판서를 말한다(법 제125조 내지 제129조). 따라서 판결이나 결정 등의 재판서는 호적정정신청에 의하여 호적기재를 하게 되므로 여기에서 말하는 재판서에는 해당되지 않는다.

(7) 촉탁서

가정법원은 가사소송규칙 제5조에 정하는 판결이나 심판이 확정되거나 효력을 발생한 때에는 지체없이 호적사무를 관장하는 자에게 호적의 기재를 촉탁하여야 하며(가사 제9조), 이 촉탁서에 의하여 호적기재를 하게 된다. 가사소송법 제9조의 규정에 의하여 호적기재를 촉탁하여야 할 판결 또는 심판은 다음과 같으며(가사소송규칙 제5조), 이 때에는 가정법원(제1심 법원)의 법원사무관 등은 시·읍·면의 장에게 호적기재를 촉탁하여야 한다.

① 친권, 법률행위대리권, 재산관리권의 상실선고의 심판 또는 그 실권 회복 선고의 심판

② 친권을 행사할 자의 지정과 변경의 심판

③ 후견인의 선임 또는 해임의 심판

④ 가사소송법 제62조의 규정(사전처분)에 의하여 친권자의 친권, 법률행위의 대리권, 재산관리권의 전부 또는 일부의 행사를 정지하거나 후견인의

임무수행을 정지하는 재판과 그 대행자를 선임하는 재판

　⑤ 위 ④의 사전처분재판이 본안심판의 확정, 심판청구의 취하, 기타 사유로 효력을 상실하게 된 때

나. 직권에 의한 호적기재

(1) 신고의무자가 신고를 해태한 경우에 하는 직권기재

호적신고를 해태한 신고의무자를 알게 된 시(구) · 읍 · 면의 장은 상당한 기간을 정하여 그 기간 내에 신고할 것을 최고하여야 하며, 그 기간 내에 신고를 하지 아니한 때에는 시(구) · 읍 · 면의 장은 다시 상당한 기간을 정하여 최고할 수 있다(같은 조 제2항). 이와 같이 최고를 하여도 신고를 하지 않거나 최고할 수 없는 때에는 시(구) · 읍 · 면의 장이 감독법원의 허가를 얻어 직권으로 호적기재를 할 수 있다(같은 조 제3항).

이는 원시적 호적기재를 직권으로 하는 점에서 일단 기재된 호적기재를 정정하는 아래 (2)의 경우와 차이가 있다.

(2) 호적기재의 오류를 시정하기 위한 직권 기재

(가) 호적법 제22조 제2항 규정에 의한 직권정정 기재

호적기재가 법률상 무효인 것이거나 그 기재에 착오나 유루가 있음을 안 때에는 시(구) · 읍 · 면의 장은 지체없이 신고인 또는 사건본인에게 그 사실을 통지하여야 하며(법 제22호 제1항), 이와 같은 통지를 할 수 없거나 통지를 하였음에도 호적정정의 신청을 하는 사가 없는 때 또는 호적기새의 착오 또는 유루가 시(구) · 읍 · 면의 장의 과오에 기인한 것인 때에는 시(구) · 읍 · 면의 장이 감독법원의 허가를 얻어 직권으로 호적정정의 기재를 할 수 있다. 그러나 호적법시행규칙 제67조가 규정하는 간이직권정정사항은 감독법원의 허가없이 시(구) · 읍 · 면의 장이 직권으로 호적기재를 정정 · 기재할 수 있다.

(나) 신고가 경합된 경우의 직권정정 기재

동일한 사건의 신고가 경합되어 나중에 수리된 신고에 의하여 호적기재를 한 때에는 먼저 수리된 신고에 맞추어 시(구)·읍·면의 장이 직권으로 정정 기재를 하야야 한다(규칙 제63조). 이 때에는 직권정정·기재서를 작성하여야 한다(규칙 제68조).

(다) 본적이 변경된 경우의 직권정정 기재

본적이 변경되었음에도 이를 모르고 전(前)본적지의 시(구)·읍·면의 장이 호적기재를 한 때에는 이를 직권말소하고, 그 신고서류를 신본적지의 시(구)·읍·면의 장에게 송부함으로써 신본적지의 시(구)·읍·면의 장이 호적기재를 하게 된다.

(3) 특정의 신고에 따른 호적기재와 병행하여 하는 직권 기재

(가) 배우자 신분변동 사유의 직권 기재

배우자 한쪽에 대하여 사망신고, 실종선고·부재선고 및 그 취소, 국적상실 및 그 회복신고, 성명의 정정 또는 개명신고가 있는 때에는 다른 쪽 배우자의 신분사항란에도 그 취지를 직권기재하여야 한다(규칙 제59조).

(나) 자(子)의 신분변동 사유의 직권 기재

혼인외의 출생자가 혼인중의 출생자로 된 때 또는 부모의 혼인이 무효로 된 때에는 자의 신분사항란에 그 사유를 직권기재하여야 한다(규칙 제60조). 그러나 혼인외의 출생자의 부가 그 자의 생모와 혼인한 후 그 자를 출생신고한 경우, 준정사유의 기재는 부의 전혼중의 출생자 중에서 혼인외의 자보다 선순위 호주승계인이 있는 때에만 기재하고 그 외의 경우는 혼인중의 출생자와 같이 출생사유만을 기재한다.

(다) 부·모 성명의 직권정정 기재

부 또는 모의 성명이 정정되거나 개명된 때에는 시(구)·읍·면의 장이

직권으로 자의 부모란을 정정하고 그 사유를 자의 신분사항란에 기재하여야 한다(규칙 제62조).

(라) 혼인외 출생자의 모에 관한 사항의 직권 기재

혼인외 출생자가 처음으로 호적을 가지게 되는 경우에 그 모가 동일 호적 내에 없는 때에는 자의 신분사항란에 그 모의 본적과 호주의 성명 및 호주와의 관계를 직권 기재하여야 한다(규칙 제61조).

(4) 기타의 직권 기재

(가) 행정구역 등의 변경을 반영하기 위한 직권 기재

행정구역이나 지번 또는 그 명칭이 변경된 때에는 5일 이내에 감독법원에 사전 보고를 하여야 하고(규칙 제7조), 이에 따라 본적의 기재를 직권에 의해 경정한 때에도 지체없이 감독법원에 사후 보고를 하여야 한다(규칙 제9조, 제79조). 법령의 변경 기타의 사유로 본적 이외의 호적기재를 경정하는 경우에도 본적경정절차와 같다.

(나) 주민등록번호의 직권 기재

호적의 주민등록번호란의 기재는 주민등록번호를 부여한 주민등록지 관할 시(구)·읍·면의 장의 통보에 의하여 직권 기재하며, 그 통보의 누락 기타의 사유로 호적상 주민등록번호의 기재가 유루되었거나 오류가 있는 경우로서 주민등록지의 시(구)·읍·면의 장의 정정 통보가 있거나 본인 또는 동거하는 친족이 주민등록표등(초)본을 첨부하여 그 유루의 기재 또는 정정의 신청을 하는 때에는 호적공무원은 감독법원의 허가 없이 직권으로 이를 기재 또는 정정한다.

호적의 기재사항

1. 개설

시(구) · 읍 · 면의 장이 호적법이 정한 호적기재사유가 있는 경우에 사람의 신분관계를 공시 · 공증하기 위하여 호적에 기재할 수 있는 사항을 말한다.

호적기재사항은 호적법규가 정하는 사항에 한하며, 시(구) · 읍 · 면의 장이 임의로 호적에 기재할 수는 없다. 그러므로 호적법규가 호적기재사항으로 정한 바가 없는 사항이 호적에 기재되었다면, 이는 위법한 호적기재로서 호적정정절차에 의하여 말소되어야 할 것이다.

호적기재사항은 기재장소에 따라서 호적사항과 신분사항으로 분류되고, 그 성질에 따라서 실체적 기재사항과 절차적 기재사항으로 나눌 수 있다.

2. 호적사항

동일한 호적 내에 있는 호주와 가족 전원의 공통된 사항으로서 본적과 호적에 관한 사항을 말한다. 여기에서 본적이라 함은 가(家)의 소재지를 말하고, 호적에 관한 사항이란 가(家)의 창설, 변경, 소멸에 관한 사항으로, 호적법시행규칙 제54조는 ① 신호적편제에 관한 사항, ② 호적(제적) 전부의 재제, 정정, 말소, 제적에 관한 사항, ③ 본적의 경정에 관한 사항을 규정하고 있다.

가. 본적란

㉮ 본적은 가의 소재장소를 말하는 것으로서 행정구역의 명칭과 토지의 지번(地番)으로 표기하되, 도(道) 또는 시(市)로부터 시작하여 지번에 이르기까지 기재한다.

㉯ 본적이 여러 개의 지번에 걸쳐 있을 때에는 그 중 한 개의 지번을 선정하여 호적에 기재하고 다른 지번의 기재는 생략할 수 있다(예규 제6호).

㉰ 행정구역은 특정되고 단지 지번만이 지정되지 않은 경우라면 무번지에 본적이 있는 것으로 보아 본적란에 행정구역의 명칭까지는 기재하고 지번은 "무번지"라고 기재하며, 후에 지번의 설정이 있을 경우에는 본적기재를 경정한다.

㉱ 아파트와 같은 집합건물의 경우 당해 아파트의 명칭 및 동·호수의 표시는 구분건물의 특정을 위한 표시사항에 불과하므로 본적에는 이를 기재할 수가 없다.

㉲ 환지예정지 등으로 인한 임시번지라든가 블록번지, 하천번지 및 정식지번이 아닌 12-1-1번지 등은 본직에 사용될 수 없다.

나. 협의의 호적사항란

같은 호적 내에 있는 호주 및 가족전원의 공통된 사항(家에 관한 사항)을 기재한다.

(1) 신호적 편제에 관한 사항

호주승계 등 호주의 변경이 있을 때(법 제18조) · 분가(법정분가 포함) · 취적 · 일가창립 · 국적회복 · 귀화 · 국적의 취득 등의 사유로 신호적을 편제하는 사유를 기재한다.

그런데 호주승계 등으로 신호적을 편제할 때에는 법 제15조 3호에 따라 호적편제사유를 '호적사항란'에 기재하여야 함은 물론 법 제15조 5호의 규정에 따라 '협의의 신분사항란'에도 호주된 원인과 연월일을 기재하여야 하는 바, 이로 인하여 거의 동일한 내용의 기재가 호적사항란과 신분사항란에 중복기재되는 문제가 발생하게 된다.

따라서 이러한 경우에는 호적사항란에 신호적의 편제 연월일과 편제의 뜻만 기재하고 그 편제사유의 내용기재는 생략할 수 있다.

그러나 원적(군사분계선 이북지역의 본적) · 폐가 또는 무후가 등이 호적사항란에만 기재되는 경우(군사분계선 이북지역 재적자(북한 이탈 주민)의 취적, 폐가(무후가) 부흥으로 인한 신호적 편제가 여기에 해당)나, 호주의 신분사항란에 호적의 편제사유의 내용이 기재되지 아니하는 전적 · 호적정정 · 재제 및 보완으로 인하여 새로 호적을 편제할 때에는 그 사유를 기재한다(예규 제576호).

신호적의 편제 연월일은 호적을 사실상 편제완료한 일자를 기재한다.

(2) 호적(제적) 전부의 재제 · 정정 · 말소 · 제적에 관한 사항

호적(제적)의 정정 · 말소 · 제적에 관한 사항이 호적 전부에 미치는 사항인 경우에는 그 사유를 호적사항란에 기재한다. 따라서 호적의 일부를 정정하거나 말소 또는 제적을 하는 경우에는 이에 해당하지 아니하므로 당해 사건 본인의 신분사항란에 그 사유를 기재한다. 그러나 호적의 일부를 재제하거나 보완하는 경우에는 그 사유를 호적사항란에 기재한다(예규 제429호).

(3) 본적의 경정에 관한 사항

　행정구역이나 그 명칭 또는 지번의 변경에 따라 본적란의 기재를 경정하
는 경우에는 호적사항란에 그 사유를 기재하고 종전의 기재부분에 하나의
주선을 긋고 그 위의 여백에 새로운 기재를 추기한다(규칙 제79조). 시(市)에
구(區)를 설정한 경우도 이와 같다. 본적의 경정 연월일은 별도로 기재하지
않고, 행정구역 또는 지번의 변경연월일만을 기재한다.

　그러나 전산호적부의 경우에는 본적란의 기재부분을 삭제한 다음 그 자리
에 새로운 사항을 기록하고, 호적사항란에 경정 전의 기재사항과 경정사유
를 함께 기록한다.

3. 신분사항

　호주와 가족의 신분에 관한 사항을 말한다. 이중 특정 신분사항이란 호적
용지의 기재란이 특정되어 있는 신분사항(성명, 부모성명, 성별, 본, 호주와의
관계 전호적, 입적 또는 신호적, 출생연월일, 주민등록번호)이고, 협의의 신분사
항(일반 신분사항)은 호주 및 가족의 신분사항으로서 특정 신분사항 이외의
모든 신분사항(출생 · 혼인 · 인지 · 입양 · 사망 · 입적 · 복적 등)을 말한다.

가. 특정 신분사항란

(1) 성명란(⑤)

　호주와 가족의 성명을 기재한다. 이때 호주의 성명은 반드시 기재하여야
하지만 동일 혈족인 가족에 대하여는 성은 기재하지 않고 이름(名)만 기재
한다. 그러나 동일 혈족이 아닌 가족(모, 처, 자부)에 대하여는 성과 이름을
모두 기재하여야 한다.

명(名)미정으로 출생신고 된 경우에는 추완신고가 있을 때까지 성만 기재하고 이름을 기재할 장소를 공란으로 비워둔다.

(가) 성명란의 한자성명 이기

성명란의 성명은 한글과 한자를 병기함이 원칙이므로 한자로 기재되어 있는 성명은 한글과 한자를 병기하여 이기한다. 이때 한자성명의 한글표기가 명백하지 않은 경우(한자사전에 없는 한자이거나 여러 가지로 발음되는 한자인 경우 등)에는 신고인에게 직접 또는 우편의 방법으로 정확한 한글표기를 확인하여 한글표기를 하여야 하나 정확한 한글표기를 확인할 수 없을 경우에는 종전대로 한자만을 기재한다(예규 제499호).

(나) 신고서에 사건 본인의 성명이 한자로만 기재된 경우의 성명란 기재

한글표기를 보정시킨 뒤 수리하여야 할 것이나 이를 유루한 경우라도 호적부의 성명란에는 한글과 한자를 병기하여 기재한다.

(다) 출생자의 이름을 한글로만 출생신고한 경우의 성명란 기재

한글이름만을 가진 경우이므로 한글로만 표기한다.

(라) 성명기재시 두음법칙의 적용 여부

➡ 성(姓)의 경우

한자로 된 성을 한글로 기재할 때에는 문화예술진흥법 제8조 및 한글맞춤법(두음법칙)에 따라 다음과 같이 표기하여야 하고, 만일 이 원칙을 따르지 않은 한글표기를 발견할 때에는 규칙 제79조 제3항을 준용하여 경정하고 신분사항란에 경정사유와 그 연월일을 기재한다(예규 제499호).

例 성이 "李, 柳, 羅 …"인 경우에는 "이, 유, 나 …"로 표기

➡ 이름자의 경우

① 혈통을 표시하는 선천적이며 일정불변의 성질을 지닌 성(姓)과는 달리, 이름은 특정 개인에게 부여된 식별 부호로서 사회적으로 그 사람의 동

일성을 표상하여 주는 중요한 기능을 지니고 있기에, 그 속성상 고유성과 단일성 그리고 자유·가변성이 요청되는 순수한 고유명사이다. 따라서 이름자에 사용된 한자에 대한 한글음을 호적에 표기할 때에, 한자음의 한글표기에 관한 일반원칙인 두음법칙을 그대로 적용하는 것은 적절하지 못하다.

② 우리 호적법규는 이러한 이름의 특수성을 고려하여 인명용 한자에 대한 한글음을 호적에 기재하는 경우에는 "인명용 한자표(호적법시행규칙 별표 1)"에 지정된 한글발음으로만 사용하되, 그 첫소리(初聲)가 "ㄴ" 또는 "ㄹ"인 한자는 각각 소리나는 바에 따라 "ㅇ" 또는 "ㄴ"으로 사용할 수 있다고 규정함으로써{호적법시행규칙 제37조 제1항 제2호의 별표 1.(주) : 1991. 4. 1. 시행}, 한글맞춤법상 두음법칙과는 달리 인명용 한자의 첫소리가 "ㄴ" 또는 "ㄹ"인 한자가 이름자의 첫 음으로 사용된 경우든 나중 음으로 사용된 경우이든 불문하고 출생신고인이 스스로의 희망에 따라 "ㄴ" 또는 "ㄹ"음이나 "ㅇ" 또는 "ㄴ"으로 사용할 수 있음을 밝히고 있다(1998. 6. 2. 법정 3202-188).

(2) 호주란(③)

호주의 신분을 표기하는 곳으로서 "호주"라고 기재한다. 호적은 호주를 기준으로 하여 가별(家別)로 편제하게 되므로(법 제8조) 호주가 없는 호적이란 있을 수 없다. 실무상으로는 보통 호적용지를 인쇄할 때 호주란에 "호주"라고 인쇄하여 사용하고 있다.

(3) 호주와의 관계란(④)

호주와 가족간의 친족관계 및 가족관계를 기재한다. 그러나 호주가 미정인 때에는 호주와의 관계는 기재하지 아니한다(예규 제84호). 호주와의 관계란을 기재하는 방법은 아래와 같다(예규 제433호).
① 호주의 직계존속
부·모·조부·조모·외조부·외조모 등으로 기재한다.

② 호주의 배우자

'남편' 또는 '처'라고 기재한다.

③ 호주의 직계비속

남녀의 구별 없이 '자·손자·외손자' 등으로 기재한다. 호주의 양자로 양가에 입적하는 경우에는 양자도 호주의 직계비속이므로 친생자와 구별 없이 '자'로 기재한다(1996. 10. 21. 법정 3202-284). 그러나 호주의 딸이 입부혼인한 경우에는 그 딸의 자녀는 모의 성과 본을 따르므로 호주의 외손자로 기재할 것이 아니라 '손자'라고 기재한다.

④ 호주의 방계혈족

남자가 호주인 경우 형제는 '형' 또는 '동생', 자매는 '누나' 또는 '동생'으로, 여자가 호주인 경우 형제는 '오빠' 또는 '동생', 자매는 '언니' 또는 '동생'으로 기재한다(예규 제578호).

호주의 부(父)의 형제자매는 '백부·숙부·고모'로 기재한다.

호주의 모(母)의 형제자매는 '외숙부·이모'로 기재한다.

⑤ 호주와의 혈족 관계가 없는 가족

가족과의 관계를 기재한다. 호주의 계모·적모는 1991. 1. 1.부터는 모가 아니므로 '부(父)의 처'로 기재하고, 이미 '모'로 기재되어 있는 경우에는 호적법시행규칙 제79조 제3항의 규정에 의하여 '부(父)의 처'로 경정한다.

가족의 배우자에 대하여는 그 가족과의 관계를 기재한다. 예컨대, 자부는 '자(子)의 처'로 기재한다.

호주의 배우자의 혈족에 대하여는 그 배우자와의 관계를 기재한다. 예컨대, 배우자의 자(子)에 대하여는 '처의 자', '남편의 자'로 기재한다.

호주의 자부의 자(子)에 대하여는 '자부의 자'와 같이 그 자부와의 관계를 기재한다.

⑥ 호주가 양자인 경우

양가의 혈족관계를 기준으로 하여 위의 예에 의하여 기재한다.

(4) 부(父)란과 모(母)란(⑦⑧)

① 부란에는 호주나 가족 중 당해 신분사항란의 성명란에 기재된 자의 부의 성명을 기재하고, 모의 란에는 그 모의 성명을 기재한다. 부모란에 기재하는 부·모의 성명은 친생부모의 성명을 말한다. 따라서 민법의 개정(1991. 1. 1.부터 시행)으로 계모나 적모는 법률상 모가 아니므로 기재할 수 없을 뿐만 아니라 민법 개정 이전에 호적상 모로 기재된 계모와 적모는 직권경정(말소)절차를 취하여야 한다(규칙 제79조 제3항).

② 기아(棄兒)의 부·모란과 인지하지 아니한 혼인외 자의 부란은 기재하지 않고 공란으로 둔다. 양부모의 성명도 호적에 기재하도록 되어 있는 바(법 제15조), 이때에는 부모란의 바로 아래 성명란의 상단부에 양부란과 양모란을 설치하여 양부와 양모의 성명을 기재한다.

③ 부 또는 모에 대하여 사망신고가 있어도 부 또는 모란에 "망"자를 기재하지 않는다(예규 제443호).

(5) 성별란(⑨)

호주와 가족의 성명란에 기재된 자의 성별을 기재한다.

(가) 남편 사망 후 혼가에 있는 자의 재혼신고가 있는 경우
직전의 호적인 혼가의 본적을 전호적란에 기재하고, 친가의 본적은 혼인사유와 함께 신분사항란에 기재한다.

(나) 전호주와 본적을 달리하는 자가 호주승계하는 경우
호주의 전호적란에 호주승계하기 직전의 본적을 기재한다.

(다) 전적신고가 있는 경우
전적은 타가로부터의 입적이 아니기 때문에 전적 전의 호적에 기재된 대로 이기할 것이며, 전적 전의 본적은 전적사유로 호적사항란에 기재한다. 따라서 협의이혼으로 일가창립한 여자가 전적으로 인한 호적의 편제시 전혼

가의 본적을 기재하여야 하고, 전적 후 재혼하였을 경우에는 재혼하기 직전
의 본적을 기재하여야 하는 것이다(1998. 6. 13. 법정 3202-206).

  (6) 본란(⑩)

  당해 성명란에 기재된 자의 본을 기재한다. 본이라 함은 성씨의 본관을 말
하며, 본란의 기재는 한자로 기재할 수 없는 경우를 제외하고는 한자로 기
재한다(규칙 제70조). 오랜 호적실무의 관행으로 본의 기재는 호주의 본란에
만 기재하고 가족 중 호주와 동성동본인 친족관계가 있는 자의 본란 기재는
하지 않고 있다. 그러나 호주와 성이 다른 가족(모·처·자부 등)의 경우에는
반드시 본란에 기재를 하여야 한다.

  (7) 전호적란(⑪)

  타가에서 입적·복적된 자 또는 일가창립자, 분가자 등의 원적(친가 및 본
가)을 기재한다.

  (가) 분가(법정분가 포함)의 경우
  호주가 된 자는 원적(본가)을 기재하나, 수반입적된 가족 중 원래 타가에
서 혼인, 입양, 인지, 이혼복적, 친족입적 등에 의하여 입적된 자는 그 원적
(친가, 생가, 혼가)을 기재하여야 하며(법 제15조 8호, 규칙 제75조) 이를 변경
하여 기재하거나 기재를 생략할 수 없다. 다만, 수반입적자인 가족 중 원래
부터 출생신고로 입적되었던 직계비속은 전호적란을 기재하지 아니한다(예
규 제302호).

  (나) 타가에 입적을 요하는 신고가 있는 경우
  혼인, 혼인의 취소, 인지, 입양, 입양의 취소, 입적, 친가복적, 이혼, 파양
등의 신고가 있는 때에는 입적하는 호적의 전호적란에 입적 직전의 본적을
기재한다.

(다) 일가창립신고가 있는 경우

폐가·무후가의 가족으로서 일가창립하거나, 배우자의 사망 등으로 친가복적에 갈음하여 일가창립한 경우에는 전호적란에 일가창립 직전 호적의 본적을 기재한다. 그러나 기아이거나 부 또는 모의 가에 입적할 수 없어 일가창립한 경우에는 전호적란을 기재하지 않는다.

(라) 폐가·무후가 부흥신고가 있는 경우

혼가 또는 양가를 떠나는 자가 폐가 또는 무후가가 된 친가 또는 본가를 부흥하는 경우에는 전호적란에 혼가 또는 양가의 본적을 기재한다.

(8) 입적 또는 신호적란(⑫)

타가로 입적, 복적한 자 또는 일가창립자, 분가자 등 제적되는 자의 행선지(입적, 복적, 분가, 일가창립 등의 호적의 본적)를 기재한다(예규 제302호). 이는 제적과 신호적을 서로 연결시킴으로써 호적의 색출을 편리하게 하기 위한 것이다. 이 난의 기재는 입적 또는 신호적의 본적 및 호주성명만을 기재할 것이며 호주와의 관계는 기재하지 않는다(법 제15조 8호).

(9) 출생란(⑬)

당해 성명란에 기재된 자의 출생연월일을 서기 연호로 기재한다. 출생자가 쌍태아인 경우에는 출생시간(시·분)도 기재하여야 하며, 출생시각은 "17시 30분"과 같이 24시각제로 표시한다. 우리나라 국민이 외국에서 출생한 경우에는 출생란에는 현지시각을 한국시각으로 환산하여 정하여 지는 일자(日字)를 기재한다.

(10) 주민등록번호란(⑭)

성명란에 기재한 자의 주민등록번호를 기재하고 그 말미에 서미인(書尾印)을 날인하거나 식별부호를 기록한다(예규 제316호).

(11) 전호주와의 관계란(⑮)

전호주로부터 호주승계하였을 때에 현재 호주와 직전 호주와의 친족관계를 '○○○의 자(손자, 처)' 등과 같이 기재한다. 따라서 전호주가 없는 폐가·무후가 부흥, 일가창립의 경우에는 '전호주와의 관계란'을 기재하지 아니하고(예규 제15호, 제64호), 분가나 국적취득의 경우에도 전호주가 없으므로 그 기재를 요하지 않는다.

나. 협의의 신분사항란

호적사항란과 특정신분사항란을 제외한 부분이 협의의 신분사항란으로, 호주와 가족의 신분에 관하여 호적에 기재할 사항 중 특정신분사항란에 기재할 신분사항 이외의 모든 신분에 관한 사항을 기재한다.

호적법시행규칙 제58조는 사건본인이 수인인 경우 신분에 관한 사항은 각 사건본인의 신분사항란에 기재하여야 한다고 규정하고 있으나, 사건본인의 범위를 확정하는 것은 그리 간단한 문제가 아니다.

신분사항을 기재할 사건본인의 특정에 관한 기준으로서 위 규칙 제58조는 친권·관리권 또는 후견에 관한 사항은 무능력자를, 입적에 관한 사항은 입적자를 각 사건본인으로 정하고 있으나 그 외의 경우에 있어서도 신분사항을 기재할 사건본인의 특정이 쉽지 아니한 경우가 있다.

(1) 출생에 관한 사항

① 사건본인은 출생자이며, 출생자의 신분사항란에만 출생사유를 기재하고 특정신분사항란인 출생란에는 출생연월일을 기재한다. 출생장소는 지번까지 기재하는 것을 원칙으로 하므로, 병원에서 출생한 경우에는 병원의 소재지를 기재함으로써 족하고 병원의 명칭을 기재할 필요는 없다(선례 1권 88항). 그러나 출생신고서에 지번을 기재하지 아니한 경우에는 동·리까지만

기재한다(예규 제453호).

② 혼인외의 자가 출생신고에 의하여 처음으로 호적을 가지게 되는 경우로서 그 모가 동일 호적 내에 없는 때에는 자의 신분사항란에 그 모의 본적과 호주의 성명 및 호주와의 관계를 기재하여야 한다.

③ 외국에서 출생한 경우에는 신분사항란에 현지시각을 기재하여야 한다.

(2) 인지에 관한 사항

인지자(父)와 피인지자(혼인외의 자)의 신분사항란에 각각 기재하여, 피인지자의 종전 호적 신분사항란에도 기재하고 제적처리한다. 그러나 사망자에 대한 인지신고가 있는 때에는 사망자인 피인지자에게는 기재하지 않고 인지자와 피인지자의 직계비속의 신분사항란에만 기재한다. 인지로 부(父) 또는 모(母)의 가(家)에 입적할 자에게 배우자 및 직계비속이 있어 법정분가를 할 경우(예규 제213호)에는 피인지자의 신분사항란에 인지사유와 함께 부 또는 모의 본적과 호주 및 호주와의 관계를 기재함으로써 부 또는 모의 호적과 연결을 도모하고 있다.

(3) 입양, 파양에 관한 사항

양친과 양자의 신분사항란에 각각 기재하고, 입양으로 제적되거나 파양으로 복적되는 호적의 양자 또는 파양자의 신분사항란에도 기재한다. 그러나 양친 중 일방이 이미 사망한 때에는 생존하는 양친의 신분사항란과 양자의 신분사항란에만 입양·파양사유를 기재하면 된다. 또한 배우자의 동의를 얻어 단독으로 양자가 된 경우에는 배우자의 신분사항란에는 입양사유를 기재하지 아니한다(예규 제255호).

(4) 혼인, 이혼에 과한 사항

① 혼가 호적의 남편과 처의 신분사항란에 각각 기재하고, 처의 친가호적의 처의 신분사항란에도 기재한다. 만일 호적공무원이 착오로 중혼을 수리

한 경우에도 전혼 및 후혼을 다같이 기재하여야 한다(예규 제478호).

② 한국인 여자가 외국인 남자와 혼인한 경우에는 친가의 처의 신분사항란에 혼인사유를 기재하고 친가호적에서 제적처리한 다음 처를 호주로 하여 일가창립의 신호적을 편제한 후, 처의 신분사항란에 혼인사유를 기재한다(예규 제436호).

반대로 한국인 남자와 외국인 여자가 혼인한 때에는 처가 혼인신고에 의하여 바로 한국국적을 취득하는 것은 아니므로 남편의 신분사항란에 혼인사유만을 기재하여 두었다가 나중에 처의 귀화신고가 있을 때에 처를 남편의 호적에 이적기재한다(예규 제557호).

③ 무적자와 혼인한 경우에는 무적자에 관한 혼인사유는 무적자가 호적을 가지게 된 후에 본적신고에 의하여 기재한다(예규 제1호).

(5) 친권, 관리권, 후견에 관한 사항

친권, 법률행위대리권, 재산관리권의 상실 또는 회복, 정지와 친권행사자의 지정·변경, 후견인의 선임 또는 해임, 후견개시·종료 등에 관한 사항은 무능력자의 신분사항란에만 기재한다(규칙 제58조 단서).

(6) 사망·실종·부재선고 및 그 취소에 관한 사항

사망자 또는 실종자 등의 신분사항란에 기재함과 아울러 제적처리 등을 하고 다른 배우자의 신분사항란에도 그 취지를 기재하여야 한다(규칙 제59조). 그리고 착오로 타인에게 사망기재를 하였을 경우에는 직권정정허가에 의하여 그 사망기재를 말소하고 원기재를 부활할 것이며, 사망한 자의 사망기재는 간이직권정정절차(그 사망신고서류를 감독법원에 송부한 후에는 당해 신고서류를 직접 방문 또는 모사전송의 방법에 의하여 확인한 후 처리)에 의하여 사망 사유 유루의 직권기재를 하여야 한다(예규 제551호).

(7) 입적, 복적에 관한 사항

입적자와 복적자의 신분사항란에 기재하고, 입적 · 복적자의 종래 호적상 신분사항란에도 기재한 후 제적처리한다. 입적자라 함은 이적신고에 의하여 입적하는 자는 물론 혼인, 인지 입양 등에 의하여 입적하는 자와 그를 따라서 같이 입적하는 자(수반입적자)를 모두 포함한다. 또한 분가자에 수반하여 입적하는 처나 직계비속 등도 입적자에 해당한다.

(8) 분가에 관한 사항

분가자(분가호주)의 신분사항란에 기재하고, 본가 호적의 분가자의 신분사항란에도 기재한 후 분가자를 제적처리한다. 여기에서 분가에는 임의분가는 물론 법정분가의 경우를 포함하며, 분가자란 분가의 호주될 자를 말한다. 분가자의 배우자나 직계비속의 신분사항란에는 분가사유는 기재하지 않고 수반입적 사유만을 기재한다.

(9) 국적의 득실에 관한 사항

국적취득자 또는 상실자의 신분사항란에 기재한다. 배우자 있는 자가 국적을 상실하거나 회복한 경우에는 다른 배우자의 신분사항란에도 그 취지를 기재한다(규칙 제59조).

(10) 개명에 관한 사항

개명한 자의 성명란에 기재된 이름을 한줄로 긋고 그 위에 개명한 이름을 기재한 후 개명한 자의 신분사항란에 개명사유를 기재한다. 개명은 본인에게는 물론 그 가족에게도 미치는 영향이 큰 점을 감안하여 배우자의 성명이 정정 또는 개명된 때에는 타방 배우자의 신분사항란에도 그 취지를 기재하고, 부 · 모의 성명이 정정 또는 변경된 때에는 자의 부 · 모란의 성명을 정정하고 신분사항란에 그 사유를 기재하여야 한다(규칙 제59조, 제62조).

(11) 취적에 관한 사항

취적자의 신분사항란에 기재한다. 즉, 취적자가 어느 가(家)의 가족인 때에는 그의 신분사항란에만 취적사유를 기재한다. 그러나 호주와 가족이 동시에 취적한 때에는 호주 및 가족의 신분사항란에 모두 취적사유를 기재하여야 한다.

(12) 호적기재의 정정 및 추완에 관한 사항

사건본인의 신분사항란에 그 사유를 기재한다. 여기서의 호적정정은 법원의 판결이나 허가에 의한 경우는 물론 호적공무원의 직권에 의한 경우를 모두 포함한다.

(13) 자(子)의 신분에 관한 기재

혼인외의 출생자가 혼인중의 출생자로 된 또는 부모의 혼인이 무효로 된 때에는 자의 신분사항란에 그 사유를 기재한다(규칙 제60조).

(14) 기타 신분사항에 관한 기재

위에서 열거한 신분사항란에 기재할 사항은 대표적인 사항인바, 그 외에도 호적법규나 예규로써 신분사항란에 기재할 사항으로 정한 경우에는 신분사항란에 기재하여야 함은 물론이다.

(15) 호주 또는 가족의 제적 및 말소에 관한 기재

① 호주 또는 가족이 분가, 혼인, 입양 등으로 다른 호적에 입적하여 종전의 호적에서 제적되는 경우 또는 사망, 실종선고, 국적상실 등에 의하여 호적에서 제적되는 경우 등이 해당된다. 이때에는 호주 또는 가족의 신분사항란에 그 사유를 기재하고 제적자의 성명란에 "제적"의 고무인을 주인하여야 한다(규칙 제76조 제1항, 예규 제541호).

② 혼인무효, 입양무효 등으로 호주 또는 가족 개인의 호적 기재를 말소하

는 경우에는 사건본인의 신분사항란에 그 사유를 기재하고, 성명란과 신분사항란에 주선을 교차하여 긋고 성명란에 "말소"의 고무인을 주인하여야 한다(규칙 제77조 제1항, 예규 제541호).

4. 기재사항의 유형

호적기재사항은 그 성질에 따라 실체적 기재사항과 절차적 기재사항으로 나눌 수 있다.

가. 실체적 기재사항

실체적인 신분관계를 기재하는 사항으로, 호적법 제15조는 다음과 같은 사항을 실체적 기재사항으로 규정하고 있다.
- 본적
- 전호주의 성명 및 호주와의 관계
- 호적의 편제 기타 호적변동사유의 내용과 연월일
- 호주 및 가족의 성명, 본, 성별, 출생연월일 및 주민등록번호
- 호주 및 가족이 된 원인과 연월일
- 호주 및 가족의 친생부모와 양친의 성명
- 호주와 가족과의 관계
- 타가에서 입적하거나 타가로 떠난 자에 대하여는 그 타가의 본적과 호주의 성명
- 호주 또는 가족의 신분에 관한 사항 등이다.

나. 절차적 기재사항

실체적 기재사항의 기재절차를 명백히 하기 위한 것으로서 신고 또는 신청의 연월일이나 신고 또는 신청인의 자격 및 성명 등과 같은 사항을 말하며, 실체적 기재사항에 연이어 기재한다.

호적법시행규칙 제53조가 규정하는 절차적 기재사항은 다음과 같다.

- 신고 또는 신청의 연월일
- 신고인 또는 신청인이 사건본인과 다른 때에는 신고인 또는 신청인의 자격 및 성명
- 호적신고(또는 신청)서의 송부연월일과 송부자의 직명
- 보고일자와 보고자의 직명
- 증서, 항해일지 등본의 작성자의 직명 및 제출연월일
- 호적기재에 관한 재판, 허가, 촉탁을 한 법원과 그 연월일

호적의 기재순위

1. 호적부의 양식

가. 호적용지

수작업에 의하여 호적사무를 처리하는 경우에 작성하는 호적부의 용지는 갑지와 을지로 구분하며, 갑지는 별지 제13호 서식에 의하고, 을지는 별지 제14호 서식에 의하여 작성하되, 갑지와 을지 각각 전면과 후면으로 나누어 양면의 기재가 가능하도록 작성하여야 한다(규칙 제14조).

갑지와 을지의 전면 우측 상부에는 '용지의 표시란'을 두어 갑지와 을지 간의 연결사항을 기재하고, 갑지와 을지의 후면 상부에는 당해 호적을 관장하는 호적관서의 명칭을 기재하여야 한다. 그리고 갑지 전면의 장수란에는 그 호적의 장수를 기재하고 시(구) · 읍 · 면의 장이 날인하여야 한다.

호적을 편제할 경우에는 우선 갑지에 의하여 작성하되, 갑지만으로는 가족을 모두 기재할 수 없을 때에는 을지를 계속 사용하고 갑지와 을지 사이에 직인으로 간인을 하며(규칙 제15조), 갑지의 전면 용지의 표시란에 용지의 번호 '1'을 기재함과 동시에 을지의 전면 용지의 표시란에도 '○○동 ○○번지 ○○○ No.2'라고 기재하여 각 호적용지를 연결시켜야 한다.

나. 전산호적부

호적사무를 전산정보처리조직에 의하여 처리하는 경우에는 호적기재사항을 보조기억장치에 기록하기 때문에 호적부의 용지나 서식에 관하여 별도로 규정하지 않고, 다만 보조기억장치에 기록된 사항에 대하여 호적등·초본(즉, 전산 호적부 등·초본)을 발급하는 경우에는 규칙 별지 제60-1호 내지 제60-5호 서식에 의하여 작성하도록 하고 있다.

[별지 제60-1~5호 서식]

전산 호적(제적) 등(초)본						
본적	시		구	동		번지
※ 내용의 양에 따라 증감						
전호주와의 관계				전호적		
부		성	본	입 적 또는 신호적		
모		별				
호주				출 생	서기 년 월 일	
				주민등록번호		
※ 내용의 양에 따라 증감						
부		성	본	전호적		
모		별		입 적 또는 신호적		
				출 생	서기 년 월 일	
				주민등록번호		
※ 내용의 양에 따라 증감						

위 등(초)본은 호적(제적)의 기록사항과 틀림없음을 증명합니다.

서기   년 월 일

○○시(읍·면)장 ○ ○ ○   직인

210mm×297mm(A4)

다. 호적기재 사항란의 분류 및 명칭

① 호적용지에 설치된 각 기재사항란은 우선 호적사항란과 신분사항란으로 구분할 수 있고, 이를 다시 세분하면 호적사항란은 본적란과 협의의 호적사항란으로 나눌 수 있고, 신분사항란은 특정신분사항란과 협의의 신분사항란(일반신분사항란)으로 나눌 수 있다.

② 실무상으로는 통상 협의의 호적사항란을 "호적사항란"으로 부르고, 협의의 신분사항란(일반신분사항란)을 "신분사항란"으로 부르고 있다.

③ 호적용지의 신분사항란은 호주의 신분사항란과 가족의 신분사항란으로 구분할 수 있는데, 양자간의 신분사항 기재란의 차이는 호주의 신분사항란에는 "전호주와의 관계란"이 있으며, 가족의 신분사항란에는 그와 같은 난이 없다는 점과 호주의 신분사항란에 설치된 "호주란" 대신에 가족의 신분사항란에는 "호주와의 관계란"이 설치되어 있다는 점이다.

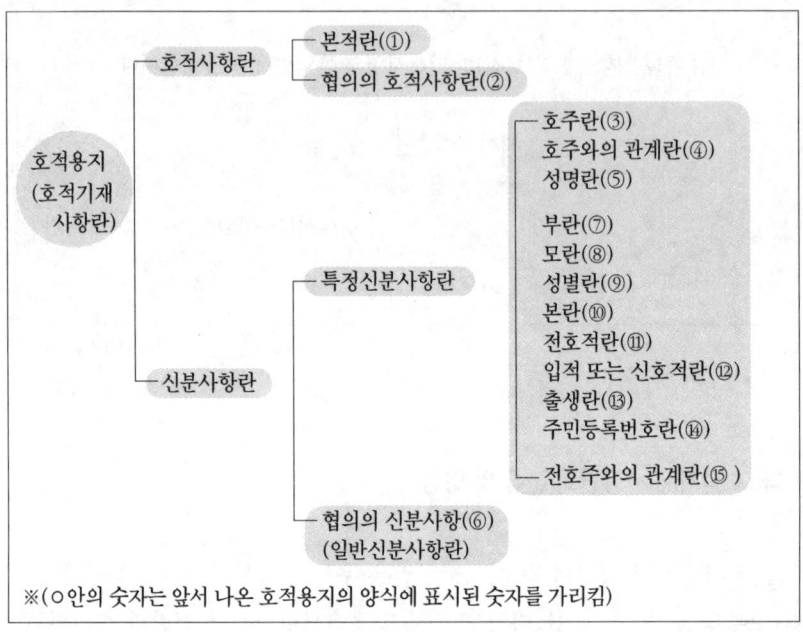

※(○안의 숫자는 앞서 나온 호적용지의 양식에 표시된 숫자를 가리킴)

2. 호적의 기재순위

가. 기본원칙

동일 호적 내의 호주와 가족의 기재는 다음 순위에 의하되, 직계존속간에 있어서는 세수가 먼 자를 선순위로 하고 직계비속 또는 방계친족간에 있어서는 세수 또는 촌수가 가까운 자를 선순위로 한다(법 제16조).

● 호주
● 호주의 직계존속
● 호주의 배우자

- 호주의 직계비속과 그 배우자
- 호주의 방계친족과 그 배우자
- 호주의 친족이 아닌 자

나. 기본원칙에 의하여 순위를 정할 수 없는 경우

위의 규정에 의하여 순위를 정할 수 없는 때에는 호적법시행규칙 제55조의 규정에 따라 다음 순위에 의한다.

① 호주의 직계존속의 배우자는 그 직계존속의 순위에 준하고

② 세수 또는 촌수가 같은 진족산에는 인장사를 신순위로 하며

③ 호주의 친족 아닌 자 간에는 친족인 가족의 순위의 선후에 의하고, 순위가 동일한 자 간에는 연장자를 선순위로 한다.

그리고 혼인중의 자와 혼인외의 자가 있을 때에는 출생의 전후에 의하여 연장자를 먼저 기재하여야 한다(예규 제185호).

다. 호적편제 후 가족이 된 자 등

호적편제 후 가족이 된 자 또는 호적의 신편제 과정에서 누락되거나 말소 호적을 부활하는 가족의 경우에는 호적의 말미에 기재하나(법 제16조 제3항), 그 호적을 다시 편제하는 때에는 가족의 순위를 바로 잡아서 기재하여야 한나(예규 세429호).

그러나 전산호적부의 경우에는 항상 법 제16조 제1항, 제2항 및 규칙 제55조 규정의 순위에 따라 기록하여야 한다(규칙 제102조 제2항).

호적기재의 방식 · 이기

1. 호적기재의 방식

가. 실체적 기재사항과 절차적 기재사항

(1) 기본원칙

항목식 기재례에 의한 호적기재는 사건마다 점선으로 구분한 칸(Cell)에 항시 실체적 기재사항과 절차적 기재사항을 항목별로 모두 기재하므로, 다음의 원칙은 문장식 기재례에 의하여 호적을 기재하는 경우에만 적용된다.

① 호적사항란 또는 신분사항란의 기재는 사건마다 행을 달리하되(규칙 제71조 제2항), 동일 신고나 신청 등에 관한 호적기재가 1행을 초과할 때에는 제2행은 제1행의 첫 글자보다 1자 앞에서부터 기재한다.

② 동일한 사건에 관한 실체적 기재사항과 절차적 기재사항은 사건발생의 시간적 순서에 따라서 연속적으로 단일 기재례에 의하여 기재하되 콤마(,)로써 구분한다. 그러나 창설적 신고는 신고로 실체적 효과가 발생하므로 실체적 기재사항과 절차적 기재사항의 구분 없이 합일하여 기재한다.

③ 호적신고사건의 실체적 기재사항과 절차적 기재사항의 발생연월일이 같은 때에는 맨 먼저 기재되는 호적기재사항의 발생연월일만 기재하고, 나

머지 호적기재사항의 발생연월일 기재는 생략한다.

(2) 구체적 기재 방법

(가) 실체적 기재사항의 발생연월일

신분변동사유(호주 및 가족이 된 원인 또는 제적사유 등)의 발생연월일은 그 기재사항이 혼인·입양 등 창설적 신고사항일 때에는 그 효력발생일을 기재하고, 출생·사망 등 보고적 신고사항일 때에는 그 사건발생일을 기재하며, 호적의 변동사유(편제·말소)의 발생연월일은 호적부에 편제, 말소, 제적의 호적기재를 사실상 완료하고 서미인을 날인 또는 식별부호를 기록한 연월일을 기재한다.

그러나 호적신고를 접수한 때에는 접수 당일에 수리 여부를 결정하여야 하고(예규 제452호), 수리한 때에는 수리 당일 호적기재를 하여야 하므로 본적지외 호적관서에서 수리한 호적신고 외에는 접수연월일과 호적편제 등의 연월일은 같음이 원칙이다. 따라서 호적편제·말소·제적의 연월일은 그 기재를 생략함이 보통이고, 출생연월일은 특정신분사항란에 별도로 기재하기 때문에 협의의 신분사항으로서의 기재는 생략한다.

(나) 호적신고, 신청, 보고 등의 연월일

● 본적지 호적관서에서 접수한 경우

절차적 기재사항인 신고, 신청, 보고, 증서의 등본 또는 항해일지등본의 세출, 호직기재의 촉탁 등의 연월일은 시(구)·읍·면의 장이 이를 '수리한 연월일'이 아니라 '접수한 연월일'을 기재한다(예규 제536호). 이때 접수연월일이란 호적사건접수장의 접수연월일란에 기재된 일자를 말하며, 이는 수리일과 구별되나 신고, 신청, 보고, 증서의 제출, 촉탁 등은 접수 당일 수리 여부를 결정함을 원칙으로 하기 때문에(규칙 제45조), 보통의 경우에는 접수연월일과 수리연월일이 일치하게 된다. 그러나 신고서 등의 접수일자와 수리일자가 다른 경우에는 접수일자를 신고일자로 기재하여야 하고 수리일자를 기재하여서는 아니된다.

● 본적지외 호적관서에서 접수한 경우

본적지외의 호적관장자인 시(구) · 읍 · 면의 장이나 재외공관의 장이 접수한 일자를 기재한다(예규 제53호).

(다) 신고인, 신청인

신고인 또는 신청인이 사건본인과 다른 경우에만 신고인 또는 신청인의 자격과 성명을 기재하도록 규정하고 있으므로(규칙 제53조 제1항 제2호), 신고인 등이 사건본인인 때에는 그 자격과 성명을 기재하지 않는다. 여기에서 "자격"이라 함은 호적신고나 신청 등을 할 수 있는 지위를 뜻하는 것으로, 출생신고의 경우 부 · 모, 호주, 동거자, 분만에 관여한 자 등과 같이 호적법규가 정한 자격을 말한다.

신고인 등이 부, 모(또는 양부, 양모), 호주인 경우와 같이 자격의 기재만으로써 특정되는 때에는 성명을 기재하지 않고 그 자격만을 기재할 수 있으나(규칙 제53조 제2항), 동거자 등처럼 특정되지 않는 경우에는 자격 이외에 성명도 반드시 기재하여야 하며, 대리인에 의하여 호적신고 등을 하는 때에도 대리인이라는 자격 표시와 함께 성명을 기재한다(예규 제120호).

(라) 본적지외 호적관서 수리사건의 송부연월일 및 송부자의 직명

다른 시(구) · 읍 · 면의 장이나 관공서(재외공관 등)로부터 신고서류의 송부가 있는 때에는 신고, 신청 등에 관한 기재와 송부에 관한 기재는 다같이 절차적 기재사항이므로 합일하여 하나의 절차적 기재사항으로 기재하되, 송부의 연월일은 본적지 시(구) · 읍 · 면의 장이 신고서류를 송부받은 연월일 즉, 본적지 호적관장자가 신고서류를 다시 접수한 연월일을 기재하여야 하고(예규 제536호), 송부자의 직명은 시장이 송부한 때에는 "○○시장"으로, 구청장이 송부한 때에는 "○○시 ○○구청장"으로, 읍 · 면의 장이 송부한 때에는 "○○군 ○○읍(면)장"으로 기배하며, 직명 이외에 그 직위에 있는 자의 성명은 기재할 필요가 없다.

(마) 증서 · 항해일지등본, 보고서의 작성자 · 보고자의 직명

증서의 등본, 항해일지등본, 보고서에 의하여 호적을 기재하는 때에는 등본 또는 보고서의 작성자 · 보고자의 직명과 보고 또는 제출연월일을 기재한다(규칙 제53조 제5호).

(바) 호적기재에 관한 재판 · 허가 · 촉탁을 한 법원과 그 연월일

◐ 호적기재에 관한 재판 · 허가의 의미

여기에서 재판이라 함은 호적기재를 명하는 재판(법 제127조)뿐만 아니라 호적기재의 원인이 되는 가사소송절차상 판결(이혼, 파양, 혼인 및 입양의 무효나 취소 등) 및 화해나 조정 또는 조정에 갈음하는 결정, 호적비송절차상 허가결정(법 제120조 내지 제123조)을 포함하는 개념이며, 허가는 재판 이외의 호적사무감독상의 직권기재 · 정정허가를 말한다.

◐ 재판이나 허가에 의하여 호적기재신청이 있는 경우

재판 또는 허가법원의 명칭과 재판 또는 허가의 연월일 이외에 재판의 사건명을 기재하되, 신고 또는 신청에 관한 사항과 콤마(,)로 구분하여 기재한다.

재판 · 허가의 연월일은 판결, 조정에 갈음하는 결정, 즉 즉시항고를 할 수 있는 심판의 경우에는 그 확정일을, 그 밖의 심판과 결정의 경우에는 그 허가일을, 화해나 조정은 그 성립일을 기재할 것이다. 즉시항고할 수 있는 심판으로는 한정치산 및 금치산선고, 동 선고취소 기각의 심판(가사소송규칙 제36조, 제38조 제2항), 실종선고 및 동 선고취소 기각의 심판(동 규칙 제57조), 후견인 해임심판(동 규칙 제67조), 친권행사의 지정 · 변경신판과 친권 · 법률행위 대리권 · 재산관리권의 상실선고 및 실권회복선고(동 규칙 제94조, 제103조) 등이 있다.

◐ 가정법원의 호적기재촉탁이 있는 경우

호적기재에 관한 재판사항으로 재판을 한 법원의 명칭, 재판확정연월일, 사건명 이외에 촉탁법원의 명칭과 촉탁연월일을 기재한다. 그러나 재판을 한 법원과 촉탁법원이 같은 경우에는 촉탁법원 명칭의 기재는 생략한다.

(사) 직권기재연월일

시(구)·읍·면의 장이 규칙 제66조에 의하여 감독법원의 허가를 얻어 직권으로 호적기재를 하는 때나 규칙 제68조에 의하여 감독법원의 허가없이 직권기재서를 작성하여 직권기재하는 경우에는 직권기재하는 취지와 그 연월일을 기재하여야 한다. 여기에서 직권기재연월일이란 직권기재허가서나 직권기재서를 호적사건접수장에 접수한 연월일을 말한다.

나. 호적의 제적에 관한 기재방식

(1) 호주 또는 가족 개인의 호적제적

호주 또는 가족이 분가(법정분가 포함), 혼인, 입양 등으로 다른 호적에 입적하여 종전의 호적에서 제적되거나 사망, 실종선고, 국적상실 등에 의하여 호적에서 제적되는 경우에는, 그 사건본인의 신분사항란에 당해 신고내용에 관한 기재 외에 제적에 관한 기재를 하고 제적자의 성명란에 "제적"의 고무인을 주인한다(규칙 제76조 제1항, 예규 제541호 제2조).

【기재례】

① 문장식 기재례

부모	김갑남 이을녀	성별	여	본 金海	전호적	천안시 대창동 5번지 호주 김갑남
처	김 길 녀(金 吉 女) 제 적				입 적 또는 신호적	천안시 대창동 5번지 호주 김갑남
					출 생	서기 1960년 5월 3일
					주민등록번호	600503-1234567
천안시 대창동 5번지에서 출생, ○년 ○월 ○일 부 신고 (인)						
○년 ○월 ○일 홍길동과 혼인 (인)						
○년 ○월 ○일 홍길동과 협의이혼신고, ○년 ○월 ○일 제적 (인)						

② 항목식 기재례

부	김갑남	성 별	여	본	전호적	천안시 대창동 5번지 호주 김갑남
모	이을녀			金海		
처	김 길 녀(金 吉 女) 제 적				입 적 또는 신호적	천안시 대창동 5번지 호주 김갑남
					출 생	서기 1960년 5월 3일
					주민등록번호	600503-1234567
출 생	【출생장소】 천안시 대창동 5번지 【신고일】 ○년 ○월 ○일 【신고인】 부					
혼 인	【신고일】 ○년 ○월 ○일 【배우자】 홍길동					
이 혼	【협의이혼신고일】 ○년 ○월 ○일 【배우자】 홍길동 【제적일】 ○년 ○월 ○일					

(2) 호적 전부(호주 및 가족 전원)의 제적

호주 및 가족 전원이 종전의 호적에서 제적됨으로써 호적전부를 말소하는 때에는 호적사항란에 그 말소사유를 기재하고 본적란에 "제적"의 고무인을 주인하여야 한다(규칙 제76조 제2항, 예규 제541호).

나. 호적정정의 기재방식

(1) 호적의 말소

(가) 호주 또는 개인의 호적 말소

혼인무효, 입양무효, 인지무효 등의 확정판결이나 취적무효, 분가무효, 중복호적 등의 말소에 관한 법원의 허가에 의하여 호주 또는 가족개인의 호적기재를 전부 말소하는 경우에는 그 사건본인의 신분사항란에 그 사유를 기재하고, 성명란과 신분사항란에 주선을 교차하여 긋고, 성명란에 "말소"의 고무안을 주인하여야 한다(규칙 제77조 제1항, 예규 제541호).

(나) 호적 전부(호주 및 가족 전원)의 말소

호주승계무효, 분가무효 또는 이중호적의 말소 등으로 호적의 전부를 말소하는 경우에는 호적사항란에 그 취지를 기재하고 본적란에 말소의 고무인을 주인하여야 하며 호주 및 가족의 각 성명란과 신분사항란에 주선을 교차하여 긋고 각 성명란에는 말소의 고무인을 주인한 후 호적부에서 제거한다.

【기재례】

① 문장식 기재례(호주 또는 가족 개인의 호적 말소)

부	홍길동	성	남	본	전호적	
모	김길녀	별		南陽		
자	대치(大治) 말소				입적 또는 신호적	
					출생	서기 1970년 4월 3일
					주민등록번호	700403-1234567
서울 종로구 창신동 11번지에서 출생, ○년 ○월 ○일 부 신고 (인)						
○년 ○월 ○일 ○○법원 부 ○○○ 모 ○○○와 친생자관계부존재확인판결확정, ○년 ○						
○월 ○일 ○○○신청, ○년 ○월 ○일 말소 (인)						

② 항목식 기재례(호주 또는 가족 개인의 호적 말소)

부	홍길동	성	남	본	전호적	
모	김길녀	별		南陽		
자	대 치(大 治) 말 소				입 적 또는 신호적	
					출 생	서기 1970년 4월 3일
					주민등록번호	700403-1234567
출 생	【출생장소】 서울특별시 종로구 창신동 11번지 【신고일】 ○년 ○월 ○일 【신고인】 부					
말 소	【친생자관계부존재확인판결확정일】 ○년 ○월 ○일 【판결법원】 ○○법원 【부】 ○○○ 【모】 ○○○ 【신청일】 ○년 ○월 ○일 【신청인】 ○○○ 【말소일】 ○년 ○월 ○일					

(다) 호적사항란 또는 신분사항란 중 특정 기재사유의 말소

당해 호적사항란 또는 신분사항란에 말소사유를 기재한 후 말소대상인 호적 기재를 주선으로 긋는다.

(2) 말소된 호적의 부활

(가) 개인(일부 가족)의 호직이 말소된 경우

당해 호적의 맨 끝 순위(전산호적부의 경우에는 법 제16조 제1항, 제2항 및 규칙 제55조 규정의 순위에 따른)에 말소원인사유 발생 당시를 기준으로 하여 말소된 호적을 부활 기재한다. 이때 부활하는 호적에는 원호적(말소 호적)의 기재사항 중 다음 사항을 이기(예규 제408호 제5조 제2항)한 후 부활사유를 기재하되, 호적의 말소원인이 된 위법 또는 무효인 호적신고 · 신청 등(예: 혼인 제적, 입양제적, 인지제적 등)에 관한 사유는 부활기재하지 아니한다.

① 출생에 관한 사항

② 현재 효력있는 인지, 입양, 혼인, 친권, 관리권, 후견에 관한 사항

③ 국적에 관한 사항

④ 본인의 개명에 관한 사항

⑤ 본인의 성명 · 출생연월일 및 배우자의 성명 정정에 관한 사항(다만, 간이직권정정사항은 제외)

(나) 호적 전부(호주 및 가족 전원)가 말소된 경우

호적사항란에만 부활편제사유를 기재하고 호적이 말소된 원인사유 발생 당시를 기준으로 하여 말소된 호적을 새로 부활 편제한다.

이때 말소된 호적으로부터 부활 편제하는 호적에는 원호적(말소된 호적)의 기재사항 전부를 이기하여야 하나 호적의 말소원인이 된 위법 또는 무효인 호적신고 · 신청 등(예: 혼인무효, 인지무효, 입양무효 등)에 관한 사유는 부활 기재하지 아니하며, 다음 사항은 이기하지 아니하여도 무방하다(예규 제408호).

① 행정구역의 명칭 변경사유(지번변경 포함)

② 재제사유

③ 최후의 전적사유 이외의 전적사유

③ 일본통치시대의 창씨개명 및 성명복구사유

(3) 협의의 신분사항란의 정정

협의의 신분사항란에 그 정정사유를 기재하고 정정된 부분에 하나의 주선을 그으며, 전산호적부의 경우도 정정된 기록부분에 전산시스템에 의하여 하나의 선을 긋는다.

특정 신분사항란 호적기재를 정정하는 때에는 협의의 신분사항란에 그 정정 사유를 기재하고 특정 신분사항란의 정정대상인 호적기재를 주말한 후 그 위에 정정기재를 하거나 추가 기재한다.

그러나 전산호적부의 경우에는 정정대상부분을 삭제하고 바로 그 자리에 정정된 사항을 기록하며, 협의의 신분사항란에 정정전의 사항과 정정사유를 함께 기록한다.

라. 서미인 날인 · 식별부호의 기록

시(구) · 읍 · 면의 장은 호적기재를 할 때마다 기재의 말미에 서미인(書尾印)을 날인하여야 하고(규칙 제72조 제1항), 전산정보처리조직에 의하여 호적사무를 처리하는 경우에는 호적기재사항을 기록할 때마다 그 식별부호를 입력하여야 한다(규칙 제107조 제1항). 이는 호적기재의 책임한계와 공증력을 보장하기 위한 것으로서, 호적사무에 관하여 시(구) · 읍 · 면의 장을 대리하는 자도 대리자격을 표시하고 서미인의 날인 또는 식별부호의 기록을 하여야 하며(규칙 제72조 제2항, 제104조 제1항), 대리자격의 표시는 "부시장", "부구청장", "부면장" 등과 같이 그 직위나 직급을 표시함으로써 족하고 성명을 기재할 필요는 없다(예규 제432호).

서미인이나 식별부호는 호적사항란이나 신분사항란에 새로운 호적기재를 한 경우뿐만 아니라 호적부에 기재된 문자를 정정 · 삽입 · 삭제하거나 전호적의 재제 · 보완한 경우에도 호적사항란의 재제 · 보완사유 기재의 말미와 모든 호적 사항과 신분사항 기재의 말미에 날인 또는 기록하여야 한다(예규 제429호, 제432호). 그리고 전임 시(구) · 읍 · 면장의 서미인의 날인이 누락된 것을 발견한 때에는 후임 시(구) · 읍 · 면장이 감독법원의 허가를 얻어 후임 시(구) · 읍 · 면장의 서미인을 날인하여야 한다.

시(구) · 읍 · 면의 장이나 그 직무대리자가 취임하게 된 때에는 5일 이내에 호적사무에 사용할 서미인 또는 식별부호를 감독법원에 보고하여야 한다(규칙 제3조, 제107조 제2항).

2. 호적기재의 이기

가. 호적기재 이기의 개념

기존 호적부에 이미 기재되어 있는 호적기재사항을 새로 편제하는 호적이나 또는 입적·복적하는 호적에 옮겨서 기재하는 것도 말한다. 호적기재사항 중에는 성질상 이기의 필요성이 없는 것도 있으므로 호적기재의 이기는 반드시 기존의 호적기재 전부에 대하여 하여야 하는 것은 아니다. 따라서 전적지의 호적이나 새로 호적을 편제하는 경우 또는 입양, 혼인, 이혼 등으로 입적·복적하는 경우에는 종전의 호적기재사항 중 중요한 사항만을 이기하도록 규칙으로 정하고 있으며(규칙 제73조 내지 제75조), 이에 따른 구체적인 이기사항에 관하여는 호적예규 제408호(신호적 편제, 재제, 입적·복적시의 호적이기범위에 관한 지침)에 상세히 규정되어 있다.

또한 호적전산화를 위하여 호적법시행규칙 부칙 제2조의 규정에 의하여 호적을 개제하는 경우의 전산이기 방법과 범위에 관하여는 예규 제577호에서 규정하고 있다.

나. 호적재제시의 이기 범위

호적부가 조만간 멸실될 우려가 있을 때에는 호적기재사항 전부를 이기하여야 한다. 그러나 호적전산화를 위한 재제 등 그 이외의 사유로 호적을 재제하는 경우에는 다음 각 호의 사항은 이기하지 아니하여도 무방하다.

① 행정구역의 명칭변경사유(지번변경 포함)
② 재제사유
③ 최후의 전적사유 이외의 전적사유
④ 일본통치시대의 창씨개명 및 성명복구사유

다. 신호적의 편제 · 입적 · 복적시의 이기범위

(1) 이기사항

호주승계, 호주승계회복 기타 호주의 변경이 있어(분가, 일가창립, 폐가나 무후가 부흥 등) 새로운 호적을 편제하는 경우(법 제18조), 또는 입양, 혼인, 파양, 이혼 기타의 사유로 인하여 입적 또는 복적하는 경우에는 다음 각 호의 사항은 중요한 사항이므로 이를 이기하여야 한다.

그러나 혼인이나 입양 또는 인지가 무효된 경우는 입적이나 복적에 해당되지 않으며, 호적기재의 말소 및 부활의 방법에 따라 처리한다(예규 제462호).

① 출생에 관한 사항

② 현재 효력이 있는 인지 · 입양 · 혼인 · 친권 · 관리권 · 후견에 관한 사항

③ 국적에 관한 사항

㉮ 국적취득 사유

㉯ 배우자의 국적상실사유

④ 본인 또는 배우자의 개명에 관한 사항

⑤ 호적정정에 관한 사항 중

간이직권정정절차에 의하지 아니한 본인의 성명 · 출생연월일 및 배우자의 성명 정정에 관한 사항

⑥ 사망 · 실종에 관한 사항

배우자의 사망, 실종선고, 부재선고에 관한 사항은 재혼 전에는 이기하여야 함

(2) 현재 효력이 있는 사항의 판단

① 혼인으로 혼가에 입적되었던 여자가 이혼으로 인하여 친가에 복적한 후 그 친가가 호주승계를 원인으로 하여 신호적을 편제하는 경우, 부부가

이혼하면 혼인으로 인하여 발생하였던 인척관계가 모두 소멸되므로 혼인사유와 이혼복적사유는 현재 효력이 없는 사항이 되어 이를 이기할 필요가 없는 것이다. 그러나 혼인관계의 해소(이혼)로 이혼복적시에 기재된 전호적란의 기재사항(종전 혼가의 표시)은 인척관계의 소멸과는 별개로 타가에서 입적된 자임을 공시할 필요가 여전히 있는 것이므로 호주승계를 원인으로 한 신호적의 편제시도 이를 이기하여야 한다.

② 혼인으로 혼가에 입적되었던 여자가 남편이 사망한 뒤 복적신고에 의하여 친가에 복적한 후 그 친가가 호주승계를 원인으로 하여 신호적을 편제하는 경우, 배우자 일방이 사망하면 부부관계는 해소되지만 혼인으로 인하여 발생한 인척관계는 재혼을 하기 전에는 소멸되지 아니하므로(따라서 재혼을 하는 경우 재혼가의 호적에는 전혼사유 등을 이기할 필요가 없음), 그 여자의 신분 사항란에 전혼사유와 부(夫)의 사망사유 및 복적사유 그리고 전호적란에 기재된 사항(종전 혼가의 표시)을 이기하여야 한다(선례 3권 36항).

라. 전적시의 이기범위

전적의 경우에는 그 전적신고서에 첨부한 호적등본에 기재된 사항 중 다음 각 호의 사항은 중요한 사항이므로 이를 이기하여야 한다(규칙 제73조).

① 신호적의 편제에 관한 사항(전적에 관한 사항은 이기하지 아니함)

② 출생에 관한 사항

③ 현재 효력이 있는 인지 · 입양 · 혼인 · 친권 · 관리권 · 후견에 관한 사항

④ 국적에 관한 사유

　㉮ 국적취득사유

　㉯ 배우자의 국적상실 사유

⑤ 본인 또는 배우자의 개명에 관한 사항

⑥ 호적정정에 관한 사항 중

간이직권정정절차에 의하지 아니한 본인의 성명 · 출생연월일 및 배우자의 성명 정정에 관한 사항

⑦ 사망 · 실종에 관한 사항

배우자의 사망, 실종선고, 부재선고에 관한 사항은 재혼 전에는 이기하여야 함.

현재 효력이 있어 이기하여야 할 사항인지 여부는 신호적의 편제 또는 입적 · 복적으로 이기할 때와 같이 판단하면 된다.

마. 부활기재의 이기범위

호주 및 가족 전원의 제적 또는 말소로 그 전부가 말소된 호적을 부활편제하는 경우에는 호적재제시의 이기범위를 준용하고, 제적되거나 호적기재 전부가 말소된 개인의 호적기재사항을 부활기재하는 경우에는 신호적 편제 또는 입적 · 복적시의 이기범위에 관한 사항을 준용한다(예규 제540호 제5조).

바. 호적부의 전산이기범위

호적사무를 전산정보처리조직에 의하여 처리하기 위하여 기존의 호적부에 기재되어 있는 호적사항을 전산호적부에 기록하는 경우에는, 호적부의 재제에 준하여 호적부에 기재되어 있는 사항을 모두 이기하는 것이 원칙이나 다음 각 호의 사항은 그 이기를 생략할 수 있다.

그러나 현행 호적부가 조만간 멸실될 우려가 있다고 인정되는 경우에는 호적부의 기재사항을 모두 이기하여야 하고, 호적부의 기재사항 중 말소사항이 없는데도 착오로 주선된 호적의 기재사항임이 명백한 경우에는 그 주선된 사항도 이기하여야 한다(예규 제577호).

① 호주 이외의 자로서 말소 또는 제적된 자에 관한 사항

② 최후의 전적 이외의 전적에 관한 사항

③ 최후의 재제 이외의 재제에 관한 사항

④ 행정구역의 명칭변경(지번변경 포함)에 관한 사항

⑤ 일본통치시대의 창씨개명 및 성명복구사유에 관한 사항

제4장 호적신고

호적신고 통칙

1. 호적신고의 개념

　호적부의 기재는 신고, 신청, 증서의 등본, 항해일지의 등본 또는 재판서 등에 의하여 기재하는 경우와 호적사무관장자가 직권으로 기재하는 경우가 있으나, 이 가운데서 가장 대표적인 것이 호적신고이고 호적기재의 대부분이 호적신고에 의하여 이루어지고 있다.

　따라서 호적의 신고(申告)라 함은 신고인이 호적사무관장자인 시·구·읍·면의 장에 대하여 호적부에 일정한 신분사항의 공시(기재)를 요구하는, 다시 말하면 행정상의 처분을 요구하는 공법행위를 말한다. 호적사무관장자는 호적의 신고에 대하여 수리 또는 불수리처분을 하여야 한다.

2. 호적신고의 종류

　호적신고는 보고적 신고와 창설적 신고라는 전혀 성질이 다른 두가지 종류의 신고가 있다.

가. 보고적 신고

보고적 신고는 이미 효력이 발생한 신분관계의 호적신고사항을 사후에 단순히 법적 의미로 신고하는 호적신고를 말한다. 출생이나 사망과 같은 경우 법적효과는 그 사실이 발생하였을 때에 생기는 것이고 신고에 의하여 발생하는 것이 아니며 신고는 다만 그러한 사실의 보고에 불과한 것이다. 이와 같이 이미 발생한 일정한 사실 또는 이미 성립된 법률관계에 관한 호적신고를 보고적 신고라고 한다. 이 보고적 신고는 신고의무자 및 신고기간을 정하고 있고 법정신고 기간 내에 신고를 해태한 자에 대하여 과태료를 부과함으로써 신고를 강제하고 있다.

이 보고적 신고의 예를 들면 다음과 같다.

- 출생신고
- 재판 또는 유언에 의한 인지신고
- 인지된 태아의 사산신고
- 재판에 의한 입양무효
- 재판에 의한 이혼 · 이혼취소신고
- 부 또는 모의 친권, 관리권의 상실과 실권선고의 취소신고
- 후견개시신고
- 후견인경질신고
- 후견종료신고
- 사망신고
- 실종선고취소신고
- 호주승계신고
- 호주승계회복신고
- 일가창립신고
- 귀화신고
- 개명신고

● 취적신고
● 호적정정신청

나. 창설적 신고

창설적 신고는 신고에 의하여 신분관계의 변동이 발생 · 변경 · 소멸하는 호적신고를 말한다. 신고여부는 신고인의 자유의사에 따르므로 신고의무자 · 신고기간 신고해태에 관한 제재규정도 적용되지 않으나, 신고를 하지 않으면 신분관계의 변동이라는 효력이 발생하지 아니한다.

예컨대, 혼인은 사실상의 부부생활을 몇 년간 계속해도 법률상 부부관계가 성립하지 않고 혼인신고에 의하여 비로소 법률상 부부라는 신분관계가 성립한다. 이와 같이 신분관계의 발생, 변경, 소멸의 효력을 생기게 하는 호적신고를 창설적 신고라고 한다.

이 창설적 신고의 예를 들면 다음과 같다.
● 입적 · 복적신고
● 폐가신고
● 폐가 · 무후가부흥신고
● 분가신고
● 혼인신고
● 협의이혼신고
● 인지신고
● 협의파양신고
● 전적신고

사실상 혼인관계 존재확인의 재판에 의한 혼인신고의 경우 학설은 보고적 신고로 보나 판례는 창설적 신고로 본다.

창설적 신고는 그 신고에 의하여 발생하는 신분변동의 효과가 실체법상의 효과인가 아니면 절차법상의 효과인가에 따라서 다시 실체적 창설적(實體的

創設的) 신고와 절차적 창설적(節次的 創設的) 신고로 나눌 수 있다.

실체적 창설적 신고의 사례	절차적 창설적 신고의 사례
○ 혼인신고 ○ 협의이혼신고 ○ 입양신고 ○ 협의파양신고 ○ 임의인지신고 ○ 협의에 의한 친권행사자 지정 및 변경신고 ○ 친권자의 재산관리권의 사퇴 및 회복신고 ○ 후견인의 사퇴신고 등	○ 입적신고 ○ 복적신고 ○ 분가신고 ○ 전적신고 ○ 폐가신고 ○ 친가부흥신고 ○ 일가창립신고 등

3. 신고인

신고인은 특정의 호적신고를 할 수 있는 적격자를 말한다. 보고적 신고의 경우에는 각 신고마다 신고하야야 할 신고의무자가 정하여져 있으며 창설적 신고의 경우에는 일정한 신분행위를 하려는 자가 신고하여야 한다.

가. 보고적 신고

(1) 신고하여야 할 자는 호적법 해당조항에 각 신고마다 신고하여야 할 신고의무자가 정해져 있고, 한 신고에 여러 명의 신고의무자가 있을 때에는 그 순위가 정하여져 있다(제51조, 제88조 등).

(2) 신고의무자가 아닌 자가 한 신고는 원칙적으로 수리할 수 없으나 착오로 수리한 경우는 그 효력에는 영향이 없다.

(3) 신고를 하여야 할 자가 미성년자(의사능력 있는) 또는 금치산자인 때에는 친권을 행사하는 자 또는 후견인을 신고의무자로 한다. 그러나 미성년자(의사능력 있는) 또는 금치산자는 단독으로 신고를 하여도 무방하다. 다만, 금치산자의 경우에는 신고서에 신고사건의 성질 및 효과를 이해할 능력이 있음을 증명할 수 있는 진단서를 첨부하여야 한다(제30조 제1항, 제31조 제2항). 한정치산자는 자신이 신고하여야 한다.

나. 창설적 신고

(1) 창설적 신고에 있어서 신고할 자는 민법 또는 호적법에 의하여 정하여진다.

(2) 이 신고는 신고의무자는 없고 일정한 신분행위를 하려는 자가 신고하기로 되어 있으므로, 이 외의 자의 신고는 수리할 수 없고 수리하였더라도 그 효력은 발생하지 않는다.

4. 신고의 대리

신고의 대리를 임의대리와 법정대리로 나누어 보기로 한다.

가. 임의대리

(1) 보고적 신고의 임의대리

(가) 서면에 의한 보고적 신고는 임의대리(任意代理)에 의한 신고가 허용되지 않는다.

(나) 구술에 의한 보고적 신고는 신고인이 질병 기타 사고로 출석할 수 없

을 때에는 (임의) 대리인으로 하여금 신고하게 할 수 있다(제36조 제3항).

(다) 구술에 의한 신고는 시·읍·면의 장이 신고인의 진술을 필기하고 신고연월일을 기재하고 이를 신고인에게 읽어 들려준 후 신고인으로 하여금 그 서면에 기명날인하도록 하여야 한다(제36조 제2항).

(2) 창설적 신고의 임의대리

(가) 창설적 신고에 있어서도 구술로 신고하는 경우에 한하여 임의대리에 의한 신고가 허용된다. 따라서 보고적 신고의 경우와 다를 바 없다(제36조 제3항).

(나) 그러나 창설적 신고 중에서 본인의 의사를 절대로 존중하여야 할 다음과 같은 경우에는 구술에 의한 신고이든 서면에 의한 신고이든 임의대리인에 의한 신고가 허용되지 않는다. 여기서 본인의 의사가 절대로 존중되어야 할 창설적 신고는 ① 인지신고(제60조, 제61조), ② 입양신고(제66조), ③ 파양신고(제92조), ④ 혼인신고(제76조), ⑤ 이혼신고(제79조)를 말한다(제36조 제3항).

나. 법정대리

(1) 보고적 신고의 법정대리

보고적 신고를 하여야 할 자가 미성년자이거나 금치산자인 경우에 법정대리인이 신고하도록 하고 있다(제30조 제1항). 그러나 미성년자 또는 금치산자가 신고를 하여도 무방하다.

(2) 창설적 신고의 법정대리

(가) 원칙

창설적 신고는 본인의 의사가 존중되어야 할 신고이므로 미성년자나 금치산자라도 의사능력이 있는 한 직접 신고함을 요하며 법정대리인에 의환 대리신고는 허용되지 않는다.

창설적 신고를 하여야 할 자가 의사능력이 없는 미성년자나 금치산자인 경우에도 법정대리인이 대리신고를 할 수 없으며, 법정대리인의 동의를 얻더라도 무능력자가 단독으로 직접 신고할 수도 없다(호적예규 제244호).

(나) 예외

① 위의 원칙에 대하여 법률에 특별한 규정이 있는 경우에는 법정대리인이 신고를 할 수 있다. 즉, ㉠ 15세 미만의 입양승낙(민법 제869조), ㉡ 15세 미만자의 협의파양(민법 제899조), ㉢ 전적신고 및 취적신고는 법정대리인이 사건본인에 갈음하여 신고할 수 있다(호적예규 제7호).

② 법정대리인이 미성년자나 금치산자를 위하여 신고를 할 경우에는 신고서에 ㉠ 신고를 하여야 할 자의 성명, 출생연월일, 본적, ㉡ 무능력의 원인, ㉢ 신고인이 친권을 행사하는 자 또는 후견인이라는 것을 기재하여 신고의 무자로서 신고행위를 대행할 수 있는 자격을 표시한다(제30조 제2항).

5. 신고사건의 본인

신고사건의 본인이라 함은 신고의 당사자로서 신고에 의하여 호적에 기재되는 자를 말한다.

각종 호적신고의 신고사건의 본인을 열거하면 다음과 같다.

- 출생신고는 출생자
- 인지신고는 인지자와 피인지자
- 입양신고는 양친과 양자
- 파양신고는 양친과 양자

● 혼인신고는 부 및 처
● 이혼신고는 부 및 처
● 친권(관리권)지정변경신고는 친권자와 자
● 친권(관리권)상실신고는 친권자와 자
● 후견개시신고는 후견인과 피후견인
● 후견인경질신고는 전후 후견인과 피후견인
● 후견종료신고는 후견인과 피후견인
● 사망신고는 사망자
● 실종선고신고(실종선고취소신고)는 실종자
● 입적신고는 입적자
● 복적신고는 복적자
● 분가신고는 분가자
● 귀화신고는 귀화자
● 국적상실신고는 국적상실자
● 개명신고는 개명자
● 전적신고는 전적자 전원
● 취적신고는 취적자 전원
● 호적정정신청은 호적정정을 요하는 자

6. 신고장소

　호적신고는 원칙적으로 신고사건 본인(신고의 당사자로서 신고에 의하여 호적에 기재되는 자)의 본적지 또는 신고인의 주소지나 현주지의 시(구)·읍·면의 사무소에 하여야 한다. 그러나 시에 있어서 출생, 사망의 신고는 위 신고장소가 사망자, 출생자의 주민등록지 또는 주민등록을 할 지역과 같은 경우에는 사망자, 출생자의 주민등록지 또는 주민등록을 할 지역을 관할하는 동사무소에 신고할 수 있다.

외국에 있는 대한민국 국민은 그 지역을 관할하는 대한민국 재외공관에 신고할 수 있고 직접 본적지에 신고할 수도 있다. 대한민국의 국적이 없는 자에 관한 신고는 그 거주지 또는 신고인의 주소지나 현주지에서 하여야 한다.

호적신고의 장소는 신고지 일반원칙 외에 각종 호적신고에 따라 특칙의 규정이 있다.

가. 신고지 일반원칙

신고는 신고사건 본인의 본적지 또는 신고인의 주소지(住所地)나 현주지(現住地)에서 이를 하여야 한다(제25조).

(1) 본적지 : 사건본인의 본적지라 함은 신고당시의 사건본인의 본적지를 말한다. 따라서 그 신고에 의한 다른 시·구·읍·면으로 본적이 변동될 때에는 제적지가 이에 해당된다(입적지가 아니다). 신고의 해태를 방지하고 신고인의 편리를 위하여 신고인은 신고당시의 주소지 또는 현주지에서 신고할 수 있다.

(2) 주소지 : 주소지라 함은 생활의 근거지를 말하고, 현행법상 주소는 동시에 두 곳 이상 있을 수 있다(민법 제18조). 따라서 그 수개의 주소지외 어느 한 곳에서 신고할 수 있다.

(3) 현주지 : 현주지는 주소지 이외의 거주지 등 일시체류지를 말한다. 신고인은 사건본인의 본적지 또는 신고인의 주소지나 현주지에서 신고할 수 있는데, 이 외의 지에서 한 신고는 수리할 수 없다. 그러나 착오로 수리한 때에는 그 신고는 유효한 것이며, 수리한 때에는 효력이 발생한다.

대한민국의 국적이 없는 자에 관한 신고는 그 거주지 또는 신고인의 주소지나 현주지에서 하여야 한다.

나. 예외

(1) **특정장소** : 태아인지신고는 인지자의 본적지에서 신고하여야 한다(제61조)고 규정하여 이를 적용하지 않고 특칙을 두고 있다.

(2) **부가적 장소** : 신고는 일반원칙에 의한 신고지에서 하여야 하나, 다음 신고는 일반원칙에 의한 신고지에 부가적으로 각 해당조항에 정한 곳에서도 신고할 수 있다.

(가) 출생신고는 출생지에서 신고할 수 있다(제50조 제1항) : 기차 기타 교통기관에서 출생한 때에는 모가 교통기관에서 내린 곳에서 신고할 수 있다(제50조 제2항).

항해일지의 비치가 없는 선박 중에서 출생할 때에는 그 선박이 최초로 입항한 곳에서 신고할 수 있다(제50조 제2항).

(나) 사망신고는 사망지 · 매장지 또는 화장지에서 신고할 수 있다(제89조) : 사망지가 분명하지 아니한 때에는 사체가 처음 발견된 곳에서, 기차 기타 교통기관에서 사망이 있었을 때에는 그 사체를 교통기관에서 내린 곳에서, 항해일지를 비치하지 아니한 선박 내에서 사망이 있었을 때에는 그 선박이 최초로 입항한 곳에서 각 신고할 수 있다(제89조).

(다) 호주승계신고와 호주승계회복신고는 피승계인의 본적지에서도 할 수 있다(제101조).

(라) 전적신고는 전적지에서 신고할 수 있다(제115조).

(마) 취적신고는 취적지에서 신고할 수 있다(제117조).

(3) **외국에 있는 대한민국 국민에 관한 신고** : 호적법의 적용은 속지적인 동시에 속인적인 것으로 외국에 있는 한국인은 그 주소지국에 주재하는 우

리나라의 공관에 신고 또는 신청할 수 있고 또 직접 본적지에 우송으로 신고할 수 있다(제39조).

그 나라 방식에 의한 신고사건에 관하여 증서를 작성한 경우에는 1월 이내에 그 증서의 등본을 그 지역의 재외공관의 장에게 제출하여야 하며(제40조), 또 직접 자기 본적지의 시·구·읍·면의 장에게 우편으로 직송할 수도 있다(호적예규 제250호).

(4) 외국인의 신고 : 대한민국의 국적이 없는 자에 관한 신고는 그 거주지 또는 신고인의 주소지나 현주지에서 신고하여야 한다(제25조 제2항).

(5) 동(洞)에의 신고 : 주민등록과 호적과는 대등병립한 독립된 것인 바, 양자 공히 개인의 신분관계를 등록하는 점에서 상호밀접한 연결과 조정이 이루어지게 되는 것이므로 인구동태 및 주민등록사항의 기본이 되는 출생, 사망에 대하여서만 신고 사건본인의 주민등록지 또는 주민등록을 할 지역의 관할 동(洞)에서 수리한 때에는 동장은 소속 시장 또는 구청장을 대행하여 본적지 관할 시·구·읍·면의 장에게 송부(소속 시장 또는 구청장에게 송부할 필요 없음)할 수 있도록 하였다(제25조의 2).

(6) 본적 불명의 신고 : 본적이 분명하지 아니한 자 또는 본적이 없는 자에 관한 신고가 수리된 후 그 자의 본적이 분명하여진 때 또는 그 자가 본적을 가지게 된 때에는 신고인 또는 신고사건 본인은 신고사건을 표시하여 신고를 수리한 시·구·읍·면의 장에게 그 사실을 신고하여야 한다(제26조).

7. 신고기간

보고적 신고에 대하여는 각 신고마다 신고기간이 정하여져 있으며 이는 이미 발생한 신분관계의 변동사항을 조속히 호적부에 기재하기 위한 것이다. 그러나 창설적 신고는 신고하여야 효력이 발생하는 것이므로 신고기간이 있을 수 없다. 보고적 신고에 있어 신고기간은 일률적으로 1월로 정하고 있으나 다만, 호주승계인이 외국에 있는 경우에는 3월 이내에 호주승계신고서를 발송하여야 한다.

신고기간은 신고사건 발생일로부터 기산하는 것이지만 사망신고, 호주승계신고의 경우와 같이 그 사실을 안 날로부터 기산하는 예외도 있다. 그리고 재판의 확정일로부터 기간을 기산하여야 할 경우에 재판이 송달 또는 교부 전에 확정된 때에는 송달 또는 교부된 날로부터 기산한다.

신고기간이 경과한 후의 신고라도 이를 수리하여야 하며 신고의무를 해태한 신고의무자는 과태료의 제재를 받게 된다.

8. 호적신고 방법

호적신고는 서면 또는 구술로 할수 있다.

가. 서면에 의한 호적신고

① 호적신고를 작성하여 제출하는 방법으로 하여야 하는바, 신고사항별로 신고서 양식이 마련되어 있다.

② 신고서에는 소정의 기재사항을 기재하고 신고인이 기명날인하여야 한다. 신고서는 한글과 아라비아숫자로 기재하여야 하나, 사건본인의 성명과 본은 한자로 표기할 수 없는 경우를 제외하고는 한자로 기재하고, 이 경우 성명의 한글표기를 병기하여야 한다. 신고인, 증인, 동의자 등이 신고서에 날인하여야 할 경우에는 서명으로 이에 갈음할 수 있고, 날인 또는 서명을

할 수 없을 때에는 무인하고 그 사유를 기재하여야 한다.

③ 신고서의 첨부서류가 외국어로 작성된 것인 때에는 번역문을 첨부하여야 한다(규칙 제29조 제2항).

④ 신고인 본인이 반드시 신고서를 지참하여 제출하여야 하는 것은 아니고, 우편 또는 타인을 사자(使者)로 하여 제출할 수도 있다.

나. 구술에 의한 호적신고

신고인이 시(구)·읍·면의 사무소에 출석하여 신고서에 기재하여야 할 사항을 진술하여야 하며, 시(구)·읍·면의 장이 신고인의 진술을 필기하고 신고의 연월일을 기재하여 이를 신고인에게 읽어 주고 신고인으로 하여금 그 서면에 기명날인하게 하는 방법으로 한다.

9. 신고서의 수와 첨부서류

가. 신고서의 수

2개소 이상의 시·구·읍·면의 사무소에서 호적의 기재를 하여야 할 경우에는 시·구·읍·면의 사무소의 수와 동수의 신고서를 제출하여야 한다(제35조 제1항).

본적지 외에서 신고하는 경우에는 전항의 규정에 의하는 외에 신고서 1통을 더 제출하여야 한다(제35조 제2항).

위의 경우 상당하다고 인정한 때에는 시·구·읍·면의 장은 신고서의 등본을 작성하여 이를 신고서에 갈음할 수 있다(제35조 제3항). 이 등본은 신고서와 동일한 서식에 의하여 작성하고, 인증문을 부기하고, 시·구·읍·면의 장의 직명과 성명을 기재한 후 그 직인을 찍어야 한다(시행규칙 제24조 제2항).

같은 시·구·읍·면에서 2 이상의 호적에 기재하는 사건에는 신고사건의 본인과 같은 수의 신고서류를 제출하게 할 수 있다. 그러나 시·구·읍·면의 장은 수리한 신고서류의 등본을 작성하여 이에 갈음할 수 있다(시행규칙 제33조).

나. 신고서에 첨부할 서류

(1) 동의승낙허가를 요하는 사건의 신고에 필요한 첨부서류

신고사건에 있어서 부모 기타의 동의 또는 승낙이 필요한 경우에는 신고서에 그 동의 또는 승낙을 증명하는 서면을 첨부하여야 한다. 그러나 친족회가 동의를 하는 경우에는 친족회의 결의록을 첨부하여야 하며, 그 외의 동의 또는 승낙에 있어서는 동의 또는 승낙을 한 자로 하여금 신고서에 그 사유를 부기하고 기명날인하게 할 수 있다. 또 신고사건 신고인 또는 신고사항 등에 있어서 재판 또는 관청의 허가를 요하는 사항이 있는 때에는 신고서에 그 재판 또는 허가서의 등본을 첨부하여야 한다(제37조).

(2) 호적법규에서 규정한 첨부서류

(가) 금치산자가 신고할 경우 : 신고사건의 성질 및 효과를 이해하는 능력이 있음을 증명할 수 있는 의사의 진단서(제31조 제2항)

(나) 취적신고 : 법원의 취적허가등본(제116조)

(다) 귀화신고 : 귀화허가를 증명하는 서면(제109조의 2)

(라) 출생신고 : 의사, 조산사 기타 분만에 관여한 자가 작성한 출생증명서(제49조 제4항), 부가 혼인 외의 자의 출생신고를 할 때에는 모의 호적등본(예규 제114호)

(마) 사망신고 : 사망진단서, 검안서 또는 사망사실증명서면(제87조 제3

항). 사망사실증명서면의 예를 들면 동·리장 또는 인우 2인 이상의 증명서 (예규 제437호) 등이 있다.

(바) 혼인·입양신고 : 호적등본(시행규칙 제46조)

(사) 유언인지신고 : 유언서등본, 유언녹음을 기재한 서면(제64조)

(아) 유언에 의한 입양신고 : 입양에 관한 유언서등본 또는 유언녹음을 기재한 서면(제69조)

(자) 유언에 의한 후견인지정신고 : 유언서, 그 등본 또는 유언녹음을 기재한 서면(제85조)

(차) 국적상실신고 : 국적상실을 증명하는 서면(제112조 제3항)

(카) 법무부장관에 의한 국적상실의 통보 : 국적상실을 증명하는 서면(제112조의 2 제1항)

(타) 전적·분가신고 : 호적등본(제107조, 제114조)

호적사무관장자 또는 재외공관의 장은 신고서류를 심사하기 위하여 필요한 때에는 호적의 등본 또는 초본이나 기타 서류를 제출하게 할 수 있다(시행규칙 제46조).

(3) 첨부서면 관련사항

(가) 시·읍·면·동의 장이나 재외공관의 장은 신고서를 심사하기 위하여 필요한 때에는 호적의 등본 또는 초본이나 기타 서류를 제출하게 할 수 있다(시행규칙 제46조).

(나) 호적상 첨부서류를 요하는 신고에 있어서 그 첨부가 없는 때에는 수리할 수가 없다. 그러나 호적법시행규칙 제46조 또는 기타 예규 등에 의하여 호적의 등·초본 및 증명서의 제출을 요구할 수 있을 때에 그 제출을 아니할 경우라도 신고서 및 신고서의 기재내용이 적법하다고 인정되면 수리하여야 한다.

(다) 호적신고 및 신청서류에 첨부한 호적 및 제적등·초본은 발행한 날로부터 1년 이내의 경우와 기재사항에 변경이 없다는 증명을 한 날로부터 1

년 이내의 경우에는 이를 수리하여야 한다.

(라) 재외국민(한국에 와서 직접 신고하는 경우 포함)의 경우는 호적 및 제적등 · 초본을 발행한 날로부터 2년 이내의 경우와 기재사항변경이 없다는 증명을 한 날로부터 2년 이내의 경우에는 수리하여야 한다(호적예규 제359호).

(마) 호적 신고서류에 첨부하는 서면은 그 신고서류의 각 통에 이를 첨부하여야 한다. 이 경우에 그 중 1통에 등본을 첨부한 때에는 다른 신고서류에는 신고인 또는 신청인이 이를 등사한 등본을 첨부케 하고 이를 시(구) · 읍 · 면의 장이 인증하여 이에 갈음할 수 있다. 그러나 예를 들면 사망신고를 주소지에서 신고한 때에는 진단서의 원본은 본적지에 송부할 신고서에 첨부하고 재판상의 파양, 이혼의 신고에 있어 양자 또는 처의 친생자가 다른 시(구) · 읍 · 면에 있는 때에는 재판의 등본을 양친 또는 남편의 본적지에 송부할 신고서에 첨부하여야 한다(호적예규 제13호).

10. 신고서류의 처리

가. 신고서류의 접수

호적신고의 접수라 함은 호적신고서류(신고서와 첨부 서면)나 신고사실을 접수의 권한있는 호적관서가 수취하여 관리하는 사실행위를 말한다. 따라서 호적사무관장자가 호적신고를 적법 · 유효한 것으로 인정하여 그 절차에 따라 이를 처리하고자 하는 행정처분인 수리와는 다른 개념이다. 호적기재의 직접적인 원인행위가 되는 것은 호적신고의 수리처분이다.

시(구) · 읍 · 면 · 동의 장이나 재외공관의 장이 호적에 관한 신고서류를 접수하거나 송부받은 때에는 우선 호적사건접수장에 접수번호의 순서대로 등재(규칙 제43조 제1항)한 후, 신고서류의 첫 장 표면의 난 외에 접수인(별지 제30호 서식)을 찍고 접수번호 및 접수연월일을 기재한 후 처리자가 날인하여야 하며, 신고인의 청구가 있는 때에는 접수증을 교부하여야 한다.

접수된 신고서류에는 첫 장 표면의 상부 우측여백에 호적법시행규칙 별지 제33호 서식의 처리상황란을 설치하고 각 해당사항을 기재한 후 처리자가 날인하여야 한다.

나. 신고서류의 심사

호적에 관한 신고가 접수되면 호적사무관장자인 시(구)·읍·면의 장은 그 신고서가 민법 및 호적법 등이 규정한 요건을 구비하고 있는가를 심사하여 신고서의 적법·유효 여부를 판단한 후 수리 또는 불수리의 처분을 하게 된다.

이때 시(구)·읍·면의 장이 신고서에 대하여 가지는 심사할 권한을 심사권이라고 하는데, 신고서류를 접수한 때에는 원칙적으로 지체없이 심사하여 접수당일에 수리 여부를 결정하여야 한다(예규 제452호).

① 우리 현행법은 신고서류의 심사방법으로 형식적 심사주의를 택하고 있으므로 시(구)·읍·면의 장은 신고인이 제출하는 신고서 및 첨부서류만에 의하여 법정의 요건을 구비하고 있는지 또는 절차에 부합하는지 여부를 심사하여야 한다. 예컨대 혼인신고의 경우, 혼인적령이나 동의를 요하는 혼인에 있어서의 동의 유무, 중혼의 금지 등의 규정에 위배되는지 여부 등에 관하여 심사하여야 하고, 혼인의사의 유무에 대하여는 심사할 것이 아니다. 즉 신고내용의 진실성이나 신고인의 진의에 대해서는 심사할 권한도 의무도 없는 것이다.

② 그러나 시(구)·읍·면의 장은 신고가 허위임을 공적으로 확인할 수 있을 때에는 비록 법정요건을 구비하였다 할지라도 수리를 거부할 수 있고(예규 제182호), 또한 수리한 경우에도 그 신고사항이 허위임이 명백한 경우

에는 기재를 거부할 수 있다.

③ 시(구) · 읍 · 면의 장이 신고서류를 심사하기 위하여 필요한 때에는 그 호적관장자가 관장하지 아니하는 호적의 등본이나 초본을 제출하게 할 수 있다.

다. 신고서류의 수리 · 불수리

(1) 본적지 호적관서에서 접수한 신고서류의 처리

시(구) · 읍 · 면의 장은 심사결과 그 요건에 흠결이 없으면 수리처분을 하고, 신고서류에 미비된 점이 있으면 이를 보완 또는 추완하게 하여야 하며 필요한 때에는 신고인으로 하여금 이미 접수된 신고서류의 기재사항을 보충하거나 정정하게 할 수 있다(예규 제452호).

그러나 호적신고에 무효인 하자가 있거나 중대한 위법의 하자가 있는 때에는 그 처리를 거부하는 행정처분인 불수리처분을 하여야 한다.

(2) 본적지외 호적관서에서 수리하여 본적지 호적관서로 송부된 신고서류의 처리

① 호적신고서류에 흠결이 없거나 내용에 취소사유가 있는 경우에는 그 호적신고에 따른 호적기재를 하여야 한다.

② 무효 또는 취소사유가 아닌 사소한 착오나 유루가 있는 경우에는 접수 즉시 그 신고인이나 신고의무자에게 그 하자의 추완을 최고하여야 한다. 추완 최고에도 불구하고 신고인 등이 곧바로 추완을 하지 아니하는 경우 ㉮ 신고인이 추완을 하지 않더라도 그 호적신고서에 의하여 호적기재를 할 수 있는 때에는 호적기재를 한 후 유루된 사항에 대하여는 별도의 추완신고에 의하여 처리하도록 할 것이나, ㉯ 호적기재를 할 수 없으면 특종신고서류편철장에 편철하여 보존하고 추완의 신고를 기다려 상당한 처분을 한다.

③ 신고내용에 무효사유가 있음이 명백한 때에는 무효인 사유를 부전지

등에 명시하여 송부받은 호적신고서 등과 함께 송부한 본적지외 호적관서로 반려한다. 이때 호적신고서 등을 반려받은 호적관서의 호적공무원은 그 호적신고서 등을 다시 심사하여 무효사유가 있다고 인정되는 때에는 그 수리처분을 불수리로 변경하고 그 뜻을 신고인에게 통지하여야 하며, 그 호적신고서 등은 불수리신고서류 편철장에 편철하여 보존한다.

(3) 접수장의 정리

접수장의 "수리사항란"에는 신고사건의 수리 또는 불수리의 취지 및 일자를 기재하되, 수리 또는 불수리의 일자가 접수일자와 같은 때에는 그 기재를 생략할 수 있으며(규칙 제45조), 본적지외 호적관서로 반려한 때에는 비고란에 그 반려한 연월일을 기재한다. 그리고 신고인은 신고의 수리 또는 불수리의 증명서를 청구할 수도 있다.

(4) 불수리 절차

신고서를 수리하지 아니한 때에는 그 사유를 지체없이 신고인에게 서면(규칙 별지 제34호 서식)으로 통지하고, 불수리한 신고서류는 불수리신고서 편철장에 편철하여 보존하되 신고인의 청구에 따라 신고서 이외의 첨부서류는 환부할 수 있다.

11. 호적신고의 철회 · 경합 · 추완

가. 호적신고의 철회

호적신고의 철회라 함은 호적신고를 수리하기 전에 신고인이 신고를 취하 또는 취소하는 의사표시를 말한다. 이 철회의 의사표시는 서면에 의하여야 할 것이다.

(1) 보고적 신고의 경우

보고적 신고는 이미 발생한 사실이나 이미 성립된 법률관계에 대한 신고일뿐만 아니라 신고의무자의 의무이행이므로 신고의 철회는 허용되지 않는다고 한다. 따라서 보고적 신고의 철회가 있는 경우에도 그 신고사항이 허위임이 공적으로 확인되거나 명백한 때에 한하여 불수리처분을 할 수 있을 뿐이고, 그 외에는 수리하여 호적기재를 하여야 하며 신고의 착오로 인하여 호적기재의 하자가 있는 경우에는 호적정정절차를 취하게 할 것이다.

(2) 창설적 신고의 경우

창설적 신고의 효력은 호적공무원이 신고서를 수리한 때에 발생하게 되므로 철회의 시기도 신고를 수리하기 전까지만 허용된다고 보아야 한다.

그러나 협의이혼신고의 경우에는 협의이혼의사를 확인 받은 당사자의 일방이 이혼신고가 접수되기 전에 이혼의사의 철회를 할 수 있도록 하고 있는데, 이는 가사분쟁의 특수성을 고려하여 예외적 규정을 마련한 것으로 보인다(규칙 제92조, 예규 제348호). 협의이혼신고의 경우에는 예외적으로 신고의 접수전에만 철회가 가능하므로 이혼신고서 또는 이혼의사의 철회서면을 접수할 때에는 각 호적사건접수장 또는 문서건명부에 접수연월일과 접수시각(예: 2000.5.15. 14:25)까지 반드시 명기하여야 하고 이혼신고서, 철회서면에도 접수연월일 및 시각을 명기하여 처리한다(예규 제348호).

정당한 철회권자는 그 호적신고의 신고인으로서 신고의 내용인 신분행위를 할 수 있는 지위에 있는 자임을 요하며, 대체로 신고적격자와 일치한다 할 것이다. 따라서 1인의 단독의사로 신고할 수 있는 호적신고(예: 인지신고)는 그 단독의사로 철회가 가능할 것이나, 다수당사자의 합의에 의한 호적신고인 혼인신고, 입양신고 등의 경우에는 그 전원의 합의에 의하여서만 신고의 철회가 가능하다고 할 것이다.

나. 호적신고의 경합

호적신고의 경합이란 동일한 신고인 또는 복수의 신고인에 의하여 수개의 동일한 신고가 수리된 경우를 말한다. 이는 현행법상 신고를 접수할 수 있는 호적관서가 복수로 정해져 있고 또한 신고의 장소가 신고사건본인의 본적지 또는 신고인의 주소지, 현주지 등으로 다원화되어 있기 때문에 발행하게 되는 현상이다.

① 동일한 신고가 경합된 경우에는 먼저 수리된 신고에 의하여 호적기재를 하여야 한다(규칙 제63조 제1항).

② 나중에 수리한 신고에 의하여 이미 호적기재를 마친 때에는 먼저 수리된 신고에 맞추어 호적의 기재를 정정하여야 한다(규칙 제63조 제2항).

다. 호적신고의 추완

호적신고의 추완이라 함은 호적신고를 수리한 후 그 기재이전에 신고의 흠결을 보정하는 절차를 말한다. 따라서 신고의 수리 전에 신고의 흠결을 바로 잡는 절차인 보정이나 호적기재 이후에 신고(호적기재)의 흠결(유루)을 바로 잡는 절차인 호적정정과는 개념상 구별되고 있다.

그러나 호적예규와 선례는 호적기재 이후의 추완신고로 일부 유루가 있는 경우에 한하여 허용하고 있으므로 호적정정제도와 근접한 제도로 실무상 활용되고 있다.

(1) 신고의 추완이 인정되는 경우

(가) 호적기재 전의 경우

호적법 제44조는 "시·읍·면의 장은 신고를 수리한 경우에 흠결이 있으므로 인하여 호적의 기재를 할 수 없는 때에는 신고인 또는 신고의무자로 하여금 이를 추완하게 하여야 한다"라고 규정하고 있다. 따라서 신고의 추완은 신고의 불비로 인하여 호적의 기재를 할 수 없는 경우에 인정됨이 원칙이다.

◐ 본적이 판명된 경우

본적신고(법 제26조)는 추완신고의 대표적인 예라 할 것이다. 즉, 신고의 당시에 본적이 없거나 본적이 분명하지 아니한 자에 관한 신고가 수리된 후 그 자가 본적을 갖게 되거나 분명해진 때에는 신고인 또는 신고사건본인이 그 사실을 안 날로부터 1월 이내에 신고를 수리한 시(구)·읍·면의 장에게 신고사건을 표시하여 본적신고를 하여야 한다.

◐ 부(父) 미정의 출생신고를 한 경우

민법 제844조에 의하여 부를 정할 수 없는 때에는 "부(父) 미정"의 출생신고를 할 수 있으며, 그 신고서류는 특종 신고서류 편철장에 편철하여 두었다가 부를 정하는 판결이 확정된 경우 추완신고에 의하여 부의 성과 본을 따라 부가에 입적기재할 것이다(예규 제171호).

◐ 이혼신고서에 복적할 가(家)를 잘못 기재한 경우

이혼신고서에 혼가를 떠나는 자가 복적할 가의 본적과 호주를 기재함에 있어 친가가 전적 등으로 변경되었음에도 이를 간과하고 혼가의 '전호적란'을 그대로 기재한 경우에는 이혼당사자 일방이 소명자료를 첨부하여 추완신고를 할 수 있다(선례 2권 204항).

(나) 호적기재 후의 경우

신고에 의하여 호적의 기재를 한 후에는 원칙적으로 추완은 인정되지 아니하고 호적정정만이 가능하며 다만, 예외적으로 호적기재의 일부 유루가 있는 경우에만 추완이 인정된다고 할 것이다. 이는 호적신고의 추완이 호적정정제도와의 관계로 인하여 일정한 한계를 갖기 때문으로, 호적의 기재 후에 호적기재의 착오를 발견할 경우에는 호적정정절차에 의하여야 한다.

▶ 동의를 유탈한 경우

호적의 신고에 필요한 부모 기타의 동의가 흠결되었음에도 신고가 수리된 것을 발견하였을 때에도 그 신고사건에 대하여 사실상 동의를 하였으나 이를 증명하는 서면의 첨부 또는 신고서의 부기를 유탈한데 지나지 아니한 경우에는 호적법 제44조의 규정에 의하여 이를 추완하게 할 수 있다(예규 제12호).

▶ 전적신고 전에 출생신고를 하였으나 전적신고에 유탈된 경우

전적지에서 전적신고를 한 경우 전적신고를 수리한 전적지 시(구)·읍·면의 장은 전적에 따른 호적을 편제한 그 호적등본과 전적신고서류를 본적지에 송부하게 되는바, 이때 전적지의 시(구)·읍·면의 장으로부터 송부받은 전적신고에 첨부한 호적등본을 호적부와 대조한 결과 그 등본 교부 후에 수리한 출생신고의 기재가 전적지의 신호적에 유루된 사실을 발견한 경우에는 추완신고를 하게 하여 그 자에 관한 입적의 절차를 밟을 것이나, 만약 위 출생신고가 본적지 변경 후에 수리된 것인 때에는 호적법시행규칙 제64조의 규정에 의하여 이를 말소하고 그 신고서류를 신본적지에 송부하여야 한다(예규 제46호).

▶ 분가에 수반입적할 자가 유루된 경우

분가호주의 가족이 될 자가 수인(數人) 있음에도 분가자에 따라 입적할 자를 유루한 신고서를 수리하여 호적기재를 한 때에는 추완의 절차에 의하여 보정할 수 있다(예규 제41호).

▶ 양자(養子)의 처(妻)가 생가호적에 잔존한 경우

남편의 입양에 따라 양가에 입적할 처가 양가의 호적에 입적되지 아니한 경우에 그 유루가 시(구)·읍·면의 장의 과오에 기인한 때에는 호적법 제22조 2항에 의하여 직권정정의 절차를 취하여야 하나, 입양신고서에 그 기재를 유탈함에 기인한 때에는 동법 제44조에 의하여 추완의 신고를 하게 하여야 한다(예규 제66호).

◐ 본(本)이 한글로 기재된 경우

호적의 재제, 편제 또는 혼인, 입양 등의 사유로 타가에서 입적하는 경우에 본이 한글로 기재된 호적에 관하여는 호적법 제34조에 의하여 해당신고서 기타 사항란에 본을 한자로 추완기재토록 하고 당해 호적에도 본을 한자로 기재하도록 조처할 것이다(예규 제290호).

◐ 전호적에 불명한 사항이 신고서에 부기되지 아니한 경우

신호적을 편제하거나 입양, 복적의 기재를 하여야 할 경우에 이기대상인 원호적에 주민등록번호, 성, 본, 출생사유 등의 기재가 없는 경우에는 호적법 제34조의 규정에 의하여 신고서에 이를 기재하도록 하여 필요한 호적기재를 할 것이나, 만약 이것을 신고서에 유탈한 때에는 추완신고를 하게 하여 그 기재를 하도록 하고 있다(예규 제38호).

◐ 명(名) 미정(未定)으로 기재된 자의 경우

명 미정의 출생신고 후의 추완신고에는 고유의 법정기한은 없으나 시(구)·읍·면의 장이 호적법 제43조 및 제44조의 규정에 따라 상당한 기간을 정하여 신고의무자에게 그 기간 내에 추완할 것을 최고한 때에는 그 기한 내에 추완신고를 하여야 하며, 이를 해태한 때에는 과태료가 부과될 수 있다(선례 1권 45항).

◐ 호적에 "미수복지구 거주"로 기재되어 있는 자가 월남한 경우의 호적정정

추완신고에 의하여 바로 잡는다(예규 제201호 4).

◐ 외국인과 혼인한 여자가 친가에 재적한 경우

외국인과 혼인신고한 여자가 친가호적에서 제적되지 아니하고 신분사항란에 혼인사유만 기재되어 있는 때는 신본적지를 추완신고하여 그 여자를 호주로 한 일가창립 신호적을 편제하고 친가호적에서 제적시킬 수 있다(예규 442호).

(2) 추완신고인 적격

① 흠결있는 호적신고를 한 당해 신고인임을 원칙으로 하며, 신고인이 여러 명인 경우에는 그 전원이 추완신고인이 되어야 하는 것이 원칙이겠으나 그 중 한사람만의 신고도 무방할 것으로 생각된다.

② 법정대리인이 한 신고에 관하여 추완신고를 할 경우 신고무능력자가 신고능력을 갖게 된 때에는 신고능력을 갖게 된 자가, 법정대리인(후견인 등)이 변경된 때에는 변경된 법정대리인이 추완신고를 하여야 할 것이다.

③ 본(本)신고를 한 신고인이 아닌 다른 신고의무자도 추완신고를 할 수 있는가가 문제되는데, 신고의무자의 개념은 보고적 신고에만 해당되므로 보고적 신고의 추완신고는 신고인이 아닌 다른 신고의무자가 하더라도 무방하리라고 본다. 그러나 창설적 신고에는 신고의무자가 있을 수 없으므로 신고인만이 추완신고인의 적격자가 된다.

(3) 추완신고서 처리

추완신고는 원신고서의 불비를 보완하는 별개의 신고이므로 추완신고에도 원칙적으로 신고에 관한 규정이 적용된다.

① 본적지 외의 시(구)·읍·면에서 수리한 추완신고서가 흠결있는 호적신고서와 함께 본적지 시(구)·읍·면의 장에게 송부되어 온 때에는 이를 일괄하여 한 개의 신고로 보고 접수 및 호적기재를 하여야 한다(예규 제48호). 따라서 이 경우에는 본(本)신고서만을 접수하고, 추완신고는 본신고서에 첨부하여 편철·보존하게 된다.

② 흠결있는 호적신고서와 그 추완신고에 의하여 같은 달에 호적기재를 완료한 경우에는 두 개의 신고서류를 합철하고, 본신고와 추완신고가 월(月)을 달리하여 호적기재를 완료한 경우에는 그 신고서류를 각기 접수한 해당 월(月)분의 다른 신고서류와 함께 편철한다(예규 제22호).

라. 본적변경 후 신고

본적변경 후 신고라 함은 본적지가 변경된 후에 하는 신고를 말한다. 예컨대, 원적지 시(구)·읍·면의 장이 신고인의 출생신고를 접수하여 호적에 기재한 후 전적지의 시(구)·읍·면의 장으로부터 전적신고서가 송부되어 그 전적신고와 첨부된 호적등본을 심사한 결과, 원적지에서의 출생신고사건 접수일시가 전적지에서의 전적신고 수리시간보다 나중일 경우에 이 출생신고가 본적변경 후 신고이다.

① 본적지 변경 후 호적신고에 의하여 전 본적지의 시(구)·읍·면의 장이 호적의 기재를 한 때에는 그 기재를 말소하고 그 사유를 호적에 기재하여야 하며, 그 신고서류는 신 본적지 시(구)·읍·면의 장에게 송부하여야 한다. 전 본적지 시(구)·읍·면의 장으로부터 이 신고서를 송부받은 신 본적지 시(구)·읍·면의 장은 이 신고서에 의하여 호적에 기재를 하게 된다 (규칙 제64조).

② 그러나 전 본적지의 시(구)·읍·면의 장이 호적기재를 마친 후 당해 신고서류를 이미 감독법원에 송부한 경우에는 당해 신고사항의 기재가 있는 호적등·초본에 의하여 신 본적지의 시(구)·읍·면의 장이 직권기재를 한다.

통상의 호적신고

---

1. 출생신고

가. 개설

출생신고는 사람의 출생사실을 사실 그대로 신고하는 보고적 신고를 말한다. 국민은 원칙적으로 출생신고에 의하여 처음으로 호적에 등재하게 된다.

출생신고는 출생이라는 기성사실을 공부인 호적부에 등재하기 위한 신고이므로 보고적 신고이나 부(父)가 혼인외의 자에 대하여 친생자출생의 신고를 한 때에는 그 신고는 인지의 효력이 있으므로 이 경우의 출생신고는 창설적 효력을 병유(倂有)한다고 할 수 있다.

출생의 유형으로 이들 혼인중의 자와 혼인외의 자의 출생으로 구분할 수 있다.

혼인중의 자란 혼인관계가 있는 법률상부부 사이에서 출생한 자를 말하고 부(父)의 성과 본을 따라 부가에 입적하고 부가 외국인인 때에는 모의 성과 본을 따를 수 있고 모가에 입적한다.

처가 혼인중에 포태한 자는 부의 친생자로 추정하며 혼인성립의 날로부터 200일 후 또는 혼인관계 종료의 날로부터 300일 이내에 출생한 자는 혼인중에 부에 의하여 포태한 것으로 추정한다. 또 친생부인의 확정판결에 의하여 친생추정의 효력이 깨어지지 않는 한 친생부인의 소를 제기한 때에도 출생신고를 하여야 한다.

또 친생자의 추정이 경합되는 경우에는 당사자의 청구에 의하여 가정법원이 부를 정하도록 하고 있으며 이 경우 가정법원의 결정이 있기 전에도 모는 부미정(父未定)의 출생신고를 하여야 하고 부를 정한 판결이 확정되면 추완신고에 의하여 부의 성과 본을 따라 부가에 입적기재하여야 한다.

다음 혼인외의 자라 함은 법률상부부가 아닌 자 사이에서 출생한 자를 말하며 사실혼관계, 간통관계, 무효혼관계 등의 남녀 사이에서 출생한 자와 친생부인 또는 친자관계부존재확인의 재판에 의하여 호적상 부의 친생자가 아님이 확정된 자도 그 모의 혼인외의 자가 된다. 그러나 혼인외의 자라도 부모가 혼인한 때에는 그때로부터 혼인중의 자로 보며 이를 준정(準正)이라 한다.

혼인외의 자는 부의 인지신고에 의하여 부의 가에 입적할 수 있으나 부가에 입적할 수 없는 때에는 모가에 입적할 수 있고 모가에 입적할 수 없는 때에는 일가를 창립한다.

부를 알 수 없는 혼인외의 자는 모의 출생신고에 의하여 모의 성과 본을 따라 모가에 입적한다. 그러나 혼인외의 자가 부의 성과 본을 알 수 있는 경우에는 그 부의 성과 본을 따를 수 있으나 부의 성명을 알 수 있는 경우에도 부의 인지가 없는 한 부란에 부의 성명을 기재할 수 없고 또한 혼인외의 자가 부의 성과 본을 알 수 있는 경우에도 그 부가 외국인인 때에는 모의 성과 본을 따라야 한다.

나. 신고절차

(1) 신고인(의무자)

(가) 혼인중의 자의 신고의무자

출생신고는 부 또는 모가 하여야 하고 출생신고를 부 또는 모가 할 수 없는 경우에는 ① 호주, ② 동거하는 친족, ③ 분만에 관여한 의사, 조산사 또는 기타의 자가 그 순위에 따라 출생신고를 하여야 한다. 만일 출생자가 병원, 교도소 기타 시설에서 출생한 때에는 그 시설의 장 또는 관리인이 출생신고를 하여야 한다.

여기에서 동거하는 친족이란 출생당시에 출생자와 동거하는 친족을 말하고 동일 호적 내에 있는 친족에 한하는 것이 아니다. 또한 동거는 일상생활관계에 있어서 가족적인 상태에 이르렀음을 요하며 단순히 일시적으로 가옥 내에 거주함에 불과한 자는 동거자라 할 수 없다. 그리고 호주는 출생자의 출생당시의 호주를 말하는 것이고 출생당시의 호주를 승계한 승계호주까지 포함하는 것은 아니다. 위 신고의무자 중 후순위자가 출생신고를 하는 경우에는 선순위자가 신고할 수 없는 사유를 신고서(기타 사항란)에 부기하여야 한다.

(나) 혼인외의 자의 신고의무자

출생신고의무자는 모이다. 모가 신고할 수 없을 때에는 ① 호주 ② 동거하는 친족 ③ 분만에 관여한 의사, 조산사 또는 기타의 자가 그 순위에 따라 출생신고를 하여야 한다. 여기에서 호주란 혼인외의 자가 출생할 당시의 생모가 속하였던 가의 호주를 말한다.

혼인외의 자에 대한 부의 출생신고는 인지의 효력을 갖는 창설적 신고이므로 부가 출생신고를 할 수 없는 경우에도 부 이외의 다른 자가 부의 혼인외의 자로 출생신고를 할 수는 없다.

부가 혼인외의 자에 대한 출생신고를 할 때에는 모가 유부녀가 아님을 증명하는 공증서면으로 호적등본을 첨부하여야 하나 모가 무적으로 호적등본을 첨부할 수 없을 때에는 모가 유부녀가 아님을 보증하는 2인 이상의 인우보증서를 첨부하여야 한다. 다만, 모의 본적지가 출생신고를 수리하는 호적관서의 관할 내에 있는 때에는 모의 호적등본을 첨부함이 없이 당해 호적부에 의하여 심사하여야 한다.

혼인외의 출생자가 출생신고에 의하여 처음으로 호적을 가지게 되는 경우에 그 모가 동일 호적 내에 없을 때에는 자의 신분사항란에 출생사유와 함께 그 모의 본적과 호주의 성명 및 호주와의 관계를 기재 함으로써 모의 호적과 연결을 하게 된다.

(2) 신고장소

출생자의 본적지 또는 신고인의 주소지나 현주지 시(구) · 읍 · 면의 사무소에 출생신고를 하여야 한다. 그리고 출생자의 출생지에서도 할 수 있다.

시(市)에 있어서는 신고장소가 출생자의 주민등록을 할 지역과 같은 경우에는 출생자의 주민등록을 할 지역을 관할하는 동(洞)의 사무소에서도 할 수 있다.

(3) 신고기간

출생신고는 출생한 날로부터 1월 이내에 하여야 한다. 이 기간 내에 신고하지 아니한 때에는 과태료의 제재를 받는다. 부가 인지의 효력을 발생케하는 혼인외의 자에 대한 출생신고를 한 경우에 신고기간이 경과하였으면 모가 신고의무자로서 해태의 책임을 진다.

(4) 신고서 기재사항

(가) 출생신고서에는 신고서의 일반적 기재사항 외에
① 자의 성명, 본 및 성별
② 자의 혼인중 또는 혼인외의 출생자의 구별

③ 출생의 연월일시 및 장소

④ 부모의 성명, 본 및 본적(부 또는 모가 외국인일 때에는 그 성명 및 국적)

⑤ 자가 입적할 가의 호주의 성명 및 본적

⑥ 자가 일가를 창립할 때에는 그 취지 및 그 원인과 장소를 기재하여야 한다.

(나) 출생자의 이름

① 출생자의 이름을 한자로 기재하는 경우에는 호적법시행규칙 제37조 제1항이 규정한 인명용한자를 사용하여야 하고 인명용한자의 동자, 속자, 약자는 같은 조 제2항이 규정한 것에 한하여 사용할 수 있다. 위 한자의 범위에 속하지 아니하는 한자가 포함된 경우에는 출생자의 이름을 한글로 기재하게 된다.

② 이름자는 5자(성은 포함되지 아니함)를 초과하지 않아야 하는 것이 원칙이며 동일 호적 내에 등재되어 있는 자와 동일한 이름을 기재한 출생신고는 이름을 특정하기 곤란하므로 이를 수리하여서는 아니한다.

③ 출생신고시까지 이름을 작명하지 못한 출생자는 출생신고서의 성명란에는 "명미정(名未定)"으로 기재하여 신고할 수 있고 신고 후 작명한 때에는 추완신고에 의하여 이름을 기재할 수 있다.

(다) 출생장소 및 인지

① 출생장소는 최소 행정구역의 명칭까지만 기재하면 되고 지번의 기재가 없다는 이유로 신고를 불수리할 수 없다.

② 출생시간은 24시각제로 기재하며 쌍태아의 경우에는 출생년월일 이외에 시분까지 명확히 기재하여야 한다.

③ 우리나라 국민이 외국에서 출생한 경우 호적부의 출생란에는 현지시각을 한국시각으로 환산하여 정하여지는 일자를 기재하지만 신분사항란에는 현지시각을 기재하여야 한다. 그러나 출생을 제외한 사망 등 나머지 호적신고사건이 외국에서 발생한 경우에는 신고사건 발생시각을 현지시각으로 기

재하여야 한다.

(5) 첨부서류

(가) 출생증명서

① 출생신고서에는 원칙적으로 의사, 조산사 기타 분만에 관여한 자가 작성한 출생증명서를 첨부하여야 한다. 그러나 출생자가 병원 등 의료기관에서 출생하지 않고 출생 당시 분만에 관여한 자도 없는 경우에는 출생 사실을 아는 사람이 작성한 출생증명서를 첨부하여야 한다.

② 의사나 조산사가 작성하는 출생증명서는 의료법시행규칙에서 규정하는 서식이나 보건복지부가 정한 양식에 의하여야 하며 이때에는 그 출생증명서 사본을 첨부하여도 무방하다. 이 경우에는 출생증명서 사본의 적당한 여백에 "위 사본은 원본과 틀림없음을 인증합니다"라는 인증문을 부기하고 그 직명과 성명을 기재한 다음 직인을 날인하여야 한다.

③ 의사나 조산사가 아닌 자로서 분만에 관여한 자나 출생사실을 아는 사람이 작성하는 출생증명서는 예규서식에 의하며 이 경우에는 출생증명서에 증명인의 인감증명서 또는 주민등록증 사본을 각 1부 첨부하여야 한다.

④ 외국에 거주하고 있는 한국인이 출생(사망) 등에 갈음하여 그 거주지 나라의 방식에 의해 신고한 사실을 증명하는 서면(수리증명서)을 첨부하여 신고할 수 있다.

(나) 모가 한국인임을 증명하는 서면

외국인 부와 한국인 모 사이에서 1998. 6. 14. 이후에 출생한 혼인중의 자의 경우 자의 출생당시 모가 한국인임을 증명하는 서면(호적등본 등)을 첨부하여야 한다.

(다) 무부(無夫)의 여자임을 증명하는 서면

부(父)가 혼인외의 출생자에 대한 출생신고를 하는 경우 생모가 혼인외의 출생자를 출산할 당시 유부(有夫)의 여자가 아니었음을 증명하는 서면(호적등본 등)을 첨부하여야 하며 생모가 본적지 외에 호적을 가진 경우에는 생모의 호적등·초본을 제출하여야 한다.

(라) 관련서식

I) 출생증명서(의료법시행규칙에 의한)

[별지 제8호서식] (1994. 9. 27. 개정)

출 생 증 명 서									
1	출생아의 부 모	부	성명			연령	년 월 일생(만 세)	직업	
		모	성명			연령	년 월 일생(만 세)	직업	
2	산모의 주소								
3	출생장소	① 자가 ③ 의원 ⑤ 조산원 ② 병원 ④ 모자보건센터 ⑥ 기타( ) 번지							
4	출생일시	년 월 일 시 분 (24시각제에 의함)			출 생 아	성 별	남·여·불상		
5	임신기간	주				성 명			
6	다 태	① 2태 ② 3태 ③ 태	다태아출산중의 본아의 출산순위	① 제1아 ③ 제3아 ② 제2아 ④ 제4아					
			다태의 출산중의 태아의 상태	출생 사산	인(남 인, 여 인) 태(남태, 여태, 불상)				
7	산모의 산아수	명중 생존자 명, 사망자 명, 사산자 태							
8	출생아의 신체현황				몸무게	□.□□kg			
9	출생아의 건강상항								

위와 같이 증명함
년 월 일

의료기관 주 소
　　　　　　명 칭
면허번호 제   호 조산(의사, 한의사, 조산사)   성명   (서명 또는 인)
면허번호 제   호 교부(의사, 한의사, 조산사)   성명   (서명 또는 인)

※ 주의 : 출생신고는 1월이내에 주소지의 읍·면·동사무소에 신고하여야 합니다.

31312-00811일 1994. 6. 17. 승인 　　　　　　　　210㎜×297㎜(신문용지 54g/㎡)

2) 출생증명서(호적예규에 의한)

[예규 제454호 별지서식]

출 생 증 명 서

장 귀하

※ 아래의 작성방법을 읽고 기재하시기 바랍니다.   년 월 일

① 출 생 자	성 명	한글		한자		성별	
	일 시	년 월 일 시 분				출생순위	
	장 소						
② 출 생 자	성 명	한글		한자		성별	
	일 시	년 월 일 시 분				출생순위	
	장 소						
┌쌍태아 이┐ 상인 경우 └에만 기재┘	성 명	한글		한자		성별	
	일 시	년 월 일 시 분				출생순위	
	장 소						
③ 부(父)	성 명	주민등록번호					
	본 적						
④ 모(母)	성 명	주민등록번호					
	본 적						
⑤ 증 명 인	성 명		(인)		주민등록 번 호		
	주 소				직 업		
	전화번호				관 계		

첨부서류 : 증명인의 인감증명서 또는 주민등록증사본 1부.

작 성 방 법

1. 가. 주민등록증 사본을 첨부할 경우에는 증명인은 주민등록증 원본을 가지고 관할 호적관서에 출석
하여 본인임을 시(구)·읍·면의 장(동장 포함)으로부터 확인받아야 합니다.
   나. 시(구)·읍·면의 장(동장 포함)은 증명인으로부터 주민등록증 원본을 제시받아 본인임을 확인한
후 틀림이 없는 경우에는 주민등록증 사본의 여백에 "위 사본은 원본과 틀림없음을 인증합니다."
라는 인증문을 부기하고 그 직명과 성명을 기재한 다음 직인을 날인하여야 합니다.
   다. 도장을 찍는 대신 서명을 하여도 됩니다.
2. 증명인이 인감증명서를 첨부할 경우에는 증명서에 인감도장을 날인하여야 합니다.
3. ②란은 쌍태아 이상인 경우에 ①란에 이어서 출생한 순위대로 기재합니다.
4. ⑤란에서 관계에는 "분만관여자", "이웃사람" 등으로 기재합니다.

(6) 출생신고서 작성방법

(가) 출생자란(①란)에는 출생자가 들어가야 할 집의 본적을 기재한다. 혼인중의 출생자를 부 또는 모가 출생신고하거나 혼인외의 출생자를 부가 출생신고하는 경우에는 부의 본적을기재하고 혼인외의 출생자를 모가 출생신고하는 경우에는 모의 본적을 기재한다. 입적할 가가 없어 출생자가 일가창립을 하는 경우에는 본적을 기재하지 아니하고 기타 사항란(③란)의 일가창립의 취지와 장소를 기재한다.

출생자의 주소는 출생자와 동거하는 부 또는 모 등의 자중에서 세대주의 주소를 기재한다.

출생일시는 24시각제로 기재한다(예: 오후 2시 30분 → 14시 30분, 밤 12시 30분 → 다음날 0시 30분)

(나) 부모란(②란)의 부(父)란은 혼인외의 출생자를 모(母)가 신고하는 경우에는 기재하지 않으며 재혼금지기간중에 재혼한 여자가 재혼 성립 후 200일 이후, 직전 혼인의 종료 후 300일 이내에 출산하여 모가 출생신고하는 경우에는 "부미정"이라고 기재한다.

또 출생자의 부 또는 모가 외국인인 경우에는 그 본적란에 국적(신고당시)을 기재한다.

(다) 기타 사항(③란)에는 ① 혼인외의 출생자를 부(父)가 신고하는 경우에는 모(母)의 본적 및 호주와의 관계 ② 출생자가 출생신고에 의하여 일가를 창립하는 경우에는 그 취지, 원인과 창립장소 ③ 선순위자(부모)가 출생신고를 할 수 없는 경우에는 그 이유 ④ 기타 호적에 기재하여야 할 사항을 분명하게 하는데 특히 필요한 사항을 기재한다.

(라) 신고인란(④란)의 자격란에는 부, 모, 호주, 동거친족, 분만관여의사 등 해당되는 자격을 기재한다.

(마) 생년월일(⑤란)은 호적상 생년월일과 실제 출생일이 다른 경우에는 실제의 생년월일을 기재한다.

(바) 직업란(⑥란)에는 아이가 출생할 당시의 부모의 직업을 구체적으로 기재한다.

① 잘못된 기재의 예: 회사원, 공무원, 사업, 운수업

② 올바른 기재의 예: ○○회사 영업부 판촉사원, 건축목공, ○○구청 건축허가업무담당

(사) 최종졸업학교란(⑦란)에는 교육부장관이 인정하는 모든 정규교육기관을 기준으로 기재하되 각급학교의 재학 또는 중퇴자는 최종 졸업한 학교의 해당번호의 ○표시를 한다(예: 대학교 3학년 중퇴 → ④ 고등학교에 ○ 표시).

(아) 실제 결혼연월일란(⑧란)은 호적상 혼인신고일과는 관계없이 실제로 결혼생활을 시작한 연월일을 기재한다.

(자) 다태아(쌍둥이) 여부란(⑩란)은 실제로 출생한 아이의 수와 관계없이 임신하고 있던 당시의 태아수에 ○ 표시한다.

(차) 출생순위란(⑪란)은 신고서상의 아이가 다태아(쌍둥이) 중 몇번째로 태어난 아이인지를 표시한다.

(카) 모의 출산아수란(⑫란)은 신고서상의 아이까지 모두 몇 명의 아이를 출산했고 그중 몇 명이 생존하고 있는지를 기재하며 모가 재혼인 경우에는 현재의 혼인뿐만 아니라 이전의 혼인에서 낳은 자녀도 포함한다.

(7) 신고서 양식

출생신고서

【양식 제1호】〈개정 1999.11.27.〉

출 생 신 고 서

년 월 일

※ 뒷면의 작성방법을 읽고 기재하시되 선택항목은 해당번호에 "O"으로 표시하여 주시기 바랍니다.

①	본적					호 주 및관계	의
	주소					세대주 및관계	의
	성명	한글		본		성 별	① 혼인중의 자
		한자				① 남 ② 여	② 혼인외의 자
	출생일시	년 월 일 시 분 (① 자택, ② 병원, ③ 기타)에서 출생					
	출생장소						

②	부	본적			
		성명		본	
	모	본적			
		성명		본	

③ 기타 사항

| ④
신
고
인 | 성명 | 서명(인) | 주민등록번호 | | 자격 | |
| | 주소 | | | | 전화 | |

※ 다음은 통계법 제13조에 의거 개인의 비밀사항이 철저히 보호되고 또한 국가의 인구정책수립에 필요한 정보 수집이 목적이므로 사실대로 기재하여 주십시오.

구 분	부(父)에 관한 사항	모(母)에 관한 사항
⑤ 생 년 월 일	년 월 일	년 월 일
⑥ 직 업		
⑦ 최종졸업학교	① 무학 ② 초등학교 ③ 중학교 ④ 고등학교 ⑤ 대학 이상	① 무학 ② 초등학교 ③ 중학교 ④ 고등학교 ⑤ 대학 이상

⑧ 실제결혼연월일	년 월 일부터 동거		⑨ 임 신 주 (週) 수	임신 만 주
⑩ 다태아(쌍둥이) 여부	① 단태아 ② 쌍태아(쌍둥이) ③ 삼태아(세쌍둥이) 이상	⑪ 출생 순위	① 첫째 아이 ② 둘째 아이 ③ 셋째 아이(번째 아이)	⑪ 신생아 체중 kg
⑫ 모의출산아 수	이 아이까지 총 명을 출산하여 명 생존(명 사망)			

※ 아래 사항은 신고인이 기재하지 않습니다.

읍 면 동 접 수	세대별주민 등록표정리	월 일 (인)	본 적 지 송 부	월 일 (인)	호 적 부 정 리	월 일 (인)
	개인별주민 등록표정리	월 일 (인)	본 적 지 접 수		호 적 부 에 주 민 등 록 번 호 기 재	월 일 (인)
	대 장 정 리	월 일 (인)			주 민 등 록 지 통 보	월 일 (인)
	주 민 등 록 번 호				인 구 동 태 신고서송부	월 일 (인)

2. 인지신고

가. 개설

(1) 인지라 함은 혼인외의 출생자를 그의 생부 또는 생모가 자기의 자라고 인정하는 행위를 말한다. 인지는 피인지자가 사망하거나 아직 출생하지 아니한 태아인 경우에도 할 수 있다. 인지는 피인지자가 사망하거나 아직 출생하지 아니한 태아인 경우에도 할 수 있다.

인지제도는 사실상의 친자관계를 법률상의 친자관계로 하기 위한 방법이라 하겠다.

생부 또는 생모가 자진하여 임의로 인지하는 경우를 임의인지라 하고 생부 또는 생모가 임의로 인지하지 않을 때에 재판에 의하여 인지를 강제하는 경우를 강제인지 또는 재판상 인지라고 한다.

임의인지의 경우에는 호적법이 정하는 바에 의하여 신고함으로써 그 효력이 발생하는 창설적 신고인데 반하여 강제인지의 경우에는 이미 인지의 확정판결에 의하여 친자관계가 발생하므로 그 신고는 보고적 신고이다.

인지에 의하여 부와 혼인외의 출생자의 법률상의 친자관계는 그 자의 출생시에 소급하여 발생하고 모의 성과 본을 따라 모의 가에 입적된 혼인외의 출생자는 부의 인지에 의하여 부의 성과 본을 따르고 원칙적으로 부의 가에 입적하나 혼인외의 출생자에게 배우자나 직계비속이 있는 경우로서 부의 가를 승계할 자가 아닌 경우에는 신호적을 편제한다.

(2) 인지는 임의인지와 강제인지가 있다함은 이미 언급한바 있다.

또 임의인지는 인지자가 호적공무원에게 직접 신고하는 경우의 일반인지와 유언에 의한 경우도 있다. 신고에 의한 인지에는 이미 출생신고가 되어 있는 자에 대한 인지와 태아에 대한 인지가 있으며 또 신고에 의한 인지에

는 인지신고 없이 부가 혼인외의 자에 대한 친생자 출생신고에 의하여 인지
의 효력이 인정되는 경우도 있다.

인지는 다른 사람의 친생자로 추정받고 있는 자는 그 호적상의 부로부터
친생부인의 재판이 확정된 후가 아니면 인지할 수 없다.

친생자의 추정을 받고 있지 아니하거나 사실상의 모가 아닌 자가 혼인중
의 자로 신고되어 있는 경우에는 친생자관계 존부확인의 재판이 확정된 후
가 아니면 인지할 수 없고 다른 사람이 임의인지한 자에 대하여는 인지의
무효나 취소의 재판이 확정된 후가 아니면 다시 인지할 수 없다. 혼인외의
자가 사망한 후에도 그 직계비속이 있는 때에는 이를 인지할 수 있다.

유언에 의한 인지는 신고에 의한 인지와 같은 임의인지이나 인지의 효력
발생시기에 있어 신고에 의한 인지는 신고시에 효력이 발생하나 유언에 의
한 인지는 유언의 효력이 발생시 즉 유언자의 사망시에 그 효력이 발생한
다. 그러므로 신고에 의한 인지는 창설적 신고인데 반하여 유언에 의한 인
지는 보고적 신고라는데 차이점이 있다.

또 태아인지는 임의인지와 같이 창설적 신고이며 유언에 의하여도 할 수
있다. 태아인지신고는 바로 호적기재를 하는 것이 아니므로 본적시 시·
구·읍·면에서 특정신고서류편철장에 편철하여 보관하며 인지된 태아가
사산한 경우에는 출생의 신고가 필요치 아니하므로 사망신고도 할 것이 아
니나 사건의 결말을 기하기 위하여 출생신고의무자로부터 사산신고를 하게
하여 특종신고서류편철장에 편철하게 된다.

강제인지는 재판에 의한 호적신고에서 언급되겠기에 여기에서는 생략하
기로 한다.

나. 신고 절차

(1) 신고인

임의인지의 경우 신고인은 인지자인 부 또는 모이다. 유언에 의한 인지의

경우 신고인은 유언집행자이다. 그리고 태아인지의 경우 임의인지의 경우와 같으며 인지된 태아의 사산신고는 그 자가 생존하여 출생한 경우의 신고의 무자가 신고하여야 한다.

강제인지의 경우에는 소를 제기한 자가 신고의무자이나 소의 상대방도 신고할 수 있다.

(2) 신고 장소

인지신고는 인지자나 피인지자의 본적지 또는 신고인의 주소지나 현주지 시(구) · 읍 · 면의 사무소에 하여야 한다. 그러나 태아를 인지할 때에는 인지자의 본적지 시(구) · 읍 · 면의 사무소에 신고하여야 한다.

(3) 신고 기간

임의인지나 태아인지 등은 창설적 신고이므로 신고기간은 없으나 강제인지인 경우는 재판의 확정일로부터 1월 이내에 신고하여야 한다.

유언에 의한 인지의 경우에는 유언집행자가 그 취임일로부터 1월 이내에 신고하여야 한다. 그리고 태아사산신고는 그 사실을 안 날로부터 1월 이내에 신고하여야 한다.

(4) 신고서 기재사항

인지신고서에는 호적신고서의 일반적 기재사항 이외에 ① 자의 성명, 성별, 출생연월일 및 본적(자가 외국인인 때에는 그 성명, 성별, 출생연월일 및 국적) ② 사망한 자를 인지할 때에는 사망의 연월일, 그 직계비속의 성명, 출생의 연월일 및 본적 ③ 부가 인지할 때에는 모의 성명과 본적 ④ 자가 가족인 때에는 호주의 성명, 본적 및 호주와 자와의 관계 ⑤ 민법 제909조(친권자) 제4항의 규정에 의하여 친권을 행사할 자가 정하여진 때에는 그 취지와 내용을 기재하여야 한다.

또 유언인지의 경우에는 전술한 ① 내지 ④의 기재와 같으나 유언으로 인

한 태아인지의 경우에는 그 외에 그 취지, 모의 성명 및 본적을 기재하고 태
아인지의 경우에는 전술한 ① 내지 ④ 외에 그 취지 및 모의 성명 및 본적을
기재하여야 한다.

(5) 첨부서류

유언에 의한 인지의 경우에는 인지에 관한 유언서등본 또는 유언녹음을
기재한 서면을 첨부하여야 하고 인지자인 부와 피인지자인 혼인외의 출생자
의 모 사이에 친권을 행사할 자가 정하여진 때에는 그 내용을 증명하는 서
면(협의서 또는 심판서 등본 및 확정증명서 등)을 첨부하여야 한다.

그리고 재판에 의한 인지의 경우에는 재판의 등본 및 확정증명서(인지의
조정이 성립된 경우에는 조정조서등본 및 송달증명서)를 첨부하여야 한다.

(6) 인지신고서 작성방법

(가) 피인지자란(①란)의 본적에는 피인지자인 혼인외의 출생자가 속해
있는 가의 본적을 기재한다. 피인지자가 외국인인 경우에는 그 본적란에 국
적을 기재한다. 피인지자의 주소에는 피인지자가 거주하고 있는 세대주의
주소를 기재한다. 피인지자의 성명을 한자로 기재하는 경우에는 한글로 병
기하고 본을 한자로 기재한다. 피인자의 모의 성명과 본적은 부가 인지신고
하는 경우에만 기재한다. 모가 인지하는 경우에는 인지자란(②란)의 기재사
항과 중복되기 때문이다.

태아를 인지하는 경우에는 ①란에서 피인지자의 성명란에 데이임을 표시
하는 외에 모의 성명 및 본적란에만 기재하고 ①란 중 그외의 란은 기재하
지 않는다.

(나) 인지자란(②란)에는 인지자인 부 또는 모의 본적과 호주의 성명 및
인지자인 부 또는 모의 성명과 주민등록번호를 호적부의 기재와 일치되게
기재한다.

(다) 재판확정일자 및 법원명란(③란)은 재판에 의한 인지신고의 경우에

만 기재한다.

(라) 친권자란(④란)에는 민법 제909조 제4항의 규정에 의하여 친권을 행사할 자가 정하여진 때에 그 취지와 내용을 기재한다.

(마) 기타 사항란(⑤란)에는 ① 피인지자가 성과 본을 창설한 후 부 또는 모를 알게 된 때에는 부 또는 모의 성과 본을 따르는 이유 ② 사망한 자를 인지하는 경우에는 피인지자의 사망연월일, 그 직계비속의 성명, 출생연월일 및 본적 ③ 금치산자가 인지하는 경우에는 동의자(후견인)의 성명, 서명(또는 날인) 및 주민등록번호 ④ 피인지자에게 배우자가 직계비속이 있는 경우에는 그 자의 성명(한자, 한글 병기), 생년월일, 부모 성명, 피인지자와의 관계 ⑤ 기타 호적에 기재하여야 할 사항을 분명하게 하는데 특히 필요한 사항을 기재한다.

(바) 신고인란(⑥란)에서 신고인의 성명, 주민등록번호, 주소 등의 기재방법은 출생신고 등 다른 호적신고의 경우와 다를바 없으며 자격란에는 부, 모, 유언집행자 등 해당되는 자격을 기재한다.

(7) 신고서 양식

인지신고서

【양식 제2호】〈1998. 6. 3.〉

인 지 (친 권 자 지 정) 신 고 서

※ 뒷면의 작성방법을 읽고 기재하시기 바랍니다.   년 월 일

① 피 인 지 자	본적		호 주 및관계	의
	주소		세대주 및관계	의
	성명	한 글 / 한 자	본	성별	주민등록 번 호
	모의성명 및 본적	성 명	본적		

② 인 지 자	본 적						호 주	
	성 명	한 글			주민등록 번 호			
		한 자						
③ 재판확정일자			년 월 일		법원명			
④ 친 권 자	본 적						호주	
	성 명			주민등록 번 호		피인지자와 의 관계		
	지 정 일 자		년 월 일	지정원인				
⑤ 기타사항								
⑥ 신 고 인	성 명	서명(인)		주민등록 번 호			자 격	
	지 정 일 자						전 화	

3. 입양신고

가. 개설

(1) 입양은 혈연적 친자관계가 없는 자 사이에 혼인중의 출생자와 같은 신분을 취득하게 하고자 하는 신분행위를 말하며 신고를 함으로써 그 효력이 발생하는 창설적 신고이다.

따라서 이를 법률상 혈연관계가 있는 것처럼 의제함으로써 친자관계를 인정하기 위한 제도이다.

입양이 성립되기 위하여서는 민법에서 규정한 요건을 구비하여야 하고 호적법에 정하는 바에 따라 신고함으로써 효력이 생긴다. 입양은 신고에 의하여 법정 혈족관계가 창설되는 창설적 신고이다.

입양은 일반입양 외에 서양자, 유언에 의한 양자, 사후양자 등이 있었으나, 1990년 1월 13일 민법의 개정으로 이들 양자제도는 폐지되었다.

(2) 입양의 요건은 먼저 당사자 사이에 입양의 의사가 있어야 한다.

입양은 신분상의 계약이므로 당사자 쌍방의 입양의사를 요하는 것이다. 당사자의 일방 또는 쌍방이 그 의사를 결한 경우는 그 입양은 당연히 무효이고 그 의사표시에 하자가 있는 경우는 이를 취소할 수 있다.

입양은 신분상의 계약이기 때문에 대리인에 의하여는 할 수 없으므로 금치산자는 후견인의 동의를 얻어 미성년자(의사능력 있는)는 부모의 동의를 얻어 스스로 신고를 하여야 한다. 다만, 양자가 될 자가 15세 미만인 경우에는 입양승낙자가, 부부공동입양에 있어서는 배우자와 공동으로 하여야 한다.

다음 당사자에 대한 요건으로 양친에 있어 ① 양친은 성년에 달한 자이어야 하고 ② 후견인이 피후견인을 양자로 하는 경우는 가정법원의 허가를 얻어야 한다. 이는 후견인의 부정행위를 방지하려는데 있다.

양자에 있어 존속 또는 연장자는 양자로 하지 못한다. 이것은 인위적으로 자연의 장유를 분단시키는 것이 되므로 금지한 것이다.

그리고 배우자 있는 자가 양자를 할 때에는 배우자와 공동으로 하여야 하고 배우자 있는 자가 양자가 될 때에는 다른 일방의 동의를 얻어야 한다.

입양 신고에 의하여 양자는 원칙적으로 양가에 입적하나 양자의 성과 본은 변경되지 않는다. 다만, 입양촉진및절차에관한특례법에 의한 양자의 경우에는 양친의 성과 본을 따를 수 있다.

나. 신고절차

(1) 신고인

입양신고의 신고인은 원칙적으로 입양당사자인 양친과 양자가 신고하여야 한다. 다만 양자가 15세 미만인 때에는 입양의 승낙을 한 법정대리인이 신고하여야 한다.

(2) 신고 장소

입양신고는 양친, 양자의 본적지 또는 신고인의 주소지나 현주지 시(구)·읍·면의 사무소에 하여야 한다.

(3) 신고기간

입양신고는 신고에 의하여 효력이 생기는 창설적 신고이므로 신고기간은 있을 수 없다.

(4) 신고서 기재사항

신고서에는 호적신고서의 일반적 기재사항 외에
① 당사자의 성명, 본, 출생연월일, 본적(당사자가 외국인인 때에는 그 성명, 출생연월일, 국적) 및 양자의 성별
② 양자의 친생부모의 성명 및 본적
③ 당사자가 가족인 때에는 호주의 성명, 본적 및 호주와의 관계
④ 일가창립 또는 분가로 인하여 호주로 된 자가 폐가하고 양자가 될 때에는 그 취지
⑤ 민법 제783조〔양자와 그 배우자 등의 입양〕의 규정에 의하여 양가에 입적하는 자가 있는 때에는 그 성명, 본, 출생연월일, 그 부모의 성명 및 양자와의 관계를 기재하여야 한다.

(5) 첨부서류

(가) 입양동의서

입양에 대한 동의가 필요한 경우에는 그 동의를 증명하는 서면을 첨부하여야 한다. 그러나 동의한 자가 신고서에 그 사유를 부기하고 기명날인(신고서의 동의자란에 성명과 생년월일을 기재하고 날인)한 때에는 동의서를 첨부하지 않아도 된다.

(나) 입양동의에 대한 허가서등본

양자가 될 자가 미성년자로서 부모 또는 다른 직계존속이 없어 후견인의 동의를 얻어야 하는 경우와 후견인이 피후견인을 양자로 하는 경우에는 가정법원의 허가서등본을 첨부하여야 한다.

(다) 호적등본

입양선고를 접수·수리하는 호적관서에 입양당사자의 호적이 없는 경우에는 입양당사자의 호적등본을 첨부하여야 한다.

(6) 입양신고서 작성방법

(가) 양친란(①란)·양자란(②란)의 양친란(①란)에는 양부와 양모의 본적 호주 및 관계, 주소, 세대주 및 관계, 주민등록번호, 성명, 본 등을 기재하고 양자란(②란)에는 양자의 본적, 호주 및 관계, 주소, 세대주 및 관계, 주민등록번호, 성명, 본 등을 기재한다. 양친 또는 양자가 외국인인 경우에는 그 본적란에 국적을 기재한다.

(나) 양자의 친생부모란(③란)에는 양자의 생가부모의 성명과 본적을 기재한다.

(다) 신본적란(④란)에는 양자가 입적하지 아니하고 법정분가하는 경우에 법정분가하게 되는 장소를 기재한다.

(라) 폐가할 가(⑤란)에는 일가창립 또는 분가로 인하여 호주가 된 자가 폐가(가를 소멸시킴)하고 양자로 될 때에 기재한다.

(마) 기타 사항란(⑥란)에는 ① 새로 일가를 창립한 자가 양자로 되는 경우에는 그 취지 ② 양자로 될 자(만 15세 미만)의 법정대리인이 그에 갈음하여 의사를 표시하고 이를 신고하는 때에는 그 사유 ③ 일가창립 또는 분가로 인하여 호주로 된 자가 폐가하고 양자로 될 때에는 그 취지 ④ 기타 호적에 기재하여야 할 사항을 분명하게 하는데 특히 필요한 사항을 기재한다.

(바) 수반입적자란(⑦란)에는 양자가 될 자와 함께 양가에 입적되는 사람이 있는 경우에 기재한다.

(사) 증인란(⑧란)에는 증인 2인의 성명과 주소 및 주민등록번호를 기재하고 기명날인한다.

(아) 동의자란(⑨란)에는 ① 양자가 될 자는 부모의 동의를 얻어야 하며 부모가 사망 기타 사유로 인하여 동의를 할 수 없는 경우에 다른 직계존속이 있으면 직계존속 중 제일 가까운 존속 연장자의 순으로 동의를 얻어야 한다. ② 양자가 될 자가 미성년자(만 15세 이상 만 20세 미만)인 경우 위 ① 항의 부모나 직계존속이 없는 경우에는 가정법원의 허가를 얻은 후견인의 동의를 얻어야 한다. ③ 배우자가 있는 자가 양자가 될 때에는 다른 일방의 동의를 얻어야 한다. ④ 금치산자가 양자를 입양시키거나 양자가 되고자 할 때에는 후견인의 동의를 얻어야 한다.

(자) 신고인란(⑩란)에는 양자란은 양자가 될 자가 기명날인(또는 서명)함이 원칙이나 양자가 될 자가 15세 미만인 때에는 법정대리인이 그 난에 기명날인(또는 서명)한다.

(7) 신고서 양식

입양신고서

【양식 제3호】

입 양 신 고 서

※ 뒷면의 작성방법을 읽고 기재하시기 바랍니다.　　　　　　　　년　월　일

구분		양　부				양　모		
① 양친	본적		호 주 및관계	의			호 주 및관계	의
	주소		세대주 및관계	의			세대주 및관계	의
	성명	한글 / 한자	본	주민등록 번 호	한글 / 한자		본	주민등록 번 호
② 양자	본 적					호주 및 관계		의
	주 소					세대주 및 관계		의
	성명	한글 / 한자	본	성별	주민등록 번 호			

③ 양자의 친생부모	부	성명	본적	
	모	성명	본적	

④ 신본적	

⑤ 폐가할 가		호주	

⑥ 기타 사항	

⑦ 수반입적자	성 명		본	생년월일	부 성 명	모 성 명	양자와의 관계
	한글	한자					

⑧ 증인	성 명	서명(인)	주민등록번호	
	주 소			
	성 명	서명(인)	주민등록번호	
	주 소			

⑨ 동의자	부	서명(인)	생년월일	모	서명(인)	생년월일
	양자의 배우자		서명(인)	생년월일		
	후견인	서명(인)	생년월일	허가법원	허가일자	년 월 일

⑩ 신고인	양부	서명(인)	양모	서명(인)	전화	
	양모			서명(인)	전화	

4. 파양신고

가. 개설

(1) 파양은 유효하게 성립된 양친자관계를 장래에 있어 소멸시키는 것을 말한다. 양친자 관계는 파양에 의하여서만 해소되며 당사자의 사망에 의하여서는 해소되지 아니한다.

파양은 협의에 의한 파양과 재판에 의한 파양이 있으며 전자의 협의에 의한 파양은 신고함으로써 효력이 발생하는 창설적 신고이고 후자의 재판에 의한 파양은 재판에 의하여 확정되는 것으로 보고적 신고에 해당된다.

후자의 재판에 의한 파양은 재판에 의한 호적신고에서 언급하기로 한다.

(2) 협의에 의한 파양은 유효하게 성립된 양친자관계를 장래에 있어서 소멸할 것을 목적으로 하는 입양당사자 또는 대락자간의 합의에 의하여 신고함으로써 효력이 생기는 창설적 신고이다.

협의의 파양을 하기 위하여는 양친 및 양자가 15세 이상인 때에는 파양의 합의는 반드시 양친 및 양자 각 본인간에 하여야 하고 제3자가 대행할 수 없는 것이다.

또 양자가 미성년자인 경우는 부모 또는 직계존속의 동의를 얻어야 하고 이들이 없으면 후견인의 동의를 얻어야 한다. 그러나 후견인이 동의를 함에는 가정법원의 허가를 얻어야 한다. 양친이나 양자가 금치산자인 경우도 후견인의 동의를 얻어야 한다.

양자가 15세 미만인 경우는 양자를 대신하여 입양을 승낙한 자가 파양의 협의를 하여야 하고 입양을 승낙한 자가 사망, 기타 사유로 협의를 할 수 없는 때에는 생가의 다른 직계존속이 이를 하여야 한다.

나. 신고절차

(1) 신고인

협의파양신고에 있어서는 파양의 당사자가 신고인이다. 즉, 입양신고인이 파양신고인이 되는 것이다.

(2) 신고장소

파양신고는 양친·양자의 본적지 또는 신고인의 주소지나 현주지 시 (구)·읍·면의 사무소에 하여야 한다.

(3) 신고기간

협의파양신고는 창설적 신고이므로 신고기간이 있을 수 없다.

(4) 신고서 기재사항

신고서에는 호적신고의 일반적 기재사항 외에 협의파양신고는
① 당사자의 성명, 본 및 본적(당사자가 외국인인 때에는 그 성명 및 국적)
② 양자와 친생부모의 성명 및 본적
③ 당사자가 가족인 때에는 호주의 성명 및 본적
④ 양자가 복적할 가의 호주의 성명 및 본적
⑤ 양자가 일가를 창립할 때에는 그 취지, 원인 및 장소, 그러나 생가를 부흥하는 때에는 그 취지 및 부흥의 장소를 기재하여야 한다.
그리고 재판상 파양신고는 협의파양의 경우와 같으나 증인의 연서는 필요치 않고 재판확정일을 기재하여야 한다.

(5) 파양신고서 작성방법

(가) 양친란(①란) 및 양자란(②란) 양자의 친생부모란(③란)의 기재방법은 입양신고서의 기재방법과 동일하다.

(나) 복적 또는 부흥할 가(④란) 및 부흥 또는 일가창립장소란(⑥란)에서 ④란에는 양자가 생가에 복적해야 할 경우에 ⑥란은 양자가 복적해야 할 생가가 폐가 또는 무후로 되어 일가를 창립하려는 경우에 각 기재하며 양자가 복적해야 할 생가가 폐가 또는 무후로 되어 생가를 부흥하려는 경우에는 ④란과 ⑥란을 같이 기재한다.

(다) 신본적란(⑤란)에는 파양으로 인하여 타가(생가)에 입적할 자에게 배우자나 직계비속이 있는 경우에 법정분가할 장소를 기재한다.

(라) 수반입적자란(⑦란)에는 양자와 함께 양자의 가에 입적되는 사람이 있는 경우에 기재한다.

(마) 기타 사항란(⑧란)에는 ① 협의파양을 하는 양자가 만 15세 미만인 경우에는 양자의 입양 당시 입양을 승낙한 자가 파양의 협의를 하여야 하고 그 자가 사망, 기타 사유로 협의를 할 수 없는 때에는 생가의 다른 직계존속이 협의를 하여야 하는데 그러할 경우에는 그 사유 ② 신고사건으로 신분의 변경이 있게되는 자가 있을 경우에는 그 자의 성명, 생년월일, 본적 및 신분변경의 사유 ③ 기타 호적에 기재하여야 할 사항을 분명하게 하는데 특히 필요한 사항을 기재한다.

(바) 증인란(⑩란)에는 협의상파양의 경우에만 기재한다.

(사) 동의자란(⑪란)은 협의상파양의 경우에만 기재한다.
① 협의파양을 하는 양자가 미성년자(만 15세 이상 만 20세 미만)인 경우에는 부모의 동의를 얻어야 하며 부모가 사망, 기타 사유로 인하여 동의를 할

수 없는 경우에 다른 직계존속이 있으면 직계존속을 제일 가까운 존속, 연장자 순으로 동의를 얻어야 한다.

②①의 경우 미성년자에게 동의할 부모나 직계존속이 없으면 가정법원의 허가를 얻은 후견인의 동의가 있어야 한다.

③ 양친이나 양자가 금치산자인 때에는 후견인의 동의를 얻어야 한다.

(아) 신고인란(⑫란)에서 양자란은 파양을 하는 양자가 기명날인(또는 서명)함이 원칙이나 협의파양을 하는 양자가 15세 미만인 때에는 그 양자 입양시 입양을 승낙한 자가, 그 자가 사망, 기타 사유로 신고할 수 없는 때에는 생가의 다른 직계존속이 그 난에 기명날인(또는 서명)하여야 한다.

(6) 신고서 양식

파양신고서는 협의상파양이거나 재판상파양이거나를 불문하고 신고서양식은 다같이 호적법시행규칙 제28조가 규정한 별지 제4호 양식을 사용한다.

【양식 제4호】〈개정 1998. 6. 3.〉

파 양 신 고 서

※ 뒷면의 작성방법을 읽고 기재하시기 바랍니다.　　　　년　월　일

구분			양　부					양　모		
① 양친	본적			호주 및관계	의				호주 및관계	의
	주소			세대주 및관계	의				세대주 및관계	의
	성명	한글		본	주민등록 번호		한글	본	주민등록 번호	
		한자					한자			
② 양자	본 적							호주 및 관계	의	
	주 소							세대주 및 관계	의	
	성명	한글			본	성별	주민등록 번호			
		한자								

③ 양자의	부	성명		본적				
친생부모	모	성명		본적				
④ 복적 또는 부흥할 가		본적				호주		
⑤ 신 본 적								
⑥ 부흥또는일가창립장소					일가창립원인			

⑦ 수반입적자	성명		본	생년월일	부성명	모성명	양자와의 관계
	한글	한자					

⑧ 기타사항	

⑨ 재판확정일자	년 월 일	법원명		

⑩ 증인	성명	서명(인)	주민등록번호	
	주소			
	성명	서명(인)	주민등록번호	
	주소			

| ⑪ 동의자 | 부 | 서명(인) | 생년월일 | | 모 | 서명(인) | 생년월일 | |
| | 후견인 | 서명(인) | 생년월일 | | 허가법원 | | 허가법원 | 년 월 일 |

| ⑫ 신고인 | 양부 | | 서명(인) | 양모 | | 서명(인) | 전화 | |
| | 양자 | | | | | 서명(인) | 전화 | |

5. 혼인신고

가. 개설

(1) 혼인은 남녀가 결합하여 소정의 절차에 따라 부부가 되는 것을 말한다. 다시 말하면 혼인은 평생 공동생활을 영위할 목적으로 남녀의 합의에 따른 결합과 그 계속의 상태를 말한다.

혼인은 그 시대 그 사회의 습속, 종교, 도덕, 법률에 의하여 규율되고 있으며 그 형태를 달리하고 있으나 많은 근대 국가에 있어서는 남녀의 평등을 기본으로 하는 혼인제도를 확립하고 있다.

우리나라는 사실혼주의가 아니라 법률혼주의를 취하고 있으므로 혼인신고를 하지 아니하면 혼인으로서의 효력이 발생하지 않는다.

따라서 호적법에 정한바에 의하여 혼인신고를 하여야 혼인으로서 효력이 생기는 것이다.

혼인신고에 의하여 부부는 서로 배우자인 신분을 가지고 친족이 되며 원칙적으로 처는 부(남편)의 가에 입적하나 이 경우 남편이 호주의 직계비속 장남자가 아닌 때에는 남편을 호주로 하여 신호적을 편제한다. 그리고 입부혼인의 경우에는 부(남편)가 처의 가에 입적한다. 이 경우에 부부간의 자는 모의 성과 본을 따르고 모의 가에 입적한다.

(2) 혼인의 성립요건은 이를 실질적 요건과 형식적 요건으로 나누어 볼 수 있다.

먼저 실질적 성립요건이란 혼인이 유효하게 성립하기 위하여 구비하여야 할 요건으로 각국의 입법례는 달리하고 있다. 우리나라는 민법 제803조 내지 제811조에 혼인의 실질적 성립요건을 규정하고 있으며 이 요건을 충족하지 못한 혼인은 무효 또는 취소사유가 된다.

◑ 당사자 사이에 혼인의 합의가 있을 것

혼인은 당사자 사이에 혼인의사가 있는 경우에만 유효하게 성립하고 혼인의사가 없는 경우에는 무효이다.

◑ 혼인당사자가 혼인적령에 달하였을 것

남자는 만 18세, 여자는 만 16세에 달한 때 혼인할 수 있고 혼인적령에 달하지 못한 혼인은 취소할 수 있다. 혼인적령은 호적상의 연령을 기준으로 한다.

◐ 혼인동의를 요하는 경우 동의를 얻을 것

미성년자 및 금치산자가 혼인하는 경우에는 부모 또는 후견인의 동의를 얻어야 하고 부모 또는 후견인이 없는 때에는 친족회의 동의를 얻어야 한다.

◐ 금혼 친족간의 혼인이 아닐 것

남계혈족의 배우자 부의 혈족 및 기타 8촌 이내의 인척이거나 이러한 인척이었던 자 사이에는 혼인하지 못한다.

◐ 중혼이 아닐 것

배우자 있는 자는 다시 혼인하지 못한다. 그러나 중혼이라도 착오로 수리하였다면 호적에 등재하여야 하며 중혼중에 출생한 자는 혼인중의 자의 출생신고를 하여야 한다.

◐ 여자의 재혼금지기간 내의 혼인이 아닐 것

여자가 재혼하기 위하여는 전혼관계의 종료일로부터 6월을 경과하여야 한다. 이는 재혼하는 여자가 출산하는 경우 그 출생자가 전혼부의 친생자인지 재혼부의 친생자인지를 분명하게 하여 친생자 추정의 혼란을 방지하기 위한 제도이다.

그러나 다음의 경우에는 재혼금지기간의 적용을 받지 않는다.

● 재혼여자가 포태하지 아니한 경우 포태하지 아니한 사실을 증명하는 의사의 진단서를 첨부하여 재혼금지기간 내에 혼인신고할 수 있다.

● 전혼관계의 종료 후 출산한 때

● 직전의 이혼한 부와 재혼하는 경우

● 전혼에 대한 이혼사유가 ① 배우자가 악의로 다른 일방을 유기한 때 (민법 제840조 제2호) ② 배우자의 생사가 3년 이상 분명치 아니한 때(동조 제5호)의 재판상이혼 사유에 해당함이 명백하여 사실상 3년 이상 동거하지 않았음이 입증된 때

○ 동성동본인 혈족이 아닐 것

민법 제809조 제1항은 동성동본인 혈족 사이에는 혼인하지 못한다고 규정하고 있다. 그러나 이 조항은 헌법재판소가 1997. 7. 16. 헌법불합치 결정에 따라 이 조항은 실효됨에 따라 호적예규 제535호(1997. 7. 30.)에 따라 처리되고 있다.

○ 입부혼인의 특수한 요건

입부혼인은 처(妻)가 될 여자가 그 처가의 호주 또는 호주승계인인 때에 한하여 가능하다.

(2) 형식적 성립요건

호적법에 따라 신고함으로써 혼인의 효력이 발생한다. 따라서 혼인신고는 혼인의 형식적 성립요건이 된다.

나. 신고 절차

(1) 신고인

혼인신고의 신고인은 혼인을 하려는 당사자이다. 당사자가 무능력자라도 의사능력이 있으면 본인이 신고하여야 한다.

(2) 신고장소

혼인신고는 남편이나 처의 본적지 또는 주소지나 현주지 시(구)·읍·면의 사무소에 하여야 한다.

외국에 있는 우리나라 국민 사이의 혼인은 그 외국에 주재하는 대사, 공사 또는 영사에게 신고할 수 있다.

(3) 신고기간

혼인신고는 신고에 의하여 효력이 발생하는 창설적 신고이므로 신고기간이 있을 수 없다.

(4) 신고서 기재사항

신고서에는 호적신고의 일반적 기재사항 이외에 ① 당사자의 성명, 본, 출생연월일 및 본적(당사자가 외국인인 때에는 그 성명 및 국적) ② 당사자의 부모와 양친의 성명 및 본적 ③ 당사자가 가족인 때에는 호주의 성명, 본적 및 호주와의 관계 ④ 처가에 입적할 혼인인 때에는 그 사실 ⑤ 당사자가 초혼이 아닌 때에는 직전의 혼인이 해소된 연월일 ⑥ 당사자가 동성동본일지라도 혈족이 아닌 때에는 그 사실 ⑦ 여호주가 폐가하고 혼인하는 경우에는 그 취지를 기재하여야 한다.

위 기재사항 외에 ⑧ 법정분가로 인한 혼인신고의 경우에는 신본적을 기재하여야 하고 ⑨ 당사자의 일방이 혼가로부터 다시 혼인으로 인하여 타가에 입적하는 경우 친가의 호주의 성명, 호주와의 관계 및 본적을 기재하여야 한다.

(5) 첨부서류

(가) 혼인동의서
혼인당사자가 미성년자이거나 금치산자인 때에는 부모 또는 후견인의 동의를 요하므로 혼인신고서에 동의서를 첨부하여야 한다. 혼인신고서의 기타사항란에 그 사유를 부기하고 동의자의 성명과 생년월일을 기재하고 기명날인하여도 된다. 그러나 친족회의 동의를 요하는 경우에는 친족회의 결의록을 첨부하여야 한다.

(나) 혼인당사자의 호적등본
혼인당사자의 호적등본은 각자의 혼인성립의 실질적 요건의 구비 여부를 심사하는 서면이므로 신고서에 첨부하여야 한다. 다만, 혼인신고서를 수리하는 호적관서의 관할 내에 본적(호적)을 가진 경우에는 첨부하지 않아도 된다.

호적등본은 혼인신고일로부터 1년 내에 발급한 것임을 요하고 재외국민의 경우에는 2년 이내에 발급한 것임을 요한다.

(다) 의사의 진단서

재혼금지기간 내의 혼인신고에는 혼인관계 종료 후 해산(분만)한 때 또는 포태하지 아니한 사실을 소명하는 의사의 진단서를 첨부한다.

(라) 혼인요건 구비 증명서

국제혼인의 경우에는 당사자 본국법에 의한 혼인요건을 구비하고 있다는 혼인요건 구비 증명서를 첨부하여야 한다.

(마) 확인서 · 족보사본 등

혼인당사자가 동성동본인 때에는 신고서에 무효혼이 아님을 증명하는 서면으로 확인서와 족보사본 또는 제적등본 등을 첨부한다.

(바) 관련 서식

확인서 1호 서식

[호적예규 제535호 제1호 서식]

확 인 서		
당　사　자	남 편	처
본　　　적		
주　　　소		
성　　　명		
주민등록번호		

　위 당사자 사이에 다음과 같은 친족관계가 있거나 또는 있었던 사실이 없음을 확인합니다.
　1. 직계혈족, 8촌 이내의 방계혈족 및 배우자
　2. 직계인척, 부(夫)의 8촌 이내의 혈족

년 월 일

확 인 자	성 명		(인)	주민등록번호	
	본 적				
	주 소				
	당사자와 의 관계				

주의사항

1. 확인자는 당사자 일방의 부·모, 8촌 이내의 혈족 또는 4촌 이내의 인척이어
   야 합니다.
2. 확인자는 성년자이이야 합니다.
3. 도장을 찍는 대신 서명을 하여도 됩니다.
4. 확인자는 당사자와의 친족관계를 소명할 수 있는 호적(제적) 등·초본을 첨
   부하여야 한다.

확인서 2호 서식

[호적예규 제535호 제2호 서식]

<h2 style="text-align:center">확 인 서</h2>

당 사 자	남 편	처
본 적		
주 소		
성 명		
주민등록번호		

위 당사자 사이에 다음과 같은 친족관계가 있거나 또는 있었던 사실이 없음
을 확인합니다.

  1. 직계혈족, 8촌 이내의 방계혈족 및 배우자
  2. 직계인척, 부(夫)의 8촌 이내의 혈족

                                          년 월 일

확인자	성 명		(인)	주민등록번호	
	주 소			당사자와의 관계	
확인자	성 명		(인)	주민등록번호	
	주 소			당사자와의 관계	

주의사항
 1. 확인자는 성년자이이야 합니다.
 2. 당사자와의 관계는 부(夫) 또는 처의 친지, 동거인 등으로 기재합니다.
 3. 도장을 찍는 대신 서명을 하여도 됩니다.
 4. 확인자는 주민등록표 등 · 초본을 첨부하여야 한다.

(6) 혼인신고서 작성방법

혼인신고서의 ①란과 ②란 및 ③란 내지 ⑩란은 신고인 모두가 기재하여야 하나 나머지란(③④⑤)은 해당되는 경우에만 기재한다.

처가에 입적하는 혼인의 경우에는 신고서 명칭란에 "입부"라고 기재한다.

(가) 혼인당사자란(①란)에서 혼인당사자가 외국인인 경우에는 그 본적란에 국적을 기재한다.

(나) 부모란(②란)에서 혼인당사자가 양자인 경우에는 양부 · 양모의 본적, 성명을 기재하며 ( ) 하고 양부 · 양모임을 표시한다.

(다) 혼인해소일자란(③란)에는 이혼 또는 혼인취소가 있었던 자의 경우 그 일자를 기재한다.

(라) 신본적란(④란)에는 혼인으로 인한 법정분가로 본적을 새로이 만들고자 하는 경우에 새로운 본적지를 기재한다.

(마) 기타 사항란(⑤란)에는 ① 혼인당사자들이 동성동본이면서 동일 혈

족이 아닌 경우는 "시조(始祖)를 달리하는 혼인임"이라는 취지 ② 당사자의 한 명이 재혼하는 때에는 친가의 호주성명, 호주와의 관계 및 그 본적 ③ 재혼금지기간 내에 재혼하는 여자가 직전 혼인관계의 종료 후 해산을 하였거나 임신하지 아니한 증명을 하여 혼인신고하는 경우에는 그 사유 ④ 수반입적자가 있는 경우에는 그 사람의 성명(한글, 한자 병기), 생년월일, 부모 성명, 혼인당사자와의 관계 ⑤ 여호주가 폐가하고 혼인하는 경우에는 그 취지 및 폐가할 가 ⑥ 미성년자 또는 금치산자가 혼인을 하는 경우에는 동의자의 성명, 서명(또는 날인) 및 생년월일 ⑦ 기타 호적에 기재하여야 할 사항을 분명하게 하는데 특히 필요한 사항을 기재한다.

(바) 증인란(⑥란)에는 협의혼인신고의 경우에 한하여 기재한다.

(사) 인구정책기초자료기재란(⑦란 내지 ⑩란)의 실제 결혼연월일(⑦란)에는 사실혼의 시기를, 직업란(⑧란)에는 결혼할 당시의 직업을 구체적으로 기재한다.

〔잘못된 기재의 예: 회사원, 공무원, 사업, 운수업〕

〔올바른 기재의 예: ○○회사 영업부 판촉사원, 건축목공, ○○구청 건축허가 업무 담당〕

또 교육정도란(⑨란)에는 교육부장관이 인정하는 정규교육 기관을 기준으로 기재하되 각급 학교의 재학 또는 중퇴자는 최종 졸업한 학교의 해당표시에 ○표시를 한다(예: 대학교 3학년 중퇴 → **4** 고등학교에 ○ 표시).

(1) 신고서 양식

혼인신고서

혼인신고서는 호적법시행규칙 제28조가 규정하고 있는 호적신고서 양식 중 별지 제6호 양식을 사용한다. 협의에 의한 혼인이나 재판에 의한 혼인 모두 이 양식을 공통으로 사용한다.

【양식 제6호】 〈개정 1999. 11. 27.〉

혼 인 신 고 서

년 월 일

※ 뒷면의 작성방법을 읽고 기재하시되 선택항목은 해당번호에 "○"으로 표시하여 주시기 바랍니다.

구분		남 편				처		
① 혼인당사자	본적		호 주 및관계	의			호 주 및관계	의
	주소		세대주 및관계	의			세대주 및관계	의
	성명	한글	서명 (인)	전 화		한글	서명 (인)	전 화
		한자		본		한자		본
	주민등록번호					주민등록번호		
② 부모	부	본 적				본 적		
		성 명				성 명		
	모	본 적				본 적		
		성 명				성 명		
③ 혼인해소일자		년 월 일				년 월 일		
④ 신 본 적								
⑤ 기 타 사 항								
⑧ 증인	성 명		서명(인)	주민등록번호				
	주 소							
	성 명		서명(인)	주민등록번호				
	주 소							

※ 다음은 통계법 제13조에 의거 개인이 비밀사항이 철저히 보호되고 또한 국가의 인구정책수립에 필요한 정보수립이 목적이므로 사실대로 기재하여 주십시오.

⑦ 실제 결혼 연월일		년 월 일부터 동거		
⑧ 직 업	남 편		처	
⑨ 교육정도	남 편	①무학 ②초등학교 ③중학교 ④고등학교 ⑤대학 이상	처	①무학 ②초등학교 ③중학교 ④고등학교 ⑤대학 이상
⑩ 혼인종류	남 편	①초혼 ②사별 후 재혼 ③이혼 후 재혼	처	①초혼 ②사별 후 재혼 ③이혼 후 재혼

6. 이혼신고

가. 개념

이혼이란 당사자인 부부의 생존 중에 유효한 혼인관계를 장래에 향하여 해소시키는 것을 말한다.

혼인의 형태가 그 시대와 그 사회에 따라 다른 것과 마찬가지로 이혼제도에 있어서도 시대에 따라 변천하였으며 이혼 그 자체를 인정하지 않고 있는 나라도 있다.

우리 나라 민법이 인정하는 이혼에는 협의상 이혼과 재판상 이혼이 있다.

당사자의 일방이 사망한 때에도 혼인은 해소되나 이것은 이혼은 아니다.

협의상 이혼은, 당사자간에 이혼의사의 합치에 의하여 혼인관계를 장래에 향하여 해소시키는 행위로서 가정법원의 확인을 받아 신고함으로써 그 효력이 생긴다.

협의이혼의사확인신청은 서면 또는 구술로 할 수 있고 신청서에는 호적등본 1통, 이혼신고서 3통, 주민등록등본 1통(주소지 관할법원에 신청할 경우에만 필요)을 첨부하여 본적지 또는 주소지를 관할하는 가정법원(지방법원, 지원 또는 시·군법원 포함)에 신청하여야 한다.

당사자 쌍방이 재외국민(재외국민등록법에 의하여 등록된 대한민국 국민)인 때에는 그 거주지를 관할하는 재외공관의 장(외국주재 대사, 공사, 영사 등)에게 협의이혼 의사의 확인신청을 할 수 있고 그 지역을 관할하는 재외공관이 없는 때에는 인접하는 지역을 관할하는 재외공관의 장에게 신청할 수 있다.

재판상 이혼은, 배우자에 부정한 행위가 있었을 때, 배우자 또는 그 직계존속으로부터 심히 부당한 대우를 받았을 때, 배우자의 생사가 3년 이상 분명하지 아니한 때, 기타 혼인을 계속하기 어려운 중대한 사유가 있을 때 등 법률상 정하여진 이혼원인이 있는 경우에 재판에 의하여 혼인관계를 해소시키는 것을 말한다.

위의 이혼에 의하여 부부관계는 소멸하며 원칙적으로 처는 그 친가에 복적하거나 일가를 창립한다. 그러나 부모의 이혼에 의하여 자의 신분에는 영향이 없으며 자의 호적에도 변동이 없다.

협의이혼 또는 협의상 이혼이라 함은 당사자 사이에 자유로운 의사의 합치에 의하여 혼인관계를 장래에 향하여 해소시키는 신분행위로 가정법원의 확인을 받아 신고함으로써 그 효력이 발생한다. 따라서 이혼원인에는 아무런 제한이 없다.

협의이혼의 실질적 성립요건으로 당사자 사이에 이혼의 합의가 있어야 한다. 이혼의 합의는 부부관계를 영구적으로 해소하려는 의사의 합치로서 자유롭고 무조건·무기한의 의사표시에 의하여 이루어져야 한다.

또 금치산자는 부모 또는 후견인의 동의를 얻어서 협의이혼을 할 수 있고 부모 또는 후견인이 없거나 또는 동의할 수 없는 때에는 친족회의 동의를 얻어 협의이혼을 할 수 있다.

협의이혼의 형식적 성립요건으로 가정법원의 협의이혼 의사의 확인을 받아 호적법에 정하는 바에 의하여 신고함으로써 그 효력이 생긴다. 따라서 협의이혼을 하고자 하는 자는 가정법원으로부터 협의이혼 의사의 확인을 받아 확인서 등본을 교부 또는 송달받은 날로부터 3월 이내에 그 등본을 첨부하여 신고하여야 한다. 확인서등본을 교부 또는 송달받은 날로부터 3월이 경과한 때에는 가정법원의 확인은 그 효력을 상실한다. 신고기간의 기산일에 초일은 산입한다.

나. 협의이혼의사 확인절차

(1) 이혼의사확인 신청절차

(가) 관할법원

부 또는 처의 본적지 또는 주소지를 관할하는 가정법원(지원)이나 시·군 법원의 확인을 받아 신고하여야 한다. 부부 쌍방의 주소지가 서로 다른 경우에는 각 주소지를 관할하는 가정법원이 관할법원이 될 것이며 당사자 쌍방이 국내에 거주하지 아니하는 경우에는 그 확인을 서울가정법원의 관할로 한다.

(나) 신청인

협의이혼당사자인 부(夫)와 처이다. 대리인에 의한 신청은 허용되지 않는다. 또 협의이혼의사 확인신청은 부 또는 처의 일방이 할 수 있으나 쌍방이 공동으로 신청하여도 무방하다.

(다) 신청방법

서면 또는 구술로 할 수 있다. 구술에 의한 신청이 있는 경우에는 가정법원의 서기관·사무관·주사 또는 주사보는 조서를 작성하고 기명날인하여야 한다.

(라) 신청서 기재사항

신청서에는 ① 당사자의 성명, 본적, 주소 및 주민등록번호 ② 신청의 취지 및 연월일을 기재하고 ③ 신청인이 기명날인하여야 한다.

(마) 첨부서류

신청서에는 ① 호적등본 1통 ② 이혼신고서 3통을 첨부하여야 한다. 주소지 관할 가정법원에 신청하는 경우에는 ③ 주민등록등본 1통을 첨부한다.

(바) 송달료

이혼의사 확인절차에 필요한 송달료는 예납하여야 한다.

(사) 신청서식

[예규 제347호 제1호 서식]

협의이혼의사확인신청서

당사자 부 ○ ○ ○ (   )
        주민등록번호
        본   적
        주   소
        처 ○ ○ ○ (   )
        주민등록번호
        본   적
        주   소

신청의 취지
   위 당사자 사이에는 진의에 따라 서로 이혼하기로 합의하였다.
   위와 같이 이혼의사가 확인되었다.
   라는 확인을 구함.

첨부서류
   1. 호적등본 1통
   2. 이혼신고서 3통
   3. 주민등록표등본(주소지 관할법원에 신청하는 경우) 1통
   4. 진술요지서(재외공관에 접수한 경우) 1통

년   월   일

위 신청인 부(또는 처) ○ ○ ○

○○가정법원 귀중

(2) 이혼의사확인처리절차

(가) 신청서접수 · 기일지정

협의이혼의사 확인신청서를 접수하거나 구술신청조서를 작성한 때에는 협의이혼의사 확인신청사건부에 접수기재하고 표지를 붙여 기록을 조제한 후 당사자 쌍방이 출석한 때에는 당일로 확인절차를 실시하고 당사자의 쌍방 또는 일방이 출석하지 아니한 때에는 담임판사로부터 확인기일을 지정받아 당사자에게 출석통지를 한다.

(나) 기일의 실시

담임판사는 당일 또는 지정한 기일에 협의이혼 당사자 쌍방을 출식시켜 그 진술을 듣고 이혼의사의 존부를 확인하여야 하고 이때 당사자 사이에 미성년인 자가 있는지 여부와 그 자에 대한 친권행사자의 지정여부도 확인하여야 한다. 이혼의사 확인절차에 참여한 법원사무관 등은 진술조서를 작성하여야 한다.

(다) 종국처리

◐ 취하간주처리

협의이혼의사확인 당사자의 쌍방 또는 일방이 확인기일의 출석통지를 받고서도 정당한 이유없이 불출석한 때에는 그 뜻을 진술조서에 명기하여야 하고 2회에 걸쳐 불출석한 때에는 확인신청을 취하한 것으로 보아 종국처리 한다.

◐ 확인서작성 · 등본교부

당사자 쌍방이 출석하여 그 진술을 듣고 당사자의 이혼의사가 있는 것으로 확인되면 담임판사는 기록표지의 우측상단 확인란에 날인하여 참여한 법원사무관 등에게 회부하고 법원사무관 등은 확인서 3통을 작성 그중 1통은 담임판사의 기명날인을 받아 당해 기록에 편철 보존하고 나머지 2통은 등본을 작성하여 신청시 제출한 협의이혼신고서에 각 1통씩 첨부하여 법원사무관 등의 직인으로 간인한 후 당사자 쌍방에게 교부한다.

확인서 등본 좌측중간 여백에 "신고의사가 있으면 확인서 등본을 교부 또는 송달받은 날로부터 3월 이내에 본적지 또는 주소지의 시(구) · 읍 · 면에 신고하여야 한다."는 뜻의 문구가 담긴 고무인을 날인하여 고지한다.

(라) 처리문례

진술조서

[예규 제347호 제3호 서식]

○ ○ 법 원

진 술 조 서

호 제   호

협의이혼의사확인신청

판 사   일시 :   .   .   :
법원주사   장소 :
                   공개 여부 : 비공개

당사자 부 ○ ○ ○ (   ) 출석
       모 ○ ○ ○ (   ) 출석
참고인   출석

진술의 요지

                              법원주사   (인)
                              판 사   (인)

[예규 제347호 제4호 서식]

○ ○ 법 원

확 인 서

호 제　　　호

당사자　　　　　　부 ○ ○ ○ (　　　　　　　)

주민등록번호

> 확인일시　년 월 일 이 이혼의사확인서 등 본은 교부 또는 송달 받은 날로부터 3월이 경과하면 그 효력이 상실되오니 신고의사 가 있으면 기간 내에 본적지 또는 주소지 관할 시(구)·읍·면 에 신고하여야 합니 다.

본　　　적

주　　　소

처 ○ ○ ○ (　　　　　　　)

주민등록번호

본　　　적

주　　　소

　위 당사자 사이에는 진의에 따라 서로 이혼하기로 합의되었음이 틀림없음을 확인합니다.

년　월　일

판사　　　　(인)

(3) 재외국민에 대한 협의 이혼의사 확인 절차

(가) 당사자 쌍방이 재외국민인 경우

그 거주지를 관할하는 재외공관의 장에게 협의이혼의사확인신청을 할 수 있다. 위 신청을 접수한 재외공관의 장은 당사자 쌍방을 출석시켜 이혼의사의 존부 및 미성년인 자가 있는 경우에 그 자에 대한 친권행사자의 지정 여부를 확인한 후 진술요지서를 작성하여 협의이혼의사확인신청서에 첨부한 후 서울가정법원에 송부한다.

신청서류를 송부받은 서울가정법원은 그 신청서류만에 의하여 이혼의사를 확인하되 이혼의사가 확인된 경우에는 작성한 확인서 3통 중 2통을 협의이혼신고서와 함께 간인하여 즉시 그 재외공관의 장에게 송부하여야 한다. 위 확인서등본을 송부받은 재외공관의 장은 이를 당사자 쌍방에게 교부 또는 송달하여야 한다.

(나) 당사자 일방이 재외국민인 경우

재외국민인 당사자가 거주하는 지역을 관할하는 재외공관의 장이 협의이혼의사확인신청을 받아 그 당사자 일방만의 이혼의사를 확인하고 신청서에 그 뜻을 기재하여 서울가정법원에 송부하였을 경우에는 가정법원이 국내에 거주하는 당사자 일방만을 출석시켜 이혼의사를 확인하는 절차를 취한다.

(4) 촉탁에 의한 협의이혼의사 확인 절차

당사자의 일방이 재외국민이거나 수감자로서 출석하기 어려운 경우에는 관할 재외공관이나 교도소(구치소)의 장에게 이혼의사의 확인을 촉탁하여 그 회보서의 기재로써 그 당사자의 출석, 진술에 갈음할 수 있다. 재외공관의 장에게 촉탁하는 경우에는 외교통상부 영사과에 관할 재외공관의 정확한 명칭과 소재지를 확인한 다음 외교통상부를 거치지 아니하고 바로 관할 재외공관의 장에게 송부하여야 하며 촉탁 후 상당한 기간(재외공관의 경우 6개월 이상)이 지나도록 회보서가 접수(도착)되지 않으면 타방 당사자를 출석시킬 필요없이 바로 불확인조치를 취한다.

(5) 협의이혼의사확인서 등본의 재교부

(가) 당사자가 협의이혼의사확인서등본을 분실한 경우에는 해당 가정법원에 확인서 등본의 재교부 신청을 할 수 있다. 확인서 등본의 재교부 신청을 받은 법원은 보관하고 있는 확인서의 원본에 의하여 협의이혼의사 확인서 등본을 다시 작성하고 이에 첨부할 협의이혼신고서를 양당사자가 다시 작성하여야 하며 일방이 작성한 이혼신고서로서는 신고할 수 없다. 확인서 등본과 협의이혼 신고서 간에 간인은 않는다.

(나) 확인서 등본을 재교부할 경우에는 확인서 등본의 첫장 상단 여백에 재교부의 표시(고무인으로 날인)와 법원사무관 등 취급자의 인영을 날인하여 발급할 것이고 시(구)·읍·면에서 이혼신고서를 수리할 때에는 재교부한 확인서 등본과 이혼신고서와의 사이에 간인이 없다고 반송하여서는 아니된다.

(6) 협의이혼의사 철회

(가) 협의이혼의사확인을 받은 후 당사자 일방이 이혼의사를 철회한 경우에는 이혼의사확인의 효력이 소멸되므로 다른 일방의 이혼신고가 있는 경우에도 이를 수리할 수 없다. 따라서 이혼의사를 철회한 후에는 다시 이혼의사확인을 받아야 이혼이 가능하다. 착오로 나중에 접수한 협의이혼신고서를 수리하여 호적기재를 마친 경우에는 무효인 호적신고이지만 호적정정 허가의 방법으로 정정할 수 없고 부(夫)의 보통재판적이 있는 관할법원으로부터 이혼무효심판을 받아서 이혼사유 기재를 말소하는 호적정정 신청을 하여야 한다.

(나) 협의이혼의사철회의 서면은 이혼의사확인서등본을 첨부하여 반드시 시(구)·읍·면에 제출하여야 하고, 시(구)·읍·면의 장이 이혼신고서 또

는 이혼의사의 철회서면을 접수한 때에는 각 호적사건접수장 또는 문서건명부에 접수일자와 접수시각(예: 2000. 5. 15. 14:25)까지 반드시 명기하고 이혼신고서나 철회의 서면에도 접수월일 및 시각을 명기한다.

(다) 당사자 쌍방이 같은 날 같은 시에 제출하거나 주소지에서 송부되어 온 이혼신고서가 본적지에 접수된 철회서면의 접수일자 및 시와 같은 경우에는 이혼의사철회의 서면이 먼저 접수된 것으로 보아 불수리처분을 하여야 한다.

다. 신고절차

(1) 신고인

협의이혼신고의 신고인은 이혼당사자인 남편(부)과 처이다. 가정법원의 확인서가 첨부된 협의이혼신고서는 당사자의 일방이 제출할 수 있다.

(2) 신고장소

이혼신고는 남편(夫) 및 처의 본적지 또는 신고인의 주소지나 현주지 시(구)·읍·면의 사무소에 하여야 한다.

(3) 신고기간

협의이혼신고는 신고에 의하여 효력이 생기는 창설적 신고이므로 신고기간이 없다. 그러나 가정법원으로부터 확인서 등본을 교부 또는 송달받은 날로부터 3월 이내에 신고하여야 하며 위 기간이 경과하면 가정법원의 확인은 효력을 잃게 된다.

(4) 신고서 기재사항

신고서에는 호적신고의 일반적 기재 사항 외에 다음 사항을 기재하여야 한다.

① 당사자의 성명, 본 및 본적(당사자가 외국인인 때에는 그 성명 및 국적)

② 당사자의 부모와 양친의 성명 및 본적

③ 당사자가 가족인 때에는 호주의 성명, 호주와의 관계 및 본적

④ 혼가를 떠나는 자가 친가에 복적하는 때에는 그 가의 호주의 성명 및 본적, 그러나 친가를 부흥하는 때에는 그 취지 및 부흥의 장소

⑤ 혼가를 떠나는 자가 일가를 창립하는 때에는 그 취지와 창립의 원인 및 장소

⑥ 민법 제909조 〔친권자〕 제4항의 규정에 의하여 친권을 행사할 자가 정하여진 때에는 구 취지와 내용

(5) 첨부서류

협의이혼의 경우에는 가정법원의 확인서 등본을 첨부하여야 한다.

처가 이혼으로 인하여 그 친가에 복적할 경우에는 복적할 친가의 호적 등·초본을 첨부하여야 한다. 그러나 복적할 가가 정확하면 첨부하지 않아도 무방하다.

(6) 이혼신고서 작성방법

(가) 이혼신고서의 당사자란(①란)의 기재는 혼인신고서 작성의 경우와 같다. 이혼신고서의 양식은 신고인란이 별도로 없기 때문에 당사자란의 성명 기재란에 당사자의 성명을 기재하고 서명하거나 날인 또는 무인함으로써 신고인란의 기재에 갈음한다.

그리고 이혼당사자가 외국인인 때에는 그 본적란에 국적을 기재한다.

(나) 부모란(②란)에서 이혼당사자가 양자인 경우에는 양부·양모의 본적, 성명을 기재하며 ( ) 하고 양부·양모임을 표시한다.

(다) 복적 또는 부흥할 가(③란) 및 부흥 또는 일가 창립장소란(⑤란)에서 ③란은 혼가를 떠나는 자가 친가에 복적하고자 할 경우에, ⑤란은 혼가를 떠나는 자가 친가에 복적하지 않고 일가를 창립하고자 할 경우에 각 기재하

며 혼가를 떠나는 자가 복적하려는 친가가 폐가 또는 무후로 되어 친가를 부흥하려는 경우에는 ③란과 ⑤란을 같이 기재한다.

(라) 신본적란(④란)에는 이혼으로 인하여 일가창립을 하거나 타가(친가)에 입적하여야 할 자에게 직계비속이 있는 때에는 준법정분가호적(신호적)을 편제하게 되므로 이에 해당되는 경우에 기재한다.

(마) 기타 사항란(⑥란)에는 수반입적자(이혼당사자와 함께 이혼당사자의 가에 입적할 자)가 있는 경우에는 그 사람의 성명(한글, 한자 병기), 생년월일, 부모성명, 이혼당사자와의 관계 ② 신고사건으로 인하여 신분의 변경이 있게 되는 사람이 있을 경우에 그 사람의 성명, 생년월일, 본적 및 신분변경의 사유 ③ 금치산자가 협의상 이혼을 하는 경우에는 동의자의 성명, 서명(또는 날인) 및 생년월일 ④ 기타 호적에 기재하여야 할 사항을 분명하게 하는데 특히 필요한 사항을 기재한다.

(바) 재판확정일자란(⑦란)은 협의이혼인 경우에는 기재하지 아니한다.

(사) 친권자지정란(⑧란)에는 부모가 이혼하는 경우 미성년자인 자의 친권을 행사할 자를 협의 또는 재판에 의하여 지정된 경우에 그 친권행사자지정신고사항을 기재하고 지정원인으로는 "협의" 또는 "결정"으로 기재한다.

(아) 증인란(⑨란)에는 협의이혼의 경우에만 기재한다.

(자) 인구정책기조자료조사자료란(⑩란 내지 ⑮란)에서 ⑩란과 ⑪란에는 사실상 혼인하여 동거한 날짜와 사실상 이혼하여 별거한 날짜를 기재하고 ⑮란에는 교육부장관이 인정하는 모든 정규교육기관을 기준으로 기재하되 각급 학교의 재학 또는 중퇴자는 졸업한 최종 학교의 해당번호에 ○ 표시를 한다(예: 대학교 3년 중퇴 → 고등학교에 ○ 표시).

(7) 신고서 양식

이혼신고서는 호적법시행규칙 제28조가 규정하고 있는 호적신고서 양식 중 별지 제7호 양식을 사용하며 협의상 이혼이나 재판상 이혼 모두 함께 사용한다.

【양식 제7호】〈개정 1999. 11. 27.〉

이 혼(친권자 지정) 신 고 서

년   월   일

※ 뒷면의 작성방법을 읽고 기재하시되 선택항목은 해당번호에 "○"으로 표시하여 주시기 바랍니다.

구분		남 편				처		
① 이 혼 당 사 자	본 적		호 주 및 관계	의			호 주 및 관계	의
	주 소		세대주 및 관계	의			세대주 및 관계	의
	성 명	한글	서명(인)	전화	한글		서명(인)	전화
		한자		본	한자			본
	주민등록번호				주민등록번호			
② 부 모	부	본적			본적			
		성명			성명			
	모	본적			본적			
		성명			성명			
③ 복적 또는 부흥할 가	본 적				호 주			
④ 신본적								
⑤ 부흥 또는 일가창립장소			일가창립원인					
⑥ 기 타 사 항								
⑦ 재판확정일자		년 월 일		법원명				
⑧ 친권자 지정	미성년자성명							
	주민등록번호							
	친 권 행 사 자		지정일자, 원인	. . .		지정일자, 원인	. . .	
⑨ 증 인	성 명		서명(인)	주민등록번호				
	주 소							
	성 명		서명(인)	주민등록번호				
	주 소							

※ 다음은 통계법 제13조에 의거 개인의 비밀사항이 철저히 보호되고 또한 국가의 인구 정책수립에 필요한 정보 수집이 목적이므로 사실대로 기재하여 주십시오.

⑩ 실제결혼연월일	년 월 일부터 동거	⑪ 실제이혼연월일	년 월 일부터 별거
⑫ 20세미만자녀수	명	⑬ 이혼의 종류	① 협의이혼 ② 재판에 의한 이혼
⑭ 이 혼 사 유	① 배우자 부정 ② 정신적·육체적 학대 ③ 가족간 불화 ④ 경제문제 ⑤ 성격차이 ⑥ 건강문제 ⑦ 기타		
⑮ 최종졸업 학교	남편	① 무학 ② 초등학교 ③ 중학교 ④ 고등학교 ⑤ 대학 이상	처	① 무학 ② 초등학교 ③ 중학교 ④ 고등학교 ⑤ 대학 이상
⑯ 직 업	남편		처	

7. 사망신고

가. 개설

사망신고는 사람이 사망한 경우에 하는 보고적 신고이다. 사람은 생존하는 동안 권리와 의무의 주체가 되므로 출생신고에 의하여 호적에 기재되고 사망신고에 의하여 최종적으로 호적에서 제적된다.

사망신고는 확실한 사망사실이 존재하는 경우에 한하여 할 수 있다. 장기간 행방불명인 자로서 사망의 개연성이 높은 경우에도 사망사실을 확인할 수 없는 한 사망신고는 할 수 없고 실종신고가 가능할 뿐이다.

또 호적상 100세 이상의 고령자가 있다고 하여도 사망신고를 하지 아니하고 또한 시(구)·읍·면의 장이 사망사실을 확인하지 못하는 한 직권으로 사망의 기재를 할 수 없다. 다만 수난, 화재 기타 사변으로 인하여 사망한 자가 있는 경우에는 그를 조사한 관공서가 사망지의 시(구)·읍·면의 장에게 사망의 보고를 하면 인정사망으로 처리하도록 하고 있다.

나. 신고절차

(1) 신고인

(가) 신고의무자

사망신고는 사망자와 동거하는 친족이 하여야 한다. 병원, 교도소, 기타의 시설에서 사망한 경우에 신고의무자 등이 신고할 수 없는 때에는 당해 시설의 장 또는 관리인이 신고를 하여야 한다.

(나) 신고적격자

사망신고는 사망자의 호주, 친족, 동거자 또는 사망장소를 관리하는 자도 할 수 있다. 이는 신고의무자로서의 신고가 아니고 신고적격자로서의 신고이기 때문에 신고를 해태한 경우에도 신고해태의 책임을지지 아니 한다. 여기에서 동거자라 함은 사실상 동거하는 자를 말하는 것이며 가족이 아니더라도 세대를 같이하는 자는 사망신고를 할 수 있다.

(2) 신고장소

사망신고는 사망자의 본적지 또는 신고인의 주소지나 현재지 시(구)·읍·면의 사무소에 하여야 한다. 그러나 사망지, 매장지 또는 화장지 시(구)·읍·면의 사무소에서도 할 수 있다.

시에 있어서는 위 신고장소가 사망자의 주민등록지와 같은 경우에는 사망자의 주민등록지를 관할하는 동의 사무소에 사망신고를 할 수 있다.

(3) 신고기간

사망신고는 신고의무자가 사망의 사실을 안 날로부터 1월 이내에 하여야 한다. 이 기간 내에 신고하지 아니한 때에는 신고의무자에게 과태료를 부과하도록 규정하고 있다.

그러나 신고기간 경과 후의 신고도 사망신고로서 적법한 효력이 있다.

(4) 신고서 기재사항

신고서에는 호적신고의 일반적 기재사항 외에 ① 사망자의 성명, 성별 및 본적 ② 사망의 연월일시 및 장소 ③ 사망사가 가족인 때에는 호주의 성명 및 호주와 사망자와의 관계를 기재하여야 한다.

사망에 의하여 호주승계, 재산상속 등이 개시되기 때문에 사망의 경우에는 사망일시가 중요한 의의를 가지므로 사망신고서에는 사망연월일 외에 사망시각까지 정확하게 기재하여야 하며 사망시각은 1일 24시각제를 기준으로 하여 오전 12시는 12시, 오후 10시는 22시, 오후 12시는 다음날 0시로 기재하여야 한다.

우리나라 국민이 외국에서 사망한 경우에는 현지 시각을 기재하여야 한다. 그리고 호주의 사망신고를 호주승계인이 하는 경우에는 호주승계신고와 함께 할 수 있다.

(5) 첨부서류

(가) 진단서 또는 검안서
사망신고서에는 사망사실을 증명하기 위하여 사망자에 대한 진단서나 검안서를 첨부하여야 한다.

진단서는 사망시에 사망자를 진찰한 의사가 작성한 것이고 검안서는 사망 후에 사체를 검안한 의사가 작성한 사망사실을 증명하는 내용의 문서이다.

(나) 사망의 사실을 증명할만한 서면
사망신고서에 진단서나 검안서를 첨부할 수 없을 때에는 사망의 사실을 증명할 만한 서면으로 갈음할 수 있다.

이때에는 신고서의 기타 사항란에 진단서 또는 검안서를 얻지 못한 사유를 기재하여야 한다.

(다) 사망증명서
동·이장 또는 인우인 2명 이상이 작성한 사망증명서를 말한다. 동·이장이나 인우인은 사망 사실을 알고 있는 자임을 요하며 신고인은 인우보증인이 될 수 없다.

증명인이 인우인(2인 이상)인 경우에는 증명인의 인감증명서 또는 주민등록증 사본을 각 1부 첨부하여야 하며 증명인이 동·이장(1인) 일 때에는 동·이장임을 증명하는 서면을 첨부하여야 한다.

(라) 관공서의 사망증명서 또는 매장인허증
관공서가 작성한 사망증명서 또는 매장인허증을 첨부하며 사망신고를 하여도 무방하다. 외국에의 관공서에서 발급한 사망사실의 증명서면을 첨부하여 사망신고를 할 수도 있다.

(마) 사망신고 수리증명서

재외국민의 사망신고를 거주지법(일본)에 의하여 일본 당국에 신고하여 사망수리증명서 등이 있는 경우에는 사망신고서에 그 증서만을 첨부하여 사망신고를 할 수 있다.

(바) 관련 서식

1) 사망진단서(사체검안서)

[별지 제7호 서식] (1994. 9. 27. 개정) <의료법시행규칙>

<table>
<tr><td colspan="7">사 망 진 단 서(사체검안서)</td></tr>
<tr><td>1</td><td>성 명</td><td colspan="5"></td></tr>
<tr><td>4</td><td>실제생년월일</td><td colspan="5"></td></tr>
<tr><td>6</td><td>본 적</td><td colspan="5"></td></tr>
<tr><td>7</td><td>주 소</td><td colspan="5"></td></tr>
<tr><td>8</td><td>발 병 일 시</td><td colspan="5">발 병 일 시</td></tr>
<tr><td>9</td><td>사 망 일 시</td><td colspan="5"></td></tr>
<tr><td rowspan="2">10</td><td rowspan="2">사 망 장 소</td><td>주소</td><td colspan="4"></td></tr>
<tr><td>장소</td><td colspan="4">① 주택 내 ② 의료기관 ③ 시설기관(양로원 · 고아원 등) ④ D.O.A
⑤ 산업장 ⑥ 공로(도로, 차도) ⑦ 기타(구체적으로 기술)</td></tr>
<tr><td>11</td><td>사망의 종류</td><td colspan="5">① 병사 ② 외인사 ③ 기타 및 불상 [㉮ 교통사고 ㉯ 불의의 중독 ㉰ 불의의 추락 ㉱ 불의의 익사 ㉲ 자살 ㉳ 타살 ㉴ 기타 사고사]</td></tr>
<tr><td rowspan="6">12</td><td rowspan="6">사망의 원인
※ (나) (다)에는 (가)와 직접 의학적 인과관계가 명확한 것만을 기입한다.</td><td rowspan="3">I</td><td>(가) 직접사인</td><td></td><td rowspan="3">발병부터 사망까지의 기간</td><td rowspan="3"></td></tr>
<tr><td>(나) 중간 선행사인</td><td></td></tr>
<tr><td>(다) 선행사인</td><td></td></tr>
<tr><td>II</td><td colspan="2">I 과 관계없는 기타의 신체상황</td><td colspan="2"></td></tr>
<tr><td colspan="2">수술의 주요소견</td><td></td><td>수술연월일</td><td>년 월 일</td></tr>
<tr><td colspan="2">해부의 주요소견</td><td colspan="3"></td></tr>
<tr><td colspan="7"></td></tr>
</table>

13	외인사의 추가사항	사고발생일시		년 월 일 시 분 (24시각제에 의함)
		사고종류		① 교통사고 ② 불의의 중독 ③ 불의의 추락 ④ 불의의 익사 ⑤ 자살(방법기술) ⑥ 타살 ⑦ 기타(구체적으로 기술)
		사고발생 장소 및 상황	주소	
			장소	① 주택내 ② 공공건물 ③ 산업장 ④ 공로(도로, 차 도) ⑤ 휴향지 ⑥ 시설기관(양로원, 고아원 등) ⑦ 기타(구체적으로 기술) ⑧ 잘모름
			상황	가. 근무중 나. 근무이외의 시간

위와 같이 진단(검안)함

년 월 일

의료기관 주 소
　　　　　 명 칭

ㅇ 진찰(검안) 의사, 치과의사, 한의사　　ㅇ 교부한 의사, 치과의사, 한의사
　면허번호 제　　　　호　　　　　　　　 면허번호 제　　　　호
　성　명　　　(서명 또는 인)　　　　성　명　　　(서명 또는 인)

※ 주의 : 사망신고는 1월 이내에 관할 구청·시청·읍·면·동사무소에 신고
　　　　 하여야 합니다.

31312-02011일
1994. 6. 17. 승인

210mm×297mm
(신문용지 54g/㎡)

2) 사산(사태)증명서

[별지 제9호 서식] (1994. 9. 27. 개정) <의료법시행규칙>

사산(사태) 증명서

No. _____

1	사 산 아 의 부 모	부	성명			연령		년 월 일생(만 세)		직업	
		모	성명			연령		년 월 일생(만 세)		직업	
2	사산아 부모의 주소								번지 호			
									번지 호			
3	사 산 장 소	① 자가 ③ 의원 ⑤ 조산원 ② 병원 ④ 모자보건센터 ⑥ (②~⑤의 명칭) ⑦ 기타										
4	사 산 연 월 일	년 월 일 시 분			성별				남·여불상			
5	임 신 기 간	주			혈액검사			1. 수 2. 불수				

6	다 태	① 쌍태 ② 삼태 ③ 태	다태 출산중의 본아의 출산 순위	① 제1아 ③ 제3아 ② 제2아 ④ 제4아
			다태 출산중의 태아의 상태	출생 인(남 인, 여 인) 사산 태(남태, 여태, 불상태)

7	사 산 의 종 별	① 자연사산 인공임신중절 ② 기계적 ③ 약제적 ④ (삭제) ⑤ 기타
8	자연사산의 원인	
9	인공임신중절을 위한 이유	① 의학적 이유에 의한 것(병명) ② 의학적 이유에 의하지 아니한 것

위와 같이 증명함

년   월   일

의료기관 주 소
       명 칭
○ 조산(의사, 한의사, 조산사)면허번호 제   호 성명   (서명 또는 인)
○ 교부(의사, 한의사, 조산사)면허번호 제   호 성명   (서명 또는 인)

31312-00911일
 1994. 6. 17. 승인   210mm×297mm
 (신문용지 54g/㎡)

3) 사망증명서

[예규 제437호 별지 양식]

사 망 증 명 서

※ 뒷면의 작성방법을 읽고 기재하시기 바랍니다.   년 월 일

① 사 망 자	본 적			호주 및 관계			의
	주 소						
	성 명	한글		한자		주민등록번호	

② 일 시	년 월 일 시 분
③ 장 소	

④ 사망이유 (구체적으로 기재)	

⑤ 증 명 인	본 적		전 화 번 호	
	주 소		관 계	
	성 명	(인)	주민등록번호	
	본 적		전 화 번 호	
	주 소		관 계	
	성 명	(인)	주민등록번호	

첨부서류 : 증명인의 인감증명서, 주민등록증사본, 운전면허증사본, 여권사본, 공무원증사본
중 1부, 다만, 증명인이 동(리)장일 때에는 이를 증명하는 서면 1부.

작 성 방 법(양식상으로는 뒷면에 있음)

1. 주민등록증 등 본인임을 확인할 수 있는 서면의 사본을 첨부할 경우에는
   가. 증명인은 주민등록증 등의 원본을 가지고 호적관서에 출석하여 시(구) · 읍 · 면의 장
   (동장 포함)으로부터 본인임을 확인 받아야 합니다.
   나. 시(구) · 읍 · 면의 장(동장 포함)은 증명인으로부터 주민등록증 등의 원본을 제시받아
   본인임을 확인한 후 틀림이 없는 경우에는 주민등록증 등의 사본이 여백에 "위 사본은
   원본과 틀림없음을 인증합니다"라는 인증문을 부기하고 그 직명과 성명을 기재한 다음
   직인을 날인하여야 합니다.
   다. 증명인은 증명서에 도장을 찍는 대신 서명을 하여도 됩니다.
2. 증명인이 인감증명서를 첨부할 경우에는 증명서에 인감도장을 날인하여야 합니다.
3. ③란은 사망한 곳의 주소를 기재합니다.
4. ⑤란의 증명인이 동(리)장일 경우에는 동(리)장임을 증명하는 서면만을 첨부하고, 관계란
   에 "○○군 ○○면 ○○동(리)장"이라고 기재하며, 동(리)장 1인의 증명이면 됩니다.
5. ⑤나의 증명인이 동(리)장이 아닌 때에는 2인을 모두 기재하며, 관계란에는 "이웃사람" 등
   으로 기재합니다.

(6) 사망신고서 작성방법

(가) 사망자란(①란)에는 사망자의 본적과 호주와의 관계를 기재하여야 하나 사망자가 무적자이거나 본적 불명자인 경우에는 "무적" 또는 "본적 불명"으로 기재한다.

사망자가 외국인인 경우에는 본적 기재란에 그의 국적을 기재하고 사망자가 외국에서 사망한 때에는 한국시각으로 환산하여 기재하되 현지시각도 함께 기재한다.

사망자의 주소와 세대주와의 관계는 사망자의 주민등록표상의 기재와 동일하게 기재하면 될것이나 주소를 모르는 경우에는 주거불명으로 기재한다.

사망일시는 사망의 연월일과 시각을 기재하되 사망시각은 24시각제로 기재하여야 하고 사망시각이 오후 2시인 때에는 14시 30분으로 밤 12시 30분인 때에는 다음날 0시 30분으로 기재한다.

그리고 사망장소의 ① 자택은 사망자의 집이거나 부모, 친적의 집을 포함하고 ② 병원은 사망자의 건강상태를 점검해 볼 수 있는 병원, 의원, 보건소 등이 해당되고 ③ 기타는 비행기, 선박, 기차, 승용차 안이거나 길거리 또는 자택이나 병원에 해당되지 않는 자선단체에서 운영하는 집단거주건물도 포함한다.

(나) 기타 사항란(②란)에는 ① 호주승계인이 전호주와 호적을 달리하는 경우 그 취지 ② 선순위의 호주승계인이 호주승계권을 포기한 경우 그 취지 및 포기자의 성명, 본적 ③ 기타 호적에 기재하여야 할 사항을 분명하게 하는데 특히 필요한 사항을 기재한다.

(다) 호주승계인란(③란)에는 호주승계인이 전호주의 사망신고와 호주승계신고를 동시에 할 때에만 기재한다.

(라) 신고인란(④란)에는 신고인의 성명, 주소, 주민등록번호, 전화번호와 신고인의 자격을 기재하고 신고인이 날인하거나 서명 또는 무인한다.

여기서 자격은 동거하는 친족, 호주, 비동거 친족, 동거자, 사망장소를 관리하는 자 등 해당자격을 기재하고 호주승계를 동시에 신고할 경우에는 "호주승계인"이라 기재한다.

(마) 인수정책기초자료기재란(⑤란 내지 ⑩란)에서 발병 당시 직업란(⑤란)에는 발병당시 직업을 "○○ 회사 영업부 판촉사원", "건축목공", "○○구청건축허가담당공무원"과 같이 구체적으로 기재하여야 한다.

사망종류란(⑨란)과 사망원인란(⑫란)에는 사망진단서 또는 시체검안서 등에 기재된 내용과 동일하게 기재한다.

(7) 신고서 양식

사망신고서

사망신고서의 양식은 호적법시행규칙 제28조가 규정한 호적신고서의 양식 중 별지 제15호의 양식으로서 사망신고와 호주승계신고를 병합신고할 수 있다.

【양식 제15호】〈개정 1999. 11. 27.〉

사망(호주승계)신고서

년 월 일

※ 뒷면의 작성방법을 읽고 기재하시되 선택항목은 해당번호에 "○"으로 표시하여 주시기 바랍니다.

① 사망자	본 적				호주 및 관계		의
	주 소				세대주 및 관계		의
	성 명	한글		한자	주민등록번호		
	사망일시	년 월 일 시 분(① 자택, ② 병원, ③ 기타)에서 사망					
	사망장소						
② 기타 사항							
③ 호주승계인	본 적						
	성 명	한글		한자		전호주와의 관계	
④ 신고인	성 명	서명(인)	주민등록번호			자격	
	주 소					전화	

※ 다음은 통계법 제13조에 의거 개인의 비밀사항이 철저히 보호되고 또한 국가의 인구정책수립에 필요한 정보 수집이 목적이므로 사실대로 기재하여 주십시오.

⑤ 발병당시 직업		
⑥ 사망원인 진단	① 의사 ② 한의사 ③ 기타	⑦ 혼인상태 ① 미혼 ② 배우자 있음 ③ 이혼 ④ 사별
⑧ 사망자의 최종졸업학교	① 무학 ② 초등학교 ③ 중학교 ④ 고등학교 ⑤ 대학 이상	
⑨ 사 망 종 류	① 질병 ② 교통사고 ③ 자살 ④ 추락사고 ⑤ 익사사고 ⑥ 타살 ⑦ 기타	

⑫ 사망원인(사망진단서 참조)		⑬ 발병(사고발생)부터 사망까지 기간	
㉮	직접 사인		→
㉯	㉮의 원인		→
㉰	㉯의 원인		→
㉱	㉰의 원인		→

※ 아래 사항은 신고인이 기재하지 않습니다.

읍면동 접수		세대별주민 등록표정리	월 일 (인)	본적지 접수	호 적 부 정 리	월 일 (인)
		개인별주민 등록표작성	월 일 (인)		병 적 정 리	월 일 (인)
		주민등록증 회 수	월 일 (인)		주민등록증 통 보	월 일 (인)
		본 적 지 송 부	월 일 (인)		인 구 동 태 신고서송부	월 일 (인)

---

8. 호주승계신고

가. 개설

호주승계신고는 호주의 사망 등 호주승계가 이루어지는 원인사유가 발생한 때에 그 사실을 신고하는 보고적 신고이다.

호주승계란 호주승계 원인의 발생으로 인하여 새로운 호주권이 승계되는 것을 말한다.

개정전(1991. 1. 1. 개정 시행)의 민법은 상속을 호주상속과 재산상속의 2종으로 나누어 규정하였으나 개정민법은 상속은 재산상속만을 의미하는 것으로 규정하고 호주상속은 호주승계로 그용어를 바꿈과 동시에 호주의 장남자의 거가금지, 호주인 장남자의 임의분가 금지, 호주가 된 양자의 파양금지 등의 규정을 삭제함과 동시에 호주승계권을 포기할 수 있도록 하였다.

또 가계를 잇기 위한 호주제도인 대습상속제도를 비롯하여 사후 양자제도, 서양자제도, 유언양자제도, 태아의 호주상속제도 등을 폐지하였으며 동시에 이성양자도 호주승계를 할 수 있도록 하였다.

호주승계는 호주가 사망하거나 국적을 상실한 때, 양자인 호주가 입양의 무효 또는 취소로 인하여 이적된 때, 여호주가 친가에 복적하거나 혼인으로 인하여 타가에 입적한 때에 개시된다.

그리고 호주승계의 순위는 ① 피승계인의 직계비속남자 ② 피승계인의 가족인 직계비속여자 ③ 피승계인의 처 ④ 피승계인의 가족인 직계존속여자 ⑤ 피승계인의 가족인 직계비속의 처의 순위로 승계인이 된다.

이때 같은 순위의 직계비속이 여러 명인 때에는 가장 가까운 비속을 선순위로 하고 동일한 촌수의 직계비속 중에서는 혼인 중의 출생자를 선순위로 하며 순위가 동일한 자가 여러 명인 때에는 연장자를 선순위로 한다.

호주승계권은 포기할 수 있다. 그러나 이미 호주승계신고를 한 때, 호주승계인으로 된 사실을 안 날로부터 3월이 경과한 때, 호주승계인으로 된 날로부터 6월이 경과한 때에는 호주승계권을 포기하지 못한다.

나. 신고절파

(1) 신고인

호주승계신고는 호주승계인이 하여야 한다. 그러나 의사능력없는 미성년

자가 호주승계한 경우에는 친권자 또는 후견인이 신고의무자로서 호주승계
신고를 하여야 한다.

(2) 신고장소

호주승계신고는 호주승계인의 본적지 또는 신고인의 주소지나 현주지 시
(구)·읍·면의 사무소에 하여야 한다. 그리고 피승계인의 본적지 시(구)·
읍·면의 사무소에도 할 수 있다.

(3) 신고기간

호주승계신고는 호주승계인의 승계의 사실을 안 날로부터 1월 이내에 신
고하여야 한다.

호주승계인이 외국에 있는 경우에는 3월 이내에 신고서를 발송하여야 한
다.

(4) 신고서 기재사항

호주승계신고서에는 일반적 기재사항 외에 ① 호주승계의 원인 및 호주가
된 연월일 ② 전호주의 성명 및 전호주와 호주와의 관계 ③ 호주승계인이
전호주와 본적을 달리하는 경우에 그 취지 및 본적의 표시 ④ 선순위의 호
주승계인이 호주승계권을 포기한 때에는 그 취지와 포기자의 성명 및 본적
을 기재하여야 한다.

(5) 첨부서류

호주승계신고는 독립적 신고로 하는 경우와 사망신고의 부가적 신고로 하
는 경우등 두가지 경우가 있다. 어느 경우에나 특별한 첨부서면이 필요한
것은 아니다.

그러나 선순위의 호주승계인이 호주승계권을 포기하여 후순위자가 호주
승계신고를 하는 경우에는 선순위자의 호주승계권 포기사실을 증명하는 서

면(선순위자의 호주승계권 포기의 취지가 기재된 호적등본 또는 선순위자의 호주
승계권 포기신고서가 수리되었다는 취지의 증명서)을 첨부하여야 한다.

 (6) 호주승계신고서 작성방법

 (가) 전호주란(①란)과 호주승계인란(②란)에는 각 해당 사항을 기재한다.
 (나) 호주승계일자 및 원인란(③란)에는 호주승계일자로서 호주승계원인
사실을 발생일자와 호주승계원인으로서 호주승계원인사실의 종류에 따라
기재한다.
 ● 사망의 경우 : ○○년 ○월 ○일 사망
 ● 실종신고의 경우 : ○○년 ○월 ○일 실종신고 기간 만료
 ● 부재신고의 경우 : ○○년 ○월 ○일 부재신고 심판 확정
 ● 입양무효 또는 취소의 경우 : ○○년 ○월 ○일 입양무효(또는 취소) 판
    결 확정
 ● 여호주가 친가 복적 또는 혼인한 경우 : ○○년 ○월 ○일 친가 복적
    (또는 혼인)
 ● 호주인 양자의 파양의 경우 : ○○년 ○월 ○일 파양
 ● 승계호주의 입양의 경우 : ○○년 ○월 ○일 입양
 (다)수반입적자란(④란)에는 호주승계인과 함께 호주승계인의 가에 입적
되는 자가 있는 경우에 기재한다.
 (라) 기타 사항란(⑥란)에는 ① 호주승계인이 전호주와 호적을 달리하는
경우 그 취지 및 본적의 표시 ② 선순위 호주승계인의 호주승계권을 포기한
경우 그 취지 및 포기자의 생명과 본적 ③ 기타 호적에 기재하여야 할 사항
을 분명하게 하는데 특히 필요한 사항을 기재한다.
 (마) 신고인란(⑦란)에는 호주승계인의 성명, 주소, 주민등록번호, 자격·
전화번호 등을 기재하고 자격에는 호주승계인, 법정대리인 등 해당되는 자
격을 기재한다.

(7) 신고서 양식

호주승계신고서

호주승계신고서의 양식은 호적법시행규칙 제18조가 규정한 호적신고서의 양식 중 별지 제16호 양식에 의하여 호주승계신고서를 작성하여야 한다.

【양식 제16호】〈개정 1994. 10. 17.〉

호 주 승 계 신 고 서

※아래의 작성방법을 읽고 기재하시기 바랍니다.   년 월 일

① 전 호주	본적						
	성명	한글		한자		생년월일	
② 호주승계인	본적				호주및관계		의
	주소				세대주및관계		의
	성명	한글		본		주민등록번호	
		한자					

③ 호주승계일자 및 원인

④ 수반입적자	성 명		본	생년월일	부 성명	모 성명	호주승계인과의 관계
	한글	한자					

⑥ 기타 사항

⑦ 신고인	성명		서명(인)	주민등록번호		자격	
	주소					전화	

9. 호주승계권 포기신고

가. 개설

호주승계권 포기는 호주승계의 개시로 일단 승계한 호주의 지위를 포기함으로써 처음부터 호주승계인이 아니었던 효력을 생기게하는 단독의 의사표시이므로 호주승계권을 포기한 경우에는 처음부터 호주승계를 하지 않았던 것이 되어 이때의 호주승계권자는 호주승계권을 포기한 자의 직계비속이 아니라 피승계인(망 호주)의 차순위 호주승계권자가 된다.

개정민법(1991. 1. 1. 개정시행)은 호주승계권을 포기할 수 있도록 규정하여 개정 호적법에서도 호주승계권 포기신고제도를 신설한 것이다.

첫째, 호주승계권을 포기할 수 없는 경우는 ① 이미 호주승계신고를 한 때 ② 호주승계인으로 된 사실을 안 날부터 3월이 경과한 때 ③ 호주승계인으로 된 날부터 6월이 경과한 때 등이다.

둘째, 호주승계권 포기신고를 할 수 있는 경우는 다음과 같다.

① 호주승계원인이 1991. 1. 1. 이후에 발생한 경우에만 포기할 수 있고 호주가 1990. 12. 31. 이전에 사망한 경우에는 그에 따른 호주상속신고를 1991. 1. 1. 이후에 하는 경우에도 호주상속권포기신고를 할 수 없다.

② 호주승계권의 포기신고는 호주승계원인이 발생하여 호주승계가 개시된 이후에만 할 수 있고 호주승계가 개시되기 전에는 할 수 없다.

③ 호주승계권의 포기는 호주승계의 개시로 인하여 주체적으로 호주승계인으로 된 자만이 할 수 있으므로 후순위 호주승계인은 선순위 호주승계인보다 먼저 호주승계권 포기신고를 하지 못한다. 호주승계권 포기신고는 창설적 신고이다.

나. 신고절차

(1) 신고인

호주승계권 포기신고의 신고인은 호주승계권을 포기하고자 하는 자이다. 호주승계권 포기신고는 실체적 창설적 신고이므로 호주승계권자 본인이 하여야 하고 법정대리인이 신고할 수 없다. 따라서 의사능력있는 미성년자는 호주승계권 포기신고를 할 수 있고 호주승계권자가 의사무능력자로 법정기간내에 포기신고를 하지 못한 경우에는 부득이 호주승계를 할 수밖에 없다.

(2) 신고장소

호주승계권포기신고의 신고장소는 신고지 일반원칙에 의하여 신고하여야 한다.

(3) 신고기간

호주승계권포기신고의 신고기간은 호주승계인으로 된 사실을 안 날부터 3월 이내, 호주승계인으로 된 날부터 6월 이내에 신고하여야 한다. 그리고 선순위자의 호주승계권 포기로 인하여 호주승계인으로 된 후순위자가 호주승계권을 포기할 수 있는 기간은 후순위자가 호주승계인으로 된 사실을 안 날로부터 3월 이내이어야 함과 동시에 호주승계원인이 발생한 날로부터 6월 이내이어야 한다.

(4) 신고서 기재사항

호주승계권 포기신고서에는 신고서 일반적 기재사항 외에 ① 호주승계개시의 원인과 연월일 ② 전호주의 성명 및 전호주와의 관계를 기재하여야 한다.

(5) 첨부서류

호주승계권 포기신고서는 별도의 첨부서면을 요하지 아니하나 본적지의 호적관서에서 수리하는 경우에는 호적등본, 선순위 호주승계권의 포기사실을 증명하는 서면을 첨부하여야 한다.

(6) 호주승계권 포기신고서 작성방법

(가) 전호주란(①란)에는 전호주의 본적, 주소 및 세대주와 세대주와의 관계, 주민등록번호, 성명(한글 · 한자)을 기재한다.

(나) 호주승계일시 및 원인란(②란)에는 호주승계의 원인발생 연월일시와 그 원인을 기재한다.

[예시]

① ○○년 ○월 ○일 사망   ② ○○년 ○월 ○일 사망 간주(또는 실종기간만료)

③ ○○년 ○월 ○일 부재심판 확정   ④ ○○년 ○월 ○일 국적 상실

⑤ ○○년 ○월 ○일 입양 무효 (또는 입양 취소) 판결 확정   ⑥ ○○년 ○월 ○일 혼인

⑦ ○○년 ○월 ○일 친가 복적   ⑧ ○○년 ○월 ○일 호주 입양

(다) 호주승계권포기자란(③란)에는 신고인란의 성질도 함께하는 란으로 호주승계권을 포기하는 자의 해당 사항을 기재한다.

(라) 신본적란(④란)에는 전호주의 직계비속 장남자로서 혼인한 자가 호주승계권을 포기할 경우에 준법정분가의 장소를 기재한다.

(마) 수반입적자란(⑤란)에는 전호주의 직계비속 장남자로서 혼인한 자가 호주승계권을 포기하는 경우에 준법정분가에 수반입적한 자를 기재한다.

(바) 기타 사항(⑥란)에는 호주승계포기신고의 호적기재사항을 분명하게 하는데 필요한 사항을 기재한다. 호주승계권 포기신고인보다 선순위 호주승계권 포기자가 있는 경우 선순위 호주승계권 포기자의 성명, 본적, 전호주

와의 관계, 호주승계권 포기신고인이 금치산자인 경우 그 신고능력의 유무
에 관한 사유, 진단서의 첨부사실 등을 기재한다.

(7) 신고서 양식

호주승계권 포기신고서

호주승계권 포기신고서의 양식은 호적법시행규칙 제28조가 규정한 호적
신고서의 양식 중 별지 제17호 양식에 의하여 작성한다.

【양식 제17호】〈개정 1994. 10. 17.〉

호 주 승 계 권 포 기 신 고 서

※아래의 작성방법을 읽고 기재하시기 바랍니다.   년 월 일

① 전 호주	본적				세대주및관계		의
	주소						
	성명	한글		한자		주민등록번호	
② 승계일시 및 원인			년 월 일 시 분				
③ 승계 권포 기자	본적				호주및관계		의
	주소				세대주및관계		의
	성명	한글	서명(인)	주민등록번호	전 화		
		한자		전호주와의 관계	포 기 일 자		
④ 신본적							

⑤ 수 반입 적자	성 명		생년월일	분가자와의 관 계	성 명		생년월일	분가자와의 관 계
	한글	한자			한글	한자		

⑥ 기타 사항	

10. 전적신고

가. 개설

전적이란 본적의 소재를 이전하는 것을 말한다. 따라서 전적에 의하여 호주 및 가족의 신분에는 아무런 변경이 없이 본적의 소재만이 이전변경된다. 신분행위의 실체에는 아무런 영향을 미치지 아니한다.

전적은 호주가 누구의 동의나 허가도 필요없이 언제나 자유롭게 신고로써 할 수 있다. 그리고 전적은 우리나라의 주권이 미치는 영토안이라면 어떠한 장소를 전적지로 선정하여도 상관이 없다. 다만, 동일 시(도·농 복합형태의 시에 있어서는 동지역을 말한다)·읍·면내에서의 전적은 할 수 없다.

그러나 구를 둔 시 안에서의 구간의 전적은 허용하고 도·농 복합형태의 시의 경우 전적이 불가능한 지역을 동지역으로 한정하며 동지역과 읍·면간의 전적은 가능하도록 하였다.

전적은 신고함으로써 효력이 생기는 창설적 신고이고 절차적 성격의 창설적 신고이다.

나. 신고절차

(1) 신고인

전적신고는 호주본인이 하여야 한다. 그러나 호주가 의사능력이 없는 미성년자 또는 금치산자인 때에는 법정대리인이 신고할 수 있다.

호주승계인으로서 호주승계신고의 절차를 취하지 아니한 자는 전적신고를 할 수 없으며 호주승계신고에 의하여 신호적을 편제한 후 전적신고를 하여야 한다. 호주가 미수복지구 거주자인 때는 그 가의 호주승계 순위에 의한 선순위자가 신고할 수 있다.

(2) 신고장소

전적신고는 호주의 본적지 또는 신고인의 주소지나 현주지 시(구) · 읍 · 면의 사무소에 하여야 한다. 그리고 전적지 시(구) · 읍 · 면의 사무소에서도 할 수 있다.

(3) 신고기간

전적신고는 창설적 신고이므로 신고기간이 없다.

(4) 신고서 기재사항

신고서에는 호적신고의 일반적 기재사항 외에 신본적지를 기재하여야 한다.

(5) 첨부서류

전적신고서에는 호적등본을 첨부하여야 한다.

(6) 전적신고서 작성방법

(가) 전적을 하는 호적란(①란)에는 전적을 하려는 가(호적)의 본적,주소, 세대주 및 관계, 주민등록번호, 신본적을 기재하고 호주의 성명(한글 · 한자)을 기재한다.

신본적에는 옮기고자 하는 본적을 기재한다.

(나) 기타 상항란(②란)에는 전적신고의 호적기재사항을 명료하게하는데 특히 필요한 사항을 기재하며 신고인의 의사무능력자인 경우에 법정대리인이 신고하는 취지 등을 기재한다.

(다) 신고인란(③란)에는 신고인의 성명, 주소, 자격, 주민등록번호, 전화번호 등을 기재한다.

자격은 호주, 법정대리인 등 해당되는 자격을 기재한다.

(7) 신고서 양식

전적신고서

전적신고서의 양식은 호적법시행규칙 제28조에 규정한 호적신고서의 양식 중 별지부록 제29호 양식에 의하여 작성하여야 한다.

【양식 제29호】 〈개정 1994. 10. 17.〉

전 적 신 고 서

※아래의 작성방법을 읽고 기재하시기 바랍니다.   년 월 일

① 전적을 하는 호적	본 적					
	신본적					
	호 주 성 명	한글		주민등록 번 호		
		한자				
	주 소			세 대 주 및 관계	의	
② 기타 사항						
③ 신고인	성명	서명(인)	주민등록 번 호		자격	
	주소				전화	

11. 분가신고

가. 개설

(1) 분가(分家)란 가족이 자신의 의사 또는 법률의 규정에 의하여 종래의 가(家)를 떠나서 새로 일가를 설립(신호적 편제)하는 것을 말한다. 전자에 의한 경우를 임의분가(任意分家), 후자에 의한 경우를 법정분가(法定分家)라 한다. 임의분가는 자신의 의사에 의한 창설이지만, 법정분가는 법률의 규정에 의한 창설이라는 데 차이점이 있다.

분가는 자기가 속하고 있던 가, 즉 본가가 존재함에도(본가와 가계의 동일성 유지) 새로 일가를 설립하는 것이고, 일가창립신고는 자기가 속하고 있는 가가 소멸(종래의 가와 동일성이 없는)함으로써 새로 호적을 설립하는 데 차이가 있는 것이다.

따라서 분가와 일가창립은 새로운 가를 창설하는 점은 같으나, 전자는 종래의 가가 존재할 때도 새로이 일가를 창설하는 것이고, 후자는 종래의 가가 없거나 소멸한 경우에 창설하는 데 차이점이 있다.

(2) 분가는 임의분가와 법정분가로 구분된다.

임의분가는 가족이 자기 의사에 의하여 자기가 속하는 가를 떠나 일가를 창립하는 것이다(민법 제788조 제1항). 가족이면 누구나 분가할 수 있다. 따라서 가족은 남자, 여자, 성년, 미성년 또는 기혼, 미혼의 차별없이 분가할 수 있다. 그러나 의사능력이 있는 미성년자는 법정대리인의 동의를 얻어 분가할 수 있다.

법정분가는 혼인, 입양 기타 사유로 당사자의 의사에 의하지 아니하고 법률의 규정에 의하여 당연히 분가되는 것을 말한다(민법 제789조, 제19조의2).

먼저 혼인으로 인한 법정분가는 가족은 혼인하면 당연히 분가된다. 그러나 호주의 직계비속 장남자는 그러하지 아니하다(민법 제789조). 따라서 임의분가의 경우와는 달리 호주의 직계비속 장남자는 법정분가를 할 수 없다.

가족이 혼인하는 경우 혼인신고가 있으면 부(夫)를 호주로 하여 신호적을 편제하여야 한다(제19조의 2 제1항).

다음 준법정분가의 요건으로 ① 입양, 입양의 취소, 파양, 이혼 기타의 사유로 인하여 타가에 입적하여야 할 자에게 배우자나 직계비속이 있는 때 ② 전호주의 직계비속 장남자로서 혼인한 자가 호주승계권포기신고를 한 때에도 법정분가의 경우에 준하여 신호적을 편제하며, 이때에 신고인은 신고서에 신본적을 기재하여야 한다(제19조의 2 제2항).

그러나 위 법정분가나 준법정분가의 경우 신고서에 신본적이 기재되지 아니한 때에는 신호적의 호주로 될 자의 본적지를 신본적으로 한다(제19조의 2 제3항). 법정분가나 준법정분가의 경우에는 분가신고에 의한 신고가 아니고 혼인신고나 기타 해당신고에 의하여 행하여진다.

분가신고는 신고함으로써 효력이 생기는 창설적 신고이고, 창설적 신고 중에서도 절차적인 창설적 신고이다.

나. 신고절차

(1) 신고인

신고인은 분가의 종류에 따라 다르나 임의분가에 있어서는 분가하려고 하는 자이다. 다만, 분가하려고 하는 자가 미성년자(의사능력이 있는)인 경우는 부모의 동의를 얻어야 신고할 수 있다.

법정분가는 혼인, 입양 기타의 신고에 의하여 당연히 분가되므로 신고서에 신본적을 기재하면 되고 별도록 신고할 필요는 없는 것이다.

(2) 신고장소

신고장소는 호적신고의 신고지 일반원칙에 의하여 신고하여야 한다.

(3) 신고기간

분가신고는 신고함으로써 효력이 생기는 창설적 신고이므로 신고기간은 없는 것이다.

(4) 신고서 기재사항

신고서에는 신고서의 일반적 기재사항(제29조) 외에 다음의 사항을 기재하여야 한다.
① 본가의 호주의 성명, 본, 본적 및 그 호주와 분가의 호주와의 관계
② 분가의 호주의 성명, 출생연월일 및 그 분가의 장소
③ 민법 제791조 제1항(분가호주와 그 가족)의 규정에 의하여 그 가족이 되는 자가 있는 때에는 그 자의 성명, 분가의 호주와의 관계(제107조 제1항).

(5) 첨부서류

(가) 동의서
미성년자가 신고하려면 법정대리인의 동의서를 첨부하여야 한다.
(나) 호적등본
다른 시·읍·면으로 분가하려는 때에는 호적등본을 첨부하여야 한다. 분가장소에서 수리하는 경우는 호적등본 2통을 첨부하여야 한다.

(6) 분가신고서 작성방법

(가) 분가자란(①란)에는 분가자의 소정 사항을 기재하되 본은 한자로 기재한다.
(나) 분가장소란(②란)에는 분가하는 곳의 주소를 기재한다.
(다) 수반입적자란(③란)에는 분가자와 함께 분가에 입적하는 자가 있는 경우에 기재한다.
(라) 기타 사항란(④란)에는 미성년자가 분가하는 경우에 법정대리인의

동의에 관한 사항과 기타 호적에 기재하여야 할 사항을 분명하게 하는데 특히 필요한 사항을 기재한다.

(7) 신고서 양식

분가신고서

분가신고서의 양식은 호적법시행규칙 제28조에 규정한 호적신고서의 양식 중 별지 제24호 양식에 의하여 작성하여야 한다.

【양식 제24호】〈개정 1994. 10. 17.〉

분 가 신 고 서

※ 아래의 작성방법을 읽고 기재하시기 바랍니다.　　　　　년　월　일

① 분가자	본　　적				호주 및 관계	의
	주　　소				세대주 및 관계	의
	부모성명	부(父)			모(母)	
	본　인 성　명	한글　　　서명(인)	본		주민등록 번　호	
		한자				
② 분가장소						

③ 수반입적자		성　명	생년월일	부(父) 성명	모(母) 성명	분가자와의 관계
	한글					
	한자					
	한글					
	한자					
	한글					
	한자					
④ 기타 사항						

12. 입적신고

가. 개설

(1) 입적에는 좁은 의미의 입적과 넓은 의미의 입적으로 나눌 수 있다.

좁은 의미의 입적은 인수입적, 친족입적, 수반입적 등을 말하며 호적법상 입적은 좁은 의미의 입적을 말한다.

넓은 의미의 입적은 좁은 의미의 입적 외에 출생, 인지, 입양, 혼인 등의 신고에 의하여 어떤 가(家)의 구성원이 되는 것도 입적에 포함된다.

(2) 여기에서 좁은 의미의 입적을 살펴보면

① 인수입적(加捧子입적)(민법 제784조)은 처가 부의 혈족 아닌 직계비속이 있는 때에는 부의 동의를 얻어 그 가에 입적하게 할 수 있다. 그 직계비속이 타가의 가족인 때에는 그 호주의 동의를 얻어야 한다. 이를 인수입적(引受入籍)이라 한다. 또 입부혼인의 경우에는 부(夫)가 처의 혈족 아닌 직계비속이 있는 때에는 처의 동의를 얻어 그 가에 입적하게 되는 경우를 말한다.

② 친족입적(민법 제785조)은 호주는 타가의 호주가 아닌 자기의 직계존속이나 직계비속을 그가에 입적하게 할 수 있는 것이다. 이를 친족입적(親族入籍)이라 한다. 즉, 친족입적은 어느 가에 속하고 있는 자가 다른 가에 들어갈 목적으로 하는 친족법상의 행위인 것이다.

③ 수반입적(민법 세791조)은 수반입적(隨伴入籍)이란 분가호주의 배우자, 직계비속과 그 배우자는 그 분가에 입적한다라고 규정되어 있어 이는 강제규정으로서 별도의 신고가 없이 당연히 분가자를 따라 본가를 거가하여 분가호주의 가족이 되는 것이다(민법 제791조 제1항).

본가호주의 혈족이 아닌 분가호주의 직계존속은 분가호주의 가에 입적할 수 있는 것이다(민법 제791조 제2항). 이는 전항과 같이 강제규정이 아니므로 별도 입적신고를 하여야 한다(제103조).

나. 신고절차

(1) 신고인

인수입적의 경우에는 인수자 본인(부 또는 처), 친족입적의 경우는 호주가 신고하여야 한다. 수반입적의 경우는 분가신고인인 호주가 된다.

(2) 신고장소

신고장소는 호적신고지 일반원칙에 의하여 신고하여야 한다.

(3) 신고기간

입적신고는 신고함으로서 효력이 생기는 창설적 신고이므로 신고기간은 없다.

(4) 신고서의 기재사항

(가) 인수입적, 친족입적의 경우
● 입적할 가의 호주의 성명, 본적 및 호주와 입적할 자와의 관계
● 입적할 자의 성명, 본, 출생연월일 및 그 부모의 성명
● 입적하게 하는 자와 입적하는 자와의 관계
● 입적할 자의 원적의 호주의 성명, 본적 및 그 호주와 입적할 자와의 관계

(나) 분가호주의 직계존속의 입적인 경우
● 입적할 가의 호주의 성명, 본적 및 그 호주와 입적할 자와의 관계
● 원적의 호주의 성명, 본적 및 그 호주와 입적할 자와의 관계(제103조)

(다) 기타 입적의 경우
위 (가) (나)의 규정을 준용한다.

(5) 첨부서류

(가) 동의서

부의 혈족이 아닌 처의 직계비속의 입적인 경우(인수입적)는 부가의 호주와 부의 동의서, 입적할 직계비속이 타가의 가족인 때에는 그 호주의 동의서, 입부혼인의 경우에는 처의 동의서를 첨부한다. 입적신고서의 동의자란에 동의자가 서명 또는 날인을 하였거나 무인을 한 경우에는 별도의 동의서를 첨부할 필요가 없다.

(나) 호적 등·초본

입적자가 부의 혈족아닌 처의 직계비속임을 증명하거나 타가의 호주가 아닌 호주의 직계비속 또는 직계존속임을 증명하는 서면으로 호적등·초본을 첨부하여야 한다. 다만, 본적지 호적관서에서 수리하는 경우에는 첨부할 필요가 없다.

(6) 입적신고서의 작성방법

(가) 입적자란(①란)에는 입적자의 소정사항을 기재하고 본을 한자로 기재한다.

(나) 입적할 가란(②란)에는 입적자가 입적할 가의 본적과 호주 및 호주와의 관계를 기재한다.

(다) 입적하게 하는 자란(③란)에는 입적하게 하는 자(신고인)의 본적, 주소, 성명(한글, 한자), 주민등록번호를 기재한다.

여기서 입적하게 하는 자라 함은 인수입적의 경우에는 처이고 친족입적의 경우에는 호주이며 수반입적의 경우에는 타가에 입적하는 자이다.

(라) 기타 사항란(④란)에는 분가호주의 직계존속이 분가에 입적하고자 하는 경우에는 분가호주의 직계혈족이 아니라는 취지와 기타 호적에 기재하여야 할 사항을 분명하게 하는데 특히 필요한 사항을 기재한다.

(마) 동의자란(⑤란)에는 인수입적(남편의 혈족 아닌 처의 직계비속의 입적)

에 의한 입적시 기재한다.

(바) 신고인란(⑥란)에는 신고인의 소정사항을 기재하되 자격은 모, 사건본인, 입적가의 호주등 해당되는 자격을 기재한다.

(7) 신고서 양식

입적신고서

입적신고서의 양식은 인수입적과 친족입적의 경우 호적법시행규칙 제28조가 규정하고 있는 호적신고서 양식 중 별지 제22호 양식에 의하고 수반입적의 경우 수반입적의 원인이 되는 각 호적신고서의 양식 중에 포함되어 있다. 여기서 수반입적신고의 원인이 되는 호적신고서라 함은 ① 입양신고서(제3호 양식) ② 파양신고서(제4호 양식) ③ 입양취소신고서(제5호 양식) ④ 혼인취소신고서(제8호 양식) ⑤ 호주승계신고서(제16호 양식) ⑥ 호주승계권포기신고서(제17호 양식) ⑦ 호주승계회복신고서(제21호 양식) ⑧ 복적신고서(제23호 양식) ⑨ 분가신고서(제24호 양식) ⑩ 귀화신고서(제25호 양식)등을 말한다. 이들 신고서 양식 중에 수반입적자란을 설치하여 수반입적신고를 부가적으로 할 수 있게 하고 있다.

【양식 제22호】〈개정 1994. 10. 17.〉

입 적 신 고 서								
※ 아래의 작성방법을 읽고 기재하시기 바랍니다.						년 월 일		
① 입 적 자	본적						호주 및 관계	의
	주소						세대주 및 관계	의
	성명	한글		본	주민등록 번 호	부성명	입적하게 하는 자와의 관계	
		한자				모성명		
② 입적 할 가	본적						호 주 및 관 계	의

③ 입적하게 하는 자	본적						
	주소						
	성명	한글		한자		주민등록번호	
④ 기타 사항							
⑤ 동의자		남편성명		서명(인)	생년월일		
		호주성명		서명(인)	생년월일		
⑥ 신고인	성명		서명(인)	주민등록번호		자격	
	주소					전화	

13. 복적신고

가. 개설

복적은 일정한 신분행위(혼인·입양)로 타가에 입적한 자가 그 신분행위의 해소(이혼, 파양 또는 혼인·입양의 취소, 무효나 혼인에서는 배우자의 사망)로 인하여 종전의 친가나 생가 호적에 다시 복귀하는 것을 말한다.

복적은 신분행위(이혼, 파양신고 등)로 인하여 당연히 친가나 생가에 복귀하는 것이므로 별도로 신고할 필요는 없는 것이나 혼인으로 거가한 자는 그 배우자가 사망, 처가 친가에 복적하는 경우에는 복적신고를 하여야 한다.

나. 신고절차

(1) 신고인

복적은 이혼신고나 혼인취소신고 또는 파양신고나 입양취소신고 이외에 별도의 신고를 요하지 아니하므로 별도의 신고인이 있을 수 없다. 그러나 부(夫)가 사망한 뒤 처가 친가에 복적하는 경우에는 복적신고를 하여야 하며 이 경우의 신고인은 처이다.

(2) 신고장소

호적법 제104조의 2의 규정에 의한 복적신고는 호적신고의 일반적 규정에 따라 신고인의 본적지, 주소지나 현주지에서 할 수 있으며 복적지에서도 할 수 있다.

(3) 신고 기간

복적신고는 보고적 신고가 아니므로 신고기간이 있을 수 없다.

(4) 신고서 기재사항

호적법 제104조의 2의 규정에 의한 친가복적하는 경우 복적신고서에 기재할 사항은 호적법 제29조가 규정한 호적신고서의 일반적 기재사항 이외에

① 부(夫)의 성명과 사망연월일

② 친가에 복적하고자 하는 때에는 친가의 본적, 호주의 성명 및 호주와의 관계, 친가를 부흥하는 때에는 그 취지 및 부흥의 장소를 기재하여야 한다.

(5) 첨부서면

복적신고를 본적지 외의 호적관서에서 수리하는 때에는 호적등본을 첨부하여야 한다. 그러나 본적지 호적관서에서 수리하는 때에는 첨부할 필요가 없다.

(6) 복적신고서의 작성방법

(가) 당사자란(①란)에는 복적할 자이자 사건 본인인 복적신고인의 성명(한글 · 한자) 등 소정사항을 기재하되 본은 한자로 기재한다.

(나) 폐가, 무후가 원인 및 일자란(②란)은 복적할 가가 폐가 또는 무후가

인 경우 이를 부흥하여 친가복적하고자 하는 경우에 ④란(부흥장소)과 함께 기재한다. 폐가원인은 본가 호주승계, 일가창립 호주의 입양, 분가호주의 입양, 여호주의 혼인 등으로 기재하고 무후가 원인은 가를 승계할 자 없음, 폐가 신고없이 가를 떠남 등으로 기재한다.

(다) 부흥장소란(④란)에는 폐가 또는 무후가를 부흥하여 복적하고자 하는 경우에 그 장소를 기재하며 ②란과 함께 기재하여야 한다.

(라) 복적 또는 부흥할 가란(③란)에는 복적할 가 또는 부흥할 가의 본적과 호주 및 관계를 기재한다.

(마) 수반 입적자란(⑤란)은 복적하는 자를 따라 복적할 가에 입적할 자의 성명(한글·한자) 등 소정사항을 기재한다.

(바) 기타 사항란(⑥란)에는 호적 기재사항을 분명하게 하는 데 특히 필요한 사항을 기재한다.

(사) 신고인란(⑦란)에는 신고인인 복적할 자의 성명 등 소정사항을 기재하되 자격은 본인 또는 법정대리인 등 해당되는 자격을 기재한다.

(7) 신고서 양식

복적신고서

복적신고서는 호적법시행규칙 제28조에 규정된 별지 제23호 복적(부흥, 일가 창립)신고서의 양식에 따른다.

【양식 제23호】〈개정 1994. 10. 17.〉

복 적(부흥, 일가창립)신 고 서

※ 아래의 작성방법을 읽고 기재하시기 바랍니다.   년 월 일

<table>
<tr><td rowspan="6">① 당사자</td><td colspan="2">본   적</td><td colspan="2"></td><td colspan="2">호주 및 관계</td><td>의</td></tr>
<tr><td colspan="2">남편성명</td><td colspan="2"></td><td>사망일자</td><td colspan="2">년 월 일</td></tr>
<tr><td colspan="2">주   소</td><td colspan="2"></td><td colspan="2">세대주 및 관계</td><td>의</td></tr>
<tr><td colspan="2">부모성명</td><td>부
(父)</td><td></td><td>모
(母)</td><td colspan="2"></td></tr>
<tr><td rowspan="2">본   인
성   명</td><td>한글</td><td></td><td rowspan="2">본</td><td rowspan="2"></td><td>주민등록
번   호</td><td rowspan="2"></td></tr>
<tr><td>한자</td><td></td></tr>
<tr><td colspan="3">② 폐가, 무후가
원인 및 일자</td><td>원인</td><td colspan="2"></td><td>일   자</td><td>년 월 일</td></tr>
<tr><td colspan="3">③ 복적 또는
부흥할 가</td><td>본적</td><td colspan="3"></td><td>호 주
및 관계</td><td>의</td></tr>
<tr><td colspan="3">④ 부흥 또는
일가창립장소</td><td colspan="5"></td></tr>
</table>

<table>
<tr><td rowspan="5">⑤ 수반입적자</td><td colspan="2">성명</td><td rowspan="2">생년월일</td><td rowspan="2">부 성명</td><td rowspan="2">모 성명</td><td rowspan="2">당사자와의
관   계</td></tr>
<tr><td>한글</td><td>한자</td></tr>
<tr><td></td><td></td><td></td><td></td><td></td><td></td></tr>
<tr><td></td><td></td><td></td><td></td><td></td><td></td></tr>
<tr><td></td><td></td><td></td><td></td><td></td><td></td></tr>
</table>

<table>
<tr><td colspan="6">⑥ 기타 사항</td></tr>
<tr><td rowspan="2">⑦
신고인</td><td>성명</td><td>서명(인)</td><td>주민등록번호</td><td></td><td>자격</td><td></td></tr>
<tr><td>주소</td><td colspan="4"></td><td>전화</td><td></td></tr>
</table>

14. 일가창립 신고

가. 개설

일가창립(一家創立)이란 무후가의 가족 또는 입적할 자가 없거나 입적을 원하지 않는 자가 일가(一家)를 창립하는 것을 말한다. 즉, 새로 호적이 편제되는 것이다. 일가창립은 여러 가지 유형이 있으나 호적법 제4장 제12절에서 일가 창립 신고를 독립적 신고로 할 수 있는 경우는 부(夫)의 사망으로 인한 처의 일가창립과 무후가로 인한 일가창립의 신고에 관하여 규정하고 있다. 여기서는 위 두 가지 유형의 일가창립신고에 관하여 살펴보기로 한다.

나. 신고절차

(1) 신고인

일가창립신고의 신고인은 일가창립자이다. 부의 사망으로 인한 일가창립신고의 경우는 사망한 부의 처가 신고인이 된다. 폐가, 무후가로 인한 일가창립신고의 경우에는 폐가 또는 무후가의 가족이 신고인이다.

(2) 신고장소

일가창립신고의 신고장소는 어느 경우에나 호적신고의 신고지 일반 원칙에 의하여 신고하여야 한다.

부의 사망으로 인한 처의 일가창립신고는 일가 창립지에서도 할 수 있다.

(3) 신고기간

부의 사망에 의한 처의 일가창립신고는 신고함으로써 효력이 생기는 창설적 신고이므로 신고기간이 없다.

폐가, 무후가로 인한 일가창립신고는 폐가 또는 무후가로 된 사실을 안 날로부터 1월 이내에 신고하여야 한다.

(4) 신고서의 기재사항

(가) 부의 사망으로 인한 일가창립신고의 경우
신고서에는 신고서 일반적 기재사항 외에

① 부(夫)의 성명과 사망연월일

② 친가에 복적하고자 하는 때에는 친가의 본적, 호주의 성명 및 호주와의 관계, 친가를 부흥하는 때에는 그 취지 및 장소, 일가를 창립하고자 하는 때에는 그 취지 및 일가창립의 장소를 기재하여야 한다.

(나) 폐가, 무후가로 인한 일가창립의 경우
신고서에는 신고서 일반적 기재사항 외에 ① 폐가, 무후가의 본적과 호주의 성명 ② 폐가, 무후가가 된 원인과 연월일 ③ 일가창립의 장소 ④ 가족으로 될 자의 성명, 본, 출생연월일, 부모의 성명을 기재하여야 한다.

(5) 첨부서류

일가창립신고를 본적지 호적관서에서 수리하는 경우에는 별도의 첨부서류를 요하지 아니하나 본적지의 호적관서에서 수리하는 경우에는 호적등본을 첨부하여야 한다.

(6) 일가창립신고서의 작성 방법

(가) 당사자란(①란)에는 일가창립자(사건본인)의 성명(한글, 한자)등 소정 사항을 기재하며 본은 한자로 기재한다.

여기에 기재하는 본적은 혼가, 폐가, 무후가 등 일가 창립자가 떠날 가의 본적을 기재한다.

(나) 폐가, 무후가의 원인 및 일자란(②란)에는 폐가 또는 무후가의 가족이 일가창립신고를 하는 경우에만 기재한다.

폐가원인은 본가호주승계, 호주의 입양, 여호주의 혼인 등으로 기재하고 무후가의 원인은 호주승계할 자 없음, 폐가신고를 하지 않고 가를 떠남 등으로 기재한다.

(다) 부흥 또는 부흥할 가란(③란)은 일가창립신고의 경우에 기재하지 않는다.

(라) 부흥 또는 일가창립장소란(④란)에는 일가창립할 장소(신본적)를 기재한다.

(마) 수반입적자란(⑤란)에는 일가창립자를 따라 그 가에 수반입적할 자의 성명(한글, 한자) 등 소정사항을 기재한다.

(바) 기타 사항란(⑥란)에는 호적기재 사항을 분명하게 하는데 특히 필요한 사항을 기재한다.

(사) 신고인란(⑦란)에는 일가창립신고의 신고인인 일가창립자의 성명 등 소정사항을 기재하고 자격으로는 본인, 법정대리인 등을 기재한다.

(7) 신고서 양식

일가창립신고서 양식은 호적법시행규칙 제28조가 규정한 호적신고서 양식 중 별지 제23호 양식(복적, 부흥, 일가창립신고서)에 의한다.

일가창립신고를 부가적 신고로 할 수 있는 경우는 ① 출생신고서(제1호 양식) 기타 사항란에 일가창립의 취지와 원인 및 장소를 기재 ② 파양신고서(제4호 양식)의 일가창립장소란(⑥란)에 일가창립의 장소를 기재 ③ 입양취소신고시(제5호 양식)의 일가창립신고란(⑥란)에 일가창립장소를 기재 ④ 이혼신고서(제7호 양식)의 일가창립장소란(⑤란)에 일가창립장소를 기재 ⑤ 혼인취소신고서(제8호 양식)의 일가창립장소란(⑤란)에 일가창립장소를 기재 ⑥ 귀화신고서(제25호 양식)의 귀화자의 본적란(①란)에 일가창립 장소를 기재 ⑦ 국적회복신고서(제27호 양식)의 국적회복자의 본적란(①란)에 일가창립장소를 기재하는 경우 등을 들 수 있다.

재판에 의한 호적신고

1. 재판에 의한 인지신고

가. 개설

통상 인지라 함은 혼인외의 출생자를 그의 생부 또는 생모가 자기의 자(子)라고 인정하는 행위를 말한다. 생부 또는 생모가 자진하여 인지하는 것을 임의인지라고 하며 임의인지는 신고함으로써 효력이 발생하는 창설적 신고로써 자의 출생시에 소급하여 인지의 효력이 발생한다 함은 이미 언급한 바 있다.

그러나 생부 또는 생모가 임의로 인지하지 아니할 경우에는 부모의 의사와는 관계없이 재판(조정)에 의하여 인지를 강제할 수 있는 바 이러한 인지를 강제인지 또는 재판상 인지라고 한다.

재판상 인지는 보고적 신고로서 인지의 효력은 재판(조정)의 확정(성립)으로 발생한다.

이 인지청구는 조정전치주의의 적용을 받게 되어 먼저 조정절차를 거친 다음 소송절차를 거치게 된다.

우리 민법은 혼인외의 출생자는 그 생부나 생모가 인지할 수 있다고 규정하고 있으며 그 생부나 생모가 혼인외의 출생자에 대하여 자발적으로 호적법에 정하는 바에 의하여 신고함으로써 인지의 효력이 생기게 된다. 그러나 혼인외의 출생자에 대하여 그 생부나 생모가 인지하지 아니하는 경우에는 그 자와 그 직계비속 또는 그 법정대리인은 부 또는 모를 상대로 하여 인지청구의 소를 제기하게 되는 것이다.

따라서 인지청구의 소는 혼인외의 출생자에 대하여 그 생부나 생모가 인지하지 아니할 때 다시 말하여 인지신고의 부작위에 의하여 발생하게 되는 유형이라 하겠다.

인지청구의 소는 누구를 상대로 할 것인가에 따라 성질을 달리한다.

부(父)에 대한 인지청구는 사실상의 친자관계의 존재를 확정하여 법률상의 부자관계를 창설하는 것으로서 형성의 소이고 부에 대하여 친권의 의사표시를 할 것을 구하는 이행의 소가 아니라고 한다.

이에 반하여 모에 대한 인지청구는 이미 분만에 의하여 당연히 발생되어 있는 법률상의 모자관계의 확인을 구하는 것으로서 확인의 소라 한다.

따라서 재판상 인지는 재판절차에서는 조정절차와 소송절차를 거쳐야 하고, 호적절차에서는 재판에 의한 인지신고를 거쳐야 한다.

나. 재판절차

(1) 당사자

(가) 원고(제소권자)

인지청구의 소는 자와 그 직계비속 또는 그 법정대리인이 제기할 수 있다. 혼인외의 자가 인지를 청구하는 것이 일반적이다. 혼인외의 자가 미성년자인 때에는 그 모가 친권자로서 법정대리인이 된다. 그리고 자의 직계비속 또는 법정대리인이 소를 제기하는 경우에는 자를 사건본인으로 취급하는 것이 바람직하다.

(나) 피고(상대방)

인지청구의 소의 상대방은 부 또는 모이다. 상대방이 사망한 때에는 그 사망을 안 날로부터 1년 내에 검사(檢事)를 상대로 인지청구의 소를 제기할 수 있다. 모는 기아가 성장하여 그 생모를 찾을 때와 같이 분만자를 알지 못하였던 특수한 경우에 한하여 상대방으로 된다.

(2) 관할

(가) 토지관할

인지청구의 소는 상대방인 부 또는 모의 보통재판적 소재지 가정법원의, 그가 사망한 때에는 그 최후 주소지의 가정법원의 토지관할에 전속한다.

(나) 사물관할

인지청구의 소는 가정법원 단독판사의 사물관할에 속한다.

(3) 조정전치, 제척기간

(가) 조정전치

인지청구의 소가 가사소송사건 중 나류사건으로 분류되어 조정전치주의의 적용을 받게 되어 소송절차에 앞서 조정절차를 거쳐야 한다.

(나) 제척기간

생존 중인 부 또는 모를 상대로 한 인지청구에는 특별한 제한이 없으나 부 또는 모가 사망하여 검사를 상대로 소를 제기할 때에는 그 사망사실을 안 날로부터 1년 내에 하여야 한다. 그리고 법정대리인이 있는 때에는 그 법정대리인이 부 또는 모의 사망사실을 안 날이 제척기간의 기산일로 된다.

(4) 비용

가사소송수수료규칙 제2조 제1항 소정의 수수료(인지) 20,000원과 소정의 송달료를 납부하여야 한다.

(5) 소장(인지 청구의 소)

소 장

원 고 ㅇㅇㅇ(ㅇㅇㅇ)
　　ㅇㅇ년 ㅇ월 ㅇ일생
　　본적　ㅇ시 ㅇ구 ㅇ동 ㅇ번지
　　주소　ㅇ시 ㅇ구 ㅇ동 ㅇ번지
피 고　ㅇㅇㅇ(ㅇㅇㅇ)
　　ㅇㅇ년 ㅇ월 ㅇ일생
　　본적　ㅇ시 ㅇ구 ㅇ동 ㅇ번지
　　주소　ㅇ시 ㅇ구 ㅇ동 ㅇ번지

청 구 취 지

1. 원고는 피고의 친생자임을 인지한다.
2. 소송비용은 피고의 부담으로 한다.
라는 판결을 구함.

청 구 원 인

1. 원고는 소외 모 ㅇㅇㅇ(ㅇㅇㅇ)의 혼인외 자로서 ㅇㅇ년 ㅇ월 ㅇ일 출생하여 같은 달 ㅇ일에 모의 호적에 출생신고되었습니다.
2. 원고의 모 소외 ㅇㅇㅇ는 원고가 포태될 당시 서울 ㅇㅇ구 소재 ㅇㅇㅇ룸싸롱에서 호스티스로 근무하고 있던 중 그 때 단골손님이던 피고와 사귀게 되었고, 때때로 동침하다가 원고를 포태하였던 것입니다.
3. 피고는 원고의 모와 내연관계를 맺기 전까지는 처자가 있다는 사실을 숨겨오다가 피고의 출생신고로 그의 신분이 탄로되어 원고의 모는 피고와의 관계를 단념하고 약간의 생활비를 받고 피고와 헤어져서 원고를 성인이 될 때까지 갖은 고생을 하면서 키웠습니다.
4. 원고는 이제 성인이 되고 혼인할 나이도 되었으나 "아버지 없는 딸"이라서 혼인에 여러 가지 어려움이 있을 뿐만 아니라 원고의 혈연관계를 밝히고자 청구취지와 같은 판결을 구하는 바입니다.

첨 부 서 류

1. 호적등본(원고, 피고)　　　각 1통
2. 주민등록표등본(원고, 피고)　각 1통
3. 모의 진술서　　　　　　　　　1통

ㅇㅇ. ㅇ. ㅇ.

위 원고　ㅇ ㅇ ㅇ

ㅇㅇ가정법원 귀중

※ 이 사례는 자(子)가 부(父)를 상대로 하는 경우이다.

(6) 혈액형 등의 수검 명령

인지청구사건을 심리함에 있어 흔히 친생자인가 여부를 그 대상으로 하고 있어 가정법원은 필요한 경우에는 당사자 기타 관계인에게 그 건강과 인격의 존엄을 해하지 아니하는 범위내에서 혈액채취에 의한 혈액형의 검사 등 유전인자의 검사, 기타 상당하다고 인정되는 방법에 의한 검사를 받을 것을 명할 수 있다.

(7) 판결, 통지

(가) 청구인용 판결의 주문

● 자(子)가 원고인 경우
「원고는 피고의 친생자임을 인지한다.」
또는「원고를 피고의 친생자로서 인지한다.」
또는「피고는 원고를 친생자로 인지한다.」
또는「피고는 원고를 인지한다.」
앞에 예시한 두 가지가 일반적으로 쓰이는 주문 예라고 할 수 있다.

● 자의 직계비속 또는 법정대리인이 원고인 경우
「사건본인[또는 "소외 ○○○(본적 : 서울 ○○구 ○○동 ○○○)]」은 피고의 친생자임을 인지한다.

● 검사가 피고인 경우
「1. 원고는 소의 망 ○○○(본적 : 서울 ○○구 ○○동 ○○○)의 친생자임을 인지한다.
 2. 소송비용은 국고의 부담으로 한다.」라는 판결을 구함.」

(나) 확정 판결의 효력

인지청구를 인용한 확정판결은 제3자에게도 그 효력이 있다. 그리고 청구를 기각한 판결이 확정되면 다른 제소권자는 그 사실심의 변론종결 전에 참

가할 수 없었음에 대하여 정당한 사유가 있지 아니하는 한 다시 소를 제기
할 수 없다.

(다) 호적사무관장자에의 통지

인지청구를 인용한 판결이 확정되면 가정법원의 사무관 등은 지체없이 그
뜻을 본적지의 호적사무를 관장하는 자에게 통지하여야 한다. 위 통지를 받
은 호적사무관장자는 호적신고의무자에게 신고의 최고를 하게 된다.

다. 호적절차(인지신고)

(1) 신고인

재판상 인지의 경우에는 소를 제기한 자가 재판에 의한 인지신고를 하여
야 하나 그 소의 상대방도 신고할 수 있다. 여기서 소를 제기한 자는 신고의
무자로서 그 상대방은 신고적격자로서 신고하게 된다.

소를 제기한 자가 사망한 경우에는 그 자가, 호주인 때에는 신호주가, 가
족인 때에는 호주가 신고할 수 있다.

(2) 신고장소

인지신고는 인지자, 피인지자의 본적지 또는 신고의 주소지나 현주지 시
(구)·읍·면의 사무소에 하여야 한다.

(3) 신고기간

인지의 재판이 확정된 경우에는 소를 제기한 자가 재판의 확정일로부터 1
월 이내에 신고하여야 한다.

(4) 신고서 기재사항

신고서에는 일반적 기재사항 외에 임의인지신고의 기재사항과 같다.

다만, 재판상 인지신고의 경우에는 신고서에 재판확정일자와 법원명을 기재하여야 한다.

(5) 첨부서류

재판에 의한 인지의 경우에는 판결의 등본 및 판결확정증명서를, 인지의 조정이 성립된 경우에는 조정조서 등본 및 송달증명서를 첨부하여야 한다.

그리고 인지자인 부와 피인지자인 혼인외의 출생자의 모 사이에 친권을 행사할 자가 정하여진 때에는 그 내용을 증명하는 서면으로 협의서 또는 심판서등본 및 확정증명서를 첨부하여야 한다.

(6) 인지신고서 작성방법

재판에 의한 인지신고서 또한 호적법시행규칙 제29조에 의한 별지 제2호 양식에 의하여 작성하여야 한다. 따라서 통상의 인지신고서의 작성방법과 다를 바 없다. 다만, 재판확정일자 및 법원명란(③란)의 기재방법은 재판확정일자는 인지판결의 확정일자를 말하며 재판확정증명서에 기재된 확정일자와 일치하여야 한다. 인지의 조정이 성립된 경우에도 조정성립 후 일자를 재판확정일자란에 기재하여야 한다. 인지의 조정이 성립된 경우에도 조정성립의 일자를 재판확정일자란에 기재하여야 한다. 법원명란에는 인지에 관한 재판 또는 조정을 한 법원의 명칭을 기재한다.

2. 재판에 의한 파양신고

가. 개설

재판상 파양은 양친자 관계를 유지하게 하는 것이 부당하다고 인정되는

사유가 있는 경우에 그 양친자 관계를 재판에 의하여 소멸시키는 것을 말한
다. 민법이 규정하는 재판상 파양의 원인은 ① 가족의 명예를 오독(汚瀆)하
거나 재산을 경도(傾倒)한 중대한 과실이 있을 때 ② 다른 일방 또는 그 직
계존속으로부터 심히 부당한 대우를 받았을 때 ③ 자기의 직계존속이 다른
일방으로부터 심히 부당한 대우를 받았을 때 ④ 양자의 생사가 3년 이상 분
명하지 아니한 때 ⑤ 기타 양친자 관계를 계속하기 어려운 중대한 사유가
있을 때 등이다.

　재판상 파양은 가정법원에 청구하여서만 할 수 있고, 그 판결의 확정에 의
하여 양친자 관계가 소멸하는 효과가 발생하는 것으로서 형성의 소이다.

　이 재판상 파양은 가사소송법에서 가사소송사건 중 나류사건 12호에 자
리잡아 조정전치주의의 적용을 받게 되어 먼저 조정절차를 거친 다음 소송
절차를 진행하게 된다.

　따라서 재판에 의한 파양신고는 재판상 파양이라는 재판절차를 거쳐 확정
판결이 나면 파양신고라는 호적신고절차를 밟게 된다.

나. 재판절차

(1) 당사자

　(가) 재판상 파양은 양친자만이 당사자 적격을 갖는 것이 원칙이다. 양친
또는 양자가 원고로 되고 양자 또는 양친을 피고로 한다. 따라서 제3자에게
는 당사자 적격이 없다.

　(나) 배우자 있는 자가 양자를 할 때에는 배우자와 공동으로 하여야 하지
만 파양의 경우에는 공동으로 하여야 하는 가에는 학설의 대립하고 있으나
양친부부가 혼인계속 중에는 부부공동으로 만이 파양당사자가 될 수 있을
것이다.

　(다) 양자가 15세 미만인 때에는 그 입양을 승낙한 자가 이에 갈음하여 파
양의 협의를 하여야 하고 입양을 승낙한 자가 사망, 기타 사유로 소를 제기

할 수 없는 때에는 생가의 다른 직계존속이 이를 하여야 한다. 위 대락권자
가 스스로의 이름으로 당사자가 된 경우에는 판결의 당사자 표시에 있어 그
지위를 분명히 하여 당사자 표시란의 마지막에 미성년자인 양자를 사건본인
으로 기재하고 대락권자는 「사건 본인 △△△의 대락권자 ○○○」라고 표시
하여야 한다.

(라) 15세 이상의 미성년자인 양자는 입양동의권자의 동의를 얻어, 양친
이나 양자가 금치산자인 때에는 후견인의 동의를 얻어 제소할 수 있다.

(2) 관할

재판상 파양은 양부모 중 1인의 보통재판적 소재지의 가정법원의 토지관
할에 전속한다. 그리고 가정법원 합의부의 사물관할에 속한다.

(3) 조정전치, 제척기간

(가) 조정전치

재판상 파양은 조정전치주의의 적용을 받는다.

재판상 파양의 소송물이 당사자의 임의처분이 허용되는 사항인지에 관하
여는 반대의 견해도 있을 수 있으나, 파양은 재판상 파양 외에 협의상 파양
이 있어 파양사유의 존부와는 관계없이 당사자가 언제든지 협의에 의하여
파양할 수 있으므로 당사자의 임의처분이 허용된다고 볼 것이다.

따라서 재판상 파양사건의 조정절차에 있어서는 당사자가 재판상 파양청
구를 포기하거나 그 청구를 인정하여 파양하기로 하는 조정(이는 실질적으로
는 협의상 파양에 해당한다)이 가능하게 된다.

(나) 제척기간

재판상 파양의 사유 중 양자의 생사가 3년 이상 분명하지 아니한 때(민
905조 4호)를 제외한 나머지 사유는 그 사유 있음을 안 날로부터 6월, 그 사
유있은 날로부터 3년을 경과하면 파양을 청구하지 못한다.

(4) 비용

가사소송수수료규칙 제2조 제1항 소정의 수수료(인지) 20,000원과 소정의
송달료를 납부하여야 한다.

(5) 소장(파양청구의 소)

소　　장

　　　　　　　　원 고　ㅇ ㅇ ㅇ(ㅇㅇㅇ)
　　　　　　　　　　ㅇㅇ년 ㅇ월 ㅇ일생
　　　　　　　　　　본 적　ㅇ시 ㅇ구 ㅇ동 ㅇ번지
　　　　　　　　　　주 소　ㅇ시 ㅇ구 ㅇ동 ㅇ번지
　　　　　　　　원 고　ㅇ ㅇ ㅇ(ㅇㅇㅇ)
　　　　　　　　　　ㅇㅇ년 ㅇ월 ㅇ일생
　　　　　　　　　　본 적　ㅇ시 ㅇ구 ㅇ동 ㅇ번지
　　　　　　　　　　주 소　ㅇ시 ㅇ구 ㅇ동 ㅇ번지
　　　　　　　　피 고　ㅇ ㅇ ㅇ(ㅇㅇㅇ)
　　　　　　　　　　ㅇㅇ년 ㅇ월 ㅇ일생
　　　　　　　　　　본 적　ㅇ시 ㅇ구 ㅇ동 ㅇ번지
　　　　　　　　　　주 소　ㅇ시 ㅇ구 ㅇ동 ㅇ번지

청 구 취 지

　1. 원고들과 피고는 파양한다.
　2. 소송비용은 피고의 부담으로 한다.
라는 판결을 구함.

청 구 원 인

1. 입양
　　원고부부는 ㅇㅇ학교 교사로서 정년퇴직한 자들로서 원래 슬하에 자식이 없어 쓸쓸
하게 시내년 중 ㅇ촌 동생의 사인 피고(당시 ㅇㅇ학교 ㅇ년생)를 양자로 맞아시 ㅇㅇ년
ㅇ월 ㅇ일 입양신고하였습니다.
2. 파양원인
　　원고부부는 피고를 양자로 맞아 정성껏 키우면서 인생의 보람으로 느끼고 살아 왔
습니다만 피고가 성장하여 감에 따라 원고들의 의사를 거역하는가 하면 때때로 반항까
지 하기에 이르렀습니다.
　　그러던 중 금년 4월에는 술집 호스테스와 동거하는 것을 만류하는 원고들에게 쓸데
없이 간섭한다며 욕설과 폭력을 사용하더니만 얼마전에는 사업자금을 요구하는 것
을 거절하자 가산을 때려부수고 원고들에게 폭행을 가하여 원고 ㅇㅇㅇ은 전치 ㅇ주일
의 상해를 입었습니다.

이상과 같이 피고로부터 심히 부당한 대우를 받아가면서도 양친자 관계를 도저히 계속할 수 없어 파양하기로 결심한 바입니다.

3. 따라서 원고들은 청귀취지와 같은 판결을 구하기 위하여 본소에 이른 것입니다.

첨 부 서 류

1. 호적등본   1통
2. 주민등록표등본(원고, 피고)   각 1통
3. 상해진단서   1통

○○. ○. ○.

위 원고 ○○○

○○○

○○가정법원 귀중

(6) 판결, 통지

(가) 청구인용판결의 주문

일반적으로 『원고들과 피고는 파양한다.』 또는 『원고들과 피고를 파양한다.』라고 기재하며, 대리권자가 당사자로 된 경우에는, 『사건본인과 피고들은 파양한다.』, 『원고들과 사건본인은 파양한다.』라고 쓴다.

(나) 확정판결의 효력

재판상 파양의 청구를 인용한 확정판결은 제3자에게도 효력이 있고, 그 확정판결에 의하여 양친자 관계는 소멸한다.

(다) 호적사무관장자에의 통지

재판상 파양의 청구를 인용한 판결이 확정된 때에는 가정법원의 법원사무관 등은 지체없이 본적지의 호적사무를 관장하는 자에게 그 뜻을 통지하여야 한다. 당사자는 판결확정일로부터 1월 이내에 호적공무원에게 신고하여 호적기재를 바로 잡게 된다.

다. 호적절차(파양신고)

(1) 신고인

재판상 파양신고는 소를 제기한 자가 신고의무자로서 신고인이 된다. 그리고 그 소의 상대방도 신고할 수 있다.

(2) 신고장소

재판상 파양도 협의상 파양의 경우와 같이 신고장소의 일반적 신고장소에서 신고하면 된다.

(3) 신고기간

재판상 파양은 재판확정일부터 1월 이내에 신고하여야 한다.

(4) 신고서 기재사항

신고서에는 일반적 기재사항 외에
① 당사자의 성명, 본 및 본적(당사자가 외국인인 때에는 그 성명 및 국적)
② 양자와 친생부모의 성명 및 본적
③ 당사자가 가족인 때에는 호주의 성명 및 본적
④ 양자가 복적할 가의 호주의 성명 및 본적
⑤ 양자가 일가를 창립하는 때에는 그 취지·원인 및 장소, 그 가나 생가를 부흥하는 때에는 그 취지 및 부흥의 장소
⑥ 재판확정일을 기재하여야 한다.

(5) 첨부서류

재판상 파양이 판결에 의한 경우에는 판결등본 및 확정증명서를 첨부하여야 하고, 조정에 의한 경우에는 조정조서 및 송달증명서를 첨부하여야 한다.

(6) 재판상 파양신고서 작성방법

재판에 의한 파양신고서 또한 협의상 파양신고의 경우와 같이 호적법시행 규칙 제28조가 규정한 별지 제4호 양식을 사용한다. 따라서 파양신고서에 기재할 사항은 호적신고서의 일반적 기재사항(호적법 제29조)과 호적법 제72조의 기재사항을 기재한다.

통상의 파양신고(협의상)에서 파양신고서의 작성방법을 언급하였기에 여기서는 생략하기로 한다.

다만, 재판에 의한 파양신고의 경우

① 재판확정일자 및 법원명란(⑨란)에는 재판 또는 조정에 의하여 파양신고를 하는 경우에 재판확정일 및 조정성립인과 법원의 명칭을 기재한다.

② 증인란(⑩란)에는 재판상 파양의 경우에는 기재하지 아니한다.

③ 동의자란(⑪란)에도 재판상 파양의 경우에는 기재하지 아니한다.

3. 재판에 의한 입양취소신고

가. 개설

입양의 취소는 이미 이루어진 입양에 일정한 하자가 있음을 이유로 이를 취소하여 양친자 관계를 장래에 향하여 소멸시키는 것을 말한다. 민법이 규정하는 입양취소의 사유는, ① 성년에 달하지 않은 자가 입양한 때 ② 입양이 적법한 동의 또는 가정법원의 허가없이 이루어진 때 ③ 배우자 있는 자가 배우자와 공동으로 양자하지 아니하거나 배우자의 동의없이 양자가 된 때 ④ 입양 당시 양친자의 일방에게 악질(惡疾) 기타 중대한 사유가 있음을 알지 못한 때 ⑤ 사기 또는 강박으로 인하여 입양의 의사표시를 한 때 등이다.

입양취소는 단순한 의사표시만으로 할 수 있는 것이 아니고 반드시 법원에 청구하여서만, 즉, 소로써만 주장할 수 있는 것이어서 입양취소의 소는 형성의 소이다. 또 입양취소의 효력은 기왕에 소급하지 아니하고 장래에 향하여서만 효력이 있을 뿐이다.

이 재판에 의한 입양취소신고는 가사소송법에서 가사소송사건 중 (2) 나류사건 10호에 해당되며 조정전치주의의 적용을 받게 되어 먼저 조정절차를 거친 다음 소송절차를 거쳐야 한다.

입양무효의 판결이 확정된 경우에는 호적정정신청을 하여야 함에 반하여 입양취소의 판결이 확정된 경우에는 보고적 신고로서 입양취소신고를 하도록 하고 있다.

입양취소의 재판절차와 호적신고절차로 나누어 살펴 보기로 한다.

나. 재판절차

(1) 당사자

(가) 원고

입양취소의 소의 원고적격자는 그 취소의 사유에 따라 다르다.

그 중 원고적격자가 법정(법으로 정함)되어 있는 것은 다음과 같다.

① 미성년자가 입양한 때 : 양부모, 양자, 그 법정대리인, 직계혈족

② 부모 또는 직계존속의 동의없이 양자가 된 때 : 동의권자

③ 미성년자가 적법한 동의없이 양자가 된 때 : 그 양자, 법정대리인, 동의권자

④ 후견인이 가정법원의 허가없이 피후견인을 양자로 한 때 : 피후견인, 친족회원

⑤ 금치산자가 후견인의 동의없이 양자를 하거나 양자가 된 때 : 금치산자, 후견인

⑥ 배우자와 공동으로 하지 아니하고 양자를 하거나 배우자의 동의없이 양자가 된 때 : 배우자

그 밖에, ⑦ 양친자의 일방에게 악질 기타 중대한 사유가 있음을 알지 못한 때와 ⑧ 사기 또는 강박으로 인하여 입양의 의사표시를 한 때의 입양취소 청구권자에 관하하여는 명문의 규정이 없으나, ⑦의 경우에는 민법 896조의 규정에 비추어 양친자의 타방이, ⑧의 경우에는 민법 897조의 규정에 비추어 그 입양의 의사표시를 한 자가 원고적격자라고 할 것이다.

(나) 피고

양친자의 일방이 소를 제기할 때에는 타방을 상대방으로 하고, 제3자가 소를 제기할 때에는 양친자 쌍방을 상대방으로 하되 그 중 일방이 사망한 때에는 생존자를 상대방으로 한다(31조, 24조 1항, 2항). 상대방으로 될 자가 모두 사망한 때에는 검사를 상대방으로 한다(31조, 24조 3항). 따라서 제3자가 소를 제기할 때에는 양친과 양자 3인이 피고로서 필요적 공동소송인으로 된다.

(2) 관할

(가) 토지관할

입양취소의 소는 양부모 중 1인의 보통재판적 소재지 가정법원의, 양부모가 모두 사망한 때에는 그 최후 주소지의 가정법원의 토지관할에 전속한다.

(나) 사물관할

가정법원 합의부의 사물관할에 속한다.

(3) 조정전치, 제척기간

(가) 조정전치

입양취소의 소는 조정전치주의의 적용을 받는다. 그러나 입양취소의 소의 소송물 그 자체는 당사자의 임의처분이 허용되지 않으므로 조정에서는 인간

관계의 조정을 중심으로 하여 당사자의 일방이 입양취소청구를 포기하고 상대방을 부양하기로 한다든지 입양을 유효한 것으로 하되 협의상 파양을 하기로 한다는 식의 간접적이고 우회적인 조정이 이루어지도록 하여야 한다.

(나) 제척기간

입양취소의 사유에 따라 제척기간을 달리한다(민 889조 내지 897조).

즉, ① 미성년자가 입양한 경우 : 그 미성년자가 성년에 달한 때

② 미성년자가 적법한 동의없이 양자가 된 경우 : 미성년자가 성년에 달한 후 3월을 경과하거나 사망한 때

③ 후견인이 가정법원의 허가없이 피후견인을 양자로 한 경우 : 후견의 종료로 인한 관리계산의 종료 후 6월을 경과한 때

④ 금치산자가 후견인의 동의없이 양자를 하거나 양자가 된 경우 : 금치산선고의 취소 있은 후 3월을 경과한 때

⑤ 부모 또는 직계존속의 동의없이 양자가 된 경우 및 부부공동입양에 위반한 경우 : 그 사유 있음을 안 날로부터 6월, 그 사유 있은 날로부터 1년을 경과한 때

⑥ 양친자의 일방에 악질 기타 중대한 사유가 있음을 알지 못한 경우 : 그 사유 있음을 안 날로부터 6월을 경과한 때

⑦ 사기 또는 강박으로 인하여 입양의 의사표시를 한 경우 : 사기를 안 날 또는 강박을 면한 날로부터 3월을 경과한 때에는 각각 입양의 취소를 청구하지 못한다.

(4) 비용

가사소송수수료규칙 제2조 제1항 소정의 수수료(인지) 20,000원과 소정의 송달료를 납부하여야 한다.

(5) 소장(입양취소의 소)

소　장

원고(양부)ㅇㅇㅇ(ㅇㅇㅇ)
ㅇㅇ년 ㅇ월 ㅇ일생
본 적 ㅇ시 ㅇ구 ㅇ동 ㅇ번지
주 소 ㅇ시 ㅇ구 ㅇ동 ㅇ번지
원고(양모)ㅇㅇㅇ(ㅇㅇㅇ)
ㅇㅇ년 ㅇ월 ㅇ일생
본 적 ㅇ시 ㅇ구 ㅇ동 ㅇ번지
주 소 ㅇ시 ㅇ구 ㅇ동 ㅇ번지
피고(양자)ㅇㅇㅇ(ㅇㅇㅇ)
ㅇㅇ년 ㅇ월 ㅇ일생
본 적 ㅇ시 ㅇ구 ㅇ동 ㅇ번지
주 소 ㅇ시 ㅇ구 ㅇ동 ㅇ번지

청 구 취 지

1. 원고들과 피고 사이의 입양은 이를 취소한다.
2. 소송비용은 피고의 부담으로 한다.
라는 판결을 구함.

청 구 원 인

1. 원ㆍ피고의 입양당시 사정

　원고 ㅇㅇㅇ은 ㅇㅇ학교 교사로서 평생을 근무하다가 수년 전에 정년퇴직한 후 원고의 부부는 슬하에 자식이 없어 다소 쓸쓸하기는 하였으나 연금으로 노후를 편하게 생활하고 있었습니다.

　피고는 원고 ㅇㅇㅇ의 ㅇ촌 형 되는 ㅇㅇㅇ(ㅇㅇㅇ)의 ㅇ남매중 막내아들로서 막 군에서 제대하고 일자리를 구하고 있는 중이였습니다.

2. 강박에 의한 입양

　ㅇㅇㅇㅇ년 ㅇ월경부터 피고의 부인 ㅇㅇㅇ이가 피고를 입양할 것을 수차례 권유하는 것을 원고부부는 이를 거절하였습니다.

　그럼에도 불구하고 같은 해 ㅇㅇ월 ㅇ일 밤 ㅇ시경 피고와 피고의 부 ㅇㅇㅇ이가 술에 만취하여 원고 등을 찾아와서 종가집에 손을 이어야 한다면서 피고를 입양할 것을 강요하면서 이를 거절하면 집을 방화하겠다는 등 계속 위협하므로 원고부부는 공포심에 피고를 입양하기로 동의하고 입양신고서에 서명날인하고 다음 날인 ㅇㅇ월 ㅇ일에 입양신고를 한 것입니다.

3. 위와 같이 ㅇㅇㅇㅇ년 ㅇ월 ㅇ일 원고부부와 피고 사이에 한 입양신고는 강박에 의한 것으로서 민법 제884조 제3호의 입양취소사유에 해당되므로 청구취지와 같은 판결을 구하는 바입니다.

첨 부 서 류

1. 호적등본(양가, 친가)   각 1통
2. 주민등록표등본(원고, 피고)   각 1통

○○. ○. ○

위 원고 ○○○
○○○

○○가정법원 귀중

(6) 판결, 통지

(가) 청구인용 판결의 주문

일반적인 형성판결의 주문과 같이, ① 양친자끼리의 소송에서는, 『원고들과 피고 사이에 ○○○○. ○. ○. 서울 ○○구청장에게 신고하여 한 입양은 이를 취소한다.』라고 쓰고, ② 제3자가 소를 제기한 경우에는, 『피고 ○○○, 같은 ◇◇◇와 피고 ◎◎◎ 사이에 ○○○○. ○. ○. 서울 ○○구청장에게 신고하여 한 입양은 이를 취소한다.』라고 쓰는 것이 보통이다.

(나) 확정판결의 효력

1) 청구를 인용한 확정판결은 제3자에게도 효력이 있고, 청구를 기각한 확정판결에는 재소금지의 효력이 있다.

2) 입양취소 사유마다 별개의 소송물이라고 할 것이므로 입양취소 사유 중의 하나를 주장하여 소를 제기하였다가 청구기각의 확정판결을 받았더라도 다른 사유를 주장하여 다시 소를 제기할 수 있다.

(다) 호적사무관장자에의 통지

입양취소의 청구를 인용한 판결이 확정되면 가정법원의 법원사무관 등은 지체없이 그 뜻을 본적지의 호적사무를 관장하는 자에게 통지하여야 한다.

다. 호적절차(입양취소 신고)

(1) 신고인

입양취소의 판결이 확정되거나 조정이 성립된 경우에는 입양취소의 소를 제기한 자나 조정을 신청한 자가 입양취소의 신고를 하여야 한다.

그리고 입양취소의 소를 제기한 자의 상대방이나 입양취소의 조정신청을 한 자의 상대방도 입양취소의 신고를 할 수 있다.

(2) 신고장소

입양취소신고는 신고지의 일반원칙에 의하여 신고를 하여야 한다.

(3) 신고기간

입양취소판결의 확정일 또는 조정성립일로부터 1월 이내에 입양취소신고를 하여야 한다.

(4) 신고서 기재사항

입양취소신고의 기재사항은 파양신고의 기재사항과 동일하다. 입양취소신고서의 양식이 파양신고서의 양식 중 증인란(⑩란)과 동의자란(⑪란)을 제외하였을 뿐 나머지는 동일하다.

따라서 입양취소신고의 기재사항은 재판에 의한 파양신고서와 동일하므로 재판상 파양신고를 참고하면 될 것이다.

(5) 첨부서류

입양취소가 판결에 의한 경우에는 판결등본 및 확정증명서를 첨부하여야 하고 조정에 의한 경우에는 조정조서 및 송달증명서를 첨부하여야 한다.

(6) 입양취소신고서 작성방법

입양취소신고서는 호적법시행규칙 제28조 제1항 소정의 호적신고 양식 중 제5호 양식에 의하여 작성하여야 한다.

　동 양식 중 복적 또는 부흥할 가(④란)에는 양자가 생가에 복적해야 할 가에, 부흥 또는 일가창립장소(⑥란)에는 양자가 복적해야 할 생가가 폐가 또는 무후로 되어 일가를 창립하려는 경우에 각 기재하며 양자가 복적해야 할 생가가 폐가 또는 무후로 되어 생가를 부흥하려는 경우에는 위 ④란과 ⑥란을 같이 기재한다.

　신본적란(⑤란)에는 법정분가하게 되는 경우에 기재한다.

　수반입적자란(⑦란)에는 양자와 함께 양자의 가에 같이 입적되는 사람이 있는 경우에 기재한다.

　기타 사항란(⑧란)에는 ① 신고사건으로 신분의 변경이 있게되는 자가 있을 경우에는 그 자의 성명, 생년월일, 본적 및 신분변경의 사유 ② 기타 호적에 기재하여야 할 사항을 분명하게 하는데 특히 필요한 사항

　신고인란(⑩란)에는 소 제기장소의 상대방 등 해당되는 자격을 기재한다.

【양식 제5호】 〈개정 1994. 10. 17.〉

입 양 취 소 신 고 서

※ 뒷면의 작성방법을 읽고 기재하시기 바랍니다.　　　　　년　월　일

구분				양 부			양 모		
① 양친	본적			호 주 및관계	의			호 주 및관계	의
	주소			세대주 및관계	의			세대주 및관계	의
	성명	한글	본	주민등록 번 호		한글	본	주민등록 번 호	
		한자				한자			
② 양자	본 적							호주 및 관계	의
	주 소							세대주 및 관계	의
	성명	한글		본		주민등록 번 호			
		한자							
③ 양자의 친생부모	부	성명		본적					
	모	성명		본적					

④ 복적 또는 부흥할 가		본적				호주	
⑤ 신 본 적							
⑥ 부흥 또는 일가창립장소				일가창립원인			

⑦ 수반입적자	성명		본	생년월일	부성명	모성명	양자와의 관계
	한글	한자					

⑧ 기 타 사 항	

⑨ 재판확정일자	년 월 일	법원명		

⑩ 신고인	성명	서명(인)	주민등록번호		자격	
	주소				전화	

4. 재판에 의한 혼인신고

가. 개설

　사실상 혼인관계는 주관적으로는 혼인의사를 가지고, 객관적으로는 부부 공동생활의 실체를 갖추고 있으면서도 혼인신고를 하지 아니하여 법률혼으로 인정받지 못하는 상태에 있는 남녀의 결합관계를 의미한다. 사실혼은 혼인신고가 없다는 점에서 법률혼과 차이가 있을 뿐 실체는 동일하다 하겠다.

　우리 호적법은 재판에 의한 혼인신고의 규정을 두어 사실상 혼인관계 존재확인의 재판이 확정된 경우에는 그 청구인이 혼인신고를 할 수 있다고 규정하면서 일정한 경우에는 사실혼 관계에 있는 당사자의 일방적 신고에 의하여 사실혼이 법률혼으로 격상될 수 있는 길을 열어 놓고 있다. 따라서 사실상 혼인관계 존부 확인의 소제도의 주안점은 그 존재확인의 소에 있고 그 부존재 확인의 소는 부수적으로 규정된 것이라 할 수 있다.

사실상 혼인 관계 존재확인의 청구는 인용한 확정판결이 있으면 당사자 일방이 혼인신고를 할 수 있는 관계로 그 존재확인의 소의 성질에 관하여 견해가 나뉘고 있으나 판례는 확인소송설에 입각하고 있다고 할 수 있다.

통상의 혼인은 신고를 함으로써 그 효력이 생긴다는 민법의 규정에 따라 창설적 신고임에 반하여 재판에 의한 혼인은 사실상 혼인관계 존재확인의 재판이 확정된 경우에는 심판을 청구한 자는 재판의 확정일로부터 1월 이내에 재판서의 등본 및 확정증명서를 첨부하여 제76조 [혼인신고의 기재사항]의 신고를 하여야 한다고 호적법은 규정하여 통상의 혼인신고와는 달리 신고기간, 첨부서류, 신고의무자를 규정하여 보고적 신고의 모습을 보여주고 있다.

그러면 재판에 의한 혼인은 보고적 신고인가 아니면 창설적 신고인가에 관하여 언급하기로 한다.

위에 든 호적법 제76조의 2의 법문의 해석상 당연히 보고적 신고로 보아야 할 것이나 판례는 견해를 달리하고 있다.

판례는 당사자가 사실상 혼인관계 존재확인의 확정판결을 받았다 하더라도 그에 기한 혼인신고를 하기에 앞서 상대방이 먼저 제3자와 혼인신고를 하여 버리면 그 제3자와의 혼인신고가 유효하다(대법원 1973. 1. 16. 선고 72므25판결)라고 하며 사실상 혼인관계의 판결에 기한 혼인신고를 창설적 신고로 보고 있다.

재판에 의한 혼인신고는 호적법 제63조 [재판에 의한 인지]의 준용 규정이 없으므로 소제기의 상대방은 재판에 의한 혼인신고를 할 수 없으며, 소제기자가 사망한 때에도 호주나 신호주가 대신 신고할 수도 없다.

혼인신고는 원칙적으로 양당사자가 생존한 경우에 할 수 있으므로 사실혼 관계에 있던 자가 사망한 후에 사실상 혼인관계존재확인의 판결이 확정된 경우에는 그 판결에 기한 혼인신고는 할 수 없다.

재판에 의한 혼인은 사실상 혼인관계를 유지하면서도 당사자 중 일방이 혼인신고에 응하지 아니하는 경우에는 사실상 혼인관계 존재확인의 판결이나 조정조서에 의하여 당사자 일방이 혼인신고를 할 수 있다.

따라서 재판에 의한 혼인은 재판절차와 호적절차를 거쳐야 하는 바 재판절차는 조정절차와 소송절차를, 호적절차는 혼인신고절차를 말한다.

다음에 재판절차와 호적절차의 순서를 설명하기로 한다.

나. 재판절차

(1) 당사자

사실상 혼인관계 존부확인의 소의 당사자 적격에 관한 특별한 규정이 없으므로 민사소송의 일반원칙에 의한다.

따라서 사실상 혼인관계 존부확인에 관하여 확인의 이익이 있는 자가 원고가 되고 이를 다투는 반대의 이익을 가진 자가 피고가 된다. 그러므로 사실혼관계의 존재확인의 소에 있어서 원고는 사실상 혼인관계에 있는 부(夫) 또는 처이고 상대방은 그 배우자로서 혼인신고를 기피하고 있는 자가 될 것이다.

(2) 관할법원

사실상 혼인관계 존부확인의 소는 피고의 보통재판적 소재지 가정법원의 관할에 속한다. 이는 임의관할이므로 민사소송법상의 합의관할이나 응소관할에 관한 규정이 적용된다. 또 사실상 혼인관계 존부확인의 소는 가정법원 합의부의 사물관할에 속한다.

(3) 조정전치

사실상 혼인관계 존부확인의 소가 가사소송사건 중 나류사건으로 분류되어 조정전치주의의 적용을 받게되어 소송절차에 앞서 조정절차를 거쳐야 한다.

(4) 비용

가사소송수수료규칙 제2조의 규정에 의한 수수료(인지) 20,000원과 소정의 송달료를 납부하여야 한다.

(5) 소장(사실상 혼인관계 존재확인의 소)

소　　장

원고　○○○(○○○)
○○ 년 ○월 ○일생
본적　○시 ○구 ○동 ○번지
주소　○시 ○구 ○동 ○번지
피고　○○○(○○○
○○ 년 ○월 ○일생
본적　○시 ○구 ○동 ○번지
주소　○시 ○구 ○동 ○번지

청 구 취 지

　1. 원고와 피고 사이에는 사실상 혼인관계가 존재함을 확인한다.
　2. 소송비용은 피고의 부담으로 한다.
라는 판결을 구함.

청 구 원 인

　　1. 원고와 피고는 ○○○○년 ○월 일자불상경 중매에 의하여 맞선을 보고 서로 교제를 하다가 같은 해 ○○월 ○○일에 약혼식을 하고 같은 해 ○○월 ○○일 ○○예식장에 결혼식을 거행하고 ○○○○년 ○월 ○일까지 피고의 집에서 같이 생활하여 왔습니다.
　　2. 그런데 원고는 결혼식 전부터 좌측발목으로부터 대퇴부까지 혈세혈종이라는 불치의 병이 있었으며 원고의 시모인 소외 ○○○(○○○)는 위와 같은 보기 흉한 종기가 있다는 것을 알고 이를 구실삼아 현대 여성으로서 양장을 하기에 부적당하다고 하여 원고에게 병을 완치하여 오라는 이유로 ○○○○년 ○월 ○일 친가로 돌려 보내 원고는 현재 친가에서 기거하고 있습니다.
　　3. 원고는 친가에 돌아온 후 같은 해 ○월 ○일 피고와 사이에서 포태한 여아를 출산하고 양육하면서 시가에 돌아가기만 기다리고 있습니다.
　　4. 그런데 위 여아의 출생신고를 하려고 피고에게 작명부탁과 원고와의 혼인신고를 할 것을 종용하였으나 아무런 이유없이 수차례나 이를 거절하므로 청구취지와 같이 원고와 피고 사이에 사실상 혼인관계가 있음을 확인하는 판결을 구하는 바입니다.

```
                      첨 부 서 류
  1. 호적등본(원고, 피고)          각 1통
  2. 주민등록표등본(원고, 피고)     각 1통
  3. 결혼사진                       1매

                      ○○. ○. ○.

                      위 원고 ○○○

○○가정법원 귀중
```

(6) 판결, 통지

(가) 청구인용 판결의 주문

사실상 혼인관계 존재확인의 소에서 인용된 경우의 판결 주문은 다음과 같다.

「1. 원고와 피고 사이에는 사실상 혼인관계가 존재함을 확인한다.

 2. 소송비용은 피고의 부담으로 한다.」

(나) 확인판결의 효력

사실상 혼인관계 존재확인판결이 확정된 때에는 그 청구인은 상대방의 협력없이도 단독으로 혼인신고를 할 수 있다.

(다) 호적사무관장자에 대한 통지 불요

가사소송규칙은 가류 및 나류 가사소송사건의 청구를 인용한 판결은 지체없이 당사자 또는 사건본인의 본적지의 호적사무를 관장하는 자에게 그 뜻을 통지하여야 한다. 다만, 사실혼관계 존부확인사건을 제외한다고 규정하여 통지사항에서 제외하고 있다. 당사자가 사실상 혼인관계 존재확인판결에 기하여 호적법 제76조의 2 [판결에 의한 혼인신고]의 절차에 따라 혼인신고를 함으로써 비로소 법률혼으로 되고 직권으로 호적기재할 성질의 것이 아니기 때문이다.

다. 호적절차(혼인신고)

(1) 신고인

재판에 의한 혼인신고의 신고의무자는 소 제기자이고 사실상 혼인관계 존재확인의 조정성립에 의한 혼인신고는 조정신청인이 신고의무자로 신고하여야 한다. 그러나 신고의무자인 소 제기자 및 조정신청인이 사망한 경우에는, 사망한 제소자가 호주인 때에는 신호주가, 가족인 때에는 호주가 신고할 수 있다.

(2) 신고장소

재판에 의한 혼인신고의 장소는 통상의 혼인신고의 경우와 다를바 없다. 따라서 신고사건 본인의 본적지 또는 신고인의 주소지나 현재지에서 혼인신고를 하여야 한다.

(3) 신고기간

재판에 의한 혼인신고는 사실상 혼인관계 존재확인의 재판이 확정된 경우에 재판의 확정일로부터 1월 이내에 신고하여야 한다. 조정에 의한 혼인신고는 조정성립일로부터 1월 이내이다.

(4) 신고서 기재사항

재판에 의한 혼인신고서에 기재할 사항은 신고서의 일반적 기재사항 외에 통상의 혼인신고의 경우와 대체로 동일하다.

다만, 재판에 의한 혼인신고의 경우에는 증인란(⑧란)의 기재를 요하지 않는 대신에 재판확정일자와 재판을 한 법원의 명칭을 기재하여야 하는 점에 차이가 있다.

(5) 첨부서류

재판에 의한 혼인신고의 첨부서류는 통상의 혼인신고 첨부서면 이외에 사실혼관계 존재확인의 재판이 확정된 경우에는 그 재판서의 등본과 확정증명서를 혼인신고서에 첨부하여야 한다.

또 사실혼관계 존재확인의 조정이 성립된 경우에는 그 조정조서의 등본과 송달증명서를 혼인신고서에 첨부하여야 한다.

(6) 혼인신고서 작성방법

재판에 의한 혼인신고 역시 통상의 혼인신고와 같이 호적법시행규칙 제28조가 규정하고 있는 호적신고서 양식 중 별지 제6호 양식에 의하여 작성하여야 한다.

혼인신고서에 기재할 사항은 호적신고서의 일반적 기재사항 이외에 혼인신고서의 기재사항은 호적법 제76조가 규정하고 있다.

재판에 의한 혼인신고의 경우에는 증인란(⑧란)의 기재를 요하지 않으나 재판확정일자와 재판을 한 법원의 명칭은 기재하는 것이 좋다. 다른 호적신고서 양식과 같이 재판확정일자와 재판을 한 법원명칭란이 따로 없으므로 기타 사항란에 기재하면 된다.

5. 재판에 의한 혼인취소신고

가. 개설

혼인의 취소는 혼인의 성립과정에 일정한 하자가 있는 경우에 그 혼인의 효력을 장래에 향하여 소멸시키는 것을 말한다. 민법이 규정하는 혼인취소의 사유는, ① 혼인이 연령위반·동의없는 혼인·동성혼 등의 금지 위반·중혼금지 위반·재혼금지 위반 등에 해당하는 것인 때 ② 혼인 당시 당사자 일방에 부부생활을 계속할 수 없는 악질 기타 중대한 사유가 있음을 알지 못한 때 ③ 사기 또는 강박으로 인하여 혼인의 의사표시를 한 때 등이다.

혼인의 취소는 법원에 청구하여서만, 즉 소에 의해서만 주장할 수 있고, 그 취소의 효력은 일반 법률행위의 취소와는 달리 기왕에 소급하지 않고 장래에 향하여서만 효력이 있다.

혼인취소는 조정전치주의의 적용을 받아 먼저 조정절차를 거친 다음 소송절차를 거치게 된다.

혼인무효의 소는 호적정리를 호적정정신청에 의하여야 하나 혼인취소의 소는 혼인무효와는 달리 호적정리를 혼인취소신고라는 호적신고에 의하여 호적을 정리하게 된다.

재판에 의한 혼인취소의 재판절차와 호적절차로 나누어 살펴보기로 한다.

나. 판결절차

(1) 당사자

(가) 원고

혼인취소의 소의 원고적격은 그 취소사유에 따라 다르다. 그 중 원고적격이 법정되어 있는 것은 다음과 같다.

① 혼인적령위반의 경우 : 당사자 또는 그 법정대리인

② 동의없는 혼인의 경우 : 당사자 또는 그 법정대리인

③ 동성동본혼 또는 근친혼의 경우 : 당사자, 그 직계혈족, 8촌 이내의 방계혈족

④ 중혼의 경우 : 당사자, 그 배우자, 직계존속, 8촌 이내의 방계혈족, 검사

⑤ 재혼금지기간 위반의 경우 : 당사자, 전(前)배우자, 그 직계존속

그 밖에, ⑥ 당사자 일방에 혼인을 계속할 수 없는 악질 기타 중대한 사유가 있음을 알지 못한 때와 ⑦ 사기 또는 강박으로 인하여 혼인의 의사표시를 한 때의 혼인취소청구권자에 관하여는 아무런 규정이 없으나, 성질상 그 혼인의 의사표시를 한 자에 한하여 원고적격이 있다고 할 것이다.

(나) 피고

부부의 일방이 소를 제기할 때에는 배우자를 상대방으로 하고, 제3자, 즉 위 ③ 내지 ⑤ 의 경우에 당사자 이외의 자가 소를 제기할 때에는 부부를 상대방으로 하되, 부부의 일방이 사망한 때에는 생존자를 상대방으로 하며, 상대방으로 될 자가 모두 사망한 때에는 검사를 상대방으로 한다. 부부를 상대방으로 한다는 것은 부부 쌍방이 필요적 공동소송인으로서 공동피고로 된다는 의미이다.

(2) 관할

(가) 토지관할

혼인취소의 소의 토지관할은 혼인무효의 소와 같다. 즉, ① 부부가 같은 가정법원의 관할구역 내에 보통재판적이 있을 때에는 그 가정법원이, ② 부부가 최후의 공통의 주소지를 가졌던 가정법원의 관할구역 내에 부부 중 일방의 보통재판적이 있을 때에는 그 가정법원이, ③ 위의 각 경우에 해당하지 아니하는 경우로서 부부의 일방이 타방을 상대방으로 하는 때에는 상대방의 보통재판적 소재지의 가정법원, 부부의 쌍방을 상대방으로 하는 때에는 부부 중 일방의 보통재판적 소재지의 가정법원이, ④ 부부의 일방이 사망한 경우에는 생존한 타방의 보통재판적 소재지의 가정법원이, ⑤ 부부 쌍방이 사망한 경우에는 부부 중 일방의 최후의 주소지의 가정법원이, 각각 관할법원으로 되고, 그 관할은 전속관할이다.

(나) 사물관할

혼인취소의 소는 가정법원 합의부의 사물관할에 속한다.

(3) 조정전치, 제척기간

(가) 조정전치

혼인취소의 소는 조정전치주의의 적용을 받는다. 그러나 혼인취소의 소의 소송물에 관하여는 성질상 당사자의 임의처분이 허용되지 아니하므로 조정은 소송물 자체에 관한 것이 아니라 예컨대, 부부의 일방이 타방을 상대방으로 하는 경우에 그들 사이의 인간관계를 조정하여 혼인관계를 유지시키기로 합의하여 소 또는 조정신청을 취하하게 하거나 혼인을 취소하는 대신 일방이 타방에게 위자료를 지급하고 협의이혼하도록 하는 것과 같이 간접적이고 우회적인 조정이어야 한다.

(나) 제척기간

혼인취소의 사유에 따라서는 제척기간의 제한을 받는다. 즉, ① 동의없는 혼인의 경우에는 그 당사자가 성년에 달한 후 또는 금치산선고의 취소가 있은 후 3월이 경과하거나 혼인중에 포태한 때, ② 동성동본혼 또는 근친혼의 경우에는 당사자가 혼인중의 자를 출산한 때, ③ 재혼금지기간 위반의 경우에는 전(前)혼인 관계의 종료일로부터 6월을 경과하거나 재혼 후 포태한 때, ④ 혼인을 계속할 수 없는 악질 기타 중대한 사유 있는 경우에는 그 사유 있음을 안 날로부터 6월을 경과한 때, ⑤ 사기, 강박으로 인한 혼인의사표시의 경우에는 사기를 안 날 또는 강박을 면한 날로부터 3월을 경과한 때에는 각각 그 혼인의 취소를 청구하지 못한다.

혼인적령 미달의 경우와 중혼의 경우에는 각각 제척기간의 정함이 없다. 그러나 혼인적령 미달의 경우에는 동의없는 혼인의 경우를 유추적용하여, 당사자가 혼인적령에 도달한 후 3월이 경과하거나 혼인중에 포태한 때에는 그 혼인의 취소를 청구하지 못한다고 해석하여야 할 것이다.

(4) 비용

가사소송수수료규칙 제2조 제1항의 규정에 의한 수수료(인지) 20,000원과 소정의 송달료를 납부하여야 한다.

(5) 소장(혼인취소의 소)

소 장

원고 ㅇㅇㅇ(ㅇㅇㅇ)
　　ㅇㅇ년 ㅇ월 ㅇ일생
　　본 적　ㅇ시 ㅇ구 ㅇ동 ㅇ번지
　　주 소　ㅇ시 ㅇ구 ㅇ동 ㅇ번지
피고 ㅇㅇㅇ(ㅇㅇㅇ)
　　ㅇㅇ년 ㅇ월 ㅇ일생
　　본 적　ㅇ시 ㅇ구 ㅇ동 ㅇ번지
　　주 소　ㅇ시 ㅇ구 ㅇ동 ㅇ번지

청 구 취 지

1. 피고와 소외 망 ㅇㅇㅇ(ㅇㅇㅇ) 사이에 ㅇㅇ년 ㅇ월 ㅇ일 서울특별시 ㅇㅇ구청장에게 신고하여 한 혼인을 취소한다.
2. 소송비용은 피고의 부담으로 한다.
라는 판결을 구함.

청 구 원 인

1. 원고와 소외 망 ㅇㅇㅇ는 ㅇㅇ년 ㅇ월 ㅇ일 혼인신고를 한 부부로서 위 ㅇㅇㅇ는 ㅇ ㅇ년 ㅇ월 ㅇ일 사망하였습니다.
2. 원고는 소외 망 ㅇㅇㅇ가 사망한 후에 원고가 모르는 사이에 소외 ㅇㅇㅇ와 사이에 협의이혼신고가 되어 있는 것을 알았으므로 얼마 전에 검사를 상대로 하여 협의이혼무효확인의 소를 제기하여 승소확정판결을 받았습니다.
3. 원고와 소외 ㅇㅇㅇ 사이에 협의이혼신고된 후 피고와 소외 ㅇㅇㅇ는 ㅇㅇ년 ㅇ월 ㅇ일 혼인을 하였습니다만 위와 같이 소외 ㅇㅇㅇ는 원고가 엄연히 배우자로 있음에도 불구하고 이중으로 혼인을 한 것으로서 민법 제810조의 규정에 저촉되므로 동법 제181조에 의거하여 청구취지와 같이 혼인의 취소를 구하는 바입니다.

첨 부 서 류

1. 호적등본(원고, 피고)　　　각 1통
2. 제적등본　　　　　　　　　　1통
3. 판결등본 및 동확정증명서　　1통
4. 주민등록표등본(원고, 피고)　각 1통

ㅇㅇ. ㅇ. ㅇ.

위 원고 ㅇㅇㅇ

ㅇㅇ 가정법원 귀중

※ 이 사례는 중혼을 이유로 제소한 경우이다.

(6) 판결, 통지

(가) 청구인용판결의 주문

통상의 형성의 소에서와 같이, 『원고와 피고 사이에 ○○○○. ○. 서울 ○○구청장에게 신고하여 한 혼인은 이를 취소한다.』는 식의 주문을 쓴다.

관련 사건의 청구가 병합된 경우에는 『1. 원고와 피고 사이에 ○○○○. ○. 서울 ○○구청장에게 신고하여 한 혼인은 이를 취소한다.

2. 피고는 원고에게 위자료 금 30,000,000원을 지급하라.

3. 사건본인 ○○○에 대한 친권행사자 및 양육자로 원고를 지정한다.

4. 소송비용은 피고의 부담으로 한다.』는 형태가 될 것이다.

그 밖에 낭사자의 자이에 따른 주문례는 혼인무효의 경우에 준한다.

(나) 확정판결의 효력

혼인취소의 청구를 인용한 확정판결은 제3자에게도 효력이 있다. 따라서 당사자 사이의 혼인은 확정적으로 해소된다. 혼인취소의 청구를 기각한 판결이 확정된 때에는 다른 제소권자는 사실심의 변론 종결 전에 참가할 수 없었음에 대하여 정당한 사유가 있지 아니하는 한 다시 소를 제기할 수 없다. 따라서 청구권자가 복수로 규정되어 있지 않은 혼인적령 위반, 동의없는 혼인, 당사자의 일방에 혼인을 계속할 수 없는 악질 기타 중대한 사유가 있음을 알지 못한 때 및 사기 또는 강박으로 인하여 혼인의 의사표시를 한 때 등의 경우에는 청구기각의 판결이 확정됨과 동시에 당사자 사이의 혼인은 유효로 확정되고, 청구권자가 복수로 규정되어 있는 동성동본혼 또는 근친혼, 중혼, 재혼금지기간 위반의 경우에는 소를 제기한 원고 외에 다른 제소권자 전원이 다시 동일하 소를 제기할 수 없게 되면 청구기각의 확정판결은 대세효가 있는 것과 동일하게 된다.

혼인취소에 소급효가 없음은 전술한 바와 같다.

(다) 호적사무관장자에의 통지

혼인취소의 청구를 인용한 판결이 확정된 때에는 가정법원의 법원사무관 등은 지체없이 혼인이 취소된 부부의 본적지의 호적사무를 관장하는 자에게 그 뜻을 통지하여야 한다. 소를 제기한 자는 판결확정일로부터 1월 이내에 재판서의 등본 및 확정증명서를 첨부하여 호적사무관장자에게 신고하여야 하고, 소의 상대방도 그 신고를 할 수 있다. 그 신고가 없는 때에는 호적사무관장자가 신고의무자에게 기간을 정하여 신고를 최고하고, 그 기간경과 후에는 감독법원의 허가를 얻어 직권으로 호적기재를 하게 된다.

다. 호적절차(혼인취소신고)

(1) 신고인

혼인취소의 판결이 확정되거나 조정조서가 작성된 때에는 1월 이내에 소를 제기한 자 또는 조정을 신청한 자가 혼인취소신고를 하여야 한다.

혼인취소의 소를 제기한 자의 상대방이나 조정을 신청한 자의 상대방도 혼인취소신고를 할 수 있다.

(2) 신고장소

혼인취소신고의 장소에 관한 특별 규정이 없으므로 호적신고의 장소에 관한 일반규정(호적법 제25조)에 따라 신고하면 된다.

(3) 신고기간

혼인취소신고는 혼인취소의 재판의 확정일 또는 조정조서의 작성일로부터 1월 이내에 신고하여야 한다.

(4) 신고서 기재사항

혼인취소신고서의 기재사항은 호적신고서의 일반적 기재사항 이외의 특별한 규정은 없으나 혼인취소신고서의 양식에 기재사항을 정하고 있다.

혼인취소신고는 혼인취소의 확정판결이나 조정조서에 의하여 이루어 짐으로 신고서에 재판확정일(조정조서 성립일)과 법원명을 기재하여야 한다.

(5) 첨부서류

혼인취소신고서에는 그 재판서등본 및 확정증명서를 첨부하여야 하고 혼인취소의 조정이 성립된 때에는 그 조정조서 등본과 송달 증명서를 첨부하여야 한다.

혼인의 취소로 인하여 혼가를 떠나 친가에 복적하는 경우 복적할 가의 소명자료로 당사자의 친가호적등본을 첨부하여야 한다. 그러나 필요적 서면은 아니다.

(6) 혼인취소신고서 작성방법

혼인취소신고서는 호적법시행규칙 제28조가 규정하고 있는 호적신고서 양식 중 별지 제8호 양식에 의하여 작성하여야 한다.

(가) 당사자란(①란)과 부모란(②란)은 혼인신고서의 기재방법과 같다. 혼인취소 당사자가 양자인 경우에는 양부, 양모의 본적, 성명을 기재하며 ( ) 안에 양부, 양모임을 표시한다.

(나) 복적 또는 부흥할 가란(③란)에는 혼인취소로 혼가를 떠나는 자가 친가에 복적하고자 할 경우에, 부흥 또는 일가창립장소(⑤란)은 혼가를 떠나는 자가 친가에 복적하지 않고 일가를 창립하고자 할 경우에 각 기재하며 혼가를 떠나는 자가 복적하려는 친가가 폐가 또는 무후로 되어 친가를 부흥하려는 경우에는 ③란과 ⑤란을 같이 기재한다.

(다) 신본적란(④란)은 혼인취소로 인하여 법정분가 호적을 편제하는 경우 또는 일가창립을 하는 경우에 신호적의 본적지가 될 곳을 기재한다.

(라) 수반입적자란(⑥란)은 혼가를 떠나는 자와 함께 그 자의 가에 입적되는 사람이 있는 경우에 기재한다.

(마) 기타 사항란(⑦란)은 신고사건으로 신분의 변경이 있게 되는 자가 있을 경우에는 그 자의 성명, 생년월일, 본적 및 신분변경의 사유(친권행사자의 지정에 관한 사항 등)와 기타 호적에 기재하여야 할 사항을 분명하게 하는데 특히 필요한 사항을 기재한다.

　(바) 재판확정일자란(⑧란)은 혼인취소의 판결이 확정된 일자 또는 조정조서의 작성일자를 기재하고 재판 또는 조정을 한 법원의 명칭을 기재한다.

　(사) 신고인란(⑨란)에서 자격은 소 제기자, 소의 상대방 등 해당되는 자격을 기재한다.

6. 재판에 의한 이혼신고

가. 개설

　당사자간에 이혼의사의 합치가 이루어지지 않을 경우에는 협의상 이혼은 할 수 없게 된다. 이러한 경우 이혼을 원하는 자가 재판에 의한 이혼의 절차를 밟아 이혼을 할 수 있는바 이를 재판상 이혼이라고 한다. 재판상 이혼은 조정에 의한 이혼과 판결에 의한 이혼이 있다.

　재판상 이혼은 배우자에 부정하는 행위가 있었을 때, 배우자 또는 그 직계존속으로부터 심히 부당한 대우를 받았을 때, 배우자의 생사가 3년 이상 분명하지 아니한 때, 기타 혼인을 계속하기 어려운 중대한 사태가 있을 때 등 법률상 정하여진 이혼원인이 있는 경우에 재판에 의하여 혼인관계를 해소시키는 것을 말한다.

　재판상 이혼의 경우, 가사소송법은 조정전치주의를 채용하고 있기 때문에 재판상 이혼을 하고자 하는 자는 먼저 가정법원에 조정을 신청하여야 한다. 만약 조정을 신청하지 아니하고 재판상 이혼의 소를 제기한 때에는 가정법원은 그 사건을 조정에 회부하여야 한다. 다만, 배우자의 생사가 분명하지 아니할 때 이를 이혼원인으로 하는 경우와 같이 공시송달에 의하지 아니하고는 당사자의 일방 또는 쌍방을 소환할 수 없거나 그 사건을 조정에 회부하더라도 조정이 성립될 수 없다고 인정할 때에는 회부하지 아니할 수 있다.

당사자 사이에 조정단계에서 이혼에 대한 합의가 성립되어 그것을 조서에 기재하는 경우에는 그 기재는 재판상 화해와 동일한 효력이 있기 때문에 이혼이 성립된다.

조정에 의한 이혼의 경우에도 이혼신고를 하여야 하는 것은 말할 나위도 없으나 협의이혼의 경우와는 달리 창설적 신고가 아니라 보고적 신고에 불과하다. 조정을 신청한 자는 조정성립의 날로부터 1월 이내에 이혼신고를 하여야 한다. 그리고 그 상대방도 이혼신고를 할 수 있다. 조정에 의한 이혼은 조정에 있어서 당사자 사이에 이혼에 관한 합의가 있어야 되기 때문에 비록 그 신고의 법적 성격에 관해서는 차이가 있지만 근본적으로 협의이혼에 가깝다고 하겠다.

이 재판상 이혼은 가사소송사건이다. 재판상 이혼은 당사자의 소의 제기로부터 판결의 확정으로 사건은 종결된다.

재판에 의한 호적신고는 통상의 이혼신고와 같이 이혼신고를 하여야 매듭을 짓게 된다. 재판에 의한 호적신고를 재판절차와 호적절차의 순서로 언급하기로 한다.

나. 재판절차

(1) 당사자

재판상 이혼은 부부만이 당사자 적격을 가진다. 부부 중 일방이 원고가 되고 나머지 일방이 피고간 된다. 제3자는 당사자로 될 수 없다.

(2) 관할

(가) 토지관할
재판상 이혼청구의 소의 토지관할은 다음 가정법원의 전속관할로 한다.
① 부부가 같은 가정법원의 관할구역 내에 보통재판적이 있을 때에는 그 가정법원
② 부부가 최후의 공통의 주소지를 가졌던 가정법원의 관할구역 내에 부부 중 일방의 보통재판적이 있을 때에는 그 가정법원
③ 위 ①, ②의 경우에 해당하지 아니하는 경우에는 상대방의 보통재판적 소재지의 가정법원

(나) 사물관할
재판상 이혼의 소는 가정법원 단독판사의 사물관할에 속한다.

(3) 조정전치, 제척기간

(가) 조정전치
재판상 이혼사건은 조정전치주의의 적용을 받는다.
재판상 이혼사건의 소송물을 당사자가 임의처분하는 것이 허용되는지에 관하여는 반대설도 있으나 통설 및 실무는 이를 허용하고 있으므로 재판상 이혼사건의 조정절차에서는 피신청인(또는 피고)이 신청인(또는 원고)의 신청(또는 청구)을 그대로 받아들여 이혼하기로 하는 조정이 가능하다.

(나) 제척기간
재판상 이혼원인 중 일부에는 제척기간의 정함이 있다.
🔵 배우자의 부정행위가 있었을 때
이 경우에는 다른 일방이 사전동의나 사후용서를 한 때 또는 이를 안 날로부터 6월, 그 사유가 있은 날로부터 2년을 경과한 때에는 이혼을 청구하지 못한다.

⬤ 기타 혼인을 계속하기 어려운 중대한 사유가 있을 때

이 경우에는 다른 일방이 그 사유가 있음을 안 날로부터 6월, 그 사유가 있은 날로부터 2년을 경과하면 이혼을 청구하지 못한다.

(4) 비용

가사소송수수료규칙 제2조 제1항의 소정 수수료(인지) 20,000원과 소정의 송달료를 납부하여야 한다. 이 소송에서 위자료와 재산분할을 병합청구하는 때에는 해당 수수료도 함께 납부하여야 한다.

(5) 판결, 통지

(가) 청구인용판결의 주문

실무상 청구인용판결의 주문은 「원고와 피고는 이혼한다.」라고 쓰는 것이 일반적 사례이다.

(나) 확정판결의 효력

재판상 이혼청구를 인용한 확정판결은 제3자에게도 효력이 있다. 그 청구를 기각한 확정판결은 다른 제소권자가 없으므로 제3자에 대한 제소금지의 효력이나 기판력은 문제가 될 여지가 없다고 하겠다.

또 재판상 이혼원인마다 소송물이 다르다는 전제에서는 한 청구기각의 확정판결은 그 소송에서 청구원인으로 주장한 사유에 대하여서만 기판력이 발생하고 다른 사유에는 미치지 아니하므로 원고가 특정한 사유를 주장하며 재판상 이혼청구를 하였다가 패소확정판결을 받았더라도 다른 사유를 청구원인으로 하여 다시 소를 제기하는 것은 기판력에 저촉되지 않는다.

(다) 호적사무관장자에의 통지

재판상 이혼청구를 인용한 판결이 확정된 때에는 가정법원의 법원사무관 등은 지체없이 당사자의 본적지의 호적사무를 관장하는 자에게 그 뜻을 통지하여야 한다. 재판상 이혼의 확정판결이 있으면 그 소를 제기한 자가 판결확정일로부터 1월 이내에 이혼신고를 하여야 하므로 위 통지를 받은 호적 사무관장자는 신고의무자에게 이혼신고를 최고하고 통지를 할 수 없거나 통지를 하였음에도 신고를 하지 아니하는 때에는 감독법원의 허가를 받아 직권으로 이혼의 호적기재를 하게 된다.

다. 호적절차(이혼신고)

(1) 신고인

재판상 이혼의 경우에는 소를 제기한 자가 신고의무자로서 이혼신고를 하여야 하나 그 소의 상대방도 이혼신고를 할 수 있다.

소를 제기한 자가 사망한 경우에는 그 자가 호주인 때에는 신호주가, 가족인 때에는 호주가 신고할 수 있다.

(2) 신고장소

이혼신고는 남편 및 처의 본적지 또는 신고인의 주소지나 현주지 시(구) · 읍 · 면의 사무소에 하여야 한다.

(3) 신고기간

재판상 이혼신고는 재판확정일로부터 1월 이내에 신고하여야 한다.

(4) 신고서 기재사항

신고서에는 일반적 기재사항 외에
① 당사자의 성명, 본 및 본적(당사자가 외국인인 때에는 그 성명 및 국적)
② 당사자의 부모와 양친의 성명 및 본적
③ 당사자가 가족인 때에는 호주의 성명, 호주와의 관계 및 본적
④ 혼가를 떠나는 자가 친가에 복적하는 때에는 그 가의 호주의 성명 및 본적, 그러나 친가를 부흥하는 때에는 그 취지 및 부흥의 장소

⑤ 혼가를 떠나는 자가 일가를 창립하는 때에는 그 취지와 창립의 원인 및 장소

⑥ 민법 제909조〔친권자〕제4항의 규정에 의하여 친권을 행사할 자가 정하여진 때에는 그 취지와 내용을 기재하여야 한다. 이상은 협의상 이혼의 경우와 같다.

재판상 이혼의 경우에는 이상의 기재사항 이외에 신고서에

① 혼가를 떠나는 자가 친가에 복적하는 때에 그 가의 호주의 성명 및 본적, 친가로 복적하는 때에 그 취지 및 복적의 장소를 기재할 수 없거나 ② 혼가를 떠나는 자가 일가를 창립하는 때에 그 취지와 창립의 원인 및 장소를 기재할 수 없는 경우에는 혼가를 떠나는 자가 친가에 복적하는 것으로 본다. 다만, 친가가 없거나 그 본적을 알 수 없는 때에는 이혼 당시의 본적지에 일가를 창립하는 것으로 본다. 그리고 재판상 이혼의 경우에는 신고서에 재판확정일과 법원명을 기재하여야 한다.

(5) 첨부서류

(가) 재판(판결)의 등본 및 확정증명서
재판상 이혼이 확정된 때에는 이혼판결등본과 확정증명서를 첨부하여야 한다.

(나) 조정조서등본 및 송달증명서
이혼조정이 성립된 경우에는 이혼조정조서등본과 송달증명서를 첨부하여야 한다.

(다) 호적(제적)등본
처가 이혼으로 인하여 그 친가에 복적할 경우에는 복적할 친가의 호적 등·초본을 첨부하여야 한다. 그러나 복적할 가가 정확하면 첨부하지 않아도 무방하다.

(6) 이혼신고서 작성 방법

재판에 의한 이혼신고서의 작성 방법은 통상(협의)의 이혼신고서의 작성
방법과 다를 바 없다. 따라서 호적법시행규칙 제28조가 규정한 호적신고서
양식 별지 제7호 양식에 따라 작성하여야 한다.

다만, 재판상 이혼의 경우 이혼신고의 기재사항인 「혼가를 떠나는 자가
친가에 복적하는 때에는 그 가의 호주의 성명 및 본적, 그러나 친가를 부흥
하는 때에는 그 취지 및 부흥의 장소」와 「혼가를 떠나는 자가 일가를 창립하
는 때에는 그 취지와 창립의 원인 및 장소」를 기재할 수 없는 경우 그 취지
및 친가가 없거나 본적 불명인 때 그 취지를 기재한다.

재판확정일자란(⑦란)에는 재판상 이혼의 판결이 확정된 연월일과 그 이
혼판결을 한 법원의 명칭을 기재하거나 이혼의 조정이 성립된 연월일 또는
이혼에 관한 조정에 갈음하는 결정이 확정된 연월일과 그 법원의 명칭을 기
재한다.

증인란(⑨란)에는 재판상 이혼신고의 경우에는 기재하지 아니한다.

실제 결혼연월일란(⑩란), 실제 이혼연월일란(⑪란)은 호적상 신고일이나
재판확정일과는 관계없이 실제로 결혼생활을 시작한 날과 사실상 이혼한 연
월일을 기재한다.

【양식 제7호】〈개정 1999. 11. 27.〉

이 혼(친권자 지정)신 고 서

년 월 일

※ 뒷면의 작성방법을 읽고 기재하시되 선택항목은 해당번호에 "○"으로 표시하여 주시기 바랍니다.

구분		남 편			처		
① 이혼당사자	본적		호 주 및 관계	의		호 주 및 관계	의
	주소		세대주 및 관계	의		세대주 및 관계	의
	성명	한글 서명(인)	전 화		한글 서명(인)	전 화	
		한자	본		한자	본	
	주민등록번호				주민등록번호		
② 부모	부	본적			본적		
		성명			성명		
	모	본적			본적		
		성명			성명		
③ 복적 또는 부흥할 가	본적					호주	
④ 신 본 적							
⑤ 부흥 또는 일가창립장소				일가창립원인			
⑥ 기 타 사 항							
⑦ 재판확정일자		년 월 일		법원명			
⑧ 친권자 지정	미성년자성명						
	주민등록번호						
	친권행사자		지정일자, 원인	. . .		지정일자, 원인	. . .
⑨ 증인	성명	서명(인)	주민등록번호				
	주소						
	성명	서명(인)	주민등록번호				
	주소						

※ 다음은 통계법 제13조에 의거 개인의 비밀사항이 철저히 보호되고 또한 국가의 인구정책수립에 필요한 정보 수집이 목적이므로 사실대로 기재하여 주십시오.

⑩ 실제결혼연월일	년 월 일부터 동거	⑪ 실제이혼연월일	년 월 일부터 별거
⑫ 20세 미만 자녀수	명	⑬ 이혼의 종류	1 협의이혼 2 재판에 의한 이혼

⑭ 이 혼 사 유		1 배우자 부정 2 정신적·육체적 학대 3 가족간 불화 4 경제문제 5 성격차이 6 건강문제 7 기타		
⑮ 최종졸업 　학　교	남편	1 무학 2 초등학교 3 중학교 4 고등학교 5 대학 이상	처	1 무학 2 초등학교 3 중학교 4 고등학교 5 대학 이상
⑯ 직　업	남편		처	

7. 재판에 의한 호주승계회복신고

가. 개설

　호주승계의 회복은 호적상 호주승계한 것으로 기재되어 있는 자(이른바 참칭 호주승계인)의 호주승계가 진정한 신분관계와 달리 잘못된 것으로서 효력이 없으므로 진정한 호주승계인으로 하여금 그 지위를 회복시키게 하는 소송을 말한다.

　호주승계의 개시원인이 발생하면 법률에 정하여 진 호주승계인이 그 승계권을 포기하지 않는 한 당연히 호주로서의 지위를 승계하게 되고 그 승계인의 신고에 의하여 호적기재가 이루어지게 된다. 따라서 이 신고는 창설적 신고가 아니고 보고적 신고에 불과한 것이다.

　여기에서 호적기재의 외형상 호주승계의 순위가 잘못 기재되었거나 호적공무원의 판단착오 등으로 후순위자가 호주승계한 것으로 되거나 위조문서 등에 의하여 호주승계를 할 수 없는 자가 호주승계한 것으로 되거나 또는 이중호적에 의하여 승계권자 아닌 자가 호주승계인으로 호적기재가 되는 등 진정한 신분관계와 다른 호적기재가 이루어져 있는 경우를 들 수 있다. 뿐만 아니라 호주승계신고 당시에는 잘못이 없었으나 사후에 혼인외의 자가 인지되어 승계권자로 되거나 승계권자인 장남에 대한 실종선고가 취소되는 등 소급적으로 호적기재가 진정한 신분관계와 부합하지 않게 된 경우에는 강한 추정력을 가지는 호적기재에 의하여 진정호주승계인의 호주승계권이 침해되는 결과에 이르므로 이러한 것들도 모두 호주승계의 무효, 회복의 사유로 된다.

판례는 호주상속의 무효원인을 시정하는 일반적인 절차는 호주상속무효의 소이고 그 가운데에서 진정한 상속인이 참칭상속인을 상대로 호주상속권의 존부에 관한 분쟁해결수단으로 마련된 것이 호주상속회복의 소라고 하여 호주상속회복의 소와 그 무효의 소를 구별하고 있다.

다시 말하면, 진정상속인이 소를 제기하는 경우에는 호주상속회복의 소가 되고 제3자가 소를 제기하는 경우에는 호주상속무효의 소가 된다. 이러한 해석은 호주상속제도가 호주승계제도로 바뀐 현행법에도 그대로 적용될 수 있을 것이다.

1990. 12. 31. 이전에 호주인 피상속인이 사망한 때에는 개정전 민법에 따른 호주상속은 개정전의 민법이 적용되므로 호주상속이 이루어지게 된다. 이와 같이 이루어진 호주상속에 관한 무효 또는 회복의 소는 개정 민법(법률 제4199호)의 호주승계의 무효, 회복의 소의 예에 의하여 처리하게 된다.

재판에 의한 호주승계회복신고는 재판절차와 호적절차에 따라 이루어지게 된다.

나. 재판절차

(1) 당사자

(가) 원고

호주승계회복의 소는 승계권자 또는 그 법정대리인이 된다. 승계권자는 호주승계인(진정승계인)을 가리킨다.

법정대리인은 승계인에 갈음하여 소를 제기하는 것이고 소송의 당사자로 되는 것은 승계인이지 법정대리인은 아니라는 견해도 있으나 자신의 고유한 권리로서 소를 제기하는 것이고 소송의 당사자는 승계인이 아니라 법정대리인 자신이 되는 것이라고 보아야 할 것이다. 그리고 법정대리인은 승계권자가 소를 제기할 수 없을 때에만 그 제소행위를 대행할 수 있다는 견해도 있으나 이와 같이 제한적으로 해석할 필요는 없다. 이 청구권은 진정승계인의 승계인에게 승계되느냐에 관하여 긍정설도 있으나 승계인의 일신전속권이기 때문에 승계되지 아니한다는 것이 통설이고 진정승계인의 승계인은 자기의 승계권이 침해당한 것을 이유로 승계의 회복을 청구할 수 있다고 본다.

(나) 피고

상대방은 언제나 참칭호주승계인 즉, 현재 호적에 호주승계인으로 기재되어 있는 자이다. 참칭호주승계인이 무능력자인 때에는 그 법정대리인이 상대방으로 된다는 견해가 있으나 이 경우에도 상대방은 참칭호주승계인 자신이고 법정대리인은 그 소송대리를 할 뿐이다.

참칭호주승계인의 호주승계인은 진정호주승계인의 승계권을 현재 침해하고 있는 자라고 할수 있으므로 상대방으로 될 수 있다고 해석된다.

상대방으로 될 자, 즉 참칭호주승계인이 사망한 때에는 검사를 상대방으로 한다.

(2) 관할

(가) 토지관할

호주승계회복의 소는 피승계인의 보통재판적 소재지 가정법원, 피승계인이 사망한 때에는 그 최후 주소지의 가정법원의 관할에 전속한다(32조). "피승계인의 보통재판적"은 단순히 현재의 주소지로 해석할 여지도 있으나, 피승계인이 사망한 때와 균형상 호주승계 개시시의 보통재판적을 의미하는 것으로 보아야 할 것이다. 따라서 여호주(女戶主)가 혼인으로 타가(他家)에 입적하여 호주승계가 개시된 때에는 현재의 보통재판적이 아니라 그 거가(去家) 당시의 보통재판적이 관할의 표준이 된다. 마찬가지로 "사망한 때에는 그 최후 주소지"도 피승계인의 사망으로 호주승계가 개시된 경우에 있어서 그 최후 주소지를 의미하는 것으로 볼 것이다.

(나) 사물관할

호주승계무효의 소나 호주승계회복의 소는 어느 것이나 단독판사의 사물관할에 속한다.

(3) 제척기간

호주승계회복청구권은 그 침해를 안 날로부터 3년, 승계가 개시된 날로부터 10년을 경과하면 소멸한다. 이는 제척기간이다. 그 침해를 안 날이라 함은 자기가 진정 호주승계인임을 알고 또 자기가 호주승계에서 제외된 사실을 안 날을 의미한다.

인지심판의 확정에 의하여 호주승계인의 지위에 서게 된 자는 그 인지심판이 확정된 날에 호주승계권의 침해사실을 안 것으로 보게 된다(대법원 1977. 2. 22. 선고 76므55 판결). 승계인 또는 그 법정대리인이 승계권의 침해를 알았다는 사실은 이를 주장하는 자가 입증하여야 한다(대법원 1962. 6. 21. 선고 62다196 판결).

(4) 비용

가사소송수수료규칙 제2조 및 제5조의 규정에 의한 수수료(인지) 20,000원과 소정의 송달료를 납부하여야 한다.

(5) 소장(호주승계무효 및 회복의 소)

```
                        소    장

                원고  ㅇㅇㅇ(ㅇㅇㅇ)
                    ㅇㅇ년 ㅇ월 ㅇ일생
                   본적  ㅇ시 ㅇ구 ㅇ동 ㅇ번지
                   주소  ㅇ시 ㅇ구 ㅇ동 ㅇ번지
                피고  ㅇㅇㅇ(ㅇㅇㅇ)
                    ㅇㅇ년 ㅇ월 ㅇ일생
```

본적 ○시 ○구 ○동 ○번지

주소 ○시 ○구 ○동 ○번지

청 구 취 지

1. 피고가 한 서울특별시 ○○구 ○○동 ○번지, 호주 망 ○○○(○○○)에 대한 호주
승계는 무효임을 확인한다.

2. 원고에게 위 호주승계를 회복한다.

3. 소송비용은 피고의 부담으로 한다.

라는 판결을 구함.

청 구 원 인

1. 원고는 소외 망 ○○○과 소외 ○○○(○○○) 사이에 혼인외 출생한 자로 재판상 인
지청구에 의하여 위 망인과 법률상 친생자관계가 인정된 자입니다.

2. 피고와 위 망 ○○○은 ○○년 ○월 ○일 혼인하여 슬하에 딸 ○○○(○○○가 있으나
위 망인이 사망전인 ○○년 ○월 ○일 혼인으로 호주 ○○○ 호적에서 제적되었습니
다.

   따라서 호주인 위 ○○○이가 ○○년 ○월 ○일 사망하므로서 그의 처인 피고가 호주
를 승계하였던 것입니다.

3. 그런데 원고의 모인 소외 ○○○은 위 망 ○○○의 생전에 그와 우연히 알게되어 깊이
사귀던 중 그와 사이에 원고를 출생하게 되었던 것입니다.

   그러나 위 망인은 무슨 영문이었는지 알 수 없으나 그의 생전에 원고를 인지하지 아니
하였으므로 원고는 부득이 혼인외 자로서 모의 호적에 입적될 수 밖에 없었던 것입니
다.

4. 이러한 사실을 부가 사망 후 모로부터 처음으로 듣고 원고는 혈연을 찾기 위하여 관할
지방검찰청 검사를 상대로 ○○가정법원에 인지의 소를 제기하여 "원고는 소외 망 ○
○○의 친생자임을 인지한다"라는 판결을 받고, 동 판결이 ○○년 ○월 ○일 확정되
었습니다.

5. 따라서 원고와 망 ○○○간의 친생자관계는 위 인지확정판결에 의하여 출생시에 소급
하여 발생되었고, 따라서 원고는 피상속인인 위 망인의 유일한 직계비속남자로서 제1
순위의 호주승계권자이므로 위 망인의 처가 호주승계신고에 의하여 한 호주승계는 무
효이고, 원고의 호주승계권은 이로 인하여 침해된 것이므로 청구취지와 같이 호주승
계를 원고에게 회복하라는 소를 제기하는 바입니다.

첨 부 서 류

1. 호적등본(원고, 피고)   각 1통
2. 제적등본(피상속인)   1통
3. 주민등록표등본(원고, 피고)   1통
4. 인지판결등본과 동 확정증명서 1통

○○. ○. ○.

위 원고 ○○○

○○ 가정법원 귀중

(6) 판결, 통지

(가) 청구인용 판결의 주문

호주승계회복의 소를 확인의 소로 보는 경우에는『원고가 본적 서울 중구 필동 100, 호주 망 ○○○의 호주승계인임을 확인한다.』는 주문 형태가 될 것이나, 소의 명칭에 맞추어『원고가 본적 서울 중구 필동 100, 호주 망 ○○○에 대한 호주승계를 회복한다.』는 주문을 쓰는 것이 일반적이다.

(나) 확정판결의 효력

호주승계의 무효 또는 회복의 청구를 인용한 확정판결은 제3자에게도 효력이 있고, 그 청구를 기각한 판결이 확정될 때에는 다른 제소권자는 사실심의 변론종결 전에 참가할 수 없었음에 대하여 정당한 사유가 있지 아니하는 한 다시 소를 제기할 수 없다.

호주승계무효의 소와 호주승계회복의 소는 별개의 소이므로 피승계인의 배우자 또는 8촌 이내의 혈족이 호주승계무효의 소를 제기하였다가 패소확정판결을 받았더라도 진정호주승계인이 호주승계회복의 소를 제기하는 것은 재소금지(再訴禁止)의 제한을 받지 아니하고, 반대로 진정한 승계권자가 호주상속회복의 소를 제기하였다가 패소확정판결을 받더라도 피승계인의 배우자 또는 8촌 이내의 혈족이 호주승계무효의 소를 제기하는 것 역시 영향을 받지 아니한다.

(다) 호적사무관장자에 대한 통지

호주승계의 무효 또는 회복의 청구를 인용한 판결이 확정된 때에는 가정법원의 법원사무관등은 지체없이 피승계인의 본적지의 호적사무를 관장하는 자에게 그 뜻을 통지하여야 한다.

소를 제기한 자는 재판의 확정일로부터 1월 이내에 재판의 등본 및 확정증명서를 첨부하여 호적사무관장자에게 신고하여야 하고, 그 신고에 따라 호적기재를 바로잡게 된다. 상대방도 그 신고를 할 수 있다. 당사자의 신고가 없는 때에는 호적사무를 관장하는 자가 그 신고를 최고한 후 직권으로 호적기재를 정정할 수 있다.

다. 호적절차(호주승계회복신고)

(1) 신고인

호주승계회복신고는 호주승계회복의 소를 제기한 자가 신고의무자로 호주승계회복신고를 하여야 한다. 따라서 호주승계회복신고의 신고의무자는 원칙적으로 호주승계권자 또는 그 법정대리인이다.

그리고 호주승계회복의 소의 상대방(피고)인 참칭호주승계인도 호주승계회복신고를 할 수 있다.

(2) 신고장소

호주승계회복신고는 호주승계인의 본적지 또는 신고인의 주소지나 현주지에서 할 수 있고 피승계인의 본적지에서도 신고할 수 있다.

(3) 신고기간

호주승계회복의 판결이 확정된 날로부터 1월 이내에 신고하여야 한다.

(4) 신고서 기재사항

호주승계회복신고서에 기재할 사항은 호적신고서의 일반적 기재사항 이외에 호적법시행규칙 제28조가 규정한 호적신고서 양식 중 별지 제21호 양식에서 직접 정하고 있다.

(5) 첨부서류

호주승계회복신고서에는 그 판결등본과 확정증명서를 첨부하여 신고한다.

(6) 호주승계회복신고서의 작성방법

호주승계회복신고서는 호적법시행규칙 제29조에 의한 별지 제21호 양식에 의하여 작성하여야 한다.

(가)전호주란(①란)에는 전호주의 본적과 성명 및 생년월일을 기재하고 전호주의 성명은 한자인 경우 한글로 기재한다. 여기에서 전호주는 참칭호주가 아닌 진정한 호주의 피승계인을 말한다.

(나) 호주승계회복인란(②란)에는 호주승계를 회복하는 진정한 호주승계인의 본적과 호주 및 호주와의 관계, 주소, 주민등록번호, 본, 성명 등을 기재하며 본은 한자로 기재하고 이름이 한자인 때에는 한글로도 병기한다.

(다) 호주승계일자 및 원인란(③란)은 호주승계신고서의 ③란 기재방법과 같다.

(라) 재판확정일자 및 법원명란(④란)에는 호주승계회복판결의 확정연월일과 그 재판을 한 법원의 명칭을 기재한다.

이 때의 재판확정일자는 확정증명서에 기재된 재판확정일자와 일치하게 기재하여야 한다.

(마) 수반입적자란(⑤란)에는 호주승계회복자와 함께 호주승계회복의 가(家)에 입적되는 사람이 있는 경우에 기재한다.

(바) 기타 사항란(⑥란)에는 호적기재하여야 할 사항을 분명하게 하는데 특히 필요한 사항을 기재한다.

(사) 신고인란(⑦란)에는 호주승계신고인의 성명, 주소, 주민등록번호, 전화번호, 자격 등을 기재하며 자격을 소제기자, 소의 상대방 등 해낭뇌는 자격을 기재한다.

【양식 제21호】〈개정 1994. 10. 17.〉

호 주 승 계 회 복 신 고 서

※ 아래의 작성방법을 읽고 기재하시기 바랍니다.　　　　　년　월　일

① 전호주	본적						
	성명	한글		한자		생년월일	

② 호주승계회복인	본적				호주및관계	의
	주소					
	성명	한글	한자	본	주민등록번호	

③ 호주승계일자및원인	년　월　일

④ 재판확정일자	년　월　일	법원명

⑤ 수반입적자	성 명		생년월일	부 성명	모 성명	호주승계회복자와 의 관계
	한글	한자				

⑥ 기타 사항	

⑦ 신고인	성명	서명(인)	주민등록번호		자격	
	주소				전화	

제5장 호적정정 절차

호적정정 통칙

1. 호적정정 개설

가. 호적정정의 의의

호적정정(戶籍訂正)은 호적의 기재가 진실에 반하거나 부적법한 경우에 그 호적기재를 사실에 부합하고 적법하게 이를 시정하는 법적 절차를 말한다. 따라서 호적정정은 호적의 기재가 착오나 유루가 있거나 법률상 허용될 수 없는 경우에 소정의 법적 절차에 따라 이를 진정한 신분관계와 일치시키는 것을 뜻하게 된다. 또 호적정정은 호적의 전부 또는 일부에 대하여 그 호적기재가 부당하거나 진실에 위배된 것이 신고자체에 유래한다든가, 신고는 정당하니 호적기재에 부정당한 것에 유래한다든가의 어느 경우에도 호적정정이 가능한 것이고, 또한 제거된 호적, 즉 제적에도 호적정정을 할 수 있는 것이다.

호적의 정정에 관하여 호적법은 제5장 호적의 정정에서 위법된 호적기재의 정정(제120조), 무효인 행위의 호적기재의 정정(제121조), 판결에 의한 호적의 정정(제123조)에 관하여 명문을 두고 있으며, 제1장 총칙에서 호적의 직권정정에 관하여 호적의 정정(제22조)을 규정하고 있다.

호적정정에 관하여 호적법 외에도 재외국민취적 · 호적정정및호적정리에
관한특례법 등에서도 호적정정에 관한 규정을 두고 있다. 뿐만 아니라 민법
과 가사소송법이 규정하고 있는 혼인무효, 이혼무효, 인지무효, 입양무효,
파양무효, 친생자관계존부확인 · 호주승계회복 등에 관한 판결절차도 결국
호적정리를 궁극적 목적으로 하고 있음에 비추어 호적정정의 개념은 호적법
에만 국한할 수 없고 이들 판결절차도 넓은 의미의 호적정정의 개념에 포함
되는 것으로 파악되어야 할 것이다.

나. 호적정정의 대상 및 유형

호적에 기재된 사항 전부가 그 대상이 되는 것이므로, 본적란, 호적사항
란, 신분사항란 등 호적부의 각 난에 기재된 내용의 전부 또는 일부는 물론
호적 그 자체의 말소를 위한 호적정정도 허용되며, 제적부의 기재도 정정할
수 있다.

호적정정은 이를 재판에 의한 호적정정과 직권에 의한 호적정정으로 크게
나눌 수 있다.

재판에 의한 호적정정은 허가에 의한 호적정정과 판결에 의한 호적정정으
로 구분된다. 전자의 허가에 의한 호적정정은 호적비송사건으로 처리되며
다시 위법된 호적기재의 정정과 무효인 행위의 호적기재의 정정으로 다시
구분된다. 판결에 의한 호적정정은 친족법상 또는 상속법상 중대한 영향을
미치는 호적정정 사항으로 가사소송법 제2조 제1항에 열거된 가사소송사건
을 말한다. 직권에 의한 호적정정은 이를 감독법원의 허가에 의한 직권정정
과 감독법원의 허가를 요하지 않는 직권정정으로 구분된다.

이 밖에도 특례법에 의한 호적정정도 있다.

여기서는 항목을 달리하여 위에 든 호적정정의 유형을 ① 허가에 의한 호
적정정 ② 판결에 의한 호적정정 ③ 직권에 의한 호적정정 ④ 특례법에 의
한 호적정정의 순서로 살펴 보기로 한다.

허가에 의한 호적정정

1. 허가에 의한 호적정정 개설

가. 허가에 의한 호적정정의 의의

위법한 호적기재가 있거나 무효인 행위의 호적기재가 있을 때에 법원으로부터 비송사건절차법에 따른 정정허가결정을 받아 그 기재를 정정하는 것을 말한다.

법원의 허가에 의한 호적정정은 사안이 경미하고 친족상속법상 중대한 영향을 미치지 않는 경우에 한하여 허용되는데 반하여, 친족상속법상 중대한 영향을 미칠 사항에 대한 호적정정은 확정판결에 의해서만 가능하다.

즉, 정정하려고 하는 호적기새사항과 관련된 신분관게 존부에 관하여 직접적인 쟁송방법이 가사소송법 제2조에 규정되어 있는지의 여부를 기준으로 하여 위 법조에 규정되어 가사소송사건으로 판결을 받게 되어 있는 사항은 모두 친족·상속법상 중대한 영향을 미치는 것으로 보와 그와 같은 사항에 대하여는 법 제123조에 따라 확정판결에 의해서만 호적정정신청을 할 수 있다.

따라서 가사소송법 제2조에 의하여 판결을 받을 수 없는 사항에 관한 호적기재의 정정, 예컨대 사람의 사망 여부나 사망일자의 정정 또는 성별의 정정과 같은 사항은 그것이 친족상속법상 중대한 영향을 미치는 사항이기는 하지만 법원의 허가를 얻어 호적정정신청을 할 수 있다. 만일 판결에 의해서만 할 수 있는 호적기재의 정정을 법원의 호적정정허가에 의해서 한 경우에는 위법하여 그 효력이 발생하지 않는다.

착오기재의 원인으로는 ① 호적의 신고 자체를 오기한 경우 ② 사실 자체를 착오하여 신고한 경우 ③ 시(구)·읍·면의 장의 과오에 기인하는 경우 등이 있다.

(가) 유루있는 호적의 기재

호적의 신고 또는 신청 등은 있었으나 호적공무원의 과오로 인하여 그 기재가 유루된 경우 또는 종전 호적에 의하여 호적을 편제하면서 호적의 기재사항을 유루한 경우 등이 이에 해당한다. 예를 들면,
① 입적, 제적 또는 신호적 편제의 유루
② 호적을 재제하면서 이기하여야 할 호적기재사항을 유루한 경우
③ 위조, 변조된 신고서에 의하여 이루어진 호적기재
④ 사망자 또는 신고의무자가 아닌 자의 신고에 의하여 이루어진 호적기재
⑤ 호적기재 자체로 보아 당연 무효의 호적기재 등이 있다.
이 밖에도
① 우리 나라 국민이 아닌 자에 대한 호적기재
② 동일인에 대한 중복호적의 기재
③ 호적기재 사유아닌 신고 등에 의한 기재(예 : 약혼신고에 의한 기재)
④ 호주 아닌 가족의 전적신고에 의한 기재 등이 포함된다고 할 수 있다.

(나) 착오가 있는 호적의 기재

호적의 기재가 사실과 부합하지 아니한 경우를 말한다.
예를 들면

① 출생연월일이나 출생장소의 기재가 착오기재된 경우
② 성별이 남인데 여로, 여인데 남으로 착오기재된 경우
③ 본관의 기재가 경주가 광주로 착오기재된 경우
④ 혼인중의 자가 혼인외의 자로 착오기재된 경우
⑤ 국적득상에 관한 착오기재 등 실무상 그 유형이 다양하다.

나. 허가에 의한 호적정정의 대상

(1) 위법한 호적의 기재

호적의 기재가 법률상 허용될 수 없는 것이거나 그 기재에 착오 또는 유루가 있는 경우를 말한다.

(가) 법률상 허용될 수 없는 호적의 기재

법률상 호적에 기재하여서는 안되는 사항을 호적에 기재한 경우를 말한다. 예를 들면
① 권한 없는 자가 한 호적의 기재
② 호적의 기재사항이 아닌 전과 관계, 병사, 사산 등에 관한 기재 등이 있다.

(나) 유루한 경우

출생신고나 사망신고, 호적정정신청 등에 의하여 호적공무원이 호적의 기재를 하면서 출생장소나 사망일자, 정정사항의 일부의 기재나 진부의 기재를 유루한 경우 등이다.

(2) 무효의 행위에 의한 호적의 기재

혼인, 협의이혼, 입양 등 창설적 신고로 인하여 효력이 발생하는 행위에 관하여 호적의 기재를 한 후 그 행위의 무효임이 명백한 때에는 법원의 허가를 얻어 호적정정을 하도록 규정하고 있다. 그러나 창설적 신고가 무효인

286 제5장 호적정정 절차

경우에는 그 사항이 모두 친족상속법상 중대한 영향을 미치는 사항일 뿐만 아니라 대부분 가사소송법에 가사소송사건으로 규정되어 있으므로 그 무효임이 그 호적기재상 명백할 때 등을 제외하고는 확정판결에 의하여 호적정정을 하여야 할 것이다.

여기에서 무효임이 그 호적기재상 명백할 때라 함은 다음과 같다.

① 다른 자로부터 이미 인지된 자를 거듭 인지하였을 때

② 혼인중의 자를 인지한 경우

③ 직계혈족이 없는 사망자를 인지한 때(피인지자가 사망한 때에는 직계비속이 있는 경우에만 인지할 수 있다)

④ 사망자와의 사이에 혼인신고가 있었을 때

⑤ 연장자를 양자로 한 입양의 경우 등이 있다.

다. 허가에 의한 호적정정의 유형

실무상으로 법원의 허가에 의한 호적정정은 연령정정과 기타 정정으로 구분하고 있다. 먼저 연령정정은 생년월일 정정을 말하고 호적에 기재되어 있는 출생연월일이 사실과 다른 경우에 이를 사실에 부합되도록 고치는 호적정정의 일종이다.

호적에 기재된 출생연월일이 사실과 다르게 된 원인은 출생신고서에 오기를 하였거나 또는 출생신고서(또는 취적신고서)에 허위의 기재를 하여 신고한 경우가 대부분이라 하겠으나 호적공무원의 오기에 의한 경우도 적지 않은 것으로 보여진다.

종전에는 출생신고 당시 신고시 부주의로 오기 또는 허위기재 사례를 분간할 수 없었으나 1990. 12. 30. 호적법개정으로 출생신고서에는 반드시 의사 등이 작성한 출생증명서를 첨부하도록 하였다.

연령정정의 사례를 들어보면

① 생년월일(生年月日)을 전부 정정하는 경우

② 생년(生年)만을 정정하는 경우

③ 생년(生年)과 생월(生月)을 정정하는 경우

④ 생년(生年)과 생일(生日)을 정정하는 경우

⑤ 생월(生月)만을 정정하는 경우

⑥ 생월(生月)과 생일(生日)을 정정하는 경우

⑦ 생일(生日)만을 정정하는 경우가 있다.

다음 기타 정정은 연령정정을 제외한 모든 정정을 말한다. 호적부에 기재된 사항은 모두가 호적정정의 대상이 되므로 호적정정의 사례는 연령정정외에도 다양하다.

실무상 통상 접할 수 있는 것으로는 ① 성명(姓名)정정 ② 부모(父母)란정정 ③ 성별(性別)정정 ④ 본(本) 정정 ⑤ 사망사유 및 일자정정 ⑥ 복본적또는 이중호적의 말소 ⑦ 말소호적의 회복 등을 들 수 있다.

2. 호적정정 허가 절차

가. 호적정정 허가신청절차

(1) 관할 법원

① 호적이 있는 지(地)를 관할하는 가정법원이 관할한다. 제적부에 대한 조적정정허가신청사건은 제적부가 있는 지(地)를 관할하는 가정법원이 관할법원이다.

② 이중호적말소의 경우나 현호적 말소와 전호적 부활의 경우 등과 같이 정정하고자 하는 각 호적이 서로 관련성이 있으나 그 각각의 호적이 있는 호적관서를 관할하는 법원이 서로 다를 때에는, 그 법원 중 1개의 법원에 각 호적의 관련사항 일체를 정정하는 호적정정허가신청을 할 수 있다(선례 3권

506항).

(2) 신청인

① 호적법 제120조 규정에 위반된 호적기재 정정은 이해관계인이 신청할 수 있다. 이해관계인이라 함은 신고사건의 본인, 신고인 그밖에 당해 호적기재에 관하여 신분상 또는 재산상 이해관계를 가진 자를 말한다.

② 호적법 제121조 규정의 무효인 행위의 호적기재 정정은 신고인 또는 신고사건의 본인이 호적정정을 신청할 수 있다. 신고인 또는 신고사건의 본인이 여러 명인 때에는 그 중에서 한 사람의 신청에 의하여서도 할 수 있겠으나 관계인 사이에 이의가 없음을 명백히 하는 뜻에서 그 전원이 신청하도록 함이 바람직하다.

(3) 신청서 기재사항

호적정정허가신청서에는 ① 사건본인의 성명, 출생연월일, 본적 및 주소 ② 대리인에 의하여 신청할 때에는 그 성명, 주소 ③ 신청취지와 그 원인인 사실 ④ 신청연월일 ⑤ 법원의 표시를 하고 ⑥ 신청인 또는 대리인이 기명날인하여야 한다.

① 호적정정허가신청서에 신청취지를 기재하고, 신청원인을 간결하게 기재한 후 그 정정사항에 대한 소명자료를 첨부하여 관할 법원에 제출하여야 한다. 그 신청서에는 소정의 인지(사건본인 1인당 1,000원)를 첨부하여야 하며, 송달료도 납부하여야 한다.

② 사건본인 1인이 자기의 신분에 관한 기재사항 중 착오가 여러 개(예 : 출생장소, 출생년월일, 성별관계 등) 있어 모두 정정을 청구하는 경우에는 1인 1건으로 보아 소정의 인지를 첨부하지만, 하나의 신청으로 사건본인 1인의 호적정정과 개명을 함께 신청하는 경우에는 호적정정허가신청과 개명허가신청은 별개의 사건이므로 2개의 사건번호를 부여하고 2건에 해당하는 인지를 붙이며, 호적비송사건부에도 각각 기재하여야 한다(선례 3권 503항).

(4) 소명자료

(가) 호적등 · 초본

호적등 · 초본은 사람의 신분관계를 소명하는 자료로 널리 사용되고 있다. 호적정정허가신청서에도 호적등본은 필요적 소명자료로 ① 신청인 적격 ② 법원의 관할 ③ 사건본인의 출생연월일, 출생장소, 출생일자, 출생신고일 ④ 사건본인의 부모, 연령 및 혼인일자 ⑤ 배우자의 연령 등을 소명한다.

(나) 출생증명서

출생증명서는 사건본인이 출생한 병원의 장 또는 조산원이 출생시의 사실을 기준으로 하여 출생사실에 관한 사항을 증명하는 문서이다. 출생증명서의 기재사항은 출생아의 부모, 산모의 주소, 출생장소, 출생아의 성별 및 성명, 임신개월수, 산모의 산아수, 출생아의 신체 및 건강상항 등으로 의료기관이 업무상 작성한 문서이므로 연령정정, 성별정정 등 허가신청에서 그 진실성이 높이 인정된다 하겠다.

(다) 조산사의 조산일지등본

조산사는 산모의 조산을 업으로 하는 자로서 그 업무에 관하여 조산기록부(조산일지)를 작성비치하도록 되어 있다. 여기에는 조산을 받은 자의 주소, 성명, 생년월일, 주민등록번호 및 분만에 관한 사항이 기재되어 있어 이 조산기록부(조산일지)등본을 출생에 관한 소명자료로 제출하는 경우가 있다.

(라) 연령감정서

연령감정서는 의학적 방법으로 사람의 연령을 감정하여 그 결과를 감정의료기관의 장이 발행하는 인증문서이다.

이 연령감정서에는 감정의사가 감정결과를 기재하고 소아에 대한 연령감정서에는 신체발육 상태에 대한 실측치와 표준치를 기재하며 피감정인의 사진을 첨부하여 철인을 압날하고 의사성명 및 면허번호를 기재한 후 사인을 날인한다.

이 연령감정서는 연령정정허가신청의 소명자료로 종합병원감정서를 첨부토록 하는 경우가 많다.

(마) 의견서

종전에는 생년월일 등의 정정으로 징병처분의 변경이나 병역의무 기간 단축 또는 연장사유가 발생케 되는 호적정정허가신청을 하는 경우에 병무청장의 의견서를 첨부토록 하였으나 그 후 개정을 거듭하여 시·구·읍·면의 장이 교부하도록 개정하였다.

의견서를 받아야 할 경우는 ① 18세 이상 40세 이하의 자가 연령(18세 미만 또는 41세 이상으로 정정하고자 할 때) ② 연령 18세 미만 41세 이상의 자가 연령 18세 이상 40세 이하로 정정하고자 할 때 ③ 동일 출생년에 있어서 출생연월일을 정정하고자 할 때 등이다.

(바) 신고인 진술서

출생신고인이 착오 또는 허위의 출생신고를 한 경우의 연령정정허가신청에 있어서 필요적 소명자료로 제출하고 있다.

출생신고를 착오 또는 허위로 하게 된 경위를 사실대로 기재한 사인이 작성한 문서로서 인우인보증서에 준하여 작성한다.

(사) 조산자(개포자) 증명

여기서 조산자라 함은 산모의 출산을 도와준 사람으로서 대부분 가족이나 친족인 경우가 많다. 출산에 관여한 자이기 때문에 출산에 관한 사실을 누구보다도 잘 아는 자이다.

이 증명은 인증문서는 아니고 진술서의 성격을 지닌 문서라 하겠다.

(아) 기타의 소명자료

위에서 언급한 소명 자료 이외에도 주민등록표등본, 졸업증명서, 생활기록부, 재직증명서, 졸업사진이나 졸업자명부, 인우보증서, 직장의 장의 의견서도 들 수 있다.

(5) 신청서식

(가) 생년을 정정하는 사례

호 적 정 정 허 가 신 청

본 적 서울특별시 서대문구 ○○동 983번지
주 소 서울특별시 영등포구 ○○동 908번지
　　　신 청 인 김 ○ ○ (金○○)
　　　　　　서기 1928년 7월 27일생
　　　사건본인 김 ○ ○ (金○○)
　　　　　　서기 1962년 2월 21일생

신 청 취 지

　서울특별시 서대문구청에 비치된 위의 본적 호주 김○○의 호적 중 사건본인 김○○의 출생년 「서기 1962년」으로 기재된 것을 「서기 1958년」으로 정정함을 허가한다.
라는 결정을 구함.

신 청 원 인

　사건본인은 서울특별시 서대문구 북아현동 229의 16에서 신청인과 처 박○○ 사이에서 서기 1958년 2월 21일 출생하였는 바 신청인의 무지로 출생신고를 하지 못하다가 4년이 경과한 후에야 신고를 하면서 서기 1962년으로 착오신고를 하여 호적상의 나이가 사실보다 4세가 적게 기재되었습니다. 키가 크고 몸집이 큼으로 가두검문시에는 주민등록증이 없어 불편한 점이 많으며 국민의 의무인 군복무도 너무 늦어져 활동에 지장이 많아 본 정정신청을 하는 바입니다.

첨 부 서 류

1. 호적등본　　　　　　　1통
2. 주민등록표등본　　　　1통
3. 연령감정서　　　　　　1통
4. 졸업장　　　　　　　　1통
5. 재학생증명서　　　　　1통
6. 인우보증서　　　　　　1통
7. 주민등록표초본　　　　2통
8. 납부서　　　　　　　　1통

1977년 7월 13일

위 신청인 김 ○ ○ (인)

서울가정법원 귀중

(나) 본을 정정하는 사례

호 적 정 정 허 가 신 청

본 적 서울특별시 종로구 돈의동 60번지
주 소 서울특별시 종로구 서린동 20번지
　　　신청인 및 사건본인 김정숙(金貞淑)
　　　서기 1909년 2월 25일생

신 청 취 지

　서울특별시 종로구청에 비치한 위의 본적 호주 박봉식의 호적 중 신청인 및 사건본인의 본「광주(廣州)」로 기재된 것을 「경주(慶州)」로 정정할 것을 허가한다.
라는 결정을 구함.

신 청 원 인

　1. 신청인 및 사건본인은 부 김학인과 모 전인숙 사이의 4녀로 서기 1924년 4월 25일 주소지에서 출생하여 동년 10월 18일 출생신고를 하였으며,
　2. 서기 1961년 9월 11일 박봉식과 혼인신고를 하였는 바 혼인신고에 의한 호적편제시 착오로 신청인 및 사건본인의 본관을 「경주(慶州)」로 기재할 것을 「광주(廣州)」로 잘못 기재되어 혼인신고전의 친가호적을 첨부하여 이건 호적정정허가신청을 하기에 이른 것입니다.

첨 부 서 류

1. 호적등본　　　　　　　1통
2. 호적등본(친가)　　　　1통
3. 주민등록표등본　　　　1통
4. 납부서　　　　　　　　1통

서기 1980년 3월 7일

위 신청인 김 정 숙 (인)

서울가정법원 귀중

나. 호적정정허가 처리 절차

(1) 법원의 결정

① 호적정정허가신청에 대한 법원의 재판형식은 결정으로 하며, 결정에는 이를 인용하는 허가결정과 신청을 기각하는 기각결정 그리고 형식적 요건 불비를 이유로 하는 각하결정이 있다. 이 결정은 고지됨으로써 효력이 생긴다.

② 법원은 결정이 위법 또는 부당하다고 인정되는 때에는 당사자의 신청 또는 직권에 의하여 결정을 취소 또는 변경할 수 있다. 그러나 호적정정허가결정을 받아 이미 호적기재를 한 후에는 그 허가결정법원은 비송사건절차법 제19조 제1항 규정에 의한 결정의 취소 또는 변경을 할 수 없다.

(2) 불복절차

재판으로 인하여 권리를 침해당한 자는 그 재판에 대하여 항고할 수 있다. 이때의 항고는 보통항고이기 때문에, 항고제기의 기간제한이 없고 항고의 이익이 있으면 언제나 할 수 있다.

3. 호적정정 신청 절차

가. 호적정정 신청의 의의

법원의 허가를 얻은 후 그 허가재판의 등본을 첨부하여 시(구) · 읍 · 면의 장에게 호적정정을 구하는 행위를 말한다. 그러므로 호적정정신청은 그 절차가 끝난 다음에 시(구) · 읍 · 면의 장에게 하는 보고적 신고에 준하는 절차이다. 취적이나 개명은 호적정정과는 달리 신청이 아닌 신고(예 : 취적신고, 개명신고)에 의하도록 하고 있다.

나. 신청인(신청의무자)

호적정정허가신청을 한 자이다. 호적정정허가신청자가 사망한 경우에 그 자(者)가 호주인 때에는 신호주가, 가족인 때에는 호주가 각각 호적정정신 청을 할 수 있다.

다. 신청장소

신청장소는 호적신고지 일반원칙(제25조)에 의하여 신청하여야 한다.

라. 신청기간

법원의 호적정정허가결정이 있었을 때에는 그 재판의 등본을 받은 날로부 터 1월 이내에 호적정정신청을 하여야 한다.

마. 신청서의 기재사항

신청서에는 호적신고의 일반적 기재사항을 준용하고 있으므로 호적법 제 29조 신고성 기재사항 중 신고를 신청으로 이해하면 될 것이다.

바. 첨부서류

호적정정의 허가등본을 첨부하여야 한다.

사. 호적정정신청서의 작성 방법

호적정정신청서 양식은 호적법시행규칙 제28조가 규정한 호적신고서 등의 양식 중 제31호 양식에 의하여 작성한다.

(1) 사건본인란(①란)에는 호적정정신청, 사건본인의 본적과 호주 및 호주와의 관계, 주소와 세대주 및 관계, 주민등록번호 등을 기재하고 사건본인의 성명을 한글과 한자로 병기한다.

사건본인이 여러 명인 경우에는 기타 사항란(④란)에 사건본인은 "별지와 같음"으로 기재하고 사건본인 전원을 기재한다.

(2) 정정을 하고자 하는 사항란(②란)에는 법원의 허가결정에 의한 호적정정신청의 경우에는 "별첨 결정주문과 같음"으로 기재하고, 확정판결에 의한 경우에는 판결주문에 나타난 호적기재사항을 기재하되 "별첨 판결주문과 같음"이라 기재하면 될 것이다.

(3) 허가 또는 재판확정일자란(③란)에는 호적정정허가의 결정일자와 그 법원의 명칭을 기재하고 확정판결에 의한 때에는 판결의 확정일자와 그 법원의 명칭을 기재한다.

(4) 기타 사항란(④란)에는 호적정정사항을 분명하게 하는데 특히 필요한 사항을 기재한다.

(5) 신고인란(⑤란)에는 호적정정신청인의 주소와 주민등록번호, 전화번호, 자격을 기재하고 신청인의 성명을 기재한 다음 날인 또는 서명을 한다. 신청인이 날인 또는 서명을 할 수 없는 때에는 그 사유를 기재하고 무인하여도 무방하다.

신청인의 자격란에는 사건본인, 부, 모, 후견인, 소 제기자 등 해당되는 자격을 기재한다.

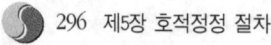

【양식 제31호】 〈개정 199. 10. 17.〉

호 적 정 정 신 청 서

※ 아래의 작성방법을 읽고 기재하시기 바랍니다.   년 월 일

① 사 건 본 인	본적			호 주 및 관계	의
	주소			세 대 주 및 관계	의
	성명	한글		주민등록 번 호	
		한자			
② 정정을 하고자 하는 사항					
③ 허가 또는 재판 확정일자		년 월 일	법원명		
④ 기타 사항					

⑤ 신고인	성명	서명(인)	주민등록번호		자격	
	주소				전화	

판결에 의한 호적정정

1. 판결에 의한 호적정정 총설

가. 판결에 의한 호적정정의 개념

호적정정사항 중에서 친족법상 또는 상속법상 중대한 영향을 미칠 사항에 대한 호적정정은 확정판결에 의해서만 가능하다고 함이 일관된 판례의 태도였다. 호적예규(제297호)도 호적정정사항이 신분관계에 중대한 영향을 미치는 경우에는 확정판결에 의해서만 정정할 수 있다고 하였다.

그리고 판결에 의해서만 할 수 있는 호적기재의 정정을 법원의 호적정정 허가만으로 정정한 경우에는 위법한 것으로서 그 정정의 효력이 발생하지 않는다.

호적법 제123조에 의한 호적의 정정은 호적의 정정이 친족법 또는 상속법상 중대한 영향을 미치는 사유로서 신분관계를 확정하는 확정판결에 기한 정정을 말하는 것이고, 호적정정의 전제가 되는 그 판결은 호적을 직접 어떻게 정리하라고 판시하는 것이 아니라 정정사항을 명확히 하기 위한 증거방법으로서의 확정판결을 말하는 것이다.

구체적으로 어떠한 호적정정사항이 친족법상 또는 상속법상 중대한 영향

을 미치는 사항인지의 구별에 대하여 사망에 관한 호적기재(사망사실, 사망
장소, 사망일시)가 사실과 다른 경우 상반된 판례가 있었다.

  대법원은 전원합의체 결정으로 호적정정사항이 친족법상 또는 상속법상
중대한 영향을 미치는 사항인지의 구별기준을 제시하였다. 이에 따르면 정
정하려고 하는 호적기재사항과 관련된 신분관계의 존부에 관하여 직접적인
쟁송방법이 가사소송법 제2조에 규정되어 있는지의 여부를 기준으로 하여
위 법조에 규정되어 있는 가사소송사건으로 판결을 받게 되어 있는 사항은
모두 친족법상 또는 상속법상 중대한 영향을 미치는 것으로 보아 그와 같은
사항에 관하여는 호적법 제123조에 따라 확정판결에 의하여서만 호적정정
의 신청을 할 수 있고, 가사소송법 제2조에 의하여 판결을 받을 수 없는 사
항에 관한 호적기재의 정정은 호적법 제20조에 따라 법원의 허가를 얻어 정
정을 신청할 수 있다. 그러므로 사람이 사망하였는지의 여부나 사망한 일시
를 확정하는 데 관하여는 직접적인 쟁송방법이 가사소송법은 물론 다른 법
률이나 대법원규칙에도 정하여진 바가 없으므로 이와 같은 사항에 관한 호
적기재의 정정은 당연히 호적법 제120조에 따라서 처리되어야 할 것이다.
그런데 위법한 이중호적을 말소하여 본래의 호적으로 단일화하기 위한 경우
에도 그 정정으로 인하여 신분관계에 중대한 영향을 미치는 사항이 정정되
는 경우에는 확정판결에 의하여서만 정정될 수 있다.

나. 판결에 의한 호적정정사항

  가사소송법 제2조에 의하여 확정판결에 의한 호적정정신청을 할 수 있는
경우를 살펴보기로 한다.

  가사소송법 제2조는 가사소송사건을 가류사건, 나류사건, 다류사건으로
구분하고 있다. 가류사건은 7개항의 무효 등 사건을 나열하고 있고, 나류사
건은 12개항의 취소 등 사건을 열거하고 있으며, 다류사건은 3개항의 손해
배상 및 원상회복청구사건을 나열하고 있다.

먼저 다류사건은 판례(1993. 5. 22, 91스14 · 15 · 16)가 말하는 정정하려고 하는 「호적정정사항과 관련된 신분관계의 존부에 대한 직접적인 쟁송방법으로서의 판결」에 해당되지 않기 때문에 판결에 의하여 직접 호적정정신청(제123조)을 할 수 없다고 하겠다. 이 판결을 증거방법으로 하여 법원의 허가를 받아 호적정정신청을 할 수 있다고 하겠다(호적예규 제147호).

다음 나류사건 중 7개항은 확정판결을 받은 다음 호적신고에 의하여 처리하게 된다.

① 사실상 혼인관계존부확인(제1호)은 혼인신고

② 혼인의 취소(제2호)는 혼인취소신고

③ 재판상 이혼(제4호)은 이혼신고

④ 부의 결정(제5호)은 추완신고

⑤ 인지청구(제9호)는 인지신고

⑥ 입양의 취소(제10호)는 입양취소신고

⑦ 재판상 파양(제12호)은 파양신고

⑧ 호주승계회복은 호주승계회복신고

위의 사건 중에서 부(父)의 결정은 부미정의 출생신고를 하였을 때에는 추완신고에 의하여 처리되나, 그렇지 않은 경우 호적법 제123조에 의한 판결에 의한 호적정정을 하여야 할 것이다.

따라서 이를 요약하면 다류사건 3개 항목과 나류사건 중 7개 항목을 제외하면 가류사건 7개 항목과 나류사건 5개 항목 모두 12개 항목의 소송사건이 판결에 의한 호적정정에 해당된다.

호적법 제123조의 판결에 의한 호적정정의 가사소송사건은 다음과 같다.

① 혼인의 무효 　　　　　② 이혼의 무효

③ 인지의 무효 　　　　　④ 친생자관계존부확인

⑤ 입양의 무효 　　　　　⑥ 파양의 무효

⑦ 호주승계의 무효 　　　⑧ 이혼의 취소

⑨ 친생부인 　　　　　　⑩ 인지의 취소

⑪ 인지에 대한 이의　　　　　　⑫ 파양의 취소

다. 판결에 의한 호적정정의 호적정리절차

판결에 의한 호적정정도 호적정리는 법원허가에 의한 호적정정절차와 다를바 없다. 따라서 판결에 의한 호적정정 역시 호적법시행규칙 제28조가 규정한 호적신고서 등의 별지 제31호 양식의 호적정정신청서의 양식에 따라 작성하여야 한다.

판결에 의한 호적정정의 호적정정신청서 작성요령은 법원허가에 의한 호적정정신청서의 작성요령을 참고하면 될 것이다. 다만, 판결에 의한 호적정정은 소를 제기한 자가 신청의무자가 된다. 또 호적정정의 신청기간은 판결의 확정일로부터 1월 이내에 신청하여야 한다.

호적정정신청서의 정정을 하고자 하는 사항란(②란)에는 「별첨 판결정본 주문기재와 같이 ○○○의 호적정정(호적말소)」로 기재하면 될 것이다. 그리고 동신청서의 허가 또는 재판확정일자란(③란)에는 재판확정일자와 판결을 선고한 법원의 명칭을 기재한다. 호적정정신청인란(⑤란)의 자격에는 소제기자의 인적사항을 기재하면 될 것이다.

2. 판결에 의한 호적정정 각론

가. 혼인무효의 판결에 의한 호적정정

(1) 개설

혼인의 무효는 혼인성립 이전의 단계에서 그 성립 요건의 하자로 인하여 유효한 혼인이 성립되지 않은 것을 말한다. 민법 제815조는 혼인무효의 사유로 ① 당사자간에 혼인의 합의가 없는 때 ② 당사자간에 직계혈족, 8촌 이내의 방계혈족 및 그 배우자인 친족관계가 있거나 있었던 때 ③ 당사자간에 직계 인척, 부의 8촌 이내의 혈족인 인척관계가 있었거나 있었던 때의 3가지를 규정하고 있으며 이와 같은 실질적 요건의 흠결이 있는 경우는 물론이고 신고가 부적법, 부존재 등의 절차요건의 흠결이 있는 경우에도 그 혼인은 당연 무효이다. 이 혼인무효의 소를 통설 및 판례는 확인의 소로 보고 있다.

(2) 소의 제기

(가) 당사자

◐ 원고 적격(소의 제기권자)

당사자, 법정대리인 또는 4촌 이내의 친족은 언제든지 혼인무효의 소를 제기할 수 있다(23조). 법정대리인은 당사자의 법정대리인을 말한다.

◐ 피고 적격(상대방)

부부의 일방이 소를 제기할 때에는 배우자가 상대방으로 되고, 제3자가 제기할 때에는 부부를 상대방으로 하고, 부부 중 일방이 사망한 때에는 생존자를 상대방으로 한다. 혼인무효의 사유에 절차상의 하자도 포함된다고 보는 이상, 여기의 "부부"는 그 실태와는 관계없이 호적기재상 혼인한 것으로 등재되어 있는 자를 가리키고, "배우자" 역시 같은 의미이다. 제3자가 소를 제기하는 때에는 부부 쌍방이 피고로서 필요적 공동소송인으로 된다.

상대방으로 될 자가 사망한 때에는 검사를 상대방으로 한다. 즉, 배우자의 일방이 사망한 후 생존배우자가 혼인무효의 소를 제기하거나 배우자 쌍방이 모두 사망한 후 제3자가 혼인무효의 소를 제기할 때에는 검사를 상대방으로 하여 제기할 수 있는 것이다.

(나) 관할 법원

◐ 토지관할

가) 혼인무효의 소는 부부생활의 실태와 사건의 유형에 따라 토지관할을

달리한다. 즉, ① 부부가 같은 가정법원의 관할구역 내에 보통재판적이 있을 때에는 그 가정법원이, ② 부부가 최후의 공통의 주소지를 가졌던 가정법원의 관할구역 내에 부부 중 일방의 보통재판적이 있을 때에는 그 가정법원이, ③ 위의 각 경우에 해당하지 아니하는 경우로서 부부의 일방이 타방을 상대방으로 하는 때에는 상대방의 보통재판적 소재지의 가정법원, 부부의 쌍방을 상대방으로 하는 때에는 부부 중 일방의 보통재판적 소재지의 가정법원이, ④ 부부의 일방이 사망한 경우에는 생존한 타방의 보통재판적 소재지의 가정법원이, ⑤ 부부 쌍방이 사망한 경우에는 부부 중 일방의 최후의 주소지의 가정법원이, 각각 관할법원으로 되고, 그 관할은 전속관할이다.

나) 위 ②의 "최후의 공통의 주소지"가 무엇을 가리키는지에 관하여는, 부부가 최종적으로 부부로서의 공동생활을 영위하던 주소지를 뜻한다는 견해와 부부의 공동생활을 필요로 하지 아니하고 각자 주소를 달리하더라도 동일한 가정법원의 관할구역 내에 있는 것이면 충분하다는 견해가 있다. 예컨대, 부부가 서울에서 동거하면서 공동생활을 영위하다가 별거를 시작하였으나 우연히 각자가 부산으로 주소지를 옮겨 상당기간 생활한 후 일방만이 다시 광주로 주소지를 옮겨 현재 그곳에서 생활하고 있는 경우에는, 전설에 의하면 위 ① 또는 ②의 규정이 적용될 수 없어 ③에 따라 상대방의 보통재판적 소재지인 부산 또는 광주지방법원이 관할법원으로 되고, 후설에 의하면 위 ②의 규정이 적용되어 부산지방법원만이 관할법원으로 된다.

○ 사물관할
혼인무효의 소는 단독판사의 사물관할에 속한다.

(다) 비용
가사소송수수료규칙 제2조 제1항의 규정에 의한 수수료(인지) 20,000원과 소정의 송달료를 납부하여야 한다.

(라) 소장(혼인무효확인의 소)

소   장

원고 ㅇㅇㅇ(ㅇㅇㅇ)
ㅇㅇ 년 ㅇ월 ㅇ일생
본적 ㅇ시 ㅇ구 ㅇ동 ㅇ번지
주소 ㅇ시 ㅇ구 ㅇ동 ㅇ번지
피고 ㅇㅇㅇ(ㅇㅇㅇ)
ㅇㅇ 년 ㅇ월 ㅇ일생
본적 ㅇ시 ㅇ구 ㅇ동 ㅇ번지
주소 ㅇ시 ㅇ구 ㅇ동 ㅇ번지

청 구 취 지

1. 원고와 피고 사이에 ㅇㅇ년 ㅇ월 ㅇ일 ㅇㅇ군 ㅇㅇ면장에게 신고하여 한 혼인은 무효임을 확인한다.
2. 소송비용은 피고의 부담으로 한다.
라는 판결을 구함.

청 구 원 인

1. 원고와 피고는 호적상 ㅇㅇ년 ㅇ월 ㅇ일 ㅇㅇ군 ㅇㅇ면장에게 혼인신고에 의하여 부부로 기재되어 있습니다.
2. 그러나 원고는 피고와 혼인할 의사가 전혀 없고 또한 혼인신고서에 서명날인한 사실도, 타인에게 신고를 의뢰한 사실조차 없습니다. 따라서 이 혼인신고는 원고가 전혀 알지 못하는 사이에 이루어진 것입니다.
3. 원고가 피고를 안 것은 원고가 종전에 근무하였던 ㅇㅇ주식회사에서이며, 같은 회사 동료로서 피고와 같이 근무하던 중 친밀한 관계가 되어 피고와 때때로 동침관계를 가졌던 것입니다. 그 후 생각을 달리하여 피고와 관계를 청산하기 위하여 그 회사를 퇴직하고 피고와 헤어졌습니다.
   그런데 금년 ㅇ월 원고가 고향에서 호적등본을 떼어보니 난데없이 피고와 혼인신고가 되어 있었습니다.
4. 원고는 피고를 만나 혼인신고된 경위를 알아 본 결과 피고는 임신중이며 그 태아는 원고의 자이고, 그 자의 출생신고를 위하여 피고가 마음대로 혼인신고를 한 것이라고 합니다.
   위와 같이 당사자간의 합의없이 한 혼인신고는 무효이므로 본소에 이른 것입니다.

첨 부 서 류

1. 호적등본(원고, 피고친가)   각 1통
2. 주민등록표등본(원고, 피고)   각 1통

ㅇㅇ. ㅇ. ㅇ.

위 원고 ㅇㅇㅇ

ㅇㅇ가정법원 귀중

주: 이 사례는 당사자 일방이 혼인신고한 경우이다.

(3) 판결 등

(가) 청구인용판결의 주문

혼인무효의 소가 형성의 소라는 견해에서는,『원고와 피고 사이에 ㅇㅇㅇㅇ. ㅇ. ㅇ. ㅇ. 서울 ㅇㅇ구청장에게 신고하여 한 혼인은 무효로 한다.』는 주문을 쓰게 될 것이나, 확인소송이라는 견해에서는,『원고와 피고 사이에 ㅇㅇㅇ. ㅇ. ㅇ. 서울 ㅇㅇ 구청장에게 신고하여 한 혼인은 무효임을 확인한다.』는 주문을 쓰게 된다. 후자에 따른 주문례를 들어 본다.

① 부부의 일방이 타방을 상대방으로 한 경우

『1. 원고와 피고 사이에 ㅇㅇㅇㅇ. ㅇ. ㅇ. 서울 ㅇㅇ구청장에게 신고하여 한 혼인은 무효임을 확인한다.

2. 소송비용은 피고의 부담으로 한다.』

② 부부의 일방이 사망하여 생존자가 검사를 상대방으로 한 경우

『1. 원고와 소외 망 ㅇㅇㅇ(ㅇㅇㅇㅇ. ㅇ. ㅇ생, 본적 : 서울 ㅇㅇ구 ㅇㅇ동 ㅇㅇ) 사이에 ㅇㅇㅇㅇ. ㅇ. ㅇ 서울 ㅇㅇ구청장에게 신고하여 한 혼인은 무효임을 확인한다.

2. 소송비용은 국고의 부담으로 한다.』

③ 제3자가 부부 쌍방을 상대방으로 한 경우

『1. 피고들 사이에 ㅇㅇㅇㅇ. ㅇ. ㅇ 서울 ㅇㅇ구청장에게 신고하여 한 혼인은 무효임을 확인한다.

2. 소송비용은 피고들의 부담으로 한다.』

④ 제3자가 부부 중 생존한 일방만을 상대방으로 한 경우

『1. 피고와 소외 망 ○○○(○○○○. ○. ○생. 본적: 서울 ○○구 ○○동 ○
   ○) 사이에 ○○○○. ○. ○ 서울 ○○ 구청장에게 신고하여 한 혼인
   은 무효임을 확인한다.
 2. 소송비용은 피고들의 부담으로 한다.』
⑤ 제3자가 사망한 부부 쌍방 대신 검사를 상대방으로 한 경우
『1. 소외 망 ○○○(○○○○. ○. ○생, 본적: 서울 ○○구 ○○동 ○○)와 망
   ○○○(○○○○. ○. ○생, 본적: 위와 같은 곳) 사이에 ○○○○. ○. ○
   서울 ○○구청장에게 신고하여 한 혼인은 무효임을 확인한다.
 2. 소송비용은 피고들의 부담으로 한다.』
⑥ 다류 가사소송사건이 병합된 경우
『1. 원고와 피고 사이에 ○○○○. ○. ○ 서울 ○○구청장에게 신고하여
   한 혼인은 무효임을 확인한다.
 2. 피고는 원고에게 금 ○○○원을 지급하고, 별지목록 기재 물건을 인도
   하라.
 3. 원고의 나머지 청구를 기각한다.
 4. 소송비용은 이를 3분하여 그 1은 원고의, 나머지는 피고의 각 부담으로
   한다.
 5. 제2항은 가집행할 수 있다.』

(나) 확정판결의 효력
  혼인무효의 청구를 인용한 확정판결은 제3자에게도 효력이 있다. 따라서
어느 누구도 그 혼인의 유효를 주장하지 못한다. 혼인무효의 청구를 기각한
확정판결은 그 소송의 사실심의 변론종결 전에 참가할 수 없었음에 대하여
정당한 사유가 있는 자에게는 미치지 아니하여 그 자가 다시 동일한 소를
제기할 수 있고, 그 밖의 자에게는 효력이 미쳐 그들이 다시 소를 제기할 수
없게 된다.
  호적예규(653-1)는, 혼인무효는 신분행위의 효력이 처음부터 생기지 않는

다고 하여 그 판결이 확정되더라도 당사자에게는 신고의무가 없고 호적정정의 대상으로 된다고 한다.

(다) 호적사무관장자에의 통지

혼인무효의 청구를 인용한 판결이 확정된 때에는 법원은 지체없이 혼인이 무효로 된 부부의 본적지의 호적사무를 관장하는 자에게 그 뜻을 통지하여야 한다. 혼인무효의 확정 판결이 있으면 그 소를 제기한 자가 판결확정일로부터 1월 이내에 호적정정의 신청을 하여야 하므로 위 통지를 받은 호적사무관장자는 신청의무자에게 호적정정의 신청을 최고하고, 통지를 할 수 없거나 통지를 하였음에도 신청을 하지 아니하는 때에는 감독법원의 허가를 받아 직권으로 호적정정을 한다.

나. 이혼무효의 판결에 의한 호적정정

(1) 개설

이혼의 무효는 혼인이 이혼에 의하여 해소된 것으로 호적기재가 이루어져 있으나 그 이혼의 성립요건의 하자로 인하여 혼인해소의 효력이 발생하지 않는 것을 말한다.

이혼무효의 사유에 관하여 민법에 명문규정이 없으나 당사자간에 이혼의사가 없는 경우와 같은 실체적 사유뿐만 아니라 신고가 부적법한 경우외에도 금치산자가 적법한 동의없이 한 이혼도 무효가 된다.

이혼신고가 되었지만 당사자간에 이혼의 합의가 없었던 경우에는 그 이혼이 무효임은 명백하다(대법원 1961. 4. 27. 선고 4293민상536 판결). 이혼의 합의가 있었으나 그 합의가 사기, 강박으로 인한 것인 때에는 이혼취소사유로 될 뿐이다(민 838조). 절차상의 하자에 관하여 판례는, 이혼신고서에 첨부된 증인의 연서가 위조된 것이라도 일단 수리된 이상 그 신고의 효력에 영향이 없다고 하고, 당사자의 일방에 의하여 이혼신고된 경우에 관하여 초기에는 그 신고가 수리된 이상 효력이 있다(대법원 1962. 11. 15 선고 62다610 판결, 1969. 12. 9. 선고 68므9 판결 등)고 하였으나 그 후에는 이혼신고서의 진정성립 여부를 확인함이 없어 당사자 일방만에 의한 이혼신고를 수리한 것은 무효라고 하였다.

(2) 소의 제기

(가) 당사자
혼인무효의 소의 경우와 같다.

(나) 관할 법원
혼인무효의 소의 경우와 같다.

(다) 비용
가사소송수수료규칙 제2조 제1항의 규정에 의한 수수료(인지) 20,000원과 소정의 송달료를 납부하여야 한다.

(라) 소장(이혼무효확인의 소)

소   장

원고 ㅇㅇㅇ(ㅇㅇㅇ)
　　ㅇㅇ년 ㅇ월 ㅇ일생
　　본적 ㅇ시 ㅇ구 ㅇ동 ㅇ번지
　　주소 ㅇ시 ㅇ구 ㅇ동 ㅇ번지
피고 ㅇㅇㅇ(ㅇㅇㅇ)
　　ㅇㅇ년 ㅇ월 ㅇ일생
　　본적 ㅇ시 ㅇ구 ㅇ동 ㅇ번지
　　주소 ㅇ시 ㅇ구 ㅇ동 ㅇ번지

청 구 취 지

1. 원고와 피고사이에 ㅇㅇ년 ㅇ월 ㅇ일 ㅇㅇ군 ㅇㅇ면장에게 신고하여 한 협의이혼은 무효임을 확인한다.
2. 소송비용은 피고의 부담으로 한다.
라는 판결을 구함.

청 구 원 인

1. 원고와 피고는 호적상 ○○년 ○월 ○일 ○○군 혼인신고를 하고 부부간에 ○남 ○녀를 두고 살아왔습니다.
2. 피고는 ○○주식회사에 근무하는 중견사원으로서 직장생활에도 충실하였을 뿐만 아니라 가정생활에 성실한 남편으로서 단란한 생활을 하여왔던 것입니다.
3. 그런데 1년전쯤 직장에 있는 여사원과 친밀한 관계가 되어 외박하는 일이 잦아지면서 자연히 가정불화가 생기게 되었고 드디어 피고는 집을 나가 그 여자와 동거생활을 하게 되었습니다.
4. 원고는 배신감과 분노를 참지못하여, 피고와 이혼하기로 결심하고 ○○년 ○월 ○일 ○○법원에서 가서 협의이혼의사확인신청을 하고 그 확인서의 등본을 교부받은 바 있습니다.
5. 그러나 곰곰히 생각해보니 피고는 일시적으로 바람을 피우는 것이고 언젠가는 가정에 돌아 올 것으로 생각되고 또한 두 아이의 장래를 생각하여 참고 기다리겠다고 마음을 고쳐먹고 ○○년 ○월 ○일 본적지 호적공무원에게 이혼의사철회신고를 하였습니다.
6. 그런데 원고는 그 후 장남 학교관계로 호적등본을 교부받아 본즉 원고가 위 이혼의사철회를 한 후인 ○○년 ○월 ○일 피고의 신고로 협의이혼된 것을 알았습니다.
7. 이는 이혼의사가 철회된 후에 한 이혼신고로서 신고 당시에 이혼의사합의가 없는 당연 무효의 이혼신고이므로 청구취지와 같은 판결을 구하는 바입니다.

첨 부 서 류

1. 호적등본(원고, 피고)   각 1통
2. 협의이혼철회서 접수증명서   1통
3. 주민등록표등본(원고, 피고)   각 1통

○○. ○. ○.

위 원고 ○○○

○○가정법원 귀중

주: 이 사례는 이혼의사가 철회된 경우이다.

(3) 판결 등

(가) 청구인용판결의 주문

이혼무효의 소를 형성의 소로 보는 경우에는 그 청구인용판결의 주문은 『원고와 피고 사이에 ○○○○. ○. ○. 서울 ○○구청장에게 신고하여 한 이혼은 무효로 한다.』로 쓰게 되고, 이행의 소로 보는 경우에는 『원고와 피고 사이에 ○○○○. ○. ○. 서울 ○○구청장에게 신고하여 한 이혼은 무효임을 확인한다.』로 쓰게 된다. 실무는 후자에 따르고 있다.

(나) 이혼무효의 소의 확정판결의 효력, 호적정정과의 관계 등은 혼인무효의 소에서의 그것과 같다.

다. 인지무효의 판결에 의한 호적정정

(1) 개설

인지에는 생부 또는 생모가 혼인외의 자(子)를 자기의 자로 인정하고 호적법에 정한 바에 의하여 신고함으로써 법률상의 부모자 관계를 형성시키는 임의인지와 인지청구의 소를 통하여 법률상의 부모자 관계를 형성시키는 강제인지 또는 재판상 인지의 두가지가 있다. 그 중 강제인지의 경우에는 재심에 의하여 확정판결을 취소하지 않는 한 인지의 효력을 없애버릴 수 없지만, 임의인지의 경우에는 그 요건의 불비로 인하여 인지의 효력이 생기지 않는 경우가 있을 수 있다. 따라서 인지의 무효는 혼인외의 자에 대하여 법률상의 부모자 관계가 형성된 것으로 호적기재가 이루어져 있으나 그 성립과정의 하자로 인항 법률상의 부모자 관계형성의 효력이 발생하지 않는 것을 말한다고 할 수 있다.

임의인지는 일반적으로 인지자와 피인지자 사이에 친생자 관계가 존재하고, 인지자가 자기의 자유로운 의사에 따라 적법한 신고를 하여야 하며, 인지자가 금치산자인 때에는 후견인의 동의를 얻을 것 등을 요건으로 하므로 임의인지의 하자로는, ① 인지자와 피인지자 사이에 친생자 관계가 존재하지 않는 경우, ② 인지자의 의사에 기하지 아니한 인지신고가 있는 경우, ③ 금치산자가 후견인의 동의없이 인지한 경우, ④ 피인지자가 다른 사람의 친생자로 추정되는데도 친생부인의 판결에 의하여 그 추정을 번복시키지 아니한 체 인지신고로 된 경우 등을 들 수 있다. 그 중 ①만이 인지무효의 사유로 되고 ③ 및 ④는 인지취소의 사유이며 ②는 친생자관계부존재확인의 소로 다투어야 한다는 견해도 있으나, 통설은 ①, ② 및 ④의 경우를 모두 인지무효의 사유로 본다. ③의 경우는 인지의 무효·취소의 어느 사유에도 해당되지 않고 인지가 완전히 유효하다는 견해가 오히려 유력하다. 그 밖에, 인지자가 신고 당시에 이미 사망한 때에는 그 사망 전에 유언으로 인지한 경우를 제외하고는 인지의 효력이 발생하지 않는다.

(2) 소의 제기

(가) 당사자

◐ 원고적격

당사자, 법정대리인 또는 4촌 이내의 친족은 언제든지 인지무효의 소를 제기할 수 있다. 그 밖의 자의 원고적격은, 인지무효의 소를 형성소송으로 보는 경우에는 이를 부정할 여지가 있으나, 확인소송으로 파악하는 이상 이를 긍정하여야 할 것이다. 다만, 당사자, 법정대리인 또는 4촌 이내의 친족에게는 그러한 신분관계에 의하여 당연히 확인의 이익이 인정됨에 비하여, 그 밖의 자는 확인의 이익이 있음을 스스로 입증하여야 한다.

◐ 피고적격

인지자 또는 피인지자의 일방이 소를 제기할 때에는 타방이 상대방으로 되고, 제3자가 소를 제기할 때에는 인지자와 피인지자 쌍방을 상대방으로 하되, 그 중 일방이 사망한 때에는 생존자를 상대방으로 하며, 상대방으로 될 자가 모두 사망한 때에는 검사를 상대방으로 한다. 따라서 제3자가 소를 제기하는 때에는 인지자와 피인지자가 피고로서 필요적 공동소송인으로 되며, 인지자 또는 피인지자의 일방이 소를 제기하는 경우에 타방이 사망한 때 및 인지자와 피인지자가 모두 사망한 이후에 제3자가 소를 제기하는 경우에는 검사가 피고로 된다.

(나) 관할

🔴 토지관할

인지무효의 소는 자의 보통재판적 소재지의 가정법원, 자가 사망한 때에는 그 최후 주소지의 가정법원의 관할에 전속한다.

🔴 사물관할

인지무효의 소는 단독판사의 사물관할에 속한다.

(다) 비용

가사소송수수료규칙 제2조 제1항의 규정에 의한 수수료 인지 20,000원과 소정의 송달료를 납부하여야 한다.

(라) 소장(인지무효확인의 소)

소　　장

　　　　　　　원고 ㅇㅇㅇ(ㅇㅇㅇ)
　　　　　　　　ㅇㅇ 년 ㅇ월 ㅇ일생
　　　　　　　　본적 ㅇ시 ㅇ구 ㅇ동 ㅇ번지
　　　　　　　　주소 ㅇ시 ㅇ구 ㅇ동 ㅇ번지
　　　　　　　피고 ㅇㅇㅇ(ㅇㅇㅇ)
　　　　　　　　ㅇㅇ 년 ㅇ월 ㅇ일생
　　　　　　　　본적 ㅇ시 ㅇ구 ㅇ동 ㅇ번지
　　　　　　　　주소 ㅇ시 ㅇ구 ㅇ동 ㅇ번지

청 구 취 지

　1. 원고와 피고 사이에 ㅇㅇ년 ㅇ월 ㅇ일 ㅇㅇ군 ㅇㅇ면장에게 신고하여 한 원고에 대한 인지는 무효임을 확인한다.
　2. 소송비용은 피고의 부담으로 한다.
라는 판결을 구함.

청 구 원 인

1. 원고는 소외 망 모 ㅇㅇㅇ의 혼인외 자로서 모의 호적(ㅇㅇ군 ㅇㅇ면 ㅇㅇ리 ㅇ번지 호주 ㅇㅇㅇ)에 입적되었던 자로서 사실상의 부(父)는 ㅇㅇ군 ㅇㅇ면 ㅇㅇ리 ㅇ번지 호주)입니다.
2. 동 망 ㅇㅇㅇ은 원고의 출생 후 얼마 있다가 피고와 알게 되어 사귀던 중 원고가 생후

ㅇ년 ㅇ개월된 때 ㅇㅇㅇㅇ년. ㅇ월 피고와 재혼하여 혼인신고를 하였습니다.
그 후 피고는 ㅇ월 ㅇ일에 원고를 실친자로서 인지신고를 하여 피고의 호적에 자로서 입적되었습니다.
3. 동 망 ㅇㅇㅇ과 피고는 혼인생활을 약 ㅇ년간 계속하여 왔으나 ㅇㅇㅇ년 ㅇㅇ월 ㅇㅇ일 이혼을 하게 되었고 원고는 피고와 헤어져 동 망 ㅇㅇㅇ과 동거생활하면서 비로소 피고가 부가 아닌 사실을 알게 되었습니다.
4. 따라서 원고는 실부인 소외 ㅇㅇㅇ의 자로서 그의 호적에 입적하기 위하여 실친자 관계가 없는 피고와의 관계를 먼저 청산하고자 청구취지와 같이 본 소에 이르게 된 것입니다.

첨 부 서 류

1. 호적등본(원고, ㅇㅇㅇ) 각 1통
2. 주민등록표등본(원고, 피고) 각 1통

ㅇㅇ. ㅇ. ㅇ.
위 원고 ㅇㅇㅇ

ㅇㅇ가정법원 귀중

주: 피인지자가 인지자를 상대방으로 한 경우이다.

(3) 혈액형 등의 수검명령

(가) 개요

가정법원은 혈족관계의 존부를 확정할 필요가 있는 경우에 다른 증거조사에 의하여 심증을 얻지 못한 때에는 당사자 기타 관계인에게 혈액채취에 의한 혈액형의 검사 등 유전인자의 검사, 기타 상당하다고 인정되는 검사를 받을 것을 명할 수 있다. 이를 혈액형 등의 수검명령이라고 한다.

인지자와 피인지자 사이에 친생자 관계가 존재하지 아니함을 이유로 인지의 무효를 주장하는 때에는 그 친생자 관계의 존부를 먼저 확정하여야 한다. 그 친생자 관계는, 가사소송사건에는 직권주의가 적용되는 결과, 단순히 원고의 입증이 있느냐의 여부에 따라 형식적으로 정할 것이 아니라 가능한 모든 증거조사를 통하여 실체적 진실에 부합하도록 그 존부의 판단을 하여야 하고, 이를 위한 가장 직접적이고도 과학적인 방법은 당사자 기타 관계인의 혈액 기타 신체조직의 일부를 채취하여 그 유전인자를 대비·비교하는 것이다. 혈액형 등의 수검명령은 이와 같은 필요에 부응하기 위한 것이다.

(나) 요건

혈액형 등의 수검명령은 당사자 기타 관계인 사이의 혈족관계의 존부를 확정할 필요가 있는 것을 전제로 한다. 같은 인지무효의 소라도, 인지신고의 부존재 또는 신고절차의 위법 등의 사유만을 주장하는 경우에까지 수검명령을 발할 것은 아니다. 또, 수검명령은 다른 증거조사에 의하여 심증을 얻지 못한 경우에 보충적으로 할 수 있는 것이다. 따라서 혈족관계의 존부를 확정할 필요가 있는 경우에도 먼저 서증이나 인증 등에 의한 증거조사를 하여 본 후 확신이 서지 않는 경우에 비로서 수검명령을 하여야 한다.

(다) 절차

① 수검명령은 가정법원이 직권으로 한다. 당사자의 신청은 직권발동을 촉구하는 의미가 있을 뿐이다.

② 수검명령은 그 검사를 받을 당사자 기타 관계인에게 고지하여야 한다. 그런데 수검명령위반에 대하여는 후술하는 바와 같이 과태료·감치 등의 제재가 부과될 수 있으므로 수검명령을 함에는 그 제재를 아울러 고지하여야 한다(29조 2항). 그 고지는 수검명령서를 작성하여 송달하는 방법에 의한다.

(4) 판결 등

(가) 청구인용판결의 주문

인지무효의 소를 형성의 소로 보는 경우에는 그 청구인용판결의 주문은 『피고가 ○○○○. ○. 서울 ○○구청장에게 신고하여 한 원고에 대한 인지는 무효로 한다.』는 등으로 쓰게 되고, 확인의 소로 보는 경우에는 『피고가 ○○○○. ○. 서울 서초구청장에게 신고하여 한 원고에 대한 인지는 무효임을 확인한다.』.『피고 ○○○가 ○○○○. ○. 충북 진천읍장에게 신고하여 한 피고 △△△에 대한 인지는 무효임을 확인한다.』, 『원고가 ○○○○.
○. 서울 ○○구청장에게 신고하여 한 피고에 대한 인지는 무효임을 확인한
다.』는 등으로 쓰게 된다. 실무는 후자에 따르고 있다.

(나) 인지무효의 소의 확정판결의 효력, 호적정정과의 관계 등은 혼인무
효의 소에서와 같다.

라. 친생자관계 존부확인 판결에 의한 호적정정

(1) 개설

① 친생자관계존부확인의 소는 민법 865조의 규정에 의하여 제기하는 소
를 말한다. 다시 말하면 법원에 의한 부(父)의 결정, 자(子)의 친생부인, 인
지에 대한 이의, 인지청구 및 인지의 무효에 해당하지 아니하는 다른 사유
를 원인으로 하여 친생자관계의 존재 또는 부존재의 확인을 구하는 소이다.

② 인지의 무효나 인지에 대한 이의는 인지신고에 의하여 발생된 신분관
계를 부정하기 위한 것이므로 인지신고에 의하지 아니하고 출생신고에 의하
여 호적상 등재된 친자관계를 다투기 위하여는 그 출생신고에 인지로서의
효력이 인정되더라도 인지에 대한 이의나 인지무효의 소를 제기할 것이 아
니라 친생자관계존부확인의 소를 제기하여야 한다. 반대로, 인지신고에 의
하여 호적상 등재된 친생자관계를 부정하기 위하여는 인지무효의 소 또는
인지에 대한 이의의 소를 제기할 것이지 친생자관계부존재확인의 소를 제기
할 것이 아니다.

③ 혼인성립의 날로부터 200일 후 또는 혼인관계 종료의 날로부터 300일
이내에 출생하여 부의 친생자로 추정되는 자(민 844조)와의 친생자 관계를
부정하기 위하여는 친생부인의 소를 제기하여야 하고 친생자관계부존재확
인의 소를 제기하는 것은 부적법하다. 다만, 친생자추정을 받는 기간 중에
출생한 자라도 동서(同棲)의 결여로 처(妻)가 부(夫)의 자(子)를 포태할 수
없음이 외관상 명백한 경우에는 자(子)가 부(夫)의 친생자로 추정되지 아니

하므로 부(夫)는 친생부인의 소에 의하지 아니하고 자(子)와의 친생자관계
부존재확인의 소를 제기하여 부적법한 소라도 가정법원이 이를 간과한 채
그 청구를 받아들여 부와 자 사이에 친생자 관계가 존재하지 아니한다는 판
결을 선고하고 그 판결이 확정된 경우에는, 그 판결은 당연무효가 아니고
대세효도 있으므로 친생추정의 효과는 소멸하게 된다.

(2) 소의 제기

(가) 당사자

● 원고적격

법원에 의한 부의 결정, 자의 친생부인, 인지에 대한 이의, 인지청구의 소
를 제기할 수 있는 자는 친생자관계존부확인의 소를 제기할 수 있다. 부를
정하는 소는 당사자가, 자의 친생부인의 소는 부(夫) · 후견인 · 유언집행
자 · 직계존속이나 직계비속 등이, 인지에 대한 이의의 소는 자 기타 이해관
계인, 인지청구의 소는 자와 그 직계비속 또는 그 법정대리인이, 각각 소를
제기할 수 있으므로, 결국 이해관계인은 누구나 친생자관계존부확인의 소를
제기할 수 있는 셈이다. 그러나 여기의 이해관계인은 친생자관계존부의 확
정판결에 의하여 특정한 권리를 얻게 되거나 특정한 의무를 면하게 되는 등
의 직접적인 이해관계가 있는 제3자를 가리킨다.

● 피고적격

① 호적기재상 친생자관계가 있는 일방의 당사자가 소를 제기할 때에는
타방의 당사자를 상대방으로 하고, 제3자가 소를 제기할 때에는 호적기재상
친생자관계가 있는 당사자 쌍방을 상대방으로 한다. 여기에서 친생자관계가
있는 당사자의 일방 또는 쌍방이라는 것은, 부자(父子)간에 있어서는 그 부
와 자, 모자(母子)간에 있어서는 그 모와 자를 가리키고, 부모와 자를 가리
키는 것은 아니다. 따라서 자(子)가 부(父)와의 사이의 친생자관계부존재확
인의 소를 제기하는 경우에는 그 부(父)만이 상대방으로 될 뿐 모(母)는 상

대방으로 될 수 없고, 자(子)가 모(母)와의 사이의 친생자관계부존재확인의
소를 제기하는 경우에는 그 모(母)만이 상대방으로 될 뿐 부(父)는 상대방으
로 될 수 없으며, 그 반대의 경우에도 마찬가지이고, 제3자가 부자간의 친생
자관계의 부존재확인을 소구하는 경우에도 그 부자만이 상대방으로 될 뿐
모(母)는 상대방으로 될 수 없고, 제3자가 모자간의 친생자관계의 부존재 확
인을 소구하는 경우에는 그 모자만이 상대방으로 될 뿐 부는 상대방으로 될
수 없다.

② 친생자관계의 일방 당사자가 소를 제기하는 경우에 타방이 사망한 때
에는 검사를 상대방으로 한다. 제3자가 소를 제기하는 경우에 친생자관계의
일방 당사자가 사망한 때에는 생존한 타방 당사자를 상대방으로 하고, 친생
자관계의 당사자 쌍방이 모두 사망한 때에는 검사를 상대방으로 한다. 따라
서 검사는 피고적격을 가지는 자 전원이 사망한 경우에 한하여 보충적으로
피고적격을 가진다.

③ 원래 피고적격을 가지는 당사자가 사망하여 검사를 피고로 하는 경우
에는 그 사망사실을 안 날로부터 1년 이내에 소를 제기하여야 한다. 이는 제
척기간이다.

(나) 관할

● 토지관할

친생자관계 존부확인의 소는 상대방의 보통재판적 소재지의 가정법원, 상
대방이 모두 사망한 때에는 그 중 1인의 최후 주소지의 가정법원의 전속관
할에 속하고, 상대방이 여러 명일 때에는 그 중 1인의 보통재판적 소재지의
가정법원의 전속관할에 속한다. "상대방이 여러 명일 때"라는 것은, 제3자
가 친생자관계에 있는 부자 쌍방 또는 모자 쌍방을 피고로 하는 경우와 같
이, 여러 명의 피고가 필요적 공동소송관계에 있는 것을 가리키고, 통상의
공동소송관계에 있는 여러 명에 대한 청구가 병합된 경우는 이에 해당하지
않는다.

"상대방이 모두 사망한 때"라는 것은 피고적격을 가지는 자가 모두 사망한 때, 즉 검사가 피고로 되어야 하는 경우를 뜻한다.

◐ 사물관할

친생자관계존부확인의 소는 단독판사의 사물관할에 속한다.

(다) 비용

가사소송수수료규칙 제2조의 규정에 의한 수수료 인지 20,000원과 소정의 송달료를 납부하여야 한다.

(라) 소장(친생자관계부존재확인의 소)

소　장

원고 ○○○(○○○)
　　○○년 ○월 ○일생
　　본적 ○시 ○구 ○동 ○번지
　　주소 ○시 ○구 ○동 ○번지
피고 ○○○(○○○)
　　○○년 ○월 ○일생
　　본적 ○시 ○구 ○동 ○번지
　　주소 ○시 ○구 ○동 ○번지
위 법정대리인 모 ○○○(○○○)
　　본적 ○시 ○구 ○동 ○번지
　　주소 ○시 ○구 ○동 ○번지

청 구 취 지

1. 원고와 피고 사이에 친생자관계가 존재하지 아니함을 확인한다.
2. 소송비용은 피고의 부담으로 한다.
라는 판결을 구함.

청 구 원 인

1. 원고는 피고의 모 ○○○과 ○○○○년 ○월 ○일 혼인한 법률상 부부로서 혼인생활 중에 피고 ○○○외 ○녀를 두고, ○○○○년 ○○월 ○○일 협의이혼을 한 바 있습니다.
2. 동녀(同女)는 ○○○년 ○○월 ○○일 피고를 분만하고, 원고와 동 ○○○과 사이에 혼인중의 출생자로서 모의 자격으로 출생신고를 하여 원고의 친생자로서 호적에 기재되어 있습니다.

3. 그런데 원고는 ○○○년 ○○월 ○○일부터 ○○○년 ○○월 ○○일 까지 약 ○년간 원고가 소속된 ○○주식회사 미합중국 지사에 파견근무 중이었고 그 동안 한번도 일시 귀국한 사실도 없습니다.

따라서 동 ○○○이가 피고를 포태한 것은 결국 원고가 해외근무중 원고 이외의 다른 남자와 정교관계를 가진 결과인 것이므로 원고와 피고 사이에는 진실한 친생자관계가 없을 뿐만아니라 민법 제844조의 규정에 의한 부의 친생자추정도 받지 못하는 것입니다.

따라서 위와 같은 잘못된 호적의 기재를 진실에 일치시키기 위하여 원고는 원고와 피고 사이에 친생자관계가 존재하지 아니한다는 확인을 구하기 위하여 본 소에 이른 것입니다.

첨 부 서 류

1. 호적등본   1통
2. 주민등록표등본(원고, 피고)   각 1통

○○. ○. ○.

위 원고 ○○○

○○가정법원 귀중

주: 부가 장기부재중 포태하여 출생한 자를 상대로 제기하는 경우.

제척기간

당사자의 일방이 사망하여 검사를 상대방으로 하여 소를 제기할 때에는 그 사망사실을 안 날로부터 1년 내에 소를 제기하여야 한다. 이는 제척기간이다. 사망사실을 안다는 것은 사망이라는 객관적 사실을 아는 것을 뜻할 뿐 자기와 사망자 사이에 친생자관계가 존재하지 않는다는 것까지 알아야 하는 것은 아니다. 다만, 사망사실을 안 때에 적어도 의사능력은 있어야 한다고 할 것이므로 사망사실을 안 때에 의사능력이 없었던 경우에는 그 의사능력이 생긴 때부터 제척기간이 진행된다.

법정대리인이 있는 경우에는 그 법정대리인이 사망사실을 안 때가 제척기간의 기산일이라고 할 것이다.

제척기간은 검사를 피고로 하는 경우에 적용된다. 따라서 자(子)가 사망한 부(父)와의 친생자관계 부존재확인을 구하거나 부(父) 사이의 친생자관계 존부확인을 구하는 경우에는 제척기간의 제한을 받는다. 또 제3자가 모두 사망한 부자(父子) 사이의 친생자관계 존부확인을 구하는 경우에도 제척기간의 제한을 받는다. 그러나 제3자가 사망한 부(父)와 생존 중인 자(子)사이 또는 생존 중인 부(父)와 사망한 자(子) 사이의 친생자관계 존부확인을 구하는 경우와 같이, 친자(親子) 중 일방이 생존하고 있는 때에는 그 생존자가 피고적격을 가지고 검사는 피고로 될 수 없으므로 제척기간의 제한을 받지 아니한다.

혈액형 등의 수검명령

친생자관계 존부확인의 소에서도 필요에 따라 혈액형 등의 수검명령을 할 수 있다. 다만, 검사의 대상으로 되어야 할 당사자의 일방 또는 쌍방이 이미 사망한 경우가 많으므로 활용의 여지는 적다.

(4) 판결 등

(가) 청구인용판결의 주문

친생자관계존부확인의 소는 전술한 바와 같이, 개별적인 부자관계 또는 모자관계의 존부확인을 심판대상으로 하는 것이고, 누가 누구와 누구 사이에서 출생하였다는 사실확인을 하거나 누구의 부모가 누구와 누구인지를 확인하는 것은 아니다.

따라서 그 청구인용판결의 주문은 『원고는 피고들 사이에서 출생한 자가 아님을 확인한다.』는 식이 되어서는 아니되고, 개별적인 법률관계를 명백히 하여 『△△△와 ○○○ 사이는 친생자관계가 아님을 확인한다.』, 『△△△와 ○○○ 사이에는 친생자관계가 존재하지 아니함을 확인한다.』, 『△△△는 ○○○의 친생자가 아님을 확인한다.』 또는 『… 친생자관계가 존재함(친생자임)을 확인한다.』는 식이 되어야 한다.

(나) 확정판결의 효력, 호적사무관장자에의 통지 등은 혼인무효의 소에서와 같다.

친생자관계 존부확인 판결이 확정되어 효력을 발생하면 당사자는 호적정정신청을 하여 호적기재를 바로 잡게 된다.

마. 입양무효의 판결에 의한 호적정정

(1) 개설

입양의 무효는 당사자의 신고로 이루어진 입양이 실체상 또는 절차상의 하자로 인하여 입양으로서의 완전한 효력이 발생하지 않는 것을 말한다. 민법 883조는 입양무효의 사유로 ① 당사자간에 입양의 합의가 없는 때 ② 양자가 될 자가 15세 미만의 경우에 법정대리인의 승낙이 없는 때(민 869조) ③ 존속 또는 연장자를 양자로 한 때의 세 가지를 규정하고 있고, 민법 884조는 입양의 합의 내지 의사표시 과정에서의 하자를 입양취소의 사유로 규정하고 있다.

입양은 당사자 쌍방과 성년자인 증인 2인의 연서한 서면으로 호적법에 정한 바에 의하여 신고함으로써 그 효력이 생기는 것이므로 민법이 규정한 입양무효 또는 입양취소의 사유 외에, 입양신고가 당사자의 의사에 기하지 않는 것이라거나 방식에 위배된 부적법한 것이라는 등의 절차상의 하자가 있을 수 있다. 이와 같은 사유는 입양무효의 사유로 되지 아니하고 경우에 따라 입양부존재확인의 소를 제기하여야 한다는 견해도 있으나, 통설 및 실무는 입양의 성립요건에 관한 하자를 널리 입양무효의 사유로 취급하고 있다. 입양무효의 소를 통설은 확인의 소송으로 본다.

(2) 소의 제기

(가) 당사자

● 원고적격

당사자, 법정대리인 또는 4촌 이내의 친족은 언제든지 입양무효의 소를 제기할 수 있다. 입양무효의 소를 확인의 소로 보는 이상, 그 밖의 자라도 입양무효의 소를 제기할 수 있다고 보아야 할 것이다. 다만, 당사자, 법정대리인 또는 4촌 이내의 친족이 소를 제기하는 경우에는 그 신분관계에 의하여 당연히 소의 이익이 있는 것으로 취급된다.

🔵 피고적격

양친자 중 일방이 소를 제기할 때에는 타방을 상대방으로 하고, 제3자가 소를 제기할 때에는 양친자 쌍방을 상대방으로 하되, 그중 일방이 사망한 때에는 생존자를 상대방으로 한다. 상대방으로 될 자가 모두 사망한 때에는 검사를 상대방으로 한다.

(나) 관할

🔵 토지관할

입양무효의 소는 양부모 중 1인의 보통재판적 소재지의 가정법원, 양부모가 모두 사망한 때에는 그중 1인의 최후 주소지의 가정법원의 전속관할에 속한다. 따라서 양부모의 주소 또는 최후 주소지가 각기 다른 경우에는 전속관할이 경합하게 된다.

🔵 사물관할

입양무효의 소는 단독판사의 사물관할에 속한다.

(다) 비용

가사소송수수료규칙 제2조 제1항의 규정에 의한 수수료(인지) 20,000원과 소정의 송달료를 납부하여야 한다.

(라) 서식(입양무효의 소)

소　장

원고(양부) ○○○(○○○)
　○○년 ○월 ○일생
　본적 ○시 ○구 ○동 ○번지
　주소 ○시 ○구 ○동 ○번지
피고(양모) ○○○(○○○)
　○○년 ○월 ○일생
　본적 ○시 ○구 ○동 ○번지
　주소 ○시 ○구 ○동 ○번지
피고(양자) ○○○(○○○)
　○○년 ○월 ○일생
　본적 ○시 ○구 ○동 ○번지
　주소 ○시 ○구 ○동 ○번지

청 구 취 지

　1. 원고 ○○○, 동 ○○○와 피고 ○○○ 사이에 ○○년 ○월 ○일 서울특별시 ○○구 청장에게 신고하여 한 입양은 무효임을 확인한다.
　2. 소송비용은 피고의 부담으로 한다.
라는 판결을 구함.

청 구 원 인

1. 원고들은 부부지간이고 피고는 원고들의 먼 친척 조카뻘됩니다.
2. 원고들은 슬하에 1녀를 두었으나 다 성장하여 잃어버리고 두 부부만 살고 있습니다만, 원만한 가정을 이루고 행복하게 생활하고 있으며 누구를 입양하겠다고 생각해 보지도 아니하였습니다.
3. 그런데 얼마 전 호적등본을 떼어 본 결과 뜻밖에 피고가 입양되어 있기에 어떤 영문인지 알 수 없어 피고에게 그 사실을 알아보았더니 피고가 자신의 병역혜택을 받기 위하여 일방적으로 입양신고한 것이라 합니다.
4. 위와 같이 이는 아무런 합의없이 허위로 신고하여 한 입양으로서 그 무효임을 확인받기 위하여 청구취지와 같이 판결을 구하는 바입니다.

첨 부 서 류

1. 호적등본　　　　　　　1통
2. 주민등록표등본(원고, 피고)　각 1통

○○. ○. ○.

위 원고 ○○○
　원고 ○○○

○○가정법원 귀중

주 : 이 사례는 입양합의가 없었다는 이유로 양부모가 양자를 상대로 한 경우이다.

(3) 판결 등

(가) 청구인용 판결의 주문

입양무효는 입양이라는 법률관계의 유·무효를 소송물로 하는 것이고, 입양신고의 유·무효를 심판대상으로 하는 것이 아니므로 『원고와 피고 사이에 ○○○○. ○. ○○시장에게 한 입양신고는 무효임을 확인한다.』는 주문을 쓸 것은 아니다.

입양무효의 소를 형성의 소로 보는 경우에는 청구인용판결의 주문을 『원고와 피고 사이에 ○○○○. ○. ○. 서울 ○○구청장에게 신고하여서 한 입양은 이를 무효로 한다』는 식으로 쓰게 될 것이나, 통설은 확인의 소로 보므로 『원고와 피고 사이에 ○○○○. ○. ○. 서울 ○○구청장에게 신고하여서 한 입양은 무효임을 확인한다』는 식의 주문을 쓰게 된다. 그 밖에 구체적인 주문례는 혼인무효의 경우를 참고하면 된다.

(나) 확정판결의 효력 등

확정판결이 효력, 호적사무관장자에의 통지, 호적정정과의 관계 등은 혼인무효의 소에서와 같다.

바. 파양무효의 판결에 의한 호적정정

(1) 개설

파양 무효는 그 성립요건의 하자로 인하여 효력을 발생하지 못하는 것을 말한다. 민법에는 파양의 취소에 관하여 혼인취소에 관한 규정을 준용할 뿐 파양의 무효에 관하여는 아무런 규정도 두고 있지 않다. 파양에는 협의상 파양과 재판상 파양이 있고, 재판상 파양은 성질상 재심에 의하지 아니하고는 그 효력을 다툴 수 없다.

이에 비하여, 협의상 파양은 양친자가 파양, 즉 양친자관계를 해소한다는 합의를 하여 양친자 쌍방과 성년자인 증인 2인의 연서한 서면으로 호적법에 정한 바에 의하여 신고하고, 호적공무원이 그 신고를 심사하여 수리함으로써 효력이 생기고, 그 합의에는 양자가 미성년자이거나 금치산자일 때에는 적법한 권한있는 자가 대락(代諾)하거나 동의하여야 하는데, 이와같은 요건을 구비하지 못한 것 중 파양의 합의가 사기·강박으로 인한 것인 때에는 파양취소의 사유로 되므로 결국 파양합의·신고의 결여·대락·동의 요건이 구비되지 않은 것 등이 파양무효의 사유로 된다고 할 수 있다.

파양무효의 소는 확인소송설이 통설이다.

(2) 소의 제기

(가) 당사자

▶ 원고적격

당사자, 법정대리인 또는 4촌 이내의 친족은 언제든지 파양무효의 소를 제기할 수 있다. 파양무효의 소를 확인의 소로 보는 이상, 그 밖의 자라도 확인의 이익이 있음을 주장하여 소를 제기할 수 있다고 보아야 할 것이다.

▶ 피고적격

양친자 중 일방이 소를 제기할 때에는 타방을 상대방으로 하고, 제3자가 소를 제기할 때에는 양친자 쌍방을 상대방으로 하되, 그 중 일방이 사망한 때에는 생존자를 상대방으로 한다. 상대방으로 될 자가 모두 사망한 때에는 검사를 상대방으로 한다

(나) 관할

▶ 토지관할

파양무효의 소는 양부모 중 1인의 보통재판적 소재지의 가정법원, 양부모가 모두 사망한 때에는 그 중 1인의 최후 주소지의 가정법원의 토지관할에 전속한다.

○ 사물관할

가정법원 단독판사의 사물관할에 속한다.

(다) 비용

가사소송수수료규칙 제2조 제1항의 규정에 의한 수수료(인지) 20,000원과
소정의 송달료를 납부하여야 한다.

(라) 소장(파양무효의 소)

소 장

    원고(양부) ㅇㅇㅇ(ㅇㅇㅇ)
        ㅇㅇ 년 ㅇ월 ㅇ일생
        본 적 ㅇ시 ㅇ구 ㅇ동 ㅇ번지
        주 소 ㅇ시 ㅇ구 ㅇ동 ㅇ번지
    피 고(양자) ㅇㅇㅇ(ㅇㅇㅇ)
        ㅇㅇ 년 ㅇ월 ㅇ일생
        본 적 ㅇ시 ㅇ구 ㅇ동 ㅇ번지
        주 소 ㅇ시 ㅇ구 ㅇ동 ㅇ번지
    피 고(양자) ㅇㅇㅇ(ㅇㅇㅇ)
        ㅇㅇ 년 ㅇ월 ㅇ일생
        본 적 ㅇ시 ㅇ구 ㅇ동 ㅇ번지
        주 소 ㅇ시 ㅇ구 ㅇ동 ㅇ번지

청 구 취 지

1. 원고와 피고 ㅇㅇㅇ, 동 ㅇㅇㅇ 사이에 ㅇㅇ년 ㅇ월 ㅇ일 서울특별시 ㅇㅇ구청장에
게 신고하여 한 파양은 무효임을 확인한다.
2. 소송비용은 피고들의 부담으로 한다.
라는 판결을 구함

청 구 원 인

1. 원고는 피고들의 양부모이며, 원고의 처 소외 ㅇㅇㅇ(ㅇㅇㅇ)는 피고들의 모입니다.
2. 위 ㅇㅇㅇ는 ㅇㅇㅇㅇ년 ㅇㅇ월 ㅇㅇ일 소외 ㅇㅇㅇ(ㅇㅇㅇ)과 혼인하여 동거 중 그들
   사이에 피고들을 순차로 출산한 뒤 위 소외 ㅇㅇㅇ은 ㅇㅇㅇㅇ년 ㅇ월 ㅇ일 사망하였
   습니다.
   위 ㅇㅇㅇ는 남편의 사망 후 서울 ㅇㅇ구 ㅇㅇ동 소재 ㅇㅇ슈퍼마켓에서 경리담당직
   원으로 근무하였고 그 때 그 회사의 영업담당 지배인이었던 원고와 시귀게 되었습니
   다. 그러던 중 서로 뜻이 맞아 결혼얘기까지 나오게 되어 자연히 피고들의 양육문제를

협의하게 되었고 원고는 피고들을 입양하여 양육하기로 하였던 것입니다.

그리하여 ○○○년 ○월 ○일 피고들을 원고의 양자로 입양시키고 같은 달 ○에 원고와 위 ○○○는 혼인하였습니다.

3. 원고는 결혼한 해 ○월 ○일 미국으로 이민을 떠났고, 그 뒤를 이어 위 ○○○는 피고들과 함께 미국으로 출국하게 되어 있었습니다만 그들의 이민 전에 피고들의 백부인 소외 ○○○(○○○)가 위 입양을 탓함으로써 위 ○○○는 피고들의 친권자의 자격으로 파양의 대락자가 됨과 동시에 원고의 인장을 무단 사용하여 같은 해 6월 3일 위 본적지 구청장에게 협의파양신고를 하였던 것입니다.

4. 따라서 이 파양은 양부인 원고의 의사와는 전혀 관계없이 신고된 것으로서 무효인 파양이므로 이를 확인하기 위하여 본 소에 이른 것입니다.

첨 부 서 류

1. 호적등본(원고, 피고)   각 1통
2. 주민등록표등본(원고, 피고)   각 1통
3. 파양신고소 사본   1통
4. 출국입국사실증명서(원고)   1통

○ ○. ○. ○.

위 원고 ○ ○ ○

○○가정법원 귀중

(3) 판결 등

(가) 청구인용판결의 주문

파양무효의 소를 확인의 소로 보는 이상 그 주문은 『원고들과 피고 사이에 ○○○○. ○. ○. 서울 ○○구청장에게 신고하여 한 파양은 무효임을 확인한다.』는 형태가 될 것이다. 그 밖의 구체적인 주문례는 혼인무효의 경우를 참고하면 된다.

(나) 확정판결의 효력, 호적사무관장자에의 통지 등도 혼인무효의 소에서의 그것에 준한다.

사. 호주승계무효의 판결에 의한 호적정정

(1) 개설

호주승계의 무효는 호주승계 개시의 원인없이 호주승계인으로 되어 있는 이른바 참칭호주승계가 된 것을 진정한 호주승계인으로 하여금 그 지위를 회복하는 것을 말한다.

여기에서 ① 호적기재의 외형상 호주승계의 순위가 잘못 기재되거나 호적 공무원의 판단착오 등으로 후순위자가 호주승계한 것으로 되거나 위조문서 등에 의하여 호주승계를 할 수 없는 자가 호주승계한 것으로 되거나 또는 이중호적에 의하여 승계권자가 아닌 자가 호주승계인으로 호적기재되는 등, 진정한 신분관계와 다른 호적기재가 이루어져 있는 경우, ② 호주승계신고 당시에는 잘못이 없었으나 사후에 혼인외의 자가 인지되어 승계권자로 되거나 승계권자인 장남에 대한 실종선고가 취소되는 등, 소급적으로 호적기재가 진정한 신분관계와 부합하지 않게 된 경우에는, 강한 추정력을 가지는 호적기재에 의하여 진정호주승계인의 호주승계권이 침해되는 결과에 이르므로 이러한 것들이 모두 호주승계의 무효·회복의 사유로 된다.

판례(대법원 1989. 9. 26. 선고 87므13 판결)는, 호주 그 가운데에서 진정한 상속인이 참칭상속인을 상대로 호주상속권의 존부에 관한 분쟁해결수단으로 마련된 것이 호주상속회복의 소라고 하여 호주상속회복의 소와 그 무효의 소를 구별하고 있다.

호적법은 호주승계회복의 판결이 확정된 경우에는 호주승계회복 신고를 하도록 규정하고 있으나 호주승계무효확인의 판결이 확정된 경우에 관하여는 아무런 규정이 없다. 따라서 호주승계무효확인판결이 확정된 경우에는 호적정정 신청에 의하여 호적을 정리하여야 한다.

(2) 판결절차

(가) 당사자

◉ 원고적격

호주승계무효의 소는 피승계인의 배우자 및 8촌 이내의 혈족이 제기할 수
있다.

◉ 피고적격

상대방은 언제나 참칭호주승계인, 즉 현재 호적에 호주승계인으로 기재되
어 있는 자이다. 참칭호주승계인이 사망한 때에는 검사를 상대방으로 한다.

(나) 관할

◉ 토지관할

호수승계무효의 소는 피승계인의 보통재판적 소재지 가정법원, 피승계인
이 사망한 때에는 그 최후 주소지의 가정법원의 관할에 전속한다. 피승계인
의 보통재판적은 단순히 현재의 주소지로 해석할 여지가 있으나 피승계인이
사망한 때와의 균형상 호주승계개시의 보통재판적을 의미하는 것으로 보아
야 할 것이다.

◉ 사물관할

호주승계무효의 소는 단독판사의 사물관할에 속한다.

(다) 비용

가사소송수수료규칙 제2조 및 제5조의 규정에 의한 수수료(인지) 20,000
원과 소정의 송달료를 납부하여야 한다.

(라) 소장(호주승계무효의 소)

호주승계회복신고편에 수록된 호주승계무효 및 회복의 소장을 참고하기
바란다.

(3) 판결 등

(가) 청구인용판결의 주문

호주승계무효의 소를 형성의 소로 보는 경우에는 『피고가 본적 서울 ○○ 구 ○○동 ○○, 호주 망 ○○○에 대하여 한 호주승계는 무효로 한다.』는 주문을 쓰게 되고, 확인의 소로 보는 경우에는 『피고가 본적 ○○ 구 ○○동 ○○, 호주 망 ○○○에 대하여 한 호주승계는 무효임을 확인한다.』는 모습이 될 것이다.

(나) 확정판결의 효력

① 호주승계의 무효 또는 회복의 청구를 인용한 확정판결은 제3자에게도 효력이 있고, 그 청구를 기각한 판결이 확정된 때에는 다른 제소권자는 사실심의 변론종결 전에 참가할 수 없었음에 대하여 정당한 사유가 있지 아니하는 한 다시 소를 제기할 수 없다.

② 호주승계무효의 소와 호주승계회복의 소는 별개의 소이므로 피승계인의 배우자 또는 8촌 이내의 혈족이 호주승계무효의 소를 제기하였다가 패소확정판결을 받았더라도 진정호주승계인이 호주승계회복의 소를 제기하는 것은 재소금지(再訴禁止)의 제한을 받지 아니하고, 반대로 진정한 승계권자가 호주상속회복의 소를 제기하였다가 패소확정판결을 받더라도 피승계인의 배우자 또는 8촌 이내의 혈족이 호주승계무효의 소를 제기하는 것 역시 영향을 받지 아니한다.

(다) 호적사무관장자에의 통지

호주승계무효의 청구를 인용한 판결이 확정된 때에는 가정법원의 법원사무관 등은 지체없이 피승계인의 호적사무를 관장하는 자에게 그 뜻을 통지하여야 한다

소를 제기한 자는 재판의 확정일로부터 1월 이내에 재판의 등본 및 확정증명서를 첨부하여 호적사무관장자에게 신고하여야 한다. 당사자(소 제기

자)의 신고가 없는 때에는 호적사무를 관장하는 자가 그 신고를 최고한 후 직권으로 호적기재를 정정할 수 있다.

아. 이혼취소의 판결에 의한 호적정정

(1) 개설

이혼의 취소는 협의상 이혼의 성립과정에 하자가 있는 경우에 그 이혼의 효력을 소급하여 소멸시키는 것을 말한다. 이혼취소의 사유는 사기 또는 강박으로 인하여 이혼의 의사표시를 한 때 뿐이다. 그 밖의 협의이혼 성립요건상의 하자는 경우에 따라 이혼무효의 사유로 될 수 있을 뿐 이혼취소의 사유로는 되지 않는다. 금치산자가 이혼함에는 부모나 후견인 등의 동의를 얻어야 하는바, 그 동의없는 이혼의 취급에 관하여는 이혼무효의 사유가 된다는 견해와 이혼무효는 물론 이혼취소의 사유로도 되지 않는다는 견해가 대립되어 있다.

이혼의 취소는 가정법원에 청구하여서만, 즉 소에 의하여서만 주장할 수 있는 것으로서 형성의 소이다. 이혼의 취소는 혼인의 취소와는 달리, 그 소급효를 제한하는 규정은 없으므로 이혼취소의 판결이 확정되면 이혼은 당초부터 그 효력이 없었던 것으로 된다.

(2) 판결절차

(가) 당사자

➲ 원고

사기 또는 강박으로 인하여 이혼의 의사표시를 한 당사자가 원고적격자이고 이 밖의 제3자는 이혼취소의 소를 제기할 수 없다.

➲ 피고

이혼의 타방 당사자가 피고적격을 가진다. 다만, 상대방으로 될 자가 사망한 때에는 검사가 상대방으로 된다.

(나) 관할

● 토지관할

이혼취소의 소는 당사자적격이 이혼 당사자 및 검사에 한정되므로 22조의 규정은 제한적으로만 적용된다. 즉, ① 부부가 같은 가정법원의 관할구역 내에 보통재판적이 있을 때에는 그 가정법원이, ② 부부가 최후의 공통의 주소지를 가졌던 가정법원의 관할구역 내에 부부 중 일방의 보통재판적이 있을 때에는 그 가정법원이 ③ 위의 각 경우에 해당하지 아니하는 때에는 상대방의 보통재판적 소재지의 가정법원이, ④ 부부의 일방이 사망한 경우에는 생존한 타방의 보통재판적 소재지의 가정법원이, 각각 관할법원으로 되고, 그 관할은 전속관할이다.

● 사물관할

이혼취소의 소는 가정법원 합의부의 사물관할에 속한다.

(다) 조정전치, 제척기간

● 조정전치

이혼취소의 소는 조정전치주의의 적용을 받는다. 그러나 이혼취소의 소의 소송물에 관하여서도 당사자의 임의처분이 허용되지 않는다고 해석되므로 조정은 혼인취소에서와 마찬가지로 소송물 그 자체에 관한 것이 아니라 예컨대, 당사자가 소를 취하하여 이혼의 효력을 유지하기로 한다거나 반대로 이미 이혼이 유효하게 성립된 것을 전제로 당사자가 새로이 혼인신고를 하여 혼인관계를 회복하도록 하는 것과 같이, 간접적이고 우회적인 조정이어야 한다.

● 제척기간

당사자가 사기를 안 날 또는 강박을 면한 날로부터 3월을 경과한 때에는 이혼취소청구권은 소멸한다. 이는 제척기간이다.

(라) 비용

가사소송수수료규칙 제2조 제1항의 규정에 의한 수수료(인지) 20,000원과 소정의 송달료를 납부하여야 한다.

(마) 소장(이혼취소의 소)

소　　장

원고 ㅇㅇㅇ(ㅇㅇㅇ)
　ㅇㅇ년 ㅇ월 ㅇ일생
　본적 ㅇ시 ㅇ구 ㅇ동 ㅇ번지
　주소 ㅇ시 ㅇ구 ㅇ동 ㅇ번지
피고 ㅇㅇㅇ(ㅇㅇㅇ)
　ㅇㅇ년 ㅇ월 ㅇ일생
　본적 ㅇ시 ㅇ구 ㅇ동 ㅇ번지
　주소 ㅇ시 ㅇ구 ㅇ동 ㅇ번지

청 구 취 지

1. 원고와 피고 사이에 ㅇㅇ년 ㅇ월 ㅇ일 서울특별시 ㅇㅇ구청장에게 신고하여 한 이혼은 이를 취소한다.
2. 소송비용은 피고의 부담으로 한다.
라는 판결을 구함.

청 구 원 인

1. 원고와 피고는 ㅇㅇ년 ㅇ월 ㅇ일 혼인한 부부로서 슬하에 1남 1녀를 두고 경제적으로 비록 넉넉하지 못하였으나 화목한 가정생활을 하여 왔습니다.

2. 원고는 집안살림에 보태고자 ㅇㅇ년 ㅇ월경부터 직물장사를 하였으나 경험부족으로 실패하여 그로 인한 빚이 약 6천만원에 달하여 많은 채권자들로부터 그 빚독촉에 몹시 시달리게 되었습니다.

3. 피고는 이와 같은 심한 성화를 면하기 위하여서 일시적이나마 가장이혼을 하였다가 사태를 수습한 뒤 다시 혼인신고를 하면 된다고 원고를 꾀여 원고는 그 말을 믿고 ㅇㅇ년 ㅇ월 ㅇ일 관할법원에 원고와 피고가 같이 출두하여 협의이혼의사확인을 받고 같은 달 ㅇ일에 본적지 구청에 이혼신고를 한 것입니다.

4. 그런데 피고는 그 후 위 채무관계가 전부 정리되었음에도 불구하고 혼인신고를 미루고 있기에 원고가 수 차례 걸쳐 혼인신고를 할 것을 독촉한 바 있으나 끝내 이를 거절하고 말았습니다. 이에 원고는 이를 수상이 여긴 나머지 조사하여 본 결과 피고는 이혼 전에 이미 다른 여자와 사귀고 있었으며 원고와 이혼한 것도 그 여자와 혼인할 의사로서 원고를 기망하였던 것입니다.

5. 위와 같이 피고의 사기행위로 인하여 협의이혼신고한 것은 민법 제838조에 의하여 취소사유에 해당되므로 청구취지와 같이 판결을 구하는 바입니다.

```
                        첨 부 서 류
 1. 호적등본(원고, 피고)          각 1통
 2. 주민등록표등본(원고, 피고)      각 1통

                        ○○. ○. ○.

                       위 원고 ○○○

○○가정법원 귀중
```

(3) 판결, 통지

(가) 청구인용판결의 주문

이혼취소의 소는 형성의 소이므로 『원고와 피고 사이에 ○○○○. ○. ○. 서울 ○○구청장에게 신고하여 한 이혼은 이를 취소한다.』는 식의 주문을 쓴다.

(나) 확정판결의 효력

이혼취소의 청구를 인용한 확정판결은 제3자에게도 효력이 있다. 그 청구를 기각한 판결은 이혼취소의 소에 다른 제소권자가 있을 수 없으므로 그 확정과 동시에 대세적 효력을 가지는 결과로 된다.

(다) 호적사무관장자에의 통지

이혼취소의 청구를 인용한 판결이 확정된 때에는 가정법원의 법원사무관 등은 지체없이 이혼이 취소된 부부의 본적지의 호적사무를 관장하는 자에게 그 뜻을 통지하여야 한다. 판결확정에 따른 호적기재에 관하여는 특별한 규정이 없으나 혼인취소의 경우에 준하여 취급하여야 할 것이다.

자. 부(父)의 결정 판결에 의한 호적정정

(1) 개설

부(父)의 결정의 소는 이중의 친생추정을 받는 자에 관하여 부의 결정을 구하는 소이다.

여자가 재혼하려면 원칙으로 혼인관계의 종료한 날로부터 6월을 경과하여야 한다. 이에 위반하여 재혼하고 전혼의 종료한 날로부터 300일 이내, 재혼한 날로부터 200일 후에 출산한 경우에 그의 자는 민법 제844조의 규정에 의하여 모의 전남편의 자(子)로 추정됨과 동시에 후부(後夫)의 자(子)로도 추정된다. 이러한 경우에 가정법원의 판결에 의하여 자(子)의 부(父)를 정함을 목적으로 하는 소이다.

이 부(父)결정의 소의 성질에 관하여 자가 전남편과 후혼부중 어느 쪽의 친생자인지를 판단하여 확정하여야 하는 것이어서 확인의 소라는 견해도 없지 않으나 부의 결정에 있어서는 전남편과 후혼부 중 누가 친생부인지에 관하여 확신을 얻지 못하였더라도 그 청구를 기각할 수는 없고 어느 정도의 재량이 포함된 판단에 의하여 어느 쪽인가를 친생부로 결정하여야 하는 것이고 그 판결의 확정에 의하여 비로소 법률상의 친생자 관계가 소급적으로 형성되는 것이므로 통설은 비송적 성질을 가진 형성의 소로 본다.

(2) 판결절차

(가) 당사자

◐ 원고

부를 정하는 소는 자(子), 모(母), 모의 배우자 또는 모의 전배우자가 이를 제기할 수 있다. 전배우자는 친생 추정을 받는 전혼의 배우자를 가리킨다. 모의 재혼금지 기간 중에 여러번 재혼을 하였다면 전배우자가 복수일수도 있다.

피고

누가 원고인가에 따라 피고적격자가 달라진다.

① 자(子)가 소를 제기하는 경우에는 모(母), 모의 배우자 및 모의 전배우자

② 모(母)가 소를 제기하는 경우에는 배우자 및 전배우자

③ 모의 배우자가 소를 제기하는 경우에는 모 및 그 전배우자

④ 모의 전배우자가 소를 제기하는 경우에는 모 및 그 배우자가 각각 피고적격자이다.

⑤ 상대방으로 될 자 중에 사망한 자가 있을 때에는 생존자를 상대방으로 하고 생존자가 없을 때에는 검사를 상대방으로 한다.

(3) 사건본인

자(子)는 원고적격을 가질 뿐 피고적격은 없으므로 자 이외의 사람이 소를 제기할 때에는 그 판결에 자가 원 · 피고의 어느 쪽의 당사자로도 표시되지 않음이 원칙이나 그 판결은 자의 신분관계에 중대한 영향을 미치는 것이므로 가사비송사건에 준하여 자를 판결의 당사자 표시란의 맨마지막 부분에 사건본인으로 표시함이 바람직하다고 한다.

(나) 관할

토지관할

부(父)를 정하는 소는 자(子)의 보통재판적 소재지 가정법원의, 자(子)가 사망한 때에는 그 최후 주소지의 가정법원의 전속 관할에 속한다.

사물관할

부(父)를 정하는 소는 가정법원의 합의부의 사물관할에 속한다.

(다) 조정전치

부를 정하는 소는 조정전치주의의 적용을 받는다. 그러나 부를 정하는 소의 소송물에 관하여는 당사자의 임의처분이 허용되지 않으므로 조정은 당사

자의 주변환경의 조정에 집중하게 된다.

(라) 비용

가사소송수수료규칙 제2조 제1항의 규정에 의한 수수료(인지) 20,000원과 소정의 송달료를 납부하여야 한다.

(3) 부(父)의 결정방법

(가) 혈액형 등의 수검명령

가정법원은 부(父)를 정하는 소의 심리를 함에 있어 당사자 또는 관계인 사이의 혈족관계의 존부에 관하여 다른 증거조사에 의하여 심증을 얻지 못한 때에는 검사를 받을 자와 건강과 인격의 존엄을 해하지 아니하는 범위 내에서 당사자 또는 관계인에게 혈액채취에 의한 혈액형의 검사 등 유전인자의 검사, 기타 상당하다고 인정되는 방법에 의한 검사를 받을 것을 명할 수 있다.

(나) 종국적 판단

혈액형 등의 수검명령을 통한 과학적인 검사에 의하여서도 모의 배우자와 전배우자 중 누가 자의 친생부(親生父)인지를 판단할 수 없고 그렇다고 둘 다 친생부가 아니라고 판단할 수도 없는 경우에는 가정법원이 모든 사정을 고려하여 재량에 의하여 가장 합당하다고 인정되는 자를 부로 결정하여야 한다.

(4) 판결, 통지

(가) 확정판결의 효력

부(父)의 결정의 청구를 인용한 확정판결은 제3자에게도 효력이 있다. 따라서 부를 정한 판결이 확정되면 그 자는 친생자로 확정되어 어느 누구도 그 지위를 다툴 수 없게 되는 결과 설령 3중으로 친생추정을 받는 경우인데도 이를 간과한 채 그 중의 친생추정만이 있는 것으로 보아 모(母)와 2명의 배우자 사이의 판결에 의하여 부(父)가 결정되었더라도 다른 또 한사람의 배우자로서는 다시 부의 결정을 청구할 수 없게 된다.

부(父)를 정한 판결이 확정되면 친생부인의 소를 제기할 수도 없다고 할 것이다.

(나) 호적사무관장자에의 통지

부(父)를 정하는 판결이 확정된 때에는 가정법원의 법원사무관 등은 지체 없이 본적지의 호적사무를 관장하는 자에게 그 뜻을 통지하여야 한다. 본적지는 자(子)의 본적지를 말한다.

확정판결을 받은 당사자는 호적정정의 절차에 의하여 호적 기재를 바로잡게 된다.

차. 친생부인의 판결에 의한 호적정정

(1) 개설

친생부인의 소는 혼인 중의 자(子)로 추정받는 자가 부(夫)의 친생자임을 부인하는 재판이다.

처가 혼인 중에 포태한 자는 부(夫)의 자(子)로 추정되고 혼인이 성립한 날로부터 200일 이후 출생한 자는 혼인 중에 포태한 것으로 추정되지만 300일 이내에 출생한 자(子)는 혼인 중에 포태한 것으로 추정되지만 부(夫)는 그의 자(子)가 친생자임을 부인할 수 있고 이 부인권은 소(訴)에 의하여서만 행사할 수 있다.

친생부인의 소의 성질에 관하여는, 친생추정은 어디까지나 추정일 뿐이고 실질적인 부자관계가 없으면 법률상의 부자관계도 없으므로 친생부인의 소는 그 확인을 구하는 것이고, 다만 가정평화와 신분관계의 안정을 위하여 청구권자와 청구기간을 제한하여 그 기간을 도과하면 실제로는 존재하지 않는 부자관계도 법률상으로는 존재하는 것으로 확정되는 것이라는 확인소송설과 친생추정에 의하여 자(子)는 포태와 동시에 부(夫)와의 법률상의 부자관계가 성립하고 친생부인의 확정판결에 의하여 그 부자관계가 소급적으로 소멸되는 효과가 발생하는 것이라는 형성소송설이 있다. 형성소송설이 통설이다.

(2) 판결절차

(가) 당사자

원고

친생추정의 효과를 받는 부(夫)만이 원고적격을 가진다. 다만, 부가 금치산자인 때에는 그 후견인이, 부가 유언으로 친생부인의 의사표시를 한 때에는 유언집행자가, 부가 자의 출생 전 또는 제척기간 경과 전에 사망한 때에는 부의 직계존속이나 직계비속이 각각 제소할 수 있다.

부가 금치산자인 경우의 후견인은 피후견인인 부의 법정대리인의 자격으로, 즉, 부의 이름으로 소를 제기하는 것이 아니라 후견인이라는 자격에서 스스로의 이름으로 소를 제기하는 것이다. 다만, 이 경우 후견인이 소를 제기함에 있어서는 친족회의 동의가 있어야 한다. 모자관계에는 친생추정이 적용되지 아니하므로 모(母)는 원고적격을 가지지 못한다.

피고

① 친생부인의 소의 상대방은 자(子) 또는 그 친권자인 모(母)이고, 친권자인 모가 없는 때에는 법원이 특별대리인을 선임하여야 한다.

상대방으로 될 수 있는 모(母)는 "친권자인 모"이므로 예컨대, 부(父)가 자(子)의 출생을 그 자가 성년에 달한 후에야 안 때에는 모는 친권자의 지위를 상실하여 상대방으로 될 수 없고, 자만이 상대방으로 될 수 있다.

② 자가 사망한 때에는 친생부인의 소를 제기할 수 없음이 원칙이다. 그러나 그 자에게 직계비속이 있는 때에는 그 모(母)를 상대로, 모가 없으면

검사(檢事)를 상대로 친생부인의 소를 제기할 수 있다. 이 경우의 모(母)는 자(子)의 친권자일 필요가 없다.

(나) 관할

○ 토지관할

친생부인의 소는 자의 보통재판적 소재지 가정법원의, 자가 사망한 때에는 그 최후 주소지의 가정법원의 전속관할에 속한다.

○ 사물관할

친생부인의 소는 가정법원 합의부의 사물관할에 속한다.

(다) 조정전치, 제척기간

○ 조정전치

친생부인의 소는 조정전치의 적용을 받는다. 그러나 친생부인의 소의 소송물은 당사자의 임의처분이 허용되지 아니하므로 조정은 인간관계의 조정을 중심으로 한 간접적이고 우회적인 것이어야 한다. 다만, 친생의 승인은 전적으로 부(夫)의 자유의사에 맡겨져 있으므로 부가 자의 친생을 승인한다는 조정을 하는 것은 무방하고, 그 내용이 조정조서에 기재되면 자가 부의 친생자로 확정된다.

○ 제척기간

① 부(夫)가 소를 제기하는 경우에는 자의 출생을 안 날로부터 1년 내에 제기하여야 한다. 이는 제척기간이다.

② 사망한 자(子)에게 직계비속이 있는 경우에 부가 친생부인의 소를 제기하는 때(민 849조), 유언에 의한 친생부인(민 850조) 및 금치산자인 부(夫)에 갈음하여 후견인이 소를 제기하는 경우에도 언제나 부가 자의 출생을 한 날부터 제척기간이 진행된다고 보아야 할 것이다. 다만, 부가 금치산자인 경우에 후견인의 제소권이 제척기간의 경과로 소멸한 때에는 금치산자인 부가 그 금치산선고의 취소 있은 날부터 1년 내에 소를 제기할 수 있다.

③ 부(夫)가 자의 출생 전 또는 자의 출생을 안 날로부터 1년 내에 사망하여 부의 직계존속 또는 직계비속의 소를 제기하는 때(민 851조)에는 소를 제기하려는 자가 부의 사망사실을 안 날로부터 1년 내에 소를 제기하여야 한다. 자의 출생사실을 알았는지의 여부는 문제되지 않는다.

(라) 비용

가사소송수수료규칙 제2조 제1항 소정의 수수료(인지) 20,000원 및 소정의 송달료를 납부하여야 한다.

(마) 소장(친생부인의 소)

소　　장

원고 ○○○(○○○)
　　○○ 년 ○월 ○일생
　　본적 ○시 ○구 ○동 ○번지
　　주소 ○시 ○구 ○동 ○번지
피고 ○○○(○○○)
　　○○ 년 ○월 ○일생
　　본적 ○시 ○구 ○동 ○번지
　　주소 ○시 ○구 ○동 ○번지
위 법정대리인 친권자 모 ○○○(○○○)
　　○○ 년 ○월 ○일생
　　본적 ○시 ○구 ○동 ○번지
　　주소 ○시 ○구 ○동 ○번지

청 구 취 지

　1. 피고는 원고의 친생자임을 부인한다.
　2. 소송비용은 피고의 부담으로 한다.
라는 판결을 구함.

청 구 원 인

1. 친생의 추정
　원고는 피고의 모(母)인 ○○○과 ○○○○년 ○월 ○일에 결혼식을 거행하고 같은 달 25일에 혼인신고를 하였습니다.
　그 후 ○○○○년 ○월 ○일에 협의이혼을 한 바 있습니다. 그러나 동 ○○○은 협의이혼신고의 2개월 후인 ○월 ○일에 피고를 출산하고 같은 ○월 ○일 피고의 출생신고를

한 바, 민법 제844조 제2항의 규정에 의하여 혼인해소 후 300일 이내에 출생한 피고는 동
○○○이 혼인 중에 포태한 것으로 추정받고, 따라서 동조 제1항의 규정에 의하여 원고
의 친생자로서 추정을 받게 되므로 원고의 호적에 원고의 친생자로서 입적기재되어 있
습니다.
2. 친생자가 아닌 사실
　　그렇지만 원고와 피고의 모 ○○○과는 이혼전 약 1년 전인 ○년 ○월경부터 침실에
서 동침한 사실이 없고, 따라서 부부관계를 맺은 사실이 단 한번도 없습니다.
　　원고는 ○○○으로부터 피고를 출생한 사실과 원고의 호적에 입적된 사실을 듣고, 깜
짝 놀라 피고의 혈액형을 검사하게 하였던 바 원고의 혈액형과는 완전히 혈액형이 다르
다는 것이 판명되었습니다.
　　따라서 원고는 피고가 원고의 친생자인 것을 부인하는 판결을 구하는 바입니다.

첨 부 서 류

1. 호적등본　　　　　　　　　　1통
2. 주민등록표등본(원고, 피고)　각 1통
3. 혈액형 검사서(원고, 피고)　각 1통

○○. ○. ○.

위 원고 ○○○

○○가정법원 귀중

---

(3) 판결, 통지

(가) 청구인용 판결의 주문

　소의 성질과는 관계없이, 법조문에 "자(子)가 친생자임을 부인하는 소"라
고 되어 있고 또 친생자관계부존재확인의 판결과 구별할 필요도 있다는 점
에서 실무상 『피고(또는 사건본인)는 원고의 친생자임을 부인한다.』고 쓰는
것이 일반적이다.

(나) 확정판결의 효력

　친생부인의 청구를 인용한 확정판결은 제3자에게도 효력이 있다. 따라서
그 확정판결에 의하여 자(子)는 부(夫)의 친생자가 아닌 것으로 대세적으로
확정된다. 다만, 부(夫)는 친생부인의 소송종결 후에도 자의 친생을 승인할
수 있으므로 친생부인의 청구인용판결이 확정된 후 부가 자의 친생을 승인한

때에는 그 승인이 사기 또는 강박으로 인한 것으로서 취소되지 않는 한 확정판결의 효력은 없어지게 되어 자(子)가 부(夫)의 친생자로 확정된다. 친생부인의 청구를 인용한 판결이 확정되면 부(夫)와의 부자관계가 소멸되므로 그 생부가 인지하는 등에 의하여 새로운 부자관계를 형성할 수 있게 된다.

(다) 호적사무관장자에의 통지

친생부인의 청구를 인용한 판결이 확정된 때에는 가정법원의 법원사무관 등 지체없이 그 뜻을 본적지의 호적사무를 관장하는 자에게 통지하여야 한다.

친생부인의 소를 제기한 자는 호적정정의 절차에 의하여 자(子)를 혼인외의 자로서 자신의 호적에서 제적하고, 자는 모가에 입적하거나 일가를 창립하게 된다.

카. 인지취소의 판결에 의한 호적정정

(1) 개설

인지취소의 소는 임의인지가 사기, 강박 또는 중대한 착오로 인한 것임을 이유로 이를 취소하는 것을 말한다.

인지란 혼인외 출생자를 부(父) 또는 모가 자기의 자라고 인정하는 행위이다. 인지에는 부 또는 모가 자기의 자로 인정하여 호적법에 정한 바에 따라 신고하는 임의인지와 이러한 인지를 하지 않을 경우 판결에 의하여 인지의 효과가 발생하는 강제인지가 있으며 인지의 취소는 임의인지의 취소의 경우에 한한다.

인지의 취소는 임의로 할 수 없고 사기, 강박 또는 중대한 착오로 인한 때에 한하여 법원의 판결(조정 포함)에 의해서만 취소할 수 있다.

인지의 취소는 "법원의 허가를 얻어" 하도록 규정되어 있어 비송사건으로 처리되는 것으로 오해할 여지가 있으나, 가사소송법은 인지의 취소를 가사소송사건으로 규정하고 있다. 인지의 취소는 그 확정판결에 의하여 인지의 효력을 소급적으로 소멸시키는 것으로서 형성의 소이다.

(2) 판결절차

(가) 당사자

◑ 원고

인지의 의사표시를 한 인지자만이 원고적격을 가진다.

◑ 피고

상대방은 피인지자이다. 피인지자가 사망한 때에는 검사를 상대방으로 한다.

(나) 관할

◑ 토지관할

인지취소의 소는 자(子), 즉 피인지자의 보통재판적 소재지 가정법원의, 자(子)가 사망한 때에는 그 최후 주소지의 가정법원의 토지관할에 전속한다.

◑ 사물관할

가정법원의 합의부의 사물관할에 속한다.

(다) 조정전치, 제척기간

◑ 조정전치

인지취소의 소에는 조정전치주의가 적용된다. 상대방이 인지취소의 청구를 인낙하는 것은 허용되지 않지만, 인지자, 즉 취소권자가 그 취소권을 포기하는 것은 무방하다고 할 것이다.

◑ 제척기간

인지의 취소는 사기나 착오를 안 날 또는 강박을 면한 날로부터 6월 내에 하여야 한다(민 861조). 이는 제척기간이다. 그러나 인지취소의 제척기간이 경과한 경우에도 그 인지에 무효사유가 있은 경우에는 인지자 스스로 인지무효의 소를 제기할 수 있다.

(라) 비용

가사소송수수료규칙 제2조 제1항의 규정에 의한 수수료(인지) 20,000원과 소정의 송달료를 납부하여야 한다.

(마) 소장(인지취소의 소)

소 장

> 원고 ○○○(○○○)
>   ○○년 ○월 ○일생
>   본 적 ○시 ○구 ○동 ○번지
>   주 소 ○시 ○구 ○동 ○번지
> 피고 박순자(朴順子)
>   ○○년 ○월 ○일생
>   본 적 ○시 ○구 ○동 ○번지
>   주 소 ○시 ○구 ○동 ○번지
> 위 법정대리인 친권자 모 이화자(○○○)
>   본 적 ○시 ○구 ○동 ○번지
>   주 소 ○시 ○구 ○동 ○번지

청 구 취 지

1. 원고가 피고에 대하여 ○○년 ○월 ○일 서울특별시 ○○구청장에게 신고하여 한 인지는 이를 취소한다.
2. 소송비용은 피고의 부담으로 한다.
라는 판결을 구함.

청 구 원 인

1. 원고는 ○○○○년 ○월 ○일 소외 ○○○(○○○)와 혼인한 법률상 처가 있는 공무원 신분인 자입니다. 원고는 ○○○○년 ○월 ○일부터 ○○○○년 ○월 ○일까지 ○○시 ○○세무서에 단신 부임하여 근무한 적이 있었습니다.

그 당시 피고의 모인 이화자는 같은 시 소재 월드컵이라는 룸싸롱에서 호스테스로 근무하고 있으면서 원고와 자주 만나게 되었고 원고가 강릉에서 근무하는 동안 친숙한 사이가 되어 때때로 동침한 사실도 있었습니다.

그러던 중 원고는 다시 ○○지방국세청으로 ○○○○년 ○월 ○일자로 전보되어서 강롱시에 있었던 일은 잊어버린 채 원만한 가정생활을 꾸려가면서 직장생활에 몰두하고 있었습니다.

그런데 느닷없이 ○○○○년 ○월 ○일 위 ○○○가 사무실로 찾아와서 피고를 ○○○○년월 ○일에 출산하였으니 원고의 호적에 친생자로 입적하여 달라고 요구를 하여 왔던 것입니다.

원고는 피고가 친생자라는 확증도 없으니 입적시킬 수 없다고 완강히 거부하였습니다만 그녀는 불륜관계를 사정기관과 상사에게 알려 파면조치하도록 하겠다고 수차례 걸쳐 협박하므로 피고가 친생자인지 여부를 밝힐 여유도 없이 인지신고를 하였던 것입니다.

위 이화자는 그 후 계속하여 자녀양육비 등의 명목으로 원고에게 돈을 요구하고 있습니다.

그러나 원고는 원고의 친생자인지 여부도 확실하지 아니한 피고를 피고의 모인 이화자의 위와 같은 협박에 못이겨 피고를 인지한 것이므로 이는 민법 제861조의 규정에 의한 인지취소의 사유에 해당되므로 청구취지와 같은 판결을 구하는 바입니다.

첨 부 서 류

1. 호적등본   1통
2. 주민등록표등본(원고, 피고)   각 1통

○○. ○. ○.

위 원고 ○○○

○○가정법원 귀중

(3) 판결, 통지

(가) 청구인용 판결의 주문

일반적인 형성의 소에서와 같이, 『원고가 피고에 대하여 19 . . . 서울 종로구청장에게 신고하여 한 인지는 이를 취소한다.』라는 주문을 쓴다.

(나) 확정판결의 효력

인지취소의 청구를 인용한 확정판결은 제3자에게도 효력이 있다. 인지취소의 소에는 다른 제소권자가 없으므로 그 청구를 기각한 확정판결에도 대세효가 인정되는 셈이다.

(다) 호적사무관장자에의 통지

인지취소의 청구를 인용한 판결이 확정되면 가정법원의 법원사무관 등은 지체없이 그 뜻을 본적지의 호적사무를 관장하는 자에게 통지하여야 한다.

소를 제기한 자는 호적정정의 절차에 의하여 호적 기재를 바로 잡게 된다.

타. 인지에 대한 이의(異議)의 판결에 의한 호적정정

(1) 개설

인지에 대한 이의는 인지자 이외의 자 기타의 이해관계인이 인지자와 피인지자 사이에 친생자관계가 존재하지 아니하는 등의 실체상의 하자를 이유로 인지자가 한 인지의 효력을 다투는 것을 말한다. 재판상 인지(강제인지)에 대하여는 재심에 의하지 아니하는 한 불복방법이 없으므로 인지에 대한 이의는 임의인지를 대상으로 한다.

인지이의의 사유에 대하여는 아무런 규정이 없으나, 임의인지는 인지자의 자유의사에 맡겨져 있을 뿐 피인지자 등의 의사는 문제되지 않는 것이므로 인지가 피인지자 기타의 이해관계인의 의사에 반하는 것이라는 사유는 이의의 사유로 될 수 없고, 인지자의 인지신고가 실체관계에 부합하지 않는다는 것, 즉 인지자와 피인지자 사이에 친생자관계가 존재하지 않는다는 것(피인지자가 인지자 이외의 자의 친생자로 추정되는데도 친생부인의 소에 의하여 그 추정을 번복시키지 아니한 채 인지신고된 경우를 포함)만이 인지이의의 사유로 될 수 있을 뿐이다.

인지에 대한 이의를 그 청구권자가 다를 뿐 인지무효의 소와 다를 바 없다고 해석한다면, 그 소의 성질은 확인의 소라고 보아야 할 것이다.

(2) 판결절차

(가) 당사자

◑ 원고

인지에 대한 이의의 소를 제기할 수 있는 자는 자(子) 기타 이해관계인이다. 이해관계는 실체상의 하자 있는 인지가 이루어져 있다는 점에 대한 법률상의 이해관계를 말한다.

인지자는 인지무효의 소를 제기할 수 있을 뿐, 인지에 대한 이의의 소를 제기할 수 없다. 따라서 인지자가 제기하는 소는 인지무효의 소로 취급하여야 한다.

▶ 피고

피인지자인 자가 소를 제기할 때에는 인지자인 부(父) 또는 모(母)를 상대방으로 하고, 제3자가 소를 제기할 때에는 인지자와 피인지자를 상대방으로 하되 그 중 일방이 사망한 때에는 생존자를 상대방으로 한다. 상대방으로 될 자가 모두 사망한 때, 즉 자(子)가 소를 제기하는 경우에 인지자인 부 또는 모가 사망하였거나 제3자가 소를 제기하는 경우에 인지자와 피인지자가 모두 사망한 때에는 검사(檢事)를 상대방으로 한다.

(나) 관할

▶ 토지관할

인지에 대한 이의의 소는 상대방의 보통재판적 소재지 가정법원의 토지관할에 전속한다. 상대방이 수인일 때, 즉 제3자가 소를 제기하여 인지자와 피인지자를 공동피고로 할 때에는 그 중 1인의 보통재판적 소재지 가정법원의 토지관할에 전속하고, 인지자와 피인지자 중 1인이 사망하여 생존자를 상대방으로 할 때에는 그 상대방의 보통재판적 소재지 가정법원의 토지관할에 전속한다. 이와 같이, 인지에 대한 이의의 소는 원칙적으로 상대방의 보통재판적소재지 가정법원의 관할에 속한다는 점에서 인지무효의 소가 자(子)의 보통재판적 소재지 가정법원의 전속관할에 속하는 것과 차이가 있다.

▶ 사물관할

인지에 대한 이의의 소는 가정법원 합의부의 사물관할에 속한다. 이점에서도 가정법원 단독판사의 사물관할에 속하는 인지무효의 소와 차이가 있다.

(다) 조정전치, 제척기간

◑ 조정전치

인지에 대한 이의의 소는 조정전치의 적용을 받는다. 인지에 대한 이의의 소의 소송물은 당사자가 임의로 처분할 수 있는 성질의 것이 아니므로 조정은 환경을 비롯한 인간관계의 조정을 중심으로 한 간접적이고도 우회적인 것이어야 한다.

◑ 제척기간

인지에 대한 이의의 소는 인지의 신고 있음을 안 날로부터 1년 내에 제기하여야 한다. 또 인지자가 사망하여 검사를 상대방으로 할 때에는 그 사망을 안 날로부터 1년 내에 소를 제기하여야 한다.

(라) 비용

가사소송수수료규칙 제2조 제1항의 규정에 의한 수수료(인지) 20,000원과 소정의 송달료를 납부하여야 한다.

(마) 소장(인지에 대한 이의의 소)

소 장

원고 ○○○(○○○)
　　○○년 ○월 ○일생
　　본적 ○시 ○구 ○동 ○번지
　　주소 ○시 ○구 ○동 ○번지
피고 서울지방검찰청 검사

청 구 취 지

　1. 소외 망 ○○○(○○○(이가 ○○○○년 ○월 ○일 서울특별시 ○○구청장에게 신고하여 한 원고에 대한 인지는 무효임을 확인한다.
　2. 소송비용은 피고의 부담으로 한다.
라는 판결을 구함.

청 구 원 인

1. 출생

원고는 ○○○○년 ○월 ○일 소외 망 ○○○(○○○)의 혼인외 자(子)로 출생하여 같은 달 ○에 출생신고가 되었습니다.

2. 인지

소외 망 ○○○(본적 서울특별시 ○○구 ○○동 ○○번지)은 ○○○○년 ○월 ○일에 원고를 임의 인지하였습니다.

3. 사실에 반한 것임.

그러나 소외 ○○○의 인지는 사실에 반하는 것입니다. 소외 ○○○는 ○○○○년경부터 소외 ○○○의 동생인 ○○○(○○○, 본적 서울특별시 ○○○구 ○○동 ○번지)과 동거생활 중에 있었고 그때 원고를 포태한 것입니다.

따라서 원고의 부(父)는 ○○○이가 아니고 ○○○입니다.

그 후 ○○○는 소외 ○○○과 결혼하였습니다만 동 ○○○은 결혼 후 겨우 10일 지나서 교통사고로 사망하였던 것입니다.

왜 사실에 반하는 인지를 하였는지 준비서면으로 상세히 설명하겠습니다.

4. 인지자 ○○○ 사망

소외 ○○○은 ○○○○년 ○월 ○일 사망하였습니다. 따라서 원고는 가사소송법 제28조 및 제24조 제3항의 규정에 의하여 검사를 상대방으로 하여 본 소를 제기하는 바입니다.

첨 부 서 류

1. 호적등본   1통
2. 제적등본(소외 ○○○, ○○○)   각 1통
3. 주민등록표등본   1통

○○. ○. ○.

위 원고 ○○○

○○가정법원 귀중

(바) 혈액형 등의 수검명령

가정법원은 인지에 대한 이의의 소를 심리함에 있어 필요한 경우에는 당사자 기타 관계인에게 검사를 받을 자의 건강과 인격의 존엄을 해하지 아니하는 범위 내에서 혈액형의 검사 등 유전인자의 검사, 기타 상당하다고 인정되는 방법에 의한 검사를 받을 것을 명할 수 있다.

(3) 판결, 통지

청구인용판결의 주문·확정판결의 효력·호적사무관장자에의 통지 등은

기본적으로 인지무효의 소와 같다.

파. 파양취소의 판결에 의한 호적정정

(1) 개설

파양 취소의 소는 협의상 파양이 사기 또는 강박으로 인한 것임을 이유로 이를 취소하는 것을 말한다. 파양취소의 사유는 사기 또는 강박으로 인하여 파양의 의사표시를 한 때에 한정된다.

파양 취소는 법원에 청구하여서만, 즉 소에 의하여서만 주장할 수 있는 것으로서 형성의 소이다. 파양 취소의 소급효를 제한하는 규정은 없으므로 파양취소의 판결이 확정되면 파양은 당초부터 성립되지 않았던 것으로 된다.

(2) 판결 절차

(가) 당사자

성질상 사기 또는 강박으로 인하여 파양의 의사표시를 한 협의상 파양의 일방 당사자만이 원고적격을 가지고, 협의상 파양의 타방 당사자가 피고적격자이다. 따라서 양친과 양자가 당사자적격자이며 양친은 필요적 공동소송인이 된다. 양자가 15세 미만인 때에는 그에 갈음하여 법정대리인이 협의상 파양의 당사자로 되므로 파양취소에 있어서도 그 법정대리인이 당사자로 된다.

상대방으로 될 자가 모두 사망한 때에는 검사를 상대방으로 한다. 양자가 15세 미만인 때에는 그에 갈음하여 입양의 승낙을 한 법정대리인이 파양의 협의를 하여야 하고, 그 법정대리인이 사망 기타의 사유로 협의할 수 없을 때에는 양자 생가의 다른 직계존속이 한다.

(나) 관할

파양취소의 소는 양부모 중 1인의 보통재판적 소재지, 양부모가 모두 사망한 때에는 그 중 1인의 최후 주소지의 가정법원의 토지관할에 전속하고, 가정법원 합의부의 사물관할에 속한다.

(다) 조정전치, 제척기간

○ 조정전치

파양취소의 소는 조정전치주의의 적용을 받는다. 그러나 파양취소의 소의 소송물 역시 당사자가 임의처분할 수 있는 사항은 아니라고 해석되므로 당사자가 파양을 취소하기로 하는 내용의 조정은 허용되지 않는다. 파양취소를 주장하지 아니하는 대신 상대방이 위자료를 지급하기로 한다거나 다시 입양절차를 밟기로 하는 것과 같이, 인간관계의 조정을 중심으로 한 간접적이고 우회적인 조정이어야 한다.

○ 제척기간

파양취소청구권은 사기를 안 날 또는 강박을 면한 날로부터 3월을 경과함으로써 소멸한다(민 904조, 823조).

(라) 비용

가사소송수수료규칙 제2조 제1항의 규정에 의한 수수료(인지) 20,000원과 소정의 송달료를 납부하여야 한다.

(마) 소장(파양취소의 소)

소   장

원고(양자) ○○○(○○○)
　　　○○년 ○월 ○일생
　　　본적 ○시 ○구 ○동 ○번지
　　　주소 ○시 ○구 ○동 ○번지
피고(양부) ○○○(○○○)
　　　○○년 ○월 ○일생
　　　본적 ○시 ○구 ○동 ○번지
　　　주소 ○시 ○구 ○동 ○번지
피고(양모) ○○○(○○○)

ㅇㅇ년 ㅇ월 ㅇ일생
본적 ㅇ시 ㅇ구 ㅇ동 ㅇ번지
주소 ㅇ시 ㅇ구 ㅇ동 ㅇ번지

청 구 취 지

　1. 원고와 피고들 사이의 파양은 이를 취소한다.
　2. 소송비용은 피고의 부담으로 한다.
라는 판결을 구함.

청 구 원 인

1. 입양
　원고는 ㅇㅇㅇㅇ년 ㅇ월 ㅇ일 피고 등에 양녀로 입양하여 양부모인 피고 등을 정성껏 모시고 근면하게 가사일을 돌봄으로써 경제적으로도 많은 도움을 주었던 것입니다.

2. 파양
　원고는 ㅇㅇㅇㅇ년 ㅇ월 ㅇ일 결혼을 한 후에도 양친과 동거하고 있습니다.
　그러나 결혼한지 ㅇ년이 지나도 원고의 슬하에도 자식이 없자 양부모는 점점 원고의 부부에 대하여 냉냉하여지고 고부지간에도 사이가 점점 나빠졌습니다.
　드디어 피고 등은 원고에게 파양할 것을 제의함과 동시에 피고 ㅇㅇㅇ의 소유인 서울 성북구 정릉동 소재 상가주택을 이전하여 줄 것을 약속하므로 원고는 이를 믿고 ㅇㅇㅇ ㅇ년 ㅇ월 ㅇ일에 파양신고를 한 것입니다.

3. 파양의 취소사유
　그런데 피고 등은 파양신고 후부터는 파양 당시 약속한 상가주택을 이전할 것을 완강히 거절하고 있습니다. 이는 당초부터 전혀 이행할 의사가 없었음에도 불구하고 피고를 기망하여 착오에 빠뜨려 파양에 동의하도록 한 것이므로 이를 취소하기 위하여 청구취지와 같은 판결을 구하는 바입니다.

첨 부 서 류

1. 호적등본(원고, 피고)　　　각 1통
2. 주민등록표등본(원고, 피고)　각 1통
3. 약속증서사본　　　　　　　　 1통

ㅇㅇ. ㅇ. ㅇ.

위 원고 ㅇㅇㅇ

ㅇㅇ가정법원 귀중

(3) 판결, 통지

(가) 청구인용판결의 주문

파양취소는 형성의 소이므로『원고와 피고들 사이에 19 ． ． ． 서울 양천 구청장에게 신고하여 한 파양은 이를 취소한다.』라는 식의 주문을 쓴다.

(나) 확정판결의 효력

파양취소의 청구를 인용한 확정판결은 제3자에게도 효력이 있다. 파양취소의 소에는 다른 제소권자가 없으므로 그 청구를 기각한 판결이 확정되면 대세적 효력이 있는 것과 마찬가지의 효력이 생긴다.

(다) 호적사무관장자에의 통지

파양취소의 청구를 인용한 확정판결은 호적사무관장자에의 통지대상이다.

당사자는 호적정정의 절차에 의하여 호적 기재를 바로 잡게 된다.

직권에 의한 호적정정

1. 직권에 의한 호적정정 개설

가. 직권정정의 의의

호적의 기재가 법률상 무효이거나 착오 또는 유루가 있는 경우에 이를 발견한 호적공무원이 신고인 또는 사건본인에게 그 사실을 통지하여 당사자로 하여금 호적정정절차를 취하도록 하였음에도 호적정정신청을 하는 자가 없거나, 그 통지를 할 수 없는 때 및 착오 및 유루가 시(구) · 읍 · 면의 장의 과오로 인한 것인 때에 시(구) · 읍 · 면의 장이 직권으로 호적의 기재를 정정하는 것을 말한다.

여기에서 신고인 또는 사건본인에게 통지할 수 없는 경우라 함은 신고인과 사건본인이 모두 사망한 경우는 물론 행방불명 등의 이유로 통지서가 반송된 경우 등이다.

나. 직권정정사건의 처리절차

(1) 신고인 등의 직권정정신청

신고인 및 신고사건본인, 호주 또는 이해관계인이 호적공무원의 과오로 인한 호적기재의 착오 또는 유루가 있음을 안 때에는 본적지의 시(구)·읍·면의 장에게 구술 또는 서면으로 직권정정신청을 할 수 있다. 이와 같은 직권정정신청은 시(구)·읍·면의 장에 대하여 호적정정(기재)의 직권발동을 촉구하는 의미의 신청으로 보아야 할 것이다.

만일 신고서류가 법원에 송부된 이후에 신청인이 호적법시행규칙 제67조 제8호(신고서류에 기하여 이루어진 호적기재에 오기나 유루된 부분이 있음이 당해 신고서류에 비추어 명백한 때)에 기한 간이직권정정을 신청하고자 할 때에는 당해 신고서류의 사본을 첨부하여야 한다.

(2) 시(구)·읍·면의 장의 처리

(가) 접수 및 정정

① 시(구)·읍·면의 장은 신고인 등의 직권정정신청서를 문서건명부에 접수하고 신청내용을 심사한 후 사안에 따라 법원에 직권정정허가신청을 하거나 간이직권정정절차를 취하여야 한다.

② 신청된 사안이 감독법원의 허가를 요하는 사항인 경우에는 직권정정신청서의 접수일로부터 5일 이내에 호적법시행규칙 별지 제44호 서식에 따라 직권정정·기재허가신청서를 작성하여 감독법원에 송부(우송)하여야 한다.

③ 신청된 사안이 호적법시행규칙 제67조 규정의 간이직권정정에 해당하는 사항일 경우에는 호적법시행규칙 별지 제45호 서식의 직권정정·기재서를 작성하여 처리한다. 특히 호적법시행규칙 제67조 제8호에 터잡은 신청인 경우에는 그 신고서류를 감독법원에 송부한 이후라면, 신청인이 제출한 신고서류 사본이 당해 신고서류에 의해 작성된 것인지 여부를 직접 방문 또는 모사전송의 방법에 의하여 철저히 조사하여야 한다. 이 과정에서 호적공무

원이 직권정정신청서에 첨부된 신고서류 사본을 감독법원에 보관된 당해 신고서류와 대조·확인하기 위하여 당해 신고서류 사본을 전화 등으로 청구한 때에는 모사전송의 방법으로 교부할 수 있다.

(나) 결과의 통지

시(구)·읍·면의 장이 ① 직권정정서에 의하여 호적의 정정을 하였거나 ② 감독법원으로부터 허가서의 송부를 받아 호적정정을 한 경우 및 ③ 불허가서의 송부를 받았을 경우에는 위 예규 별지 양식 제2호에 따라 각 신청인에게 그 결과를 통지한다.

(다) 관련 서식

[예규 제381호 별지 양식 제1호]

호 적 직 권 정 정 신 청 서

1. 본적
2. 주소
3. 호주
4. 정정 또는 기재할 사항(예, 홍길동의 출생년월일란 중 생년월일 1945. 2. 1.을 1945. 2. 1.로 정정)

ㅇ 년 ㅇ월 ㅇ일

신청인 ㅇㅇㅇ (인)

시(구)·읍·면장 귀하

[별지 제44호 서식]

기 관 명

호발 제   호
수신 ○○법원장
제목 **직권정정 · 기재허가 신청**

호적법 제43조 제3항 · 제22조 제2항의 규정에 의하여 아래 사항을 직권으로 정정 · 기재하고자 하오니 허가하여 주시기 바랍니다.

아   래

1. 정정 · 기재할 호적
2. 정정 · 기재할 사항
3. 정정 · 기재원인 사실
첨부(소명자료)

끝.

○○시(읍 · 면)장 ○○○ 직인

위 신청을 (불)허가한다.

불허가 이유:

20 . . .

○○법원장 ○○○ 직인

[예규 381호 별지 양식 제2호]

직권정정신청에 대한 통지

귀하

허 가

1. ○년 ○월 ○일 귀하가 신청한 직권정정사항은 ○년 ○월 ○일 ○○지방법원 직권정정허가(   ) ○○시(구)·읍·면장의 직권정정서 (   )에 의하여 정정하였음을 알려 드립니다.

불 허

2. ○년 ○월 ○일 신청한 직권정정허가신청은 ○년 ○월 ○일 ○○지방법원에서 불허가 되었음을 통보하오니 귀하의 호적이 사실과 다르다면 호적법 제120조 내지 제123조의 정한 바에 따라 관할법원으로부터 정정결정 또는 판결(심판)을 받아 정정할 수 있음을 알려 드립니다.

○년 ○월 ○일

시(구)·읍·면장 직인

(주) 1. 직권정정신청(요구)이 허가된 경우에는 번호 1에 ○표 한다.
    2. 불허가 된 경우에는 허가 부분을 말소하고 2란에 해당사항을 기재하여 송부한다.

2. 감독법원의 허가를 요하는 직권정정

가. 직권정정사항

시(구) · 읍 · 면의 장이 감독법원의 허가를 얻어 직권으로 호적을 정정할 수 있는 사항은 다음과 같으며(법 제22조), 시(구) · 읍 · 면의 장의 직권정정 허가신청에 대한 감독법원의 허가는 비송절차에 의한 호적정정신청에 대한 법원의 허가가 소송법상 법원(판사)이 하는 재판과 달리, 호적사무에 관한 법원의 감독권의 작용으로서의 사법행정상의 허가를 의미한다. 따라서 그 허가에 대하여는 항고할 수 없다.

① 호적의 기재가 법률상 무효이거나 그 기재에 착오 또는 유루가 있어 시(구) · 읍 · 면의 장이 신고인 또는 신고사건 본인에게 그 사실을 통지하였으나 호적정정을 신청하는 자가 없는 경우 또는 그 통지를 할 수 없는 경우

② 호적기재의 착오 또는 유루가 시(구) · 읍 · 면의 장의 과오로 인한 경우

나. 감독법원의 처리

(1) 신속한 처리

직권정정 · 기재허가신청사건 중 특히 호적공무원의 과오로 인한 사건의 처리지연은 바로 민원의 대상이 될 뿐만 아니라, 그 외의 경우라도 호적법 제22조의 규정에 따른 호적정정허가신청사건은 감독법원의 감독 소홀(신고서류 및 각종 부본의 조사 소홀 등)에도 그 원인의 일단이 있다는 점 등을 감안하여, 시(구) · 읍 · 면의 장으로부터 직권정정 · 기재허가신청서를 송부받은 감독법원은 신속히 처리하여야 한다.

(2) 구체적 처리요령

(가) 접수

시(구) · 읍 · 면의 장으로부터 송부받은 직권정정 · 기재허가신청서는 문서건명부에 즉시 접수한다(접수하지 아니한 채 수일간 보관하였다가 결재단계에서 접수하는 사례가 없도록 한다).

(나) 결재

① 접수한 신청서는 지체없이 소명자료를 조사 · 정리한 후 아래와 같은 규격의 고무인을 우측 상단 여백에 날인하여 결재를 올려야 한다. 이때 호적과장(지원인 경우는 호적계장)은 결재상신일자를 반드시 기재하여야 한다(수일 분을 모아서 한꺼번에 결재를 올리는 일이 없도록 한다).

② 소명자료의 보완 등 특별한 사정으로 신청서 접수일로부터 3일 이내에 결재를 올리지 못하였을 때에는 호적과장(지원인 경우 호적계장)은 호적예규 제342호 별지 서식에 따른 사유서를 작성 첨부하여 결재를 올리도록 한다.

(다) 신청한 호적관서로 송부

가(可), 부(否)의 결재를 받았을 때에는 호적과장(지원인 경우 호적계장)은 신청서 우측 상단에 날인된 고무인의 해당 란에 원본수령일을 기재하고, 지체없이 시(구) · 읍 · 면의 장에게 가, 부의 취지를 표시한 신청한 부본을 송부하도록 조치를 하여야 하며, 이와 같이 발송한 때에는 시(구) · 읍 · 면 송부일란을 정리하여야 한다.

3. 감독법원의 허가를 요하지 않는 직권정정

가. 간이직권 정정 사항

(1) 호적법 제22조 제2항 단서 규정에 의한 정정

대법원규칙으로 정하는 경미한 사항일 경우에는 시(구)·읍·면의 장이 법원의 허가없이 직권으로 정정기재할 수 있도록 하고 있는데, 이를 간이직권정정이라 하며 그 구체적 사항은 호적법시행규칙 제67조에서 다음과 같이 규정하고 있다.

① 행정구역의 명칭이 오기되었음이 명백한 때

② 호적기재를 이기함에 있어 오기되었거나 유류되었음이 이기대상인 원호적(제적)이나 그 등본에 의하여 명백한 때

③ 규칙 제59조 내지 제62조의 규정에 의한 기재가 유루되었음이 호적(제적)이나 그 등본에 의하여 명백한 때

④ 배우자의 일방이 혼인으로 입적하거나 이혼으로 제적되었음이 호적(제적)이나 그 등본에 의하여 명백함에도 다른 배우자의 신분사항란에는 혼인이나 이혼에 관한 기재가 유루된 때

⑤ 부 또는 모의 본이 정정되거나 변경되었음이 호적(제적)이나 그 등본에 의하여 명백함에도 그 자(子)의 본란이 정정되지 아니한 때

⑥ 수반입적된 가족에 대하여 수반입적사유의 기재가 유루되었음이 명백한 때

⑦ 호주와의 관계가 오기되었거나 유루되었음이 동일 호적내의 기재에 의하여 명백한 때

⑧ 신고서류에 기하여 이루어진 호적기재에 오기나 유루된 부분이 있음이 당해 신고서류에 비추어 명백한 때

⑨ 호적부의 간인이 누락되었음이 명백한 때

(2) 신고경합의 경우, 뒤의 신고에 기한 호적기재의 정정

동일한 사건에 대하여 수 개의 신고가 수리된 경우에는 먼저 수리된 신고에 의하여 호적의 기재가 되어야 할 것인데, 뒤에 수리된 신고에 의하여 호적의 기재를 한 때에는 먼저 수리된 신고에 맞추어 호적의 기재를 직권정정하여야 한다.

(3) 본적변경 후의 신고에 기한 호적기재의 정정

본적이 변경된 후에 신고가 수리된 때에는 이를 신호적에 기재한다. 이 경우 전(前)본적지의 시(구)·읍·면의 장이 호적의 기재를 한 때에는 이를 말소하고, 그 신고서류를 신본적지의 시(구)·읍·면의 장에게 송부하여야 한다.

(4) 행정구역 등의 변경에 따른 경정

행정구역 또는 지번의 변경에 따라 본적란의 기재를 경정하는 경우에는 호적사항란에 그 사유를 기재하고 종전의 기재부분에 하나의 주선을 긋고 새로운 기재를 추기한다. 또한 법령의 변경 기타의 사유로 본적 이외의 호적기재를 경정하는 경우(예, 단기를 서기로 경정하는 경우)도 위와 같다.

(5) 호적예규에 의한 정정

① 이혼신고에 의하여 혼가호적에서 제적되었음에도 불구하고 친가복적의 호적기재가 누락되었거나 또는 일가창립의 호적기재가 누락된 경우에는 호적법시행규칙 제67조 제4호에 준하여 간이정정절차를 취해야 한다.

② 부모가 기아를 찾아 기아의 본적지 시(구)·읍·면의 장이 호적법 제58조 제1항의 규정에 따른 호적정정을 하는 경우에는 감독법원의 허가없이 직권정정할 수 있다(예규 제396호).

③ 혼인신고에 의하여 혼가호적에는 입적기재가 되었으나 친가호적에서 제적이 되지 아니한 경우와 반대로 친가호적에는 제적이 되었으나 혼가호적에 입적기재가 되지 아니한 경우, 그 호적기재를 정정하기 위해서는 혼인신

고에 의하여 입적기재된 호적등본이나 제적된 호적등본에 의하여 호적법시
행규칙 제67조 제4호에 준하여 간이직권정정절차에 따라 호적정정을 하여
야 한다.

④ 전적으로 인한 신호적의 편제가 유루된 경우에 그 누락원인이 전적지
호적공무원의 과오로 인한 것인 때에는 간이직권정정절차에 의하여 신호적
을 편제한다.

⑤ 호적에 기재할 주민등록번호의 기재가 유루되었거나 오기된 경우에는
주민등록지 시(구) · 읍 · 면의 장이 정정통보나 본인 또는 동거친족의 정정
신청에 의하여 시(구) · 읍 · 면의 장이 주민등록번호를 간이직권정정절차에
의하여 기재하거나 정정한다.

⑥ 후견개시신고된 미성년자가 혼인신고를 한 경우에는 호적공무원이 직
권에 의하여 후견종료사유를 기재한다.

⑦ 호적공무원이 인명용 한자의 범위를 벗어난 한자를 이름에 사용한 출
생신고서가 착오로 수리되어 그대로 호적부에 등재된 것을 발견한 경우에
는, 간이직권정정절차(그 출생신고서류를 감독법원에 송부한 후에는 당해 신고
서류를 직접 방문 또는 모사전송의 방법에 의하여 확인한 후 처리)에 의하여 직
권으로 그 이름을 한글로 정정한다.

⑧ 착오로 타인에게 사망기재를 하였을 경우에는 ㉮ 직권정정허가에 의하
여 그 사망기재를 말소하고 원 기재를 부활할 것이며, ㉯ 사망한 자의 사망
기재는 간이직권정정절차(그 사망신고서류를 감독법원에 송부한 후에는 당해
신고서류를 직접 방문 또는 모사전송의 방법에 의하여 확인한 후 처리)에 의하여
사망사유 유루의 직권기재를 하여야 한다.

나. 호적관서의 처리

간이직권정정의 경우에 시(구) · 읍 · 면의 장이 작성한 직권정정 · 기재서
는 신고서류로 보게 되므로(규칙 제69조), 호적법시행규칙 제80조의 규정에

따라 감독법원에 송부하여야 한다.

다. 감독법원의 처리

감독법원은 직권정정 · 기재서에 의하여 처리된 사건의 그 적정 여부를 조사 · 확인하여 잘못된 것이 있으면 시정조치하여야 하며, 송부된 직권정정 · 기재서는 다른 신고서와 같이 신고서류편철부에 편철한다.

특례법에 의한 호적정정

1. 특례법 개설

가. 특례법의 개념

재외국민취적 · 호적정정및호적정리에관한임시특례법은 재외 국민의 취적과 호적정정 및 호적정리의 편의를 위하여 1967. 1. 16. 제정된 이래 5차례에 걸쳐 그 존속기간을 연장하여 2000년 12월 31일까지 효력을 갖게 된 한시법이었다. 그러나 아직도 재외 국민에 대한 호적사건이 일정수준 유지되고 있음은 물론, 이 법에서 정하고 있는 취적 등의 절차가 호적법에서 정한 절차보다 간이하여 이 법이 재외국민에게 실질적인 도움이 되고 있는 점 등으로 보아 앞으로도 계속 손지할 필요가 있어 법률의 제명을 '재외국민취적 · 호적정정및호적정리에관한특례법'으로 하고 부칙에서 정하고 있는 한시규정을 삭제하였다.

이 법에서 말하는 재외 국민이란 대한민국 국민으로서 재외국민등록법의 규정에 의하여 등록된 자를 말하며, 특례법의 적정한 운영을 위한 사무처리지침(예규 제400호)을 제정하여 필요한 사항을 규정하고 있다.

나. 특례 규정

이 법은 다음과 같이 특례 규정을 두고 있다.

① 재외 국민에 대한 취적 · 호적정정의 절차와 첨부서류(소명자료)를 간소화 하였다.

② 법원의 허가를 요하는 호적정정 사항 중 일정한 사항에 대하여는 재외공관의 장의 조사확인서를 첨부하면 법원의 허가 없이 호적정정을 할 수 있도록 하였다.

③ 호적법상의 신고나 신청에 관한 사항 중 일정한 사항에 대하여는 호적정리신청을 할 수 있도록 특례규정을 두었다.

④ 호적정정 및 호적정리의 비용을 국가 또는 지방자치단체가 부담하도록 하였다.

2. 특례법에 의한 호적정정 허가 신청

가. 호적정정 허가 신청 사항

호적법 제120조 및 제121조에 규정된 정정 사항으로서 재외 국민의 호적기재가 착오 또는 유루된 경우이다. 따라서 특례법에 정정할 사항이 따로 규정되어 있는 것은 아니다. 그리고 재외 국민 호적기재가 착오 또는 유루된 경우라도 이를 정정함으로써 신분법상 또는 유루된 경우라도 이를 정정함으로써 신분법상 또는 상속법상 중대한 영향을 미칠 수 있는 사항으로서 가사소송법에 가사소송사건으로 규정되어 있는 사항은 판결에 의하여야 하고 특례법에 의한 호적정정은 할 수 없다.

나. 신청방법 및 첨부서류

① 특례법에 의한 호적정정허가신청을 할 수 있는 자는 '본적을 가진 자로서 그 호적기재에 착오나 유루가 있음을 발견한 이해관계인'이다.

② 호적정정허가신청서를 신청인의 주소지를 관할하는 재외공관의 장이나 본적지를 관할하는 가정법원에 직접 제출할 수 있다.

③ 호적정정허가신청서에는 ㉮ 호적등본, ㉯ 재외 국민등록부 등본, ㉰ 거류국의 외국인등록부 등본 또는 영주권 사본, ㉱ 사유서 등을 첨부하여야 하며, 필요에 따라 신분표가 첨부되는 경우도 있다. 그리고 신청인과 사건본인이 다른 경우에는 사건본인에 대한 첨부서류도 함께 첨부하여야 한다. 또한 호적정정 사항이 사망자에 관한 것일 때에는 다른 첨부서류에 의하여 그 정정 사항이 소명되는 이상 재외 국민등록부 등본이 첨부되어 있지 않아도 무방하다.

다. 재외 공관의 장의 처리절차

(1) 신청서의 송부

호적정정허가신청서를 접수한 재외 공관의 장은 신청서에 외국의 지명이 한자로만 기재된 경우에는 그 지명에 대한 표기를 외국에서의 발음대로 한글로 병기한 후 지체없이 외교통상부장관을 경유하여 본적지를 관할하는 가정법원에 이를 송부하여야 한다.

(2) 조사확인서의 작성

① 재외 공관의 장은 정정하고자 하는 호적기재의 착오 또는 유루의 사실이 확인되었을 때에는 조사확인서를 작성한 후 이를 호적정정신청서에 첨부하여 직접 본적지 관할 시(구)·읍·면의 장에게 송부함으로써 법원의 허가 없이 당해 호적정정 사항을 정정하도록 할 수 있다.

② 재외 공관의 장의 조사확인만으로 직접 호적을 정정 또는 기재할 수 있는 사항은 호적기재의 착오 또는 유루가 명백히 판명될 수 있는 경미한 사항인 경우에 한한다. 예를 들면 성별 "남"이 "여"로, 호주와의 관계 "누나"가 "동생"으로, 출생장소 일본이 본적지로, 부모의 성명이 조부의 성명으로 착오 기재된 경우 또는 본이나 혼인해소사유 기타 당연히 기재되어야 할 신분사유의 기재가 유루된 경우 등이다.

③ 또한 재외 공관의 장이 호적정정신청서에 첨부할 조사확인서를 작성함에 있어서는 사실조사하여 확인한 사항을 구체적으로 명시하여야 한다. 예를 들면 호적상이나 첨부서류인 소명자료에도 남자로 기재되어 있으나 사건 본인을 소환하여 사실을 확인한 바 여자임이 틀림없으며 호적상의 기재가 명백히 착오임을 확인한다는 식으로 그 조사확인내용을 기재하여야 한다.

라. 가정법원의 처리절차

(1) 호적의 착오 유무 조사 위촉

호적정정허가신청서를 접수한 가정법원은 본적지를 관할하는 시(구)·읍·면의 장에게 호적의 착오 또는 유루의 유무를 조사 위촉하여야 하고, 이에 대하여 시(구)·읍·면의 장은 지체없이 조사 회보하여야 한다.

(2) 호적정정허가결정 등본의 송부 절차·신청서 등의 반송 절차

위 조사회보를 받으면 지체없이 호적정정의 허부를 결정하여야 하고, 법원이 호적정정허가를 한 때에는 지체없이 그 허가결정 등본을 작성하여 본적지 관할 시(구)·읍·면의 장에게 송부하여야 하며, 이때 재외 공관을 경유하여 신청한 사건에 관하여는 공관의 당해 문서번호를 허가결정 등본의 적당한 여백에 기재하여야 한다. 그러나 신청인에게는 허가결정 등본을 송부할 필요가 없다.

법원이 불허가한 때에는 외교통상부장관 및 재외 공관의 장을 경유하여

신청인에게 신청의 불비사유를 명시한 사유서와 불허가결정 등본을 송부하여야 한다.

마. 시(구)·읍·면의 장의 처리절차

① 본적지 시(구)·읍·면의 장이 가정법원으로부터 특례법에 의한 호적정정허가결정 등본을 송부받을 때에는 지체없이 호적기재를 정정하고 5일 이내에 그 호적등본 2통을 작성하여 1통은 외교통상부장관과 재외 공관의 장을 경유하여 신청인에게 송부하고 나머지 1통은 감독법원에 송부하여야 한다.

② 재외 공관의 장 또는 신청인으로부터 특례법상의 호적정정신청서를 송부받아 접수한 본적지 시(구)·읍·면의 장은 지체없이 호적부의 기재를 정정하고 5일 이내에 그 호적등본을 위와 같은 경로를 통하여 신청인에게 송부하여야 하며, 신청서의 불비를 이유로 반송하는 경우에는 그 불비사유를 명시하여 감독법원의 승인을 받아야 한다.

3. 특례법에 의한 호적정리 신청

가. 호적정리 사항

① 호적정리신청은 호적법상의 신고와 신청에 관한 사항 중 출생, 인지, 입양, 혼인, 사망, 호주승계 등으로 인하여 입적 또는 제적되어야 할 자가 호적에 아직 정리가 되어 있지 아니한 경우에 사건 본인 기타 호적상 이해관계인의 신청에 의하여 호적을 정리할 수 있도록 하는 제도로서, 호적법상의 신고주의에 대한 특례규정이다.

② 보고적 신고 사항인 출생, 사망, 호주승계 사항 등은 이미 발생한 사실에 관한 것이므로 특례법에 의하여 호적정리를 하여도 별 문제가 없지만, 신고에 의하여 효력이 발생하는 창설적 신고 사항인 혼인·입양·인지 등에 대하여는 호적정리신청으로 처리할 수 있는지 좀 더 살펴 볼 필요가 있다.

1) 재외 국민이 거행지법인 외국법에 의하여 혼인·입양·인지를 외국 관서에 신고하고 증서를 작성한 때에는 그 증서의 등본을 첨부하여 이 특례법에 의한 호적정리신청을 하는 것에 대하여는 이론이 없다.

2) 사실혼주의(1923. 7. 1. 이전) 때에 이미 혼인을 하여 부부로 인정이 된다든가 또는 이북에서 이미 혼인신고를 한 사실이 있었다든가 아니면 재외 공관이나 본적지에 이미 신고를 하였으나 어떠한 사유이든 간에 호적에 입·제적이 되어 있지 않은 경우 등도 호적정리사항에 포함된다 할 것이다.

3) 아무런 기성사실 없이 호적정리신청에 의하여 혼인이나 인지, 입양과 같은 창설적 신고에 해당하는 호적기재를 하고자 하는 경우는 특례법의 취지로 보아 허용되지 않는다고 하여야 할 것이다.

나. 신청인

사건본인 기타 호적상 이해관계인이다.

다. 신청방법 및 첨부서류

① 호적정리신청서는 신청인의 주소지를 관할하는 재외 공관의 장에게 제출하거나 호적을 정리할 본적지의 시(구)·읍·면의 장에게 직접 송부할 수 있다.

② 호적정리신청서에는 재외 국민등록부 등본, 외국인 등록부 등본 또는 영주권 사본 등을 첨부하여야 하며, 거행지법인 외국법에 의하여 혼인, 인지, 입양 등을 한 경우 또는 출생지나 사망지인 외국에서 출생, 사망신고 등

을 한 경우에는 그 외국 관공서 발행의 혼인 등의 수리증명서 기타 이를 증명할 증서를 첨부하여야 한다. 그 외에도 혼인, 인지 또는 입양의 경우에는 처, 피인지자 또는 양자의 호적등본을 첨부하여야 한다. 그 이외의 사항은 호적정정허가신청의 경우와 같다.

라. 시(구) · 읍 · 면의 장의 처리절차

① 시(구) · 읍 · 면의 장은 재외 공관의 장 또는 신청인으로부터 호적정리신청서를 송부(제출)받은 때에는 지체없이 호적을 정리하여야 한다.

② 시(구) · 읍 · 면의 장이 신청서의 불비를 이유로 호적정리신청서를 반송하려는 때에는 그 불비사유를 명시하여 감독법원의 승인을 받아야 한다.

③ 그 외 호적등본의 송부절차 등은 호적정정허가신청의 경우와 같다.'

제6장 개명·창성절차

개 명 절 차

---

1. 개명 개설

가. 개명의 의의

개명(改名)이라 함은 호적에 등재된 이름을 법원의 허가를 얻어 새로운 이름으로 변경하는 것을 말한다. 이름(名)은 사회생활을 영위하고 있는 사람의 동일성을 특정하기 위한 표상이므로 고유성과 단일성을 그 속성으로 하고 있다. 따라서 개명을 자유스럽게 할 수 있다고 하면 개인의 동일성 식별이 곤란하게 되어 사회생활상 혼란을 가져 올 염려가 많으므로 개명은 법원의 허가라고 하는 법적 절차에 의해서만 허용된다.

여기서 말하는 법원은 우리나라의 관할법원을 의미하는 것이므로 외국법원의 판결(결정)에 의한 개명은 할 수 없다.

호적에 기재되어 있는 이름 "종훈(種勳)"을 종훈(鐘勳)"과 같이 동음이자(同音異字)로 고치고자 하는 경우에도 개명절차를 밟아야 한다.

출생신고시 출생자의 이름을 한글로만 신고하고 후에 한자이름을 병기하고자 하는 경우에도 추완신고로는 할 수 없고 개명절차를 취하여만 한다.

한자로 등재된 이름을 한글이름으로 바꾸는 것도 개명절차를 취하여야 하며, 개명 후 개명 전의 이름으로 고치기 위해서도 개명절차를 취하여야 한다.

그러나 친생자관계 부존재 확인판결에 의하여 말소된 호적상의 이름과 새로운 출생신고에 의해 생부의 호적에 입적되는 이름이 다른 경우에는 개명절차는 필요하지 않다.

개명은 그 횟수를 제한하는 법적 근거가 없으므로 개명허가를 얻어 이름을 바꾼 후 다시 법원에 개명허가신청을 할 수도 있다.

동일인에 대하여 2개의 저촉되는 개명허가가 있는 경우 비송사건절차법 제19조에 의한 재판의 취소를 하지 아니하는 한 어느 것이나 효력이 있으므로 나중에 한 재판에 의하여 호적기재를 한 때에는 그 호적기재는 유효하다.

나. 개명과 호적정정(戶籍訂正)의 구별

개명은 정당하게 호적에 등재된 이름을 변경하는 것이고, 이름에 대한 호적정정은 호적상 등재된 이름의 기재가 부적법하거나 또는 진실에 반하는 경우 그 기재를 적법하고 진정한 신분관계와 부합되도록 정정하는 것을 말한다. 예를 들면, 출생신고인이 출생신고서에 기재한 이름과 실제 호적에 등재된 이름이 서로 다르게 잘못 기재되었다면 개명이 아닌 호적정정절차에 의하여야 한다. 그러나 출생신고인이 착오로 출생신고서에 이름을 잘못 기재한 경우에는 그 호적기재에 착오가 있는 것이 아니므로 개명절차에 의하여야 한다.

또한 호적부상 이름에 쓰인 한자가 존재하지 않는 한자인 경우에도 호적정정절차에 따라 정정하여야 한다. 그러나 그 착오가 시(구) · 읍 · 면의 장의 과오일 때에는 직권으로 이를 정정한다.

다. 개명 절차

개명은 관할 법원에서 개명허가를 받아 사건 본인의 본적지 또는 신고인의 주소지나 현주지 시(구)·읍·면의 장에게 신고하여야 한다.

따라서 개명절차는 개명허가절차와 개명신고절차로 나누게 되므로 순차 기술하기로 한다.

2. 개명허가 절차

가. 개명허가 신청절차

(1) 관할 법원

개명하고자 하는 자는 본적지 또는 주소지를 관할하는 가정법원의 허가를 받아야 한다.

그러나 개명하고자 하는 자의 본적지나 주소지에 가정법원의 설치가 없는 경우에는 가정법원의 권한에 속하는 사항을 지방법원이 관장하므로 본적지 또는 주소지의 지방법원(또는 지원)에 개명허가신청을 하면 된다. 개명허가 신청은 호적정정신청의 경우와는 달리 관할이 복수(본적지 또는 주소지)로 되어 개명하고자 하는 자의 선택에 따라 우선 관할이 정해지게 된다.

(2) 신청인

개명허가신청은 개명하고자 하는 자 또는 법정대리인이 하여야 하며 의사능력이 있는 미성년자는 자신의 개명허가신청을 직접 할 수 있다. 그리고 이미 사망한 자에 대한 개명허가신청은 할 수 없다.

(3) 신청서의 기재사항

개명허가신청서에는 다음 사항을 기재하여야 한다.

① 신청인의 본적, 주소, 성명 및 생년월일

② 대리인에 의하여 신청할 때에는 그 성명과 주소

③ 신청의 취지와 그 원인된 사실

④ 신청의 연월일

⑤ 법원의 표시

⑥ 신청인 또는 대리인의 기명 날인

(4) 첨부서류

신청서에는 다음 서면을 소명자료로 첨부하여야 한다.

(가) 호적 등·초본

개명허가신청서에는 호적등본을 첨부함이 원칙이나 호적초본을 첨부할 수도 있다. 동명자(同名者)가 있음을 이유로 개명허사신청을 하는 경우에는 신청인의 호적 등·초본뿐만 아니라 동명자의 호적 등·초본도 함께 첨부하여야 한다.

(나) 주민등록표 등·초본

주소지의 관할법원에 개명허가신청을 하는 경우에는 관할법원임을 소명하기 위하여 주민등록표 등·초본을 첨부하고 있다. 그리고 동일 지역 내에 동명자(同名者)가 있음을 이유로 개명허가신청을 하는 경우에는 거주관계 소명용으로 첨부를 하게 되고, 또 인우보증서를 첨부할 경우에는 인우보증의 정확을 기하기 위하여 반드시 보증인의 주민등록표 등·초본을 첨부하여야 한다.

(다) 족보(族譜)

친족간에 동명자(同名者)가 있음을 이유로 또는 항렬자(行列字)를 따라 개명하고자 하는 경우에는 족보(사본)를 첨부한다.

(라) 친족증명서

친족증명서는 종중(宗中)이나 문중(門中) 또는 친족회에서 친족관계가 틀림없음을 증명하는 서면이다. 호적부나 제적부 또는 족로로 소명이 되지 않거나 불충분할 때에 보충적으로 첨부한다.

(마) 인우보증서(隣佑保證書)

인우인들이 개명허가신청의 원인사실이 틀림없음을 보증하는 문서이다. 주로 호적상의 이름과 통상 호칭하는 이름이 서로 다름을 사유로 통칭명으로 개명하고자 하는 경우에 첨부하고 있다. 이 서면은 직접적인 소명을 갖추기 어려울 때 첨부하게 되는 보완적 의미의 소명방법이다.

(바) 기타 증명서

구체적인 사안에 따라 경력증명서, 재직증명서, 재학증명서, 졸업증명서, 복무확인서, 생활기록부 사본, 편지, 예금통장 등을 소명자료로 첨부하고 있다.

(5) 신청서 사례

개 명 허 가 신 청 서

본적   서울특별시 ○○구 ○○동 ○번시
주소   상   동

신청인 및 사건본인 이 영 근(李英根)

서기 ○○○○년 ○월 ○일생

신 청 취 지

서울특별시 중구청에 비치한 위의 본적 호주 이영근의 호적 중 신청인 및 사건 본인의 이름 「영근(英根)」을 「영근(榮根)」으로 개명할 것을 허가한다.

라는 결정을 구함.

신 청 원 인

　　1. 신청인 및 사건본인 이영근은 부 망 이후준 및 모 전선분 사이에서 출생한 자입니다. 사건본인은 남자로서 부 이후준이 ○○○○. ○. ○. 에 사망하였으므로 현재 호주가 되었습니다.
　　2. 그런데 망 부 생존시 사건본인의 출생신고를 하면서 항렬자인 「榮」자를 써서 「榮根」으로 신고하여야 할 것을 구술 당시 한자를 망각하고 음자에만 치중하여 그만 「英根」으로 신고하였으므로 호적상 그 명이 「英根」으로 기재된 것입니다.
　　3. 그러나 사건본인은 그후 「榮根」으로 행사하여 왔습니다. 그러므로 이번에 이름을 항렬자에 따라 개명허가를 얻고자 이 신청에 이르렀습니다.

첨 부 서 류

1. 호적등본　　　　　　　　　　　1통
2. 주민등록표등본　　　　　　　　1통
3. 호적등본(항렬자를 소명하는)　1통
4. 신원증명서　　　　　　　　　　1통
5. 인우인보증서　　　　　　　　　1통
6. 병적증명서　　　　　　　　　　1통
7. 납부서　　　　　　　　　　　　1통

서기 ○○○○년 ○월 ○일

신청인 이영근

서울가정법원 귀중

주: 이 사례는 항렬자(行列字)로 개명하는 경우이다.

나. 개명허가 처리 절차

(1) 신청서의 접수

　개명허가신청은 사건본인 수에 따라서 각각 사건번호를 부여하고 1건당 1,000원의 수입인지를 첨부하여야 한다.

　재외 국민이 개명허가신청서를 재외 공관에 제출할 때에는 신청서에 소정의 인지를 첨부하거나 그 액면 상당의 현지화를 재외 공관장에게 납부하여도 무방하다. 이 경우 재외 공관장은 개명허가신청서 상단부 여백에 영수인

(고무인)을 찍어야 하며, 수령한 금액은 매월 정기적으로 국고에 납입하여야 한다.

(2) 개명허가 요건

이름은 사람의 동일성을 특정하기 위한 표상으로, 누구나 자유로이 정할 수 있고 또 정당한 사유가 있다면 이를 바꿀 수도 있음이 원칙이다. 그러나 이름이 호적부에 등재되어 공시되면 그 이름에 대한 사회적 신뢰가 쌓이고, 이를 바탕으로 사회적 질서를 형성하게 되므로 제한 없이 개명의 자유를 인정하기는 어렵다. 따라서 호적법은 개명을 하고자 할 때에는 법원의 허가를 얻도록 하고 있다.

개명허가신청에 대하여 허가결정은 개명허가신청 사유가 개명허가 사유에 해당하고, 또한 개명허가기준에 도달할 때여야만 가능하다고 할 수 있다. 예컨대, 동일 씨족 내 또는 동일 지역 내에 동명자(同名者)가 있는 경우에 그 동명자가 있다는 사실이 개명사유에 해당된다 하더라도 다시 동명자와의 근친관계·주거 거리관계 등으로 사회생활상의 혼란이 개명허가의 기준에 달할 때 비로소 개명허가를 하게 된다고 볼 수 있는 것이다.

그러나 이와 같은 개명허가요건이 모두 충족되더라도 이를 뒷받침하는 소명 자료가 없거나 부족한 경우에는 불허(不許)된다.

(3) 개명허가 사유

호적법에는 개명허가 사유에 관하여 아무런 규정이 없다. 따라서 개명허가의 정당한 사유의 유무는 구체적 사안에 따라 법관의 자유재량에 의하여 결정된다고 할 수 있다. 개명을 함에 있어 정당한 사유가 있다고 보아온 사례를 살펴보면 다음과 같다.

(가) 동명자(同名者)가 있어 개명하는 경우

동명자가 있다는 사실 외에 동명자가 있으므로 인하여 학교 또는 사회생활을 함에 있어 막대한 지장을 초래하게 되는 상황에 놓여야 할 것이다. 이와 같은 지장이란 동일 호적 내일 수도 있고 근친자간일 수도 있다. 또 같은 학급일 수도 있고 같은 직장일 수도 있을 것이다.

(나) 성별(性別)에 따라 개명하는 경우

우리 나라에는 남(男), 여(女)의 이름이 확연하게 구분되는 것은 아니나 관례상 남자의 이름과 여자의 이름이 대체로 식별되고 있는 실정이다. 따라서 남자의 이름이 여자의 이름과 같다던가 반대로 여자의 이름이 남자의 이름과 같아서 남자가 여자로 또는 여자가 남자로 각기 오인을 받게 되는 경우가 없지 않다. 이와 같은 이유로 개명허가신청을 하는 경우가 종종 있다.

예를 들면, 남자가 여자로 오인되는 경우로 "기화(奇花)", "연숙(然淑)", "광옥(光玉)" 등을 들 수 있고, 반대로 여자가 남자로 오인되는 경우로는 "훈택(勳澤)", "승국(承國)" 등이다.

(다) 항렬자(行列字)로 개명하는 경우

우리 나라에서는 오래 전부터 같은 항렬이면 같은 항렬자를 써서 작명하는 관습이 전래되어 왔다. 따라서 이름에 항렬자와 다른 자(字)를 쓴 경우 항렬자로 개명하고자 하는 경우이다.

같은 항렬에 있는 동일문자로 작명하여 이름의 윗자 또는 아랫자의 하나에 적용하고 1대마다 상하로 전용하게 된다.

(라) 부르기 나쁜 이름을 개명하는 경우

이름으로 부르기에 놀림과 조롱의 대상이 되는 경우를 말한다.

예를 들면 피란(避難), 창녀(昌女), 죽자(竹子), 천만(千滿), 염병(炎炳), 춘분(春分), 월경(月景), 여우(如雨), 호모(好模), 총각(總角) 등의 이름을 개명하고자 하는 경우를 들 수 있다.

(마) 통칭명(通稱名)으로 개명하고자 하는 경우

호적에 등재된 이름과는 다른 이름이 가정이나 학교 또는 직장 등에서 사실상 통용되고 있을 때에 이 사실상 통용되는 이름으로 개명하고자 하는 경우이다.

(바) 출생신고서에 착오로 기재한 이름을 개명하는 경우

출생신고 당시 이름을 착오기재하였다는 이유로 개명하고자 하는 경우로, 혜향(惠鄕)을 혜경(惠卿)으로 사자(思子)를 은자(恩子)로 지봉(枝鳳)을 기숙(技夙)으로 개명하고자 하는 경우이다.

(사) 난해(難解), 난독(難讀)의 이름을 개명하는 경우

난해·난독의 이름이란 문자가 어려워 호칭과 기록에 혼란을 일으켜 사회생활상 많은 불편을 가져 올 수 있는 이름을 말한다.

(아) 일본식 이름을 개명하는 경우

창씨개명(創氏改名) 당시의 출생자나 개명자가 성명복구 당시 시기를 놓쳐 일본식 이름을 그대로 가지고 있음으로 하여 개명하고자 하는 경우이다.

예를 들면, 규삼랑(圭三郞), 용삼랑(龍三郞), 미대자(美代子), 일출자(日出子)를 개명하고자 하는 경우 등이다.

(자) 귀화한 자가 한국식 이름으로 개명하는 경우

외국인으로서 우리 나라에 귀화한 자가 한국식 이름으로 개명하고자 하는 경우이다.

예를 들면, 우리 나라에 귀화한 미국인 킬로렌(K. F. Killoren)이 길로연(吉路連)으로 개명한 경우를 들 수 있다.

(차) 기타 개명사유

성명철학상 나쁘다거나 너무 평범한 이름이기 때문에 개명하고자 하는 경우 등이 있다.

(4) 개명허가기준

호적법에는 개명허가의 기준에 관하여도 아무런 규정이 없다. 결국 개명
허가기준은 이미 형성된 사회질서의 안정 및 유지라는 공익적 목적과 개명
하고자 하는 자의 개인적 편의를 적절히 조화시킬 수 있는 선에서 찾아야
할 것으로 보여진다.

(5) 허부의 재판

개명허가절차는 호적비송사건에 해당하므로 재판의 형식은 결정으로 하
며 결정에는 주문을 명시하여야 하나 이유의 적시는 반드시 필요하지 아니
하다. 결정의 종류에는 허가결정, 기각결정, 각하결정 등이 있다.

결정은 고지함으로써 효력이 생긴다. 다만, 법원은 결정을 한 후에 그 결
정이 위법 부당하다고 인정될 때에는 스스로 이를 취소 또는 변경할 수 있
다.

그러나 그 결정에 기하여 이미 호적의 기재를 한 후에는 그 허가결정을 한
법원은 스스로 그 허가결정을 취소 또는 변경할 수 없다.

(가) 인용결정 사례

서 울 가 정 법 원
결 정

2002호파   000 개명 허가신청 사건

신청인 겸 사건본인
이영근(李英根) ○○○○년 ○월 ○일생
본 적   서울특별시 ○○구 ○○동 ○번지
주 소   위와 같음

주　문

서울특별시 ㅇㅇ구청에 비치된 같은 구 ㅇㅇ동 ㅇㅇ번지 호주 李英根의 호적 중 신청인 겸 사건본인의 이름 영근(英根)으로 기재된 것을 영근(榮根)으로 개명하는 것을 허가한다.

신 청 취 지

주문과 같다.

이　유

이 신청은 그 이유 있다고 인정되므로 주문과 같이 결정한다.

2002. ㅇ. ㅇ.

판사 ㅇ ㅇ ㅇ　(인)

(나) 기각결정 사례

서 울 가 정 법 원
결　정

2002호파　000 개명사건
신청인 겸 사건본인
박영실(朴泳實) ㅇㅇㅇㅇ년 ㅇ월 ㅇ일생
본 적　　서울특별시 ㅇㅇ구 ㅇㅇ동 ㅇ번지
주 소　　위와 같음

신 청 취 지

　서울특별시 ㅇㅇ구청에 비치된 같은 구 ㅇㅇ동 ㅇㅇ번지 호주 朴昌權의 호적 중 신청인 겸사건본인의 이름 영실(泳實)로 기재된 것을 영실(永實)로 개명하는 것을 허가한다. 라는 신청.

이 신청은 그 이유 없다고 인정하여 다음과 같이 결정한다.

주 문

이 신청을 기각한다.

2002. ○. ○.

판사 ○○○

(6) 불복 절차

개명허가신청에 의한 법원의 결정에 대하여는 항고할 수 있고 항고법원의 결정에 대하여는 재항고할 수 있다.

3. 개명신고 절차

가. 산고인(신고의무자)

개명신고는 개명허가를 받은 자가 신고하여야 한다. 개명허가를 받은 자가 미성년자 또는 금치산자인 때에는 친권을 행사하는 자 또는 후견인이 개명신고를 하여야 하나 의사능력있는 미성년자 또는 금치산자는 스스로 개명신고를 하여도 무방하다.

나. 신고장소

개명신고는 신고사건의 본인의 본적지 또는 신고인의 주소지나 현주지에서 신고하여야 한다.

다. 신고기간

법원의 허가를 받고 그 등본을 받은 날로부터 1월 이내에 신고하여야 한다.

라. 신고서의 기재사항

신고서에는 신고서의 일반적 기재사항 외에 다음 사항을 기재하여야 한다.
① 변경전의 이름
② 변경한 이름
③ 허가 연월일

마. 신고서의 첨부 서류

법원의 개명허가 결정 등본을 첨부하여야 한다. 그러나 확정증명서나 송달증명서는 필요하지 아니하다.

바. 개명신고서의 작성 방법

개명신고서는 호적법시행규칙 제28조에 의한 별지 제28호 양식에 의하여 작성하여야 한다.

(1) 개명자란(①란)에는 개명하고자 하는 자(사건 본인)의 본적과 호주 및 호주와의 관계, 주소와 세대주 및 관계, 부모의 성명, 사건 본인의 본과 주민등록번호를 기재하고 사건본인의 성명을 한글과 한자로 병기한다. 이름이 한자가 없는 경우에는 한글란에만 기재한다. 본은 한자로 기재한다.

(2) 변경하고자 하는 이름란(②란)에는 변경하고자 하는 이름을 기재한다.

(3) 허가일자란(③란)에는 개명허가 연월일과 개명허가를 한 법원의 명칭을 기재한다. 개명허가 일자는 개명허가 결정등본에 기재된 연월일을 기재한다.

(4) 기타 사항란(④란)에는 호적에 기재하여야 할 사항을 분명하게 하는데 특히 필요한 사항을 기재한다.

(5) 신고인란(⑤란)에는 신고인의 성명, 주민등록번호, 자격, 전화번호 등을 기재하되 신고인이 사건 본인인 때에는 변경 전의 이름을 기재하고 자격은 부모, 후견인, 사건 본인 등 해당되는 자격을 기재한다.

【양식 제28호】 〈개정 1994. 10. 17.〉

개 명 신 고 서					
※ 아래의 작성방법을 읽고 기재하시기 바랍니다.				년 월 일	
① 개명자	본 적			호 주 및 관계	의
	주 소			세대주 및 관계	의
	부 모 성 명	부 (父)		모 (母)	
	본 인 성 명	한글 / 한자		본	주민등록 번 호
② 변경하고자 하는 이름	한글			한자	
③ 허가일자		년 월 일 법원명			
④ 기타사항					
⑤ 신고인	성명	서명(인) 주민등록번호		자격	
	주소			전화	

창성 절차

---

1. 개설

가. 창성의 의의

창성(創姓)이라 함은 외국의 성(姓)을 쓰는 국적 취득자가 종전의 성을 쓰지 아니하고 새로이 성(姓)과 본(本)을 정하는 것을 말한다. 이와 같이 외국의 성을 쓰는 국적취득자가 종전의 성을 쓰지 아니하고 새로이 성과 본을 정하고자 하는 경우에는 그 본적지, 주소지 또는 본적지로 하고자 하는 곳을 관할하는 가정법원의 허가를 받고 그 등본을 받은 날부터 1월 이내에 그 성과 본을 신고하여야 한다.

이는 대한민국의 국적을 취득한 외국인이었던 자가 우리 나라의 성과 본을 바꾸어 사용하고자 하는 경우에 그 절차를 규정한 것으로 먼저 가정법원의 허가(심판)를 받고 그 등본을 받은 다음 창성신고라는 호적신고를 하여야 한다.

나. 창성허가

먼저 외국의 성을 쓰는 한국의 국적을 취득한 자로서 새로이 성과 본을 정하고자 하는 자가 그의 본적지나 주소지 또는 본적지로 하고자 하는 곳을 관할하는 가정법원에 창성허가 심판청구를 하여야 한다.

창성허가심판 청구를 받은 가정법원은 가사소송법과 가사소송규칙 중 성 · 본 창설에 관한 규정에 따라서 심판을 하여야 한다. 따라서 가정법원의 창성허가는 호적비송사건이 아니고 가사비송사건이다. 따라서 재판서의 양식은 결정이 아니고 심판으로 표기된다.

따라서 개명허가 절차가 호적비송사건인데 반하여 창성허가는 가사비송 사건으로 다루게 된다. 뿐만 아니라 창성신고는 호적법에서 제14절 국적의 취득과 상실의 절에서 국적취득자의 창성신고(제111조)라는 규정을 두고 있다.

이와 같이 개명절차와 창성절차는 호적비송과 가사비송이라는 다른 절차로 처리되고 있으나 창성허가절차는 곧 개명허가절차로 연관을 갖게 되어 본서에서는 국적득상절차에서 분리하여 개명절차와 함께 묶어 함께 다루기로 한다.

다. 창성 절차

이미 언급한 바와 같이 창성은 관할 법원에서의 창성허가절차(심판청구)와 사건 본인의 본적지 또는 신고인의 주소지나 현주지 시(구) · 읍 · 면의 장에게 신고하여야 한다. 따라서 창성 절차는 창성허가 절차(심판청구)와 창성신고 절차를 거쳐야 한다.

이들 절차를 나누어 언급하기로 한다.

2. 창성허가(심판청구) 절차

가. 창성허가 심판청구

(1) 청구권자

외국의 성을 쓰는 국적취득자이다. 귀화 등으로 인하여 대한민국 국적을 취득한 자가 종전의 성을 쓰지 아니하고 새로이 성을 정하고자 하는 자이다.

(2) 관할 법원

사건본인의 본적지, 주소지 또는 본적지로 하고자 하는 곳을 관할하는 가정법원이다.

(3) 심판청구의 방식

창성허가심판청구는 서면 또는 구술로 할 수 있다. 구술에 의한 심판청구의 경우에는 가정법원 법원사무관 등의 앞에서 진술하여야 하고 이 경우 법원사무관 등은 조서를 작성하고 이에 기명, 날인하여야 한다.

(4) 심판청구서의 기재사항

심판청구서에는 ① 당사자의 본적, 주소, 성명, 생년월일, 대리인이 청구할 때에는 대리인의 주소와 성명 ② 청구의 취지와 원인 ③ 청구의 연월일 ④ 가정법원의 표시를 기재하고 청구인 또는 대리인이 기명날인하여야 한다.

나. 창성허가

(1) 창성허가 심판청구를 받은 가정법원은 가사소송법과 가사소송규칙 중

성 · 본창설에 관한 규정에 따라서 심판을 하여야 한다. 가정법원의 창성허가는 가사비송사건이므로 가사비송사건의 심판절차에 따라서 재판을 하도록 규정하고 있다. 이 창성허가의 재판서는 심판서로 표기된다.

(2) 창성허가는 실무상 청구인의 희망대로 허가하는 것이 보통이고 주문례는 「사건본인의 성을 ○으로 본을 ○○으로 창설할 것을 허가한다」가 일반적이다.

(3) 창성허가를 기각한 심판에 대하여는 청구인이 즉시항고를 할 수 있다.

(4) 심판서

서 울 가 정 법 원

심   판

사건 ○ ○느 ○ ○ 성 및 본 창설
청구인 겸 사건 본인 ○ ○ ○ ○(○ ○ ○ ○)
　　　　생년월일 ○ ○ ○ ○년 ○월 ○일생
　　　　본　　적 ○ ○시 ○ ○구 ○ ○동 ○ ○번지
　　　　국적취득연월일 : 2000. ○. ○.
　　　　상실한 국적 : ○ ○국
　　　　주　　소 ○ ○시 ○ ○구 ○ ○동 ○ ○

위 사건에 관하여 당원은 그 이유 있다고 인정하여 다음과 같이 심판한다.

주   문

사건본인 ○ ○ ○ ○의 성을 허로 본을 인천으로 창설할 것을 허가한다.

2000년 ○월 ○일

판사 ○ ○ ○ (인)

---

3. 창성신고 절차

가. 신고인(신고의무자)

가정법원으로부터 창성허가를 받은 자이다.

나. 신고장소

창성신고는 호적신고의 장소에 관한 일반규정에 의하여 신고하여야 한다.

다. 신고기간

창성허가를 받고 그 등본을 받은 날로부터 1월 이내에 신고하여야 한다.

라. 신고서의 기재사항

신고서에는 일반적 기재사항 외에 다음 내용을 기재하여야 한다.
① 종전의 성
② 창성한 성과 본
③ 허가의 연월일

마. 첨부서류

창성신고서에는 창성허가의 등본을 첨부하여야 한다.

바. 창성신고서의 작성방법

창성신고서는 호적법시행규칙 제28조가 규정한 별지 제34호 양식으로 규정하고 있으므로 이 양식에 의하여 작성하여야 한다.

(1) 창성자란(①란)에는 창성허가를 받은 자의 본적과 호주 및 그 관계, 주소와 세대주 및 그 관계, 주민등록번호 등을 기재하고 창성허가를 받은 자 본인의 성명(한글, 한자)을 기재한다.

(2) 창성 전후의 성란(②란)에는 창성허가를 받은 자의 종전의 성, 본과 창성하고자 하는 성, 본을 한글과 한자로 기재한다.

(3) 허가일자란(③란)에는 창성허가를 한 법원명과 허가일자를 기재한다. 허가일자는 창성허가심판서에 기재된 일자를 기재한다.

(4) 기타 사항란(④란)에는 호적기재사항을 분명하게 하는데 특히 필요한 사항을 기재한다.

(5) 신고인란(⑤란)에는 신고인의 성명, 주민등록번호, 주소, 전화번호, 자격을 기재한다. 자격으로는 창성자 또는 법정대리인 등의 기재를 한다.

【양식 제34호】<개정 1994. 10. 17.>

창 성 신 고 서

※ 아래의 작성방법을 읽고 기재하시기 바랍니다.   년 월 일

① 창성자	본적		호주 및 관계	의
	주소		세대주 및 관계	의
	성명	한글	주민등록번호	
		한자		

②	종전의 성	한글	한자	종전의 본	한글	한자
	창설한 성	한글	한자	창설한 본	한글	한자

③ 허가일자	년 월 일	법원명	

④ 기타사항	

⑤ 신고인	성명	서명(인)	주민등록번호		자격	
	주소				전화	

제7장 취적 절차

취적 통칙

1. 취적 개설

가. 취적의 의의

취적이라 함은 대한민국 국민으로서 호적이 없는 자에 대하여 새로이 호적을 갖도록 하는 것을 말한다. 그러므로 호적이 있는 자나 호적이 있지만 본적의 소재를 알 수 없는 본적불명자는 취적을 할 수 없다. 즉, 호적이 없는 무적자(無籍者)에게만 취적이 허용되는 것이다.

여기에는 취적을 요하는 무적자라 함은 호적법 제20조의 규정에 의하여 입적(入籍)할 부(父) 또는 모(母)의 호적이 없는 자를 말한다. 따라서 무적자라 할지라도 출생신고를 하였으니 그 기재기 유루된 경우나 호적기재의 착오로 인하여 갑(甲)의 사망을 을(乙)에 대하여 사망기재를 함과 같은 경우는 취적의 대상이 아니고, 호적정정을 하여야 한다.

우리나라 국민은 누구나 출생을 하면 호적법이 정하는 바에 따라 신고 의무자가 출생신고를 하여야 한다. 설령 출생일로부터 10년 또는 20년이 경과하였더라도 출생신고 의무자가 출생신고를 하여 호적을 가지게 된다. 부(父) 또는 모(母)가 무적자(無籍者)로서 생존 중인 때에는 부 또는 모가 취적절차에 의하여 호적을 가진 후 그 자(子)는 출생신고에 의하여 부 또는 모의 호적에 입적하게 되는 것이다.

그러나 출생신고 의무자가 없는 경우에는 출생신고를 할 수 없으므로 출생자는 무적자가 될 수밖에 없고, 결국 취적을 하여야 한다. 다만, 출생신고를 하여 이미 호적을 가졌던 자가 호적의 멸실로 인한 재제시에 누락이 되었다던가 이북에 호적이 있는 자로서 이남에 거주하는 자 등이 취적을 하는 것은 후발적 사유로 인한 예외라고 하겠다.

한편 기아(棄兒)를 발견한 자 또는 기아발견의 통지를 받은 경찰공무원은 24시간 이내에 그 사실을 시(구) · 읍 · 면의 장에게 보고하여야 한다. 시(구) · 읍 · 면의 장이 기아발견사실의 보고를 받은 때에는 호적법시행규칙 별지 제43호 서식에 의한 기아발견조서를 작성한 후 가정법원으로부터 성(姓) 및 본(本)의 창설허가를 받은 다음 기아발견조서를 신고서로 보고 호적 기재를 함으로써 기아(棄兒)는 호적을 가지게 된다.

나. 취적의 유형

취적은 법원허가에 의한 취적과 판결에 의한 취적이 있다. 법원허가에 의한 취적은 호적비송사건으로 비송사건절차법에 의한 취적을 말하고, 판결에 의한 취적은 소송절차에 의한 취적을 말한다.

법원허가에 의한 취적은 일반무적자의 취적, 군사분계선 이북지역 재적자의 취적, 멸실호적의 취적으로 구분할 수 있다.

또 취적은 호적법에 의한 취적과 특례법에 의한 취적으로 나눌 수 있다.

이 특례법에 의한 취적은 다시 재외국민취적 · 호적정정및호적정리에관한특례법에 의한 취적과 북한이탈주민의보호및정착지원에관한법률에 의한 취적이 있다.

이하 항목을 달리하여 순차로 설명하기로 한다.

허가에 의한 취적

1. 허가에 의한 취적 개설

법원의 허가에 의한 취적은 호적비송사건으로 처리되며, 일반 무적자의 취적 · 군사분계선 이북지역 재적자의 취적 · 멸실 호적의 취적으로 나눌 수 있다.

가. 일반 무적자의 취적

일반 무적자란 원래부터 호적을 가지지 아니한 자로, 우리 나라 국민으로서 출생을 하였으나 출생신고 의무자가 없어 출생신고를 할 수 없는 경우나 기아발견조서에 의하여서도 호적을 갖지 못하는 사를 말한다. 그러므로 일반 무적자는 원래는 호적이 있었으나 후발적인 사유로 인하여 무적이 된 경우와 구별된다.

군사분계선 이북지역 재적자가 월남 후 취적할 경우를 제외하고 일반 무적자가 취적을 할 때에는 비록 그 부모, 전호주 및 호주승계사유 등을 알고 있다고 하여도 이는 사실상에 불과한 것이고 법률적으로 인정되는 것은 아니므로 신분표에 이를 기재하여 취적허가신청을 할 수는 없다.

친생관계 부존재확인 판결이 확정되어 호적에서 말소된 자가 취적하는 경우 판결문상에 친생부모의 성명이 표기되어 있다면 부(父)의 성(姓)과 본(本)은 따를 수 있으나 부모란에 부의 이름은 기재할 수 없고 모(母)의 이름만 기재할 수 있다. 부의 이름을 기재하기 위하여는 생부(生父)를 상대로 하여 인지판결을 받아야만 한다.

군사분계선 이북지역에서 출생하고, 8.15 해방 후 월남하여 현재까지 부모를 알 수 없는 무적자로 있는 자는 일반취적절차에 의하여 호적을 가질 수 있다.

나. 군사분계선 이북 재적자의 취적

군사분계선 이북지역에 본적을 가졌던 자의 취적을 군사분계선 이북지역 재적자의 취적이라고 한다.

그 본적이 38도선 이북인 때에는 1945. 8. 15.를, 38도선 이남인 경우에는 1950. 6. 25.를 각 기준으로 한다.

군사분계선 이북지역 재적자의 취적은 군사분계선 이북지역의 본적지 호적부상에 기재되어 있던 그대로 취적하여야 하며, 호적편제사유 중에 원적지(原籍地)를 표시하여야 하나 분가로 인하여 새로 편제되는 호적에는 원적지의 표시를 하지 아니한다.

월남하지 못하고 아직 군사분계선 이북지역에 거주하는 호주 또는 가족도 등재하되 "군사분계선 이북지역 거주"라고 표시하여야 하는데, 그 자가 월남한 경우의 호적신고는 추완신고에 의한다.

이미 사망한 자는 취적할 수 없지만 군사분계선 이북지역에 본적을 가졌던 자가 월남 후 사망한 경우에는 규칙 제56조에 따라 군사분계선 이북지역의 본적지 호적에 기재되어 있던 대로 취적하여야 하므로 취적의 대상이 된다.

군사분계선 이북지역에 호적이 있었던 자는 8 · 15 당시의 호적 그대로 취적하여야 할 것이며, 8 · 15 이후 출생한 자의 경우에는 그가 입적할 부(父) 또는 모(母)의 8 · 15 당시의 호적 그대로 취적한 후 출생신고를 하여 입적할 것

군사분계선이북지역에 본적을 가진 월남자가 취적을 하면서 군사분계선 이북지역 거주 호주 또는 가족의 등재를 누락하였다면, 호주 또는 후주승계의 선순위권자는 그 사실을 소명할 수 있는 호적(제적) 등 · 초본, 이북 5도 지사 발생의 군사분계선 이북지역 재적확인증명서 등의 자료를 첨부하여 그 누락된 자를 호적에 추가로 입적하는 법원의 취적허가결정을 받아 호적관서에 신고하면 될 것이다.

다. 멸실호적의 취적

호적이 있었으나 전쟁이나 사변 등으로 인하여 호적이 멸실되어 취적하는 것을 멸실호적의 취적이라고 한다. 멸실호적의 취적의 경우 원래는 호적이 있었다는 점에서 군사분계선 이북지역 재적자의 취적의 경우와 같지만, 군사분계선 이북지역 재적자는 이북에 호적이 있었으나 사용할 수가 없는 자이고, 호적이 멸실된 자는 호적이 전쟁 기타 사변 등으로 인하여 멸실된 자라는 점이 다르다.

호적이 멸실된 자라고 해서 모두가 취적을 하는 것은 아니고, 멸실호적을 재제할 때에 착오로 누락된 자가 있는 경우에는 그 누락자를 재제한 호적에 가속으로 주가 취적하여야 한다.

2. 취적허가 절차

가. 취적허가 신청 절차

(1) 관할 법원

취적하려는 자는 취적하려는 지(地)를 관할하는 가정법원(지방법원 및 지원 포함)의 허가를 받아야 한다.

(2) 신청인

취적허가 신청은 취적하려고 하는 무적자 본인이 하여야 한다. 무적자가 무능력자라도 의사능력(약 15세 이상) 있으면 신청할 수 있고 의사능력이 없는 자로 법정대리인 또는 후견인에 의하여 신청할 수 있다.

군사분계선 이북지역 재적자에 대한 취적허가신청은 호주가 하여야 하나, 호주가 군사분계선 이북지역에 거주하는 경우 또는 이에 준하는 사유로 인하여 취적절차를 취할 수 없을 때에는 그 가(家)의 호주승계 순위에 의한 선순위자가 이를 할 수 있다.

동일 호적에 취적할 자가 여러 명인 경우에도 취적허가신청을 각 취적자마다 하여야 하고 호주 기타의 자가 일괄하여 신청할 수 없다. 그러나 군사분계선 이북지역에 본적을 가졌던 자의 취적허가신청은 군사분계선 이북지역 거주자도 취적하여야 하는 등 그 특수성에 비추어 1호(戶) 1건으로 한다.

(3) 신청서의 기재사항

취적허가신청서에는 아래의 사항을 기재하고 신청인 또는 대리인이 이에 기명날인하여야 한다.
① 신청인의 성명과 주소
② 대리인에 의하여 신청할 때에는 그 성명과 주소

③ 신청의 취지와 그 원인인 사실

④ 신청의 연월일

⑤ 법원의 표시

(4) 신청서의 첨부서류

취적허가신청서에는 소명할 증거서류가 있을 때에는 그 원본 또는 등본을 첨부하여야 하는바, 실무상 다음과 같은 소명자료가 요구된다.

① 무적증명서

당해 관내에서 호적을 가지고 있지 않다는 사실을 시(구) · 읍 · 면의 장이 증명하여 발행하는 서면이다.

② 주민등록신고 확인서

주민등록법에 의한 주민등록신고를 이행하였음을 증명하는 서면이다. 이것은 무적자(취적허가신청인)의 주거에 관한 소명으로 읍 · 면 · 동의 장이 발행한다.

③ 재적(在籍)증명서

군사분계선 이북지역에 본적을 가졌던 자가 취적을 하는 경우에 첨부하여야 하는 서면이다. 이북에 호적이 있었음을 증명하는 서면으로서 이북 5도 지사가 증명한다.

④ 멸실 당시 재적증명

멸실호적취적의 경우에 첨부하여야 하는 서면이다. 멸실 당시에 호적이 있었다는 증명으로 당해 시(구) · 읍 · 면의 장이 발행한다.

⑤ 인우보증서

취적자의 인우인(隣佑人) 등이 취적허가에 필요한 특정한 사항이 사실임을 보증하는 서면이다. 그러나 가공인물을 보증인으로 형식적으로 기재 날인하고 있는 사례가 많으므로 인우보증의 정확을 기하기 위하여 반드시 보증인의 주소민등록표 등 · 초본을 첨부하도록 하고 있다.

⑥ 성(姓) · 본(本) 창설허가심판서

부모를 알 수 없는 무적자의 경우에는 법원의 성·본 창설허가 심판서를 첨부하여야 한다.

⑦ 기타 첨부 서류

취적허가신청의 구체적 사안에 따라 필요한 서류를 첨부하고 있다.

(5) 첩용 인지

취적허가신청 중 일반취적은 사건본인 1인 1건으로 1,000원의 수입인지를 첨부하여야 하고 군사분계선 이북지역 재적자의 취적과 멸실 호적의 취적허가신청은 1호 1건으로 취급하여 1,000원의 수입인지를 첨부하여야 한다.

(6) 취적허가 신청서식

(가) 일반무적자의 취적

취 적 허 가 신 청

본 적   없음
주 소   서울특별시 ○○구 ○○동 ○가 ○○번지
　　　　신청인 및 사건본인 김영선(金榮先)
　　　　　　서기 ○○○○년 ○월 ○일생

신 청 취 지

신청인을 호주로 하여 아래와 같이 취적함을 허가하여 주시기 바랍니다.
본 적 서울특별시 중구 필동1가 941번지
　　　　부 망 김 광 수(金光秀) 남
　　　　모 망 이 영 순(李英順)
　　　　본　　　 경주(慶州)
　　　　호 주 김영선(金榮先)
　　　　　　서기 ○○○○년 ○월 ○일생
서기 ○○○○년 ○월 ○일 전호주 사망으로 인하여 호주상속

신 청 원 인

　1. 신청인은 현 주소지에서 출생하여 부모님과 같이 살다가 부 김광수가 서기

○○○○년 ○월 ○일 사망하고 그 익년에 모친 역시 사망하여서 사방을 전전하여 오다가 부친 명의로 된 집으로 다시 이사를 와서 거주중임.

　2. 그런데 중년에 사방을 전전하다가 ○○○○년 봄 민적 편제 당시 조사에 누락되어 민적 편제가 되지 아니하였음을 금번 혼인신고를 하려 하다가 발견하였으므로 본건 신청을 하는 것임.

첨 부 서 류

1. 무적증명서　　　　　1통
2. 주민등록신고 확인서　1통
3. 인우인보증서　　　　1통
4. 주민등록표 초본(인우인)　1통
5. 납부서　　　　　　　1통

○○○○년 ○월 ○일

신청인 김 영 선 (인)

서울가정법원 귀중

(나) 군사분계선 이북 재적자의 취적

취 적 허 가 신 청

본　적　황해도 은율군 ○○면 ○○리 ○○번지
주　소　서울특별시 ○○구 ○○동 ○가 ○○번지
　　　　신청인 및 사건본인 곽태수(郭太水)
　　　　서기 ○○○○년 ○월 ○일생

신 청 취 지

　서울특별시 ○○구 ○○동 ○○번지에 신청인을 호주로 하여 별지 신분표 기재와 같이 취적함을 허가한다.
라는 결정을 구함.

신 청 원 인

　신청인은 미수복지구인 황해도 은율군 ○○면 ○○리 ○○번지에 본적을 가졌던 자로서 6·25 동란시에 월남하였으나 그간 취적을 하여야 할 것이었으나 차일피일 하다가 현재까지 못하였으므로 이번에 신청취지와 같이 취적을 하기 위하여 본 신청을 한 것임.

첨 부 서 류

1. 본적 확인증   1통
2. 주민등록신고 확인서   1통
3. 무적증명서   1통
4. 신분표   1통
5. 인우인보증서(거주사실)   1통
6. 납부서   1통

○○○○년 ○월 ○일

신청인 곽 태 수 (인)

서울가정법원 귀중

주 : 신분표 생략

(다) 멸실호적의 취적

취 적 허 가 신 청

본 적 서울특별시 강서구 화곡동 129번지
주 소 상   동
        신청인 및 사건본인 한달수(韓達洙)
          서기 1954년 11월 9일생

신 청 취 지

신청인을 호주로 하여 별지 신분표와 같이 취적함을 허가한다.
라는 결정을 구함.

신 청 원 인

  1. 신청인은 본적을 서울특별시 강서구 화곡동 129번지에 두고 있었으나 서

기 19○○년 2월 18일 서울특별시 강서구청 호적창고가 화재로 인하여 절반 이상 소실됨으로써 신청인의 호적도 멸실되었던 것임.

2. 그리하여 서울특별시 강서구청장으로부터 호적에 관하여 신고할 것을 고시하였음에도 불구하고 신청인은 행상차 장기 출타 부재중으로 소정기간 내에 신고를 하지 아니한 까닭에 호적재제에 누적이 되고 말았던 것임.

3. 그러므로 신청인은 호적이 없는 무적자가 되었으므로 호적등본 1통을 첨부하여 이에 신청취지와 같이 취적코자 하오니 허가결정을 하여 주시기 바랍니다.

첨 부 서 류

1. 호적등본	1통
2. 무적증명서(강서구)	1통
3. 주민등록표 등본	1통
4. 신분표	1통
5. 납부서	1통

○○○○년 ○월 ○일

신청인 한 달 수 (인)

서울지방법원 남부지원 귀중

나. 취적허가 처리 절차

(1) 취적의 요건

취적은 호적이 없는 사에게 호적을 갖도록 하는 제도이나. 따라서 취석사유의 적극적 요건은 호적이 없어야 하며 소극적 요건은 취적허가에 의하여 이중호적이 되어서는 안되는 것이다.

(2) 취적사건 처리의 유의사항

최근에는 취적허가신청사건에 대한 재판이 서면심리에 의하여 이루어지는 점을 이용하여 우리 나라의 국적이 없는 재외 동포 등 불법체류자가 취적제도를 악용하여 내국인으로 행세하는 사례도 발견되므로 취적사건을 처리할 때에는 다음과 같은 요령으로 세심한 주의를 기울여야 한다.

① 취적허가신청서의 신청이유와 소명자료를 검토하여 신청이유가 명확하지 않거나 소명이 충분하지 아니하여 취적허가신청의 진실성이 의심스럽다고 인정될 때에는 당사자 본인 또는 참고인 심문을 적극 활용한다.

② 취적허가신청인이 보육원 등의 각종 보호시설 또는 위탁시설에 입소한 경험이 있다고 주장하는 경우에는 당해 기관에 조회하여 입소 여부를 확인한다.

③ 본적의 유무, 주거사실 등을 확인하기 위해 취적지 관할 경찰서에 지문조회에 의한 사실탐지촉탁을 한다.

(3) 허부의 재판

취적허가절차는 호적비송사건에 해당하므로 재판의 형식은 결정으로 하여야 하고, 결정에는 주문을 기재하여야 하나 이유는 기재하지 아니할 수 있다.

취적허가신청에 대한 재판은 신청을 인용하는 허가결정 외에 신청절차상의 요건흠결을 이유로 한 각하결정과 신청이 이유 없는 경우에 하는 기각결정이 있다.

(4) 불복 절차

취적허가 신청의 결정에 대하여 불복이 있는 때에는 항고할 수 있고 항고법원의 결정에 대하여 불복이 있는 때에는 재항고할 수 있다.

3. 취적신고 절차

가. 신고인(신고의무자)

취적을 하고자 하는 자, 즉 무적자 본인이다. 신고의무자가 미성년자 또는 금치산장인 때에는 친권자나 후견인이 신고의무자가 된다. 그러나 미성년자 또는 금치산자라도 의사능력이 있는 때에는 스스로 신고할 수 있다.

호주 및 가족이 취적의 허가를 얻었으나 그 신고 전에 호주가 사망한 경우에는 신호주가 취적신고를 하여야 하며, 취적허가를 얻은 자가 취적신고를 하지 아니한 때에는 호주가 하여야 하므로, 이 경우에는 호주도 신고의무가 있다.

나. 신고장소

신고사건본인의 본적지 또는 신고인의 주소지나 현주지 그리고 취적지에서 신고할 수 있다.

다. 신고기간

법원으로부터 취적허가를 받고 그 등본을 받은 날부터 1월 이내에 취적의 신고를 하여야 한다.

라. 신고서 기재사항

취적신고서에는 호적법 제15조 소정의 사항 외에 취적허가의 연월일을 기재하여야 한다.

마. 신고서 첨부서류

취적신고서에는 취적허가의 등본을 첨부하여야 한다.

바. 취적신고서 작성 방법

취적신고는 호적법시행규칙 제28조가 규정하는 호적신고서 양식 중 별지 제30호 양식에 의하여 작성하여야 한다.

(1) 취적자란(①란)에는 취적자의 본적과 호주 및 관계, 주소와 세대주 및 관계, 부모의 성명, 취적자 본인의 성명, 본, 생년월일, 성별을 기재한다. 취적자가 수인인 때에는 호주인 취적자만이 이 란에 기재하고 나머지 취적자는 기타 사항란(④란)에 "취적자는 별지와 같음"이라고 기재한 다음 별지로 취적자에 관한 사항을 작성하여 신고서에 첨부한다.

(2) 신분에 관한 사항란(②란)에는 신고서에서 정한 이외의 신분에 관한 사항을 기재하되 별지로 첨부한 취적허가결정등본(신분표)으로 대신할 수도 있으며 이때에는 "별첨 취적허가결정등본이 기재와 같음"으로 기재할 것이다.

(3) 허가 또는 재판확정일자란(③란)에는 취적허가결정 또는 판결확정의 연월일을 기재하고 그 법원의 명칭을 기재한다.

(4) 기타 사항란(④란)에는 취적자가 수인인 경우에 호주인 취적자 이외의 취적자에 관한 사항을 별지(신분표)로 첨부하였다는 취지로 기재하는 이외에 취적에 관한 호적기재사항을 분명하게 하는데 특히 필요한 사항을 기재한다.

(5) 신고인란(⑤란)에는 취적신고인의 주민등록번호, 주소, 전화번호를 기재한 후 신고인 성명을 기재하고 서명하거나 날인하여야 하고 서명날인할 수 없는 경우에는 그 사유를 기재하고 무인한다.

【양식 제30호】〈개정 1994. 10. 17.〉

취 적 신 고 서

※ 아래의 작성방법을 읽고 기재하시기 바랍니다. 년 월 일

<table>
<tr><td rowspan="6">① 취적자</td><td colspan="2">본적</td><td></td><td>호 주
및 관계</td><td>의</td></tr>
<tr><td colspan="2">주소</td><td></td><td>세 대 주
및 관계</td><td>의</td></tr>
<tr><td>부모
성명</td><td>부
(父)</td><td></td><td>모
(母)</td><td></td></tr>
<tr><td rowspan="2">본인
성명</td><td>한글</td><td rowspan="2">본</td><td>생년월일</td><td></td></tr>
<tr><td>한자</td><td>성 별</td><td></td></tr>
</table>

<table>
<tr><td>② 신분에
관한 사항</td><td colspan="3"></td></tr>
<tr><td>③ 허가 또는
재판확정일자</td><td>년 월 일</td><td>법원명</td><td></td></tr>
<tr><td>④ 기타사항</td><td colspan="3"></td></tr>
</table>

<table>
<tr><td rowspan="2">⑤
신고인</td><td>성명</td><td>서명(인)</td><td>주민등록번호</td><td></td><td>자격</td><td></td></tr>
<tr><td>주소</td><td colspan="3"></td><td>전화</td><td></td></tr>
</table>

판결에 의한 취적

호적법 제119조 판결에 의한 취적의 신고에 관한 규정을 별도로 두고 있다. 그러나 현행법상 취적을 명하는 판결은 생각할 수 없는 것이므로 이는 취적의 기초가 될 실체적 신분관계에 관한 것으로서 호적에 기재될 자인 것이 명백히 되는 신분관계에 관한 확정판결을 의미하는 것으로 해석하여야 할 것이다.

친생자관계존재확인판결 등이 그 예가 될 것이다. 취적의 신고는 판결확정일로부터 1월 이내에 하여야 하며, 신고서에는 판결확정일을 기재하고 판결의 등본 및 그 확정증명서를 각 첨부하여야 한다.

취적신고는 허가에 의한 취적의 경우와 같이 호적법시행규칙 제28조가 규정하는 호적신고서 양식 중 별지 제30호 양식에 의하여 신고하여야 한다.

특례법에 의한 취적

1. 재외국민취적 · 호적정정및호적정리에관한특례법에 의한 취적

가. 취적대상자

재외국민으로서 본적을 가지지 아니하거나 본적이 분명하지 아니한 자이다.

호적법상 일반취적은 본적을 가지지 않은 무적자만이 취적을 할 수 있으며(법 제116조) 본적이 불명한 자는 호적의 유무가 판명될 때까지 취적할 수 없으나, 특례법은 본적이 불명한 자도 취적할 수 있도록 특례규정을 두고 있다. 또한 가족 중 일부만이 재외 국민등록을 필하여 특례법에 의한 취적의 요건을 갖추었을 경우에는 그러한 자만이 각사 취적할 수 있다.

나. 신청인

호주가 신청인이 된다. 다만, 호주가 군사분계선 이북지역에 거주하는 경우에는 가족 중 호주승계순위에 있어서 선순위자가 신청인이 된다.

다. 신청방법 및 첨부서류

신청서는 본인의 편의에 따라 주소지를 관할하는 재외 공관의 장이나 취적지를 관할하는 가정법원에 취적허가신청서를 직접 제출할 수 있다. 재외 공관의 장이 취적허가신청서를 받은 때에는 지체없이 외교통상부장관을 경유하여 취적지를 관할하는 가정법원에 송부하여야 한다.

신청서에는 1) 신분표, 2) 재외국민등록부 등본, 3) 거류국의 외국인 등록부등본 또는 영주권 사본, 4) 타가에서 입적한 자가 가족으로 취적하는 경우에는 제적사유 있는 친가나 생가의 호적초본(미수복지구인 때에는 예외)을 첨부하여야 한다. 그러나 재일동포가 신청하는 경우에는 일본국 관공서 발행의 증명서(재판서 제외)에는 번역문이 첨부되어 있지 아니하여도 무방하며, 또 재외국민등록부 등본은 재외 공관에서 확인한 재일거류민단장 발행의 재외국민등록증명으로써 갈음할 수 있다.

라. 가정법원의 처리절차

(1) 호적유무의 조사 위촉

가정법원의 재외 국민의 취적허가신청서를 접수한 때에는 취적하려는 지(地)를 관할하는 시(구)·읍·면의 장에게 호적의 유무를 조사위촉하여야 하며, 그 조사결과의 회보에 따라 호적이 없는 것으로 판명된 때에는 취적의 허가를 한다.

(2) 취적허가 등본의 송부 절차

가정법원이 취적허가를 한 때에는 직접 취적지 시(구)·읍·면의 장에게 취적허가결정 등본을 송부하여야 한다. 재외 공관을 경유하여 송부되어 온 사건에 관하여는 당해 공관의 문서번호를 결정등본 등의 적당한 여백에 기재하여야 한다. 신청인에게 결정등본을 송부할 필요는 없다.

(3) 신청서 등의 반송절차

법원은 신청서에 사소한 불비가 있는 경우에도 이를 이유로 신청서를 반송하여서는 안된다. 법원이 신청서를 반송하거나 불허가결정을 한 경우에 외교통상부장관 및 재외 공관의 장을 경유하여 신청인에게 송부하는 서류에는 반드시 수령인(신청인)의 주소와 성명을 명시하여야 한다. 이 경우에는 신청의 불비사유를 부전지 등에 구체적으로 명시하여 함께 송부하여야 한다.

마. 시(구) · 읍 · 면의 장의 처리절차

가정법원으로부터 취적허가결정등본을 송부받은 시(구) · 읍 · 면의 장은 지체없이 호적을 직권편제한 후 5일 이내에 호적등본 2통을 작성하여 외교통상부장관에게 송부(다만, 신청인으로부터 직접 접수한 사건을 처리한 경우에는 호적등본 1통을 작성하여 신청인에게 직접 송부)함과 동시에 그 사본 1통을 감독법원에 송부하여야 한다. 시(구) · 읍 · 면의 장이 외교통상부장관에게 호적등본을 송부하는 경우에는 그 호적등본 등의 적당한 여백에 당해 사건을 송부한 재외공관의 문서번호와 수령인(신청인)의 주소, 성명을 명시하여야 한다.

바. 감독법원의 적정처리 여부 확인

감독법원은 시(구) · 읍 · 면의 장으로부터 송부받은 호적사본을 매달 시(구) · 읍 · 면의 장으로부터 송부받은 신고서류 등과 대조하여 사건처리의 정확과 신속 여부를 확인하여야 하며, 그 호적사본은 호적사무감독서류편철장에 편철한다.

사. 관련 서식 문례

(1) 취적허가신청서

취 적 허 가 신 청

원 적 함경북도 명천군 상가면 와현동 488번지
주 소 日本國 東京都 足立區 ㅇㅇ 6-14-4
　　　 신청인 및 사건본인 신 광 봉(申光鳳)
　　　　　　　　　서기 1905년 11월 15일생

신 청 취 지

　본적을 서울특별시 마포구 현석동 188번지로 정하고 신청인을 호주로 하여
별지 신분표의 기재와 같이 취적함을 허가한다.
라는 결정을 구함.

신 청 원 인

　신청인은 원래 원적이 미수복지구인 함경북도 명천군 상가면 와현동 488번
지에 재적하였던 바 일정시대에 도일하게 되어 현재에 이르기까지 위의 주소지
에서 거주하고 있으며 따라서 재외국민 및 외국인등록까지 하였으나 모국에는
취적을 하지 않아 무적자가 되어 혼인한 처자에 대한 호적정리를 못하고 있어
금번 신청취지와 같이 취적을 하고자 본 신청을 하게 된 것입니다.

첨 부 서 류

1. 재외국민등록부 등본　　1통
2. 외국인등록부 등본　　　1통
3. 영주권 사본　　　　　　1통
4. 신분표　　　　　　　　3통
5. 납부서　　　　　　　　1통

　　　　　　　　서기 1976년 11월 4일

　　　　　　신청인 신광봉 (인)

서울가정법원 귀중

身 分 表

원 적	함경남도 명천군 상가면 와현동 四八八번지				
본 적	서울특별시 마포구 현석동 壹八八번지				
전호주와의 관 계	망 申文基의 자			전호적	
부	망 申文基	남	본	입적 또는 신호적	
모	망 姜太順		平山		
호 주	申光鳳			출 생	서기 壹千九百五년 拾壹월 拾五일

함경북도 명천군 상가면 와현동 四八八번지에서 출생
서기 壹九貳壹년 拾貳월 拾일 전호주 사망으로 호주상속

(2) 호적유무에 대한 조사촉탁서

서 울 가 정 법 원

2001 호파 300

2001. 3. 1.

수 신 서울특별시 용산구청장
제 목 호적유무에 의한 조사 촉탁
  재외국민취적에관한특례법에 의거 아래 사람에 대한 호적 유무를 조사코자
하오니 조속히 회보하여 주시기 바랍니다.

인 적 사 항

주   소 일본국 도교도 아다지구 센슈쇼 -38
취적지 서울특별시 용산구 보광동 300번지
성   명 김 문 혁(金文赫)
      1919년 2월 14일

판사 ○ ○ ○

(3) 호적유무에 대한 조사보고서

용 산 구

시민 4113-18910 2001. 3. 2.

수 신 서울가정법원장
참 조 호적과장
제 목 호적 유무에 대한 조사 촉탁회보
  1. 2001호파 300호로 의뢰하신 다음 자에 대한 호적유무에 대하여 당 구청에
비치 중에 있는 호적 중 본인 취적지에 호적이 없음을 회보합니다.

인 적 사 항

취 적 지 서울특별시 용산구 보광동 300
성   명 김 문 혁(金文赫)
생년월일 1919년 2월 14일 끝.

용산구청장 이 진 수 [직인]

---

2. 북한이탈주민의보호및정착지원에관한법률에 의한 취적

가. 취적 절차의 특례

  북한이탈주민의보호및정착지원에관한법률에 의한 취적은 법원의 허가에
의하도록 하고 있으며, 동법 제19조에 취적에 관한 특례규정을 두고 있다.
그리고 호적예규 제53호에서 그 취적절차에 대한 특례에 관하여 상세히 규
정하고 있다.

나. 취적 대상자

북한이탈주민으로서 군사분계선 이남지역(남한)에 본적을 가지지 아니한 자이다.

다. 관할 법원

서울가정법원이 관할한다.

라. 취적허가 신청인

통일부장관이 신청하며, 통일부장관은 본인(북한이탈 주민)의 의사에 따라 본적을 정하고 호적의 기재방법에 준하여 작성한 신분표를 붙여 서울가정법원에 직권으로 취적허가신청서를 제출한다. 단신 이탈자는 단신으로 취적하며 이 경우에는 군사분계선 이북지역 재적자의 취적에 관한 규정이 적용되지 아니하나, 가족이 이미 월남하여 이남에 취적이 된 경우에는 그 호적에 추가취적하며 이때에는 호적법시행규칙 제56조 제3항의 기준을 적용한다.

마. 취적허가 신청서 접수

취적허가신청서는 호적비송사건부에 접수하되, 신청인은 통일부장관이 되고 북한이탈 주민은 사건 본인이 되는데, 사건부의 비고란에는 사건처리 현황(통계)을 파악하기 위하여 "북한이탈 주민"으로 표시한다.

바. 취적허가신청에 대한 재판

취적허가신청서를 받은 서울가정법원은 지체없이 허가 여부를 결정하여야 하고, 허가결정을 하면 그 결정등본을 취적지 관할 시(구)·읍·면의 장에게 송부한다. 그러나 불허가결정을 한 경우에는 그 사유를 명시(별첨 부전지 등에 명시하여도 무방)하여 통일부장관에게 송부하여야 한다.

사. 호적의 편제

서울가정법원으로부터 취적허가결정등본을 송부받은 취적지 관할 시(구)·읍·면의 장은 지체없이 호적을 편제한 후 주소지를 관할하는 시장, 군수 또는 구청장에게 취적된 호적등본을 첨부하여 호적신고사항을 통보하여야 한다. 이 법에 의한 취적허가, 호적의 편제, 등본의 교부와 그 송달에 소요되는 비용은 국가 또는 지방자치단체의 부담으로 한다.

성·본 창설허가 절차

1. 개설

　자(子)는 부(父)의 성과 본을 따르고 부가에 입적하고, 부를 알 수 없을 때에는 모(母)의 성과 본을 따르고 모가에 입적하는 것이나, 부모 모두를 알수 없는 자(子)는 가정법원의 허가를 얻어 성과 본을 창설하고 일가를 창립한다. 이것이 본호의 성과 본의 창설허가에 관한 사건이다.

　자(子)가 부 또는 모의 호적에 입적할 수 없는 경우에는 세 가지의 구제책이 마련되어 있다.

　① 자가 성년에 달한 후 민법 781조 3항의 규정에 따라 성과 본의 창설 및 일가창립에 관한 가정법원의 허가를 얻어 호적을 편제하는 것(민 781조 3항)

　② 기아(棄兒)에 대하여는 그 발견보고에 의하여 시, 읍, 면의 장이 민법 781조 3항의 규정에 따라 가정법원의 허가를 얻어 그 기아의 성과 본을 창설한 후 시, 읍, 면의 장이 스스로 그 이름과 본적을 정하여 호적에 기재하는 것(호 57조)

　③ 부모가 누구인지는 알기 때문에 성과 본은 가지고 있으나 부모의 본적을 알지 못하거나 부모의 본적이 없어서 일가를 창립하여야 하는 경우, 본인이 가정법원의 허가를 얻어 취적하는 것(호 116조) 등이다.

그중 ③은 호적비송사건으로서 호적법 및 그 시행규칙에 별도의 처리절차가 규정되어 있다. ②는 엄밀하게는 라류 4호의 가사비송사건이라기 보다는 다른 법률에서 가정법원의 권한에 속하게 한 사건에 해당한다고 할 수 있으나, ①의 경우와는 청구권자가 다르고 일가창립의 허가가 불필요하다는 점에 차이가 있을 뿐 민법 781조 3항의 규정에 의한다는 점에서는 본질적으로 동일하다고 할 수 있으므로 여기에서는 ②의 절차를 중심으로 설명하기로 한다.

2. 심판청구

가. 절차 개요

기아를 발견한 자 또는 기아발견의 통지를 받은 경찰공무원은 24시간 이내에 그 사실을 시, 읍, 면의 장에게 보고하여야 하고, 시, 읍, 면의 장은 그 보고에 기하여 소속품, 발견장소, 발견연월일시, 기타의 상황, 성별, 출생의 추정연월일을 조서에 기재하고, 이에 기하여 가정법원의 허가를 얻어 기아의 성과 본을 창설한 후 이름과 본적을 정하여 이를 호적에 기재한다.

시, 읍, 면의 장이 작성하는 조서를 기아발견조서라고 하고 호적기재에 있어서는 신고서에 갈음하게 된다.

기아의 이름과 본적은 성과 본의 창설 후에 하는 것이 원칙이지만, 기아를 특정하기 위하여는 이름이 정해져야 하므로 미리 이름과 본적을 정하여 기아발견조서에 기재하는 것이 보통이다.

나. 기아발견조서

기 관 명 기아발견조서			
보고자의 주소 성명			
보 고 연 월 일	년	월	일
본 적			
주 소			
본적을 정한 연월일	년	월	일
성 명 및 성 별			
출 생 추 정 연 월 일	년	월	일
발 견 장 소 및 일 시	년	월	일
부 속 품			
기 타 상 황			

위와 같이 기아발견조서를 작성함.

19 . . .

○○시(읍 · 면)장 ○○○   직인

(주의) 1. 보고자가 경찰관일 때에는 소속기관 및 직위를 기재할 것
    2. 기아발견보고서를 첨부할 것
    3. 기아발견조서는 출생신고에 준하여 경제기획원에 보고하여야 한다.

다. 심판청구서

기아에 대한 성과 본의 창설허가청구는 기아조서를 작성한 시, 읍, 면의
장이 한다. 청구서에는 기아를 특정하기 위하여 기아의 사진을 첨부하고,

기아조서도 첨부한다. 시, 읍, 면의 장이 하는 청구는 국가의 행정목적수행을 위한 것이므로 국가를 당사자로 하는 소송에 준하여 수수료의 납부를 요하지 아니하고 송달료도 예납할 필요가 없다.

성과 본의 창설허가청구

청 구 인　　○○구청장
사 건 본 인　　기아 ○○○(　　　　) 성별 여
추정생년월일　　1993. 1. 1.
소　　　　재　　서울 서대문구 창천도 ○○○번지

청 구 취 지

사건본인 기아의 성을 김(金)으로, 본을 한양(漢陽)으로 창설할 것을 허가한다라는 심판을 구함.

청 구 원 인

　1995. 1. 3. 서울 서대문구 창천동 ○○○번지 △△보육원 원장 ◇◇◇로부터 기아발견보고가 있으므로 호적법 제57조 제3항, 민법 제781조 제3항에 의하여 기아의 성과 본의 창설을 청구합니다.

첨 부 서 류

1. 기아조서　　　1통
1. 사진　　　　　1장

19 ． ． ．

청구인　서울 서대문구청장 (인)

서울가정법원 귀중

라. 심판청구인

기아조서를 작성한 시(구)·읍·면의 장은 그 관할 가정법원에 성·본의 창설청구를 한다.

자(子)가 성년에 달한 후 성과 본 및 일가창립의 허가를 청구할 때에는 본인이 청구한다.

마. 관할

사건 본인의 주소지의 가정법원의 관할에 속한다.

3. 허가 심판 등

가. 심판

(1) 사건 본인이 부모를 알 수 없는 기아인 이상 성과 본의 창설을 허가하여야 하지만, 성과 본을 무엇으로 할 것인가는 가정법원의 재량에 맡겨져 있다. 다만, 성과 본은 기존의 가계(家系)와의 관계를 고려하여야 하는 것이므로 그 신댁에 신중을 기하여야 한다. 실무상 청구인의 희망대로 허기히는 것이 보통이다.

(2) 주문례

『사건 본인의 성을 김(金)으로, 본을 한양(漢陽)으로 창설할 것을 허가한다.』심판서에는 사건본인의 본적을 쓸 수 없고, 생년월일은 추정 생년월일임을 명시하여야 한다.

(3) 허가심판서

서 울 가 정 법 원
심 판

사　　건　97느353-3354 성 및 본 창설

청 구 인　○○시 ○○구청장

사건본인　○○○○. ○○. ○○생(성별:여)

　　　　　서울 ○○구 ○○ 2동 ○

주　　문　사건본인 ○○의 성을 "주(朱)"로, 본을 "신안 (新安)"으로 창설할
　　　　　것을 허가한다.

이　　유　이 신청은 그 이유 있다고 인정되므로 주문과 같이 심판한다.

○○○○. ○. ○

판사 ○○○ (인)

---

(4) 심판 후 처리

성과 본의 창설허가를 받은 시(구) · 읍 · 면의 장은 기아의 이름과 본적을
정하여 이를 호적에 기재하여야 한다.

(5) 불복

청구를 받아들여 어떤 내용으로든지 성과 본의 창설을 허가한 심판에 대
하여는 불복할 수 없다. 청구를 기각한 심판에 대하여는 청구인이 즉시항고
를 할 수 있다.

제8장　친권·후견절차

친권에 관한 호적신고

친권이라 함은 부모가 어버이라는 신분에 의하여 미성년인 자(子)에 대하여 보호하고 교양할 권리와 의무의 총체를 말한다. 친권의 자(子)의 신분에 관한 것으로는 보호, 교양, 거소지정, 징계권 등이 있고, 자(子)의 재산에 관한 것으로는 재산관리권, 법률행위의 대리권, 동의권 및 취소권 등이 있다.

친권에 관한 호적신고는 ① 친권자지정(변경) 신고 ② 친권(관리권) 상실 신고 ③ 친권(관리권) 회복 신고의 3가지 유형으로 구분할 수 있다.

1. 친권자 지정(변경) 신고

가. 개설

(1) 친권행사자 지정·변경의 의의

민법은 미성년자인 자(子)의 부모가 혼인 중인 때에는 친권을 부모가 공동으로 행사하도록 하고 있으나, 부모가 이혼하거나 혼인외 자(子)를 인지한 경우와 같이 미성년자인 자의 부모가 혼인관계가 없는 경우에는 부모의 협의 또는 가정법원의 결정으로 부모 중 일방을 친권행사자로 지정하여 친

권을 단독으로 행사하도록 하고 있고, 이와 같이 지정한 친권행사자를 변경
할 필요가 있는 때에도 같은 방법으로 친권행사자의 지정을 변경하도록 하
고 있다(민 제909조). 따라서 친권행사자의 지정·변경제도는 미성년자의
부모가 혼인관계가 없기 때문에 친권의 공동행사가 사실상 어려운 사정을
감안하여 미성년자를 보호하기 위한 제도로 보여진다.

그러나 친권행사자로 지정된 자가 사망·실종선고·대리권과 관리권의
상실(사퇴)로 인하여 친권을 행사할 수 없는 경우에도 다른 부(父) 또는 모
(母, 이혼한 생모 포함)가 있는 때에는 후견이 개시되지 않으므로 후견개시신
고를 할 수 없다.

(2) 친권행사자를 지정할 수 있는 경우

친권행사자를 지정할 수 있는 경우로서 ① 미성년자의 부모가 이혼한 때
② 미성년자의 부모의 혼인이 취소된 때 ③ 미성년자를 인지한 때 ④ 부모
의 혼인이 무효인 경우에 그 사이의 출생자에 대하여 부가 출생신고를 함으
로써 인지의 효력이 생긴 때 등을 들 수 있다.

그러나 위에 해당하는 경우에도 ① 미성년자가 성인으로 되거나 혼인한
때 ② 부모의 일방이 사망하거나 실종선고(부재선고)된 때 ③ 부모의 일방이
친권을 상실한 때에는 친권행사자의 지정신고를 수리할 수 없도록 하였다.

(3) 친권행사자의 지정을 변경할 수 있는 경우

민법은 친권행사자를 지정한 경우에도 사정의 변경이 있는 경우에는 부모
의 협의로 친권행사자로 지정된 자를 변경할 수 있고 친권행사자 지정의 변
경에 관한 협의를 할 수 없거나 협의가 이루어지지 아니하는 경우에는 당사
자의 청구에 의하여 가정법원이 친권행사자를 다른 일방으로 변경할 수 있
다.

나. 신고 절차

(1) 신고인

친권자지정(변경)신고의 신고인은 부 또는 모이다.

(2) 신고장소

친권자지정(변경)신고는 호적신고의 신고지 일반원칙에 의하여 신고하여야 한다.

(3) 신고기간

친권자지정(변경)신고는 친권을 행사할 자를 정하거나 변경한 때에는 1월 이내에 그 사실을 신고하여야 한다.

(4) 신고서 기재사항

친권자지정(변경)신고는 호적신고서의 일반적 기재사항 이외에 양식 제9호의 소정사항을 기재하여야 한다.

(5) 첨부서류

(가) 친권행사자지정(변경) 재판서 등본 및 확정증명서
친권행사자의 지정(변경)이 가정법원의 심판에 의하여 부·모 중 일방이 친권행사자지정(변경)신고를 하는 때에는 그 재판서(심판서) 등본과 동 확정증명서를 첨부한다.

(나) 조정조서등본 및 송달증명서
친권행사자의 지정(변경)이 가정법원의 조정성립에 의하여 이루어진 때에는 그 조정조서등본과 송달증명서를 첨부한다.

(다) 친권행사자지정(변경) 협의서
부모가 협의로 친권행사자의 지정(변경)을 한 때에는 그 사실을 증명하는

서면, 즉 협의서를 신고서에 첨부한다.

(6) 신고서의 작성방법

신고서는 호적법시행규칙 제28조 소정의 별지 부록 제9호 양식에 의하여 작성하여야 한다.

(가) 미성년자란(①란)에는 친권행사자로 지정된 자의 친권에 복종하는 미성년자인 자(子)의 본적과 호주성명, 주소, 주민등록번호, 성명(한글·한자) 등을 기재하되 친권에 복종할 미성년자가 여러 명인 때에는 본적 이외의 기재사항을 미성년자별로 순서대로 각각 기재한다.

(나) 부란(②란), 모란(③란)에는 부모의 성명(한글, 한자)과 본적, 호주, 주소, 주민등록번호를 각 기재한다.

(다) 친권행사자로 지정 또는 변경된 사람란(④란)에는 친권행사자로 지정된 자의 성명과 미성년자와의 관계를 부 또는 모로 기재하고 친권행사자의 지정 또는 변경연월일과 지정·변경원인을 기재하되 지정·변경원인란에는 「협의」 또는 「○○법원 심판(조정)」으로 기재한다.

(라) 기타 사항란(⑤란)에는 호적에 기재하여야 할 사항을 분명하게 하는데 특히, 필요한 사항을 기재한다.

(마) 신고인란(⑥란)은 출생신고나 인지신고의 기재방법에 따르면 된다.

【양식 제9호】 〈개정 1994. 10. 17.〉

친 권 자 지 정(변경) 신 고 서

※ 아래의 작성방법을 읽고 기재하시기 바랍니다.　　　　　　　년　월　일

① 미성년자	본적				호주	
	주소					
	성명	한글		한자	주민등록번호	
	주소					
	성명	한글		한자	주민등록번호	
	주소					
	성명	한글		한자	주민등록번호	
② 부	본적				호주	
	주소					
	성명	한글		한자	주민등록번호	
③ 모	본적				호주	
	주소					
	성명	한글		한자	주민등록번호	

④ 친권행사자로 지정 또는 변경된 사람	성명		미성년자와의 관계	
	지정·변경일자	년　월　일	지정·변경원인	

⑤ 기타사항					

⑥ 신고인	성명	서명(인)	주민등록번호		자격	
	주소				전화	
	성명	서명(인)	주민등록번호		자격	
	주소				전화	

2. 친권(관리권) 상실 신고

가. 개설

① 가정법원은 부(父) 또는 모가 친권을 남용하거나 현저한 비행 기타 친권을 행사할 수 없는 중대한 사유가 있는 때에는 자(子)의 친족 또는 검사의 청구에 의하여 친권상실의 재판을 할 수 있고, 법정대리인인 친권자가 부적당한 관리로 인하여 자(子)의 재산을 위태롭게 한 때에는 민법 제777조의 규정에 의한 자의 친족의 청구에 의하여 그 법률행위 대리권과 재산관리권 상실의 재판을 할 수 있다.

② 친권상실의 재판이 확정된 대에는 친권의 내용인 모든 권리가 상실되므로 별도로 법률행위대리권 및 재산관리권 상실의 재판을 필요로 하지 않지만, 반대로 법률행위대리권 및 재산관리권 상실의 재판만이 확정된 때에는 친권의 내용인 나머지의 권리는 그대로 존속하게 된다. 그러므로 어느 범위의 친권행사를 배제할 것인가는 사안의 필요성에 따라 재판을 청구하는 자가 결정할 문제이다.

③ 법정대리인인 친권자는 질병, 복역, 해외거주 등의 정당한 사유가 있는 때에는 가정법원의 허가를 얻어 법률행위대리권과 재산관리권을 사퇴할 수 있다. 공익적 성질을 가지고 있는 친권 자체를 포기하거나 사퇴하는 것은 허용되지 않으나, 친권의 내용 중에서 법률행위대리권과 재산관리권은 사퇴를 인정하되 가정법원의 허가를 얻도록 하고 있다.

나. 신고절차

(1) 신고인

친권(관리권) 상실 신고는 그 재판을 청구한 자 또는 그 재판에 의하여 친

권을 행사할 자로 지정권자가 신고인이 된다. 또 재판을 청구한 자의 상대
방도 신고할 수 있다.

(2) 신고장소

친권(관리권) 상실 신고는 호적신고의 신고지 일반원칙에 의하여 신고하
여야 한다.

(3) 신고기간

친권(관리권) 상실 신고는 재판확정일로부터 1월 이내에 그 사실을 신고
하여야 한다.

(4) 신고서 기재사항

친권(관리권) 상실 신고는 호적신고서의 일반적 기재사항 이외에 양식 제
10호의 소정사하을 기재하여야 한다.

(5) 첨부서류

친권 또는 재산관리권 및 법률행위대리권의 상실에 관한 재판서(심판서)
등본이나 재산관리권 및 법률행위 대리권의 사퇴허가심판서 등본과 그 확정
증명서를 첨부하여야 한다. 재산관리권 및 법률행위대리권의 사퇴신고의 경
우는 사퇴자 작성의 사퇴서가 아니라 가정법원이 작성한 사퇴허가서를 첨부
하여야 한다.

(6) 신고서 작성방법

신고서는 호적법시행규칙 제28조 소정의 별지 제10호 신고서 양식에 따
라 작성하여야 한다. 신고서의 제목이 "친권(관리권) 상실신고서"로 되어 있
으나 재산관리권 및 법률행위대리권의 사퇴에 관한 신고도 이 양식을 사용
하게 된다.

(가) 미성년자란(①란)에는 미성년자의 본적, 주소, 성명(한글, 한자), 호주와의 관계, 주민등록번호를 기재하고 여러 명의 미성년자에 대한 친권이나 재산관리권 및 법률행위 대리권의 상실 또는 사퇴가 있는 경우에는 순서대로 기재한다.

(나) 권리상실자란(②란)에는 친권이나 재산관리권 및 법률행위대리권을 상실하거나 사퇴한 자의 본적, 주소, 성명(한글, 한자) 등을 기재한다.

(다) 상실내용란(③란)에서 범위는 친권, 대리권, 관리권 등으로 기재하고 원인은 상실, 사퇴, 정지 등을 기재한다.

(라) 재판확정일자·법원명란(④란)에는 재판의 확정일자와 재판을 한 법원명을 기재한다.

(마) 기타 사항란(⑤란)에는 호적내 기재하여야 할 사항을 분명하게 하는데 특히 필요한 사항을 기재한다.

(바) 신고인란(⑥란)에서 자격은 재판청구자, 법정대리인 등 해당되는 자격을 기재한다.

【양식 제10호】 〈개정 1994. 10. 17.〉

친 권 (관리권) 상 실 신 고 서

※ 아래의 작성방법을 읽고 기재하시기 바랍니다.　　　　년 월 일

① 미성년자	본 적				호주 및 관계	의
	주 소					
	성 명	한글	한자		주민등록번호	
	주 소					
	성 명	한글	한자		주민등록번호	
	주 소					
	성 명	한글	한자		주민등록번호	

② 권 리상 실자	본 적			호주	
	주 소				
	성 명	한글	한자	주민등록번호	
③ 상실 내용	범 위				
	원 인				
④ 재판확정일자		년 월 일	법원명		
⑤ 기타 사항					
⑥ 신 고인	성 명	서명(인)	주민등록번호	자격	
	주 소			전화	

3. 친권(관리권) 회복 신고

가. 개설

친권상실의 재판을 받은 자와 재산관리권 및 법률행위대리권 상실의 재판
을 받은 자는 그 상실의 원인된 사실이 소멸한 경우에 본인 또는 민법 제777
조의 규정에 의한 친족의 청구에 의하여 가정법원의 재판을 받아 그 상실된
권리를 회복할 수 있고, 법률행위대리권 및 재산관리권의 사퇴허가를 받은
자도 그 사퇴의 사유가 소멸한 경우 본인의 청구에 의하여 가정법원의 허가
를 받아 그 권리를 회복할 수 있다.

나. 신고절차

(1) 신고인

친권 또는 재산관리권 및 법률행위 대리권의 회복에 관한 가정법원의 허

가가 확정된 때에는 그 재판을 청구한 자가 신고의무자로서 신고인이 되고 그 상대방도 신고할 수 있다.

(2) 신고장소

친권(관리권)회복신고는 호적신고의 신고지 일반원칙에 의하여 신고하여야 한다.

(3) 신고기간

친권(관리권)회복신고는 재판의 확정일로부터 1월 이내에 신고하여야 한다.

(4) 신고서 기재사항

친권(관리권)회복신고서에는 호적신고서의 일반적 기재사항 이외에 재판확정일을 기재하여야 한다.

(5) 첨부서류

친권 또는 재산관리권 및 법률행위 대리권의 회복신고에는 그 재판서등본과 확정증명서를 첨부하여야 한다.

(6) 신고서의 작성방법

신고서는 호적법시행규칙 제28조 소정의 별지 제11호 양식에 의하여 작성하여야 한다. 이 회복신고서의 작성방법은 친권(관리권) 상실신고서(제10호 양식)의 경우와 대체로 같다.

(가) 미성년자(①란)에서 2명 이상의 친권(관리권) 상실이 있는 경우에는 순서대로 적으면 된다.

(나) 권리회복자란(②란)에는 본적, 호주, 주소, 성명(한글, 한자), 주민등록번호를 기재한다.

(다) 회복내용란(③란)에서 범위는 친권, 대리권, 관리권 등으로 기재하고 원인은 상실회복, 사퇴회복, 직무대행자선임 등으로 기재한다.

(라) 재판확정일자, 법원명란(④란)에는 재판의 확정일자와 재판을 한 법원의 명칭을 기재한다.

(마) 기타 사항란(⑤란)에는 호적에 기재하여야 할 사항을 분명하게 하는데 특히 필요한 사항을 기재한다.

(바) 신고인란(⑥란)에서 자격은 재판청구자, 친권을 행사할 자 등 해당되는 자격을 기재한다.

【양식 제11호】〈개정 1994. 10. 17.〉

친 권(관리권) 회 복 신 고 서

※ 아래의 작성방법을 읽고 기재하시기 바랍니다.　　　　　년　월　일

① 미성년자	본적			호주 및 관계	의
	주소				
	성명	한글	한자	주민등록번호	
	주소				
	성명	한글	한자	주민등록번호	
	주소				
	성명	한글	한자	주민등록번호	
② 권리회복자	본적			호주	
	주소				
	성명	한글	한자	주민등록번호	
③ 회복내용	범위				
	원인				
④ 재판확정일자		년　월　일	법원명		
⑤ 기타 사항					
⑥ 신고인	성명	서명(인)	주민등록번호	자격	
	주소			전화	

후견에 관한 호적신고

미성년자에게 친권자가 없거나 친권자가 있더라도 친권을 행사할 수 없는 때에는 미성년자의 보호를 위하여 친권의 보충제도가 필요하고, 성년자일지라도 금치산 또는 한정치산의 선고를 받은 자의 보호를 위하여는 능력보충제도가 필요하다. 이와 같은 필요에 의하여 민법이 규정하고 있는 제도가 바로 후견제도이다.

민법 제928조는 미성년자에 대하여 친권자가 없거나 친권자가 법률행위 대리권과 재산관리권을 행사할 수 없는 때에는 후견인을 두어야 한다고 규정함과 동시에 민법 제929조는 금치산자 또는 한정치산의 선고가 있는 때에는 그 선고를 받은 자의 후견인을 두어야 한다고 규정하여 후견제도를 법적으로 제도화하고 있다. 그러나 친자관계의 애정을 바탕으로 한 친권제도에 비하여 피후견인과의 관계가 다소 거리감이 없지 않기 때문에 후견인의 권리행사 및 의무 이행에 관하여 친족회 또는 가정법원의 감독을 받는 경우가 적지 않다.

후견에 관한 호적신고는 ① 후견개시신고 ② 후견인경질신고 ③ 후견종료 신고의 3가지 유형으로 나눌 수 있다.

1. 후견개시신고

가. 개설

(1) 후견개시의 의의

후견개시신고는 후견인의 취임사실을 공시하기 위한 신고로, 후견이 개시되어 후견인이 된 자는 그 취임일로부터 1월 이내에 후견개시신고를 하여야 한다. 후견인의 권리와 의무는 후견개시원인이 발생한 때에 생기므로 후견개시신고는 보고적 신고이다.

(2) 후견개시의 원인

(가) 미성년자에 대한 후견개시 원인
① 미성년자에게 친권자가 없을 때
② 친권자가 법률행위대리권 및 재산관리권을 행사할 수 없는 때
③ 계모·적모의 친권소멸 : 민법개정으로 1991. 1. 1.부터 계모와 적모는 미성년자의 모가 아니므로 친권이 소멸되었다. 이 경우의 후견개시일은 1991. 1. 1.이다.

(나) 한정치산자 또는 금치산자의 후견 개시 원인
금치산선고 또는 한정치산의 선고가 있는 때에는 그 심판이 확정된 때에 후견이 개시된다. 이때에 법정후견이 개시되고 법정후견인이 없는 때에는 선임후견인을 선임하여야 한다.

나. 신고절차

(1) 신고인

후견개시신고는 후견인이 신고의무자로서 신고하여야 한다. 신고의무자

인 후견인을 지정, 법정, 선정을 불문한다. 피후견인이 호적신고를 하여야 할 경우에 후견인이 신고하려면 먼저 후견개시신고를 하도록 하고 있으나 후견인이 그의 후견개시신고 이전에 후견인의 자격으로 호적신고를 하거나 동의를 하여도 유효하다.

(2) 신고장소

후견개시신고는 호적신고의 신고지 일반원칙에 의하여 신고하여야 한다.

(3) 신고기간

후견개시신고는 후견인이 그 취임일로부터 1월 이내에 신고하여야 한다.

(4) 신고서 기재사항

후견개시신고의 신고서에는 호적신고의 일반적 기재사항 외에
① 후견인과 피후견인의 성명, 출생년월일 및 본적
② 피후견이 가족인 때에는 호주의 성명 및 본적
③ 후견개시의 원인 및 연월일
④ 후견인이 취임한 연월일
을 기재하여야 한다.

(5) 첨부서류

(가) 유언서 또는 유언녹음녹취서

유언으로 후견인을 지정한 경우에는 가정법원의 검인을 마친 후견인 지정에 관한 유언서나 그 등본 또는 유언녹음을 기재한 서면(유언녹음녹취서)을 후견개시신고서에 첨부하여야 한다.

(나) 재판서 등본

가정법원의 재판에 의하여 후견인을 선정한 경우에는 그 재판서의 등본을 첨부하여야 한다.

(다) 법정후견인의 호적 등본

법정후견인의 호적이 후견개시신고를 접수·수리하는 호적관서에 없는 때에는 호적등본을 첨부하여야 한다.

(6) 후견개시신고서의 작성방법

후견개시신고는 호적법시행규칙 제28조 제1항 별지 제12호 양식으로 작성하여야 한다.

(가) 피후견인란(①란)에는 피후견인으로서 미성년자, 한정치산자, 금치산자 등을 기재한다. 피후견인이 2명 이상인 경우에는 순서대로 기재하면 된다. 그 기재방법은 친권자지정(변경)신고서의 미성년자란의 기재방법과 같다.

(나) 후견인란(②란)에는 후견인이 된 자의 본적과 호주 및 관계, 주소와 주민등록번호, 후견인의 성명 등을 기재한다.

(다) 후견개시일자 및 원인란(③란)은 후견개시원인과 그 발생일자를 기재한다. 예컨대, ○○○○. ○. ○ 친권자 사망 또는 ○○○○. ○. ○ 한정치산선고 확정, ○○○○. ○. ○ 친권자행방불명 등으로 기재한다.

(라) 취임일자 및 원인란(④란)에서 취임일자는 후견개시원인 발생일자와 동일하게 기재한다.

취임원인은 후견인이 취임하게 된 원인으로서 지정, 법정, 선정 중 해당되는 사항에 ○표를 한다.

(마) 재판확정일자란(⑤란)에는 법원이 후견인을 선정한 경우 그 재판의 확정연월일과 재판을 한 법원의 명칭을 기재한다.

(바) 기타 사항란(⑥란)에는 호적기재사항을 분명하게 하는데 특히 필요한 사항을 기재한다.

【양식 제12호】〈개정 1994. 10. 17.〉

후 견 개 시 신 고 서

년 월 일

※ 아래의 작성방법을 읽고 기재하시되 선택항목은 해당번호에 "○"으로 표시하여 주시기 바랍니다.

① 피 후 견 인	본적				호주 및 관계		의
	주소						
	성명	한글		한자	주민등록번호		
	주소						
	성명	한글		한자	주민등록번호		
	주소						
	성명	한글		한자	주민등록번호		
② 후 견 인	본적				호주 및 관계		의
	주소					전화	
	성명	한글	서명(인)	한자	주민등록번호		
③ 후견개시일자및원인		년 월 일					
④ 취임일자 및 원인		년 월 일		□지정	□법정	□선정	
⑤ 재판확정일자		년 월 일		법원명			
⑥ 기 타 사 항							

2. 후견인 경질 신고

가. 개설

(1) 후견인 경질의 의의

후견이 종료되는 경우로는 ① 후견인에게 발생한 사정으로 인하여 상대적으로 후견이 종료되는 경우, ② 피후견인에게 발생된 사정에 의하여 후견이 절대적으로 종료되는 경우가 있는바, 전자의 경우에는 후견인경질신고를,

후자의 경우에는 후견의 종료신고를 하여야 하며 양자의 신고는 모두 보고적 신고이다.

(2) 후견인의 경질 사유

후견인의 경질사유는 다음과 같다.
① 후견인이 사망한 때
② 후견인이 사퇴 또는 해임된 때
③ 후견인의 자격에 흠결사유가 발생한 때
④ 배우자인 후견인의 혼인관계가 종료된 때
⑤ 후견인이 한국국적을 상실한 때
등이 있다.

나. 신고절차

(1) 신고인

후견인 경질신고의 신고인은 후임자인 후견인이 신고의무자이다.

(2) 신고장소

후견인 경질신고는 호적신고의 신고지 일반원칙에 의하여 신고하여야 한다.

(3) 신고기간

후견인경질신고는 후임자인 후견인이 그 취임일로부터 1월 이내에 신고하여야 한다.

(4) 신고서의 기재사항

후견인 경질신고서의 기재사항은 호적신고서의 일반적 기재사항 외에 후임후견인의 취임취지를 기재한다.

(5) 첨부서류

후견인경질신고서에는 재판서등본이나 후견인의 호적등본을 첨부하여야 할 경우가 있음은 후견개시신고의 경우와 같다. 또 후견인 사퇴에 대한 가정법원의 허가가 있는 경우에는 그 재판서등본을, 후견인 해임의 재판이 있는 경우에는 그 재판서등본과 확정증명서를 첨부하여야 한다

(6) 후견인 경질신고서의 작성 방법

후견인 경질신고는 호적법시행규칙 제28조 제1항 별지 제13호 양식에 의하여 작성하여야 한다.

(가) 피후견인란(①란)에는 친권자 지정신고서의 미성년자란의 기재와 같다.

(나) 후임 후견인란(③란)은 후견인의 성명 등 소정사항을 기재하며, 이란은 신고인란의 성질을 아울러 갖고 있다.

(다) 후견경질일자 및 원인란(④란)은 후견의 상대적 종료원인의 발생일자를 말하며 원인은 '○○○○. ○. ○ 후견인 사망' 또는 '○○○○. ○. ○ 후견인 사퇴' 등으로 기재한다.

(라) 취임일자 및 원인란(⑤란)은 후견개시신고서의 취임일자 및 원인란의 기재방법과 동일하다.

(마) 재판확정일자란(⑥란)은 법원이 후임 후견인을 선정한 경우에 그 재판의 확정일자와 그 법원의 명칭을 각 기재한다.

(바) 기타 사항란(⑦란)은 호적기재사항을 분명하게 하는데 특히 필요한 사항을 기재한다.

【양식 제13호】 〈개정 1994. 10. 17.〉

후 견 인 경 질 신 고 서

년 월 일

※ 아래의 작성방법을 읽고 기재하시되 선택항목은 해당번호에 "○"으로 표시하여 주시기 바랍니다.

							호주 및 관계		의
① 피 후 견 인	본적						호주 및 관계		의
	주소								
	성명	한글		한자			주민등록번호		
	주소								
	성명	한글		한자			주민등록번호		
	주소								
	성명	한글		한자			주민등록번호		
② 전임후견인성명									
③후 임후 견인	본적						호주 및 관계		의
	주소						전화		
	성명	한글	서명(인)	한자			주민등록번호		
④ 경질일자및원인			년 월 일						
⑤ 취임일자및원인			년 월 일			□지정 □법정 □선정			
⑥ 재판확정일자			년 월 일		법원명				
⑦ 기 타 사 항									

3. 후견종료신고

가. 개설

(1) 후견종료신고의 의의

후견종료신고는 후견의 절대적 종료사유가 발생한 경우에 후견인이 하여야 하는 보고적 신고이다.

(2) 후견의 절대적 종료 사유

① 피후견인이 사망한 경우
② 미성년자인 피후견인이 성년이 된 경우
③ 피후견인에 대한 금치산선고 또는 한정치산선고가 취소된 경우
④ 피후견인이 미성년자에게 친권을 행사할 자가 생긴 경우
등을 들 수 있다.

나. 신고절차

(1) 신고인

후견종료신고는 후견종료 당시의 후견인이 신고의무자이다.

(2) 신고장소

후견종료신고는 호적신고의 신고지 일반원칙에 의하여 신고하여야 한다.

(3) 신고기간

후견종료신고는 후견종료원인 발생일로부터 1월 이내에 하여야 한다. 다만, 미성년자가 성년에 달하여 후견이 종료된 경우에는 그러하지 아니하다.

(4) 신고서의 기재사항

신고서에는 호적신고서의 일반적 기재사항 외에
① 피후견인의 성명 및 본적
② 후견종료의 원인 및 그 연월일을 기재하여야 한다.

(5) 첨부서류

후견종료의 원인이 재판에 의하여 발생한 경우의 후견종료신고서에는 당해 재판서의 등본과 확정증명서를 첨부하여야 한다.

(6) 후견종료신고서의 작성 방법

후견종료신고서는 호적법시행규칙 제28조 제1항 별지 제14호 서식에 의하여 작성하여야 한다.

(가) 피후견인란(①란)과 후견인란(②란)은 후견개시신고서의 피후견인란과 후견인란의 기재방법과 동일하다.

(나) 후견종료일자 및 원인란(③란)의 후견종료의 원인에 대한 기재례는 "피후견인 사망", "금치산선고취소", "한정치산선고취소", "모의 친권 부활", "친권회복", "관리권 회복" 등과 같다.

(다) 재판확정일자란(④란)에는 후견의 종료원인이 된 재판으로서 금치산선고 또는 한정치산선고의 취소심판, 친권, 법률행위대리권, 재산관리권의 회복선고심판, 사퇴한 법률행위대리권 및 재산관리권의 회복허가 심판 등의 재판이 확정된 일자와 그 재판을 한 법원의 명칭을 기재한다.

(라) 기타 사항란(⑤란)에는 호적기재사항을 분명하게 하는데 특히 필요한 사항을 기재한다.

(마) 신고인란(⑥란)의 자격은 후견인 법정대리인 등 해당되는 자격을 기재한다.

【양식 제14호】〈개정 1994. 10. 17.〉

후 견 종 료 신 고 서

년 월 일

※ 아래의 작성방법을 읽고 기재하시기 바랍니다.

① 피후견인	본 적			호주 및 관계			의
	주 소						
	성 명	한글		한자		주민등록번호	
② 후견인	본 적			호주 및 관계			의
	주 소						
	성 명	한글		한자		주민등록번호	
③ 종 료 일 자 및 원 인		년 월 일					
④ 재 판 확 정 일 자		년 월 일		법원명			
⑤ 기 타 사 항							
⑥ 신고인	성 명		서명(인)	주민등록번호		자격	
	주 소					전화	

제9장 실종선고 · 부재선고 절차

실종선고에 관한 호적신고

실종선고는 부재자로서 일정한 기간 생사불명의 상태가 계속되고 있는 자에 대하여 가정법원의 심판에 의하여 사망한 것으로 보는 제도이다.

즉, 부재자의 생사가 5년간 분명하지 아니한 때 또는 전지(戰地)에 임한 자, 침몰한 선박중에 있던 자, 추락한 항공기에 탑승했던 자, 기타 사망의 원인이 될 위난을 당한 자의 생사가 전쟁이 끝난 후 또는 선박의 침몰, 항공기의 추락 기타 위난이 종료한 후 1년간 분명하지 아니한 때와 같이, 사망한 것으로 추측되지만 사망에 관한 확증이 없는 경우에, 그 자를 사망한 것으로 간주하여 법률관계를 확정하려는 것이 실종선고제도이다.

사망신고는 사망이라는 자연적 사실에 관한 보고적 신고임에 반하여 실종선고는 사망과는 직접적인 관계없이 사망과 같은 법적효과를 의제하는 점에서 그 본질을 서로 달리한다.

실종선고를 받은 자가 위 기간(5년간, 1년간)이 만료한 때에는 사망한 것으로 본다.

이와 같이 실종선고는 실종기간이 만료된 때에 사망한 것으로 법률상 확정되는 효과가 있다는 점에서, 호적법 90조의 규정에 의한 인정사망(認定死亡)과 다르다. 즉, 인정사망에 있어서는 수난(水難), 화재 기타 사변으로 인하여 사망하였음이 확실하나 그 사체가 발견되지 아니한 경우에 그를 조사한 관공서가 사망지(死亡地)의 시, 읍, 면의 장에게 사망의 보고를 하고 이에 기하여 호적상 사망기재가 이루어지지만, 그 기재는 반증이 없는 한 호적에 기재된 사망일자에 사망한 것으로 인정되는 정도의 사실상 추정력이 있음에 지나지 않는다.

그러나 실종선고를 받은 실종자의 생존한 사실 또는 위 실종기간과 다른 때에 사망한 사실의 증명이 있으면 법원은 본인·이해관계인 또는 검사의 청구에 의하여 실종선고를 취소하여야 한다. 실종선고취소의 효력은 실종선고가 소급해서 그 효력을 잃는다. 그러나 선의로 한 행위의 효력에는 영향이 없다.

따라서 실종선고에 관한 호적신고는 실종선고신고와 실종선고취소신고로 나눌 수 있다. 이들 호적신고는 가사소송법에 의한 가정법원의 심판절차와 호적법에 의한 호적신고 절차를 거쳐서 이루어 진다.

다음에 항목을 달리하여 살펴보기로 한다.

1. 실종선고 신고

가. 개설

(1) 의의

실종선고는 종래의 주소나 거소를 떠난 자(不在者) 또는 전지에 임한 자, 추락한 항공기내에 있던 자, 침몰한 선박안에 있던 자, 기타 사망의 원인이 될 위난을 당한 자의 생사가 일정한 기간동안 분명치 않을 경우 가정법원의 심판에 의하여 사망한 것과 동일한 법률관계를 의제하는 제도이다.

(2) 요건

(가) 실종기간의 만료

실종선고를 하기 위하여는 부재자의 생사불명의 일정기간(실종기간)이 경과하여야 한다.

실종기간은 종래의 주소나 거소를 떠난 부재자의 생사가 불명치 않은 경우 이른바 보통실종은 최후의 소식이 있었던 때로부터 5년이 경과함을 요하고, 전지에 임한 자, 침몰한 선박안에 있던 자, 추락한 항공기안에 있던 자, 기타 사망의 원인이 될 위난을 당한 자의 생사가 분명치 않은 경우 이른바 위난실종은 전쟁종지 또는 선박침몰, 항공기의 추락 기타 위난의 종료일로부터 1년이 경과함을 요한다.

(나) 실종선고의 청구

실종선고는 라류 가사비송사건으로 가정법원에 이해관계인이나 검사(檢事)가 심판청구를 하여야 한다.

여기에서 이해관계인이라 함은 부재자의 배우자, 상속인, 호주승계인, 채권자, 재산관리인등과 같이 법률상 이해관계를 가진 자를 말한다. 검사는 공익의 대표자로서 실종선고를 청구할 수 있다.

(다) 공시최고

실종선고를 하기 위하여는 가정법원이 공시최고의 절차를 거쳐야 한다.

(3) 절차

실종선고의 재판이 확정되면 부재자가 실종기간의 만료시에 사망한 것으로 본다.

따라서 실종선고의 재판확정일로부터 1월 이내에 실종선고의 신고를 하여야 한다.

실종선고신고는 먼저 가사소송법 절차에 따른 실종선고 심판 절차를 거친 다음 호적법 절차에 따른 실종선고 신고를 거쳐야 한다. 이들 심판청구 절차와 호적신고 절차를 살펴 보기로 한다.

나. 심판청구 절차

(1) 심판청구

(가) 청구권자

실종선고를 청구할 수 있는 자는 이해관계인과 검사이다. 이해관계인은 부재자의 법률상 사망으로 인하여 직접적으로 신분상 또는 경제상으로 권리를 취득하거나 의무를 면하는 자를 가리킨다. 따라서 부재자의 상속인의 내연의 처로부터 재산을 매수한 자, 부재자의 제1순위 상속인이 있는 경우에 있어서의 후순위 상속인 등은 여기의 이해관계인에 해당하지 않는다고 한다.

(나) 관할

실종선고사건은 부재자의 최후 주소지의 가정법원의 관할에 속한다. 최후 주소가 국내에 없거나 이를 알 수 없을 때에는 대법원 소재지의 가정법원이 관할한다.

(다) 비용

가사소송수수료 규칙 제3조 제1항에서 정한 수수료(인지) 5,000원과 소정의 송달료를 납부하여야 한다. 또 관보공고료, 신문게재료를 납부한다.

(라) 실종선고심판청구서

I) 보통실종의 경우

실 종 선 고 청 구

청구인 ○○○(○○○)
○○년 ○월 ○일생
본 적 ○시 ○구 ○동 ○번지
주 소 ○시 ○구 ○동 ○번지
사건본인(부재자) ○○○(○○○)
○○년 ○월 ○일생
본 적 ○시 ○구 ○동 ○번지
최후 주소 ○시 ○구 ○동 ○번지

청 구 취 지

　사건본인(부재자) ○○○에 대하여 실종을 선고한다.
라는 심판을 구함.
또는
　사건본인(부재자) ○○○는 실종되어 ○○년 ○월 ○일 실종기간이 만료되었으므로
실종을 선고한다.
라는 심판을 구함.

청 구 원 인

1. 청구인은 부재자의 처입니다.
2. 부재자는 ○○○○년 ○월 ○일 아침 평상시와 같이 출근하였습니다만 같은 날 저녁 7
   시경 회사일로 귀가가 늦겠다는 전화연락이 있은 후 지금껏 아무런 소식이 없을 뿐만
   아니라 생사마저 불명합니다.
3. 청구인은 그동안 경찰에 수색원을 제출하고, 친척·친구들에게도 알아보고, 또한 모
   든 친지를 다 동원하여 부재자의 행방을 찾았습니다만 그의 소재가 지금껏 판명되지
   않습니다.
4. 부재자가 실종되어 ○○년 이상 경과되고, 또한 부재자는 돌아올 가망성이 없어보입
   니다. 따라서 부재자와의 혼인을 해소하고 잔여 재산을 정리하고자 청구취지와 같이
   심판을 구하는 바입니다.

첨 부 서 류

1. 호적등본(부재자, 청구인)　　　　각 1통
2. 수색원수리증명서　　　　　　　　1통
3. 실종을 소명하는 자료(인우보증서 등)　1통
4. 주민등록표등본(보증인)　　　　　각 1통
5. 주민등록표등본　　　　　　　　　1통
6. 납부서　　　　　　　　　　　　　1통

○○○○. ○. ○.

위 청구인 ○ ○ ○ (인)

○○가정법원 귀중

2) 위난 실종의 경우

실 종 선 고 청 구

청구인 ○ ○ ○(○ ○ ○)
○○년 ○월 ○일생
본 적 ○시 ○구 ○동 ○번지
주 소 ○시 ○구 ○동 ○번지
사건본인(부재자) ○ ○ ○(○ ○ ○)
○○년 ○월 ○일생
본 적 ○시 ○구 ○동 ○번지
최후주소 ○시 ○구 ○동 ○번지

청 구 취 지

사건본인(부재자) ○ ○ ○은 실종되어 ○ ○년 ○월 ○일 실종기간이 만료되었으므로 실종을 선고한다.
라는 심판을 구함.

청 구 원 인

1. 청구인은 부재자의 형입니다.
2. 부재자는 ○ ○ ○ ○년 ○월 ○일 ○ ○강에서 보트놀이를 하다가 돌풍에 휘말려 보트가 전복하여 친구들과 같이 강물에 빠져 휩쓸렸습니다. 친구 중 2사람은 구조되고, 1사람은 시체로 발견되었습니다만 부재자는 오늘날까지 생사불명입니다.
3. 금년 ○월 ○일 청구인 및 부재자의 부(父)인 ○ ○ ○(○ ○ ○)이가 사망하였습니다만, 부재자의 실종선고심판을 받은 후 그의 재산상속문제를 처리하고자 본 청구를 하기에 이른 것입니다.

첨 부 서 류

1. 호적등본(부재자, 청구인)   각 1통
2. 위난을 당한 것을 소명하는 자료   각 1통
3. 주민등록표등본   1통
4. 납부서   1통

○ ○ ○ ○. ○. ○.

위 청구인 ○ ○ ○ (인)

○ ○가정법원 귀중

(2) 심리

(가) 공시최고

실종을 선고함에는 공시최고의 절차를 거쳐야 한다. 공시최고에는 ① 청구인의 성명과 주소 ② 부재자의 성명, 출생년월일, 본적 및 주소 ③ 부재자는 공시최고기일까지 그 생존의 신고를 할 것이며 그 신고를 하지 않으면 실종의 선고를 받는다는 것 ④ 부재자의 생사를 아는 자는 공시최고기일까지 그 신고를 할 것 ⑤ 공시최고기일 등을 기재하여야 하고, 공시최고기일은 공고종료일부터 6월 이후로 정하여야 한다.

공시최고는 가정법원의 게시판에 게시하고 관보에 게재하여야 하며, 가정법원이 특히 필요하다고 인정한 때에는 신문에도 이를 게재할 수 있다. 일간신문에도 게재하는 것이 일반적인 실무처리례이다.

공시최고의 문례는 다음과 같다.

○ ○ 법 원
공 시 최 고

○○○○는   실종선고
청구인 ○ ○ ○
　　　　주소 :
사건본인 △ △ △
(부재자)   19 . . .생
　　　　본적 :
　　　　최후 주소 :

위 사건에 관하여 이 법원은 아래와 같이 최고한다.
　　1. 부재자는 공시최고기일까지 생존의 신고를 할 것.
　　1. 위 부재자의 생사를 아는 자는 공시최고기일까지 신고할 것.
　　1. 공시최고기일까지 신고를 하지 않으면 실종의 선고를 받는다.
　　1. 공시최고기일 : 20 . . .

20 . . .

판사　　　(인)

(나) 사실조사

청구인을 심문하고 필요에 따라 증인을 신문하기도 하며, 부재자의 최후 주소지를 관할하는 경찰관서에 사실조사를 촉탁하여 보는 것이 보통이다.

(3) 심판 등

(가) 주문례 등

실종선고의 사유가 있는 한 가정법원은 반드시 실종선고를 하여야 한다. 실종선고의 심판에는 부재자가 사망한 것으로 간주되는 일자, 즉 실종기간 만료일자를 기재하여야 한다. 따라서 심판의 주문은 『사건본인(부재자)은 실종되어 2○○○. ○. ○ 실종기간이 만료되었으므로 실종을 선고한다.』라고 기재하는 것이 보통이다.

(나) 절차비용의 부담

실종선고의 심판이 있는 때에는 심판 전의 절차와 심판의 고지비용은 부재자의 재산의 부담으로 하고, 항고법원이 항고인의 신청에 상응한 재판을 한 경우에는 항고심의 절차비용과 항고인의 부담으로 된 제1심의 비용 역시 부재자의 재산의 부담으로 한다.

(다) 즉시항고

실종을 선고한 심판에 대하여는 사건본인 또는 이해관계인이 즉시항고를 할 수 있다. 청구를 기각한 심판에 대하여는 청구인이 즉시항고를 할 수 있다. 즉시항고의 기간은 심판이 청구인에게 고지된 날부터, 청구인이 여러 명인 때에는 청구인 중 최후로 심판을 고지받은 자가 그 고지를 받은 날부터 각 14일이다.

(라) 심판의 효력

실종선고의 심판이 확정되면 부재자는 실종기간이 만료된 때에 사망한 것으로 간주된다. 그러나 상속은 실종선고시를 기준으로 이루어진다.

(마) 심판의 공고 · 통지

실종선고의 심판이 확정된 때에는 가정법원의 법원사무관 등은 지체없이 그 뜻을 공고하여야 하고, 부재자의 본적지의 호적사무를 관장하는 자에게 그 뜻을 통지하여야 한다.

다. 호적신고 절차(실종선고 신고)

(1) 신고인

실종선고 신고의 신고의무자는 그 재판의 선고를 청구한 자이다. 따라서 검사가 실종선고를 청구한 때에는 검사가 신고의무자이다.

(2) 신고장소

실종선고 신고의 장소는 호적신고의 장소에 관한 일반적 규정에 따라서 사건본인(실종자)의 본적지 또는 신고인의 주소지나 현주지에서 하여야 한다. 대한민국의 국적이 없는 자에 관한 신고는 그 거주지 또는 신고인의 주소지나 현주지에서 하여야 한다.

(3) 신고기간

실종선고신고의 신고기간은 재판(심판)의 확정일로부터 1월 이내이다. 실종선고의 심판에 대하여는 즉시항고가 허용되므로 실종선고 심판 고지일로부터 14일이 경과한 때에 확정이 된다.

(4) 신고서의 기재사항

실종선고신고서의 기재사항은 호적신고서의 일반적 기재사항 외에 ① 실종자의 성명, 성별 및 본적 ② 민법 제27조(실종의 선고)에 정한 기간의 만료일(생사불명기간 만료일) ③ 실종자가 가족인 때에는 호주의 성명 및 호주와 실종자와의 관계를 기재하여야 한다.

(5) 첨부서류

실종선고신고서에는 재판서등본 및 그 확정증명서를 첨부하여야 한다. 여기에서 재판서등본은 가정법원의 실종선고의 심판서 등본을 말한다.

(6) 실종선고 신고서의 작성 요령

실종선고 신고는 호적법시행규칙 제28조에 의한 별지 제19호 양식에 따라 작성하여야 한다.

(가) 실종자란(①란)에는 실종자의 본적, 성명, 최후 주소, 성별 및 주민등록번호를 기재하고 호주의 성명 및 호주와의 관계도 기재한다.

(나) 생사불명기간 만료일란(②란)에는 실종기간의 만료일을 기재한다. 실종기간의 만료일은 사망일자와 동일한 의미를 갖는 호적 기재사항으로 부재자의 최후 소식일 또는 생사불명일의 다음날부터 보통 실종은 5년, 특별실종은 1년을 경과한 후 기산일에 해당하는 날의 전일이 된다.

(다) 재판확정 연월일 및 법원명란(③란)에는 실종선고를 한 재판확정일과 재판을 한 법원의 명칭을 기재한다. 재판확정일은 실종선고 심판에 대한 즉시항고기간(14일)이 경과한 일자로서 확정증명서에 나타난 확정일자를 기재하면 된다.

(라) 신고인란(⑤란)에는 실종선고의 신고인의 성명, 주소, 주민등록번호, 전화번호를 기재하고 신고인이 성명을 기재한 옆에 서명이나 날인 또는 무인을 하여야 하며 무인을 하는 경우에는 서명 또는 날인을 할 수 없는 사유를 기재하여야 한다.

(마) 기타 사항란(④란)에는 호적에 기재하여야 할 사항을 분명하게 하는데 특히 필요한 사항을 기재한다.

【양식 제19호】〈개정 1994. 10. 17.〉

실 종 선 고 신 고 서

※ 아래의 작성방법을 읽고 기재하시기 바랍니다.   년   월   일

① 실종 자	본 적			호주 및 관계		의
	최후주소				성별	
	성 명	한글		한자	주민등록번호	
② 생사불명기간만료일			년 월 일			
③ 재 판 확 정 일 자			년 월 일	법원명		
④ 기 타 사 항						
⑤ 신고인	성 명		서명(인)	주민등록번호		
	주 소				전화	

2. 실종선고 취소 신고

가. 개설

(1) 의의 · 요건

실종자의 생존한 사실 또는 실종기간만료일자, 즉 사망간주일자와 다른 일자에 사망한 사실의 증명이 있는 때에는 실종선고를 취소하여야 한다. 실종선고에 의한 사망간주의 효과는 실종선고의 취소에 의하여서만 번복될 수 있다.

실종선고취소는 라류 가사비송사건으로서 가정법원의 심판에 의한다.

실종선고의 취소심판이 확정되면 실종선고는 처음부터 없었던 것과 같은 효과가 발생한다.

따라서 실종선고를 원인으로 하여 변동된 가족관계와 재산관계는 선고전

의 상태로 원상회복된다. 다시 말하면, 실종선고의 취소로 재산반환의무가 생기고 해소되었던 혼인관계가 부활한다.

그러나 실종선고로 인한 선의의 이해관계인을 보호하기 위하여 실종선고 의 취소효력에 관한 예외규정을 두어 실종선고 후 그 취소 전에 선의로 한 행위의 효력에는 영향을 미치지 않는 것으로 규정하고 있다.

(2) 절차

실종선고의 취소 또한 실종선고의 심판절차와 같이 가사소송법 절차에 의 한 실종선고 취소심판절차를 거쳐서 호적법 절차에 의한 실종선고 취소신고 절차를 밟아야 한다.

나. 심판청구 절차

(1) 심판청구

(가) 청구권자
실종선고의 취소를 청구할 수 있는 자는 본인, 이해관계인 또는 검사이다.

(나) 관할
실종선고취소사건은 사건본인의 주소지의 가정법원의 관할에 속한다(44 조 1호). 사건본인의 생존을 이유로 하는 경우에는 그 자의 현재의 주소지가, 사건본인이 실종기간만료일자, 즉 사망간주일자와 다른 일자에 사망하였음 을 이유로 하는 경우에는 그 사망 당시의 최후 주소지가 각각 관할의 표준이 된다. 따라서 실종선고사건의 관할과는 반드시 일치하는 것은 아니다.

(다) 비용
가사소송수수료규칙 제3조 제1항에서 정한 수수료(인지) 5,000원과 소정 의 송달료를 납부하여야 하고 심판의 공고료를 납부하여야 한다.

(라) 심판청구서

실 종 선 고 취 소 청 구

청구인(사건본인) ○○○(○○○)
○○년 ○월 ○일생
본 적 ○시 ○구 ○동 ○번지
주 소 ○시 ○구 ○동 ○번지

청 구 취 지

○○가정법원이 ○○년 ○월 ○일 동 법원 ○○ 느 제 ○○호로 심판한 청구인(사건본인) ○○○에 대한 실종선고는 이를 취소한다.
라는 심판을 구함.

청 구 원 인

1. 청구인은 가정불화로 ○○년 ○월경 가출하여 ○○도에서 생활하였습니다만 그동안 처자 및 친족에게도 소식을 알리지 아니하였습니다.
2. 최근 필요에 의하여 본적지 면사무소에 호적등본을 청구하여 본 결과 청구인이 ○○년 ○월 ○일, ○○가정법원의 실종선고에 의하여 제적된 것을 발견하였습니다.
3. 이미 처자, 친족들에게 연락하여 청구인이 생존하고 있다는 사실을 연락하였습니다만 실종선고취소를 하고자 청구취지와 같이 심판을 구하는 바입니다.

첨 부 서 류

1. 제적등본(청구인)   1통
2. 실종선고심판서등본   1통
3. 주민등록표등본   1통
4. 부재자의 사진   1통
5. 취소사유를 소명하는 자료 1통
6. 납부서   1통

○○○○. ○. ○.

위 청구인 ○○○

○○가정법원 귀중

---

(2) 심리·심판 등

(가) 심리방법

① 실종선고취소사건은 실종선고사건과는 별개, 독립의 사건이므로 언제나 별도로 사건번호를 부여하고 가사비송사건부에 등재하여야 한다.

② 심리는 실종선고에서와 같은 방법으로 한다. 사건본인의 생존을 이유로 하는 경우에는 그 자의 동일성 여부가 주된 심리의 대상으로 된다.

(나) 주문례

『○○법원이 동법원 ○○ 느 ○○호 사건에 관하여 ○○○○. ○. ○에 사건본인에 대하여 한 실종선고는 이를 취소한다.』

(다) 절차비용

실종선고취소사건의 절차비용의 부담에 관하여는 실종선고사건과는 달리 특별한 규정이 없으므로 청구인의 부담으로 된다.

(라) 즉시항고

실종선고의 취소청구를 기각한 심판에 대하여는 사건본인 또는 이해관계인이, 실종선고를 취소한 심판에 대하여는 이해관계인이 즉시항고를 할 수 있다. 즉시항고의 기간은 심판이 고지되는 청구인을 기준으로 하여 진행한다.

(마) 심판의 효력

실종선고취소의 심판이 확정되면 실종선고에 의한 사망간주의 효과는 소급하여 소멸한다. 그러나 실종선고 후 그 취소 전에 선의로 한 행위의 효력에는 영향이 없다. 또 실종선고를 직접원인으로 하여 재산을 취득한 자가 선의인 경우에는 그 받은 이익이 현존하는 한도에서 반환할 의무가 있고, 악의인 경우에는 그 받은 이익에 이자를 붙여서 반환하고 손해가 있으면 이를 배상하여야 한다.

(바) 심판의 공고·통지

심판이 확정되면 이를 공고하고, 사건본인의 본적지의 호적사무를 관장하는 자에게 통지하여야 함은 실종선고의 심판에서와 같다.

(사) 심판서 문례

서 울 가 정 법 원
심 판

사   건 ○○ 느 ○○○ 실종선고 취소
청구인 겸 사건본인 ○○○(○○○) ○○○○. ○. ○. 생
본   적 충남 ○○군 ○○읍 ○○리 ○○
최후 주소 서울 ○○구 ○○본동 ○○○의 ○

　위 사건에 관하여 당원은 그 이유있다고 인정하여 주문과 같이 심판한다.

주   문

　대전지방법원 ○○지원이 심판한 같은 법원 ○○ 느 ○○호 사건에 관하여 ○○○○. ○. ○에 사건본인에 대하여 한 실종선고는 이를 취소한다.

○○○○. ○. ○.

판사 ○○○ (인)

다. 호적신고 절차(실종선고 취소 신고)

(1) 신고인

　실종선고 취소의 신고의무자는 실종선고의 취소를 청구한 자가 신고하여야 한다. 그러나 사건본인은 실종선고의 취소를 청구하지 아니한 경우에도 실종선고취소신고를 할 수 있다고 할 것이다.

(2) 신고상소

　실종선고취소신고는 호적신고의 장소에 관한 일반적 규정에 따라서 사건본인의 본적지 또는 신고인의 주소지나 현주지에서 하여야 한다.

(3) 신고기간

　실종선고취소신고는 실종선고취소재판이 확정된 날로부터 1월 이내에 신

고하여야 한다.

(4) 신고서의 기재사항

실종선고취소신고서에 기재할 사항은 호적신고서의 일반적 기재사항 외에 특별한 규정은 없으나 신고서 양식에서 특별기재 사항을 정하고 있다.

(5) 첨부서류

실종선고취소신고서에는 그 재판서등본과 확정증명서를 첨부하여야 한다. 여기에서 재판서등본이라 함은 실종선고의 취소심판서의 등본을 말한다.

(6) 실종선고취소신고서의 작성 요령

실종선고취소신고서는 호적법시행규칙 제28조가 규정한 별지 제20호 양식 실종선고취소신고서에 의하여 작성하여야 한다.

(가) 실종자란(①란)에는 실종자의 본적과 호주 및 관계, 주소와 세대주 및 관계를 기재하고 실종자의 성명(한글, 한자)을 기재한 다음 주민등록번호를 기재한다.

(나) 재판확정일자 및 법원명란(②란)에는 실종선고의 취소심판이 확정된 재판확정일자를 기재하고 그 실종선고취소의 심판을 한 법원의 명칭을 기재한다. 실종선고취소심판에 대하여는 즉시항고를 할 수 있으므로 즉시항고기간(14일)의 경과로 확정되며 따라서 재판확정일자는 확정증명서에 기재된 확정연월일을 기재한다.

(다) 신고인란(④란)에는 신고인의 성명, 주소, 주민등록번호, 전화번호를 기재하고 성명 다음에 신고인이 서명, 날인 또는 무인하여야 한다. 무인을 하는 경우에는 서명 또는 날인할 수 없는 사유를 기재하여야 한다.

(라) 기타 사항란(③란)에는 호적에 기재하여야 할 사항을 분명하게 하는데 특히 필요한 사항을 기재한다.

【양식 제20호】〈개정 1994. 10. 17.〉

실 종 선 고 취 소 신 고 서

※ 아래의 작성방법을 읽고 기재하시기 바랍니다.   년 월 일

① 실종자	본 적				호주 및 관계	의
	최후주소				세대주 및 관계	의
	성 명	한글		한자	주민등록번호	
② 재 판 확 정 일 자		년 월 일			법원명	
③ 기 타 사 항						
④ 신고인	성 명		서명(인)	주민등록번호		
	주 소				전화	

부재선고에 관한 호적신고

　부재선고는 부재선고등에관한특별조치법에 의하여 미수복 지구 거주자의 호적정리를 위하여 인정된 실종선고와 같은 내용의 제도이다. 북한에 거주하다가 월남한 자의 호적은 군정법령 제179호에 의하여 편제된 가호적으로 북한(미수복 지구)에서 월남하지 못하고 남아 있는 가족(잔류자)도 전원취적하도록 하고 잔류자의 호적(신분 사항란)에는 「미수복지구 거주」라 기재하도록 하였다. 국토분단의 장기화로 잔류자의 호적을 정리할 필요가 절실하였으나 잔류자는 종래의 주소나 거소를 떠나 행방불명인 자(부재자)가 아니므로 실종선고제도에 의한 호적정리가 불가능하여 1967년 1월 16일 법률 제1867호로 부재선고등에관한특별조치법을 제정하게 된 것이다.

　호적상 「미수복 지구 거주」로 기재된 잔류자가 1945년 8월 15일부터 1953년 7월 28일 사이에 미수복 지구 이남지역에서 그 주소나 거소를 떠난 후 생사가 분명하지 아니한 자는 일정한 자의 청구에 의하여 부재선고를 하도록 하였다. 그리고 부재선고의 취소도 실종선고취소의 경우와 같이 인정하고 있다.

　따라서 부재선고에 관한 호적신고는 부재선고신고와 부재선고취소신고로 나눌 수 있으며 이들 신고는 가사소송법에 의한 가정법원의 심판절차와 호적법에 의한 호적신고절차를 거쳐서 이루어진다.

　다음에 항목을 달리하여 살펴보기로 한다.

1. 부재선고신고

가. 개설

(1) 의의

부재선고는 부재선고등에관한특별조치법에 의하여 미수복지구 거주자(잔류자)의 호적정리를 위하여 인정된 실종선고와 같은 내용의 제도라 함은 이미 언급한 바 있다.

지난 1967년 1월 16일 법률 제1967호로 부재선고등에관한특별조치법을 제정하여 부재선고에 의한 미수복지구 거주자의 호적을 정리할 수 있도록 하고 1945. 8. 15부터 1953. 7. 28 사이에 미수복지구 이남의 지역에서 그 주소나 거소를 떠나 행방불명인 부재자에 대한 실종선고절차의 특칙도 마련하였다.

이 특별조치법의 규정 중에서 실종선고에 관한 규정은 한시적 규정으로서 1970. 1. 17자로 이미 실효되었으나 부재선고에 관한 규정에 관하여는 한시적 규정을 두지 아니하였기 때문에 미수복지구 거주자(잔류자)의 호적이 완전히 정리될 때까지 계속 유효하다.

(2) 요건

이 특별조치법에서 부재선고의 대상은 잔류자임을 요한다. 잔류자라 함은 호적에 미수복지구 거주자로 표시된 자를 말한다. 따라서 부재선고청구서에는 잔류자임을 소명하는 서면으로써 호적등본과 원적지 관할 도지사가 발행한 잔류자 확인서를 첨부하여야 한다. 미수복지구에 거주하는 자를 취적하면서 신분사항란에 「미수복지구 거주」의 기재를 누락한 때에는 호적정정절차에 의하여 「미수복지구 거주」의 기재를 한 후에 부재선고의 심판을 받아 호적정리를 할 것이다.

다음 부재선고는 부재선고의 심판청구를 하여야 한다. 부재선고는 가사소송법 이외의 다른 법률(부재선고등에관한특별조치법)에 의하여 가정법원의 권한에 속하게 한 가사비송사건이다. 따라서 잔류자의 호주 또는 가족이나 검사가 잔류자의 본적지 관할 가정법원에 부재선고의 심판청구를 하여 심판을 받아야 한다. 또 1월 이상 가정법원의 게시판에 공시최고를 하여야 하고 위 특별조치법규정에 따른 기재사항이 공시최고서에 기재되어야 한다.

부재선고의 심판절차는 부재선고등에관한 별조치법의 규정 외에 가사소송법 및 동 규칙 중 실종선고에 관한 규정을 준용한다.

(3) 절차

가사소송법에 의하여 부재선고를 받은 경우에는 그 선고를 청구한 자가 재판확정일로부터 1월 이내에 재판서등본을 첨부하여 호적법에 의한 부재선고의 신고를 하여야 한다. 이때 호적 중 실종선고의 신고에 관한 규정이 부재선고의 신고에 준용된다.

다음에 가사소송법 절차에 따른 심판청구 절차와 호적법 절차에 따른 부재선고 신고절차를 살펴보기로 한다.

나. 심판청구 절차

(1) 심판청구

(가) 청구 절차
호주, 가족 또는 검사가 청구권자이다.

(나) 관할
잔류자의 본적지의 가정법원이 관할한다. 본적지는 미수복지구 이남의 지역에서 새로 취적한 호적의 본적지를 가리키고 원적지를 뜻하는 것이 아니다.

(다) 비용

부재선고의 심판에 관한 비용은 면제되므로 심판청구서에는 수수료의 납부를 요하지 아니한다.

(라) 심판청구서

심판청구서에는 ① 당사자의 본적, 주소, 성명, 생년월일, 대리인이 청구할 때에는 대리인의 주소와 성명 ② 청구의 취지와 원인 ③ 청구의 연월일 ④ 가정법원의 표시를 각 기재하고, 사건본인으로 잔류자를 표시하여야 한다.

청구의 취지로는 잔류자에 대한 부재선고를 구한다는 뜻을 기재할 것이다. 또, 심판청구서에는 호적등본과 원본적지관할 도지사가 발행하는 잔류자확인서를 붙여야 한다. 이들 서류의 첨부는 필수적인 것이므로 심판청구서에 첨부되어 있지 않은 경우에는 보정을 명하고 이에 응하지 않는 때에는 심판청구를 각하하여야 한다.

부 재 선 고 청 구

청구인 ㅇㅇㅇ(ㅇㅇㅇ)
ㅇㅇ년 ㅇ월 ㅇ일생
본 적 ㅇ시 ㅇ구 ㅇ동 ㅇ번지
주 소 ㅇ시 ㅇ구 ㅇ동 ㅇ번지
사건본인(잔류자) ㅇㅇㅇ(ㅇㅇㅇ)
ㅇㅇ년 ㅇ월 ㅇ일생
원 적 ㅇ시 ㅇ구 ㅇ동 ㅇ번지
본 적 ㅇ시 ㅇ구 ㅇ동 ㅇ번지
최후 주소 ㅇ시 ㅇ구 ㅇ동 ㅇ번지

청 구 취 지

사건본인(잔류자) ㅇ시ㅇㅇ의 부재를 선고한다.
라는 심판을 구함.

청 구 원 인

1. 사건본인(부재자) ㅇㅇㅇ은 청구인의 부로서 현재 미수복지에 잔류하고 있는 청구인은 사건본인의 가족으로서 본 청구의 적격자입니다.
2. 사건본인은 위 최후 주소지에서 8·15해방 이후 월남하지 못하였으므로 호적에 「미수

복지구 거주」로 등재되어 있습니다.
3. 따라서 청구인은 부재선고등에관한특별조치법에 의하여 사건본인에 대한 부재선고의
   심판을 구하고자 본 청구를 하는 바입니다.

첨 부 서 류

1. 호적등본   1통
2. 잔류확인서   1통
3. 인우보증서   1통
4. 주민등록표등본   1통
5. 납부서   1통

○○. ○. ○.

위 청구인 ○○○

○○ 가정법원 귀중

(마) 첨부서류

부재선고의 청구서에는 호적등본과 원본적지 관할 도지사가 발행하는 잔류자확인서를 첨부하여야 한다.

(2) 심리절차

(가) 공시최고

부재선고를 함에는 공시최고를 하여야 하며 그 기간은 1월 이상으로 한다. 공시최고에는 ① 심판청구인의 성명과 주소 ② 잔류자의 성명, 생년월일, 본적 및 원본적 ③ 잔류자는 공시최고기일까지 미수복지구 이외의 지역에 거주하고 있는 사실을 신고할 것이며, 그 신고를 하지 않으면 부재선고를 받는다는 것 ④ 잔류자가 국내 또는 미수복지구 이외의 지역에 거주하고 있는 사실을 아는 자가 있으면 공시최고기일까지 그 신고를 할 것 ⑤ 공시최고기일을 각 게기하고, 가정법원의 게시판에 게시함으로써 한다.

(나) 심리방법

사건본인이 잔류자인지의 여부가 주된 심리의 대상이지만, 원본적지 관할

도지사가 발행한 잔류자확인서가 첨부되고 이에 의하여 쉽게 확인할 수 있으므로 특별한 심리는 하지 않는 것이 보통이다.

(3) 심판절차 등

(가) 심판(필요적 심판)

공시최고기일까지 잔류자가 미수복지구 이외의 지역에 거주하고 있다는 신고가 없는 이상 가정법원은 반드시 잔류자에 대하여 부재선고의 심판을 하여야 하고, 그 선고 여부에 대한 재량권은 없다.

(나) 심판의 고지 등

심판의 청구인에게 고지함으로써 족하고 이를 공고할 필요는 없다.

(다) 불복

부재선고에 관하여는 실종선고에 관한 규정이 준용된다. 따라서 청구를 기각한 심판에 대하여는 청구인이 즉시항고를 할 수 있고, 청구를 인용하여 부재선고를 한 심판에 대하여는 사건본인인 잔류자 또는 이해관계인이 즉시 항고를 할 수 있다.

(라) 심판의 효력

① 호적의 정리 : 부재선고의 심판이 확정되면 청구인은 1월 이내에 심판서등본을 첨부하여 잔류자의 본적지의 호적사무관장자에게 신고하여야 한다. 잔류자는 호적에서 제적된다.

② 신분관계 : 부재선고가 확정되면 민법 980조(호주승계개시의 원인) 및 민법 997조(상속개시의 원인)의 적용과 혼인에 관하여는 실종선고를 받은 것으로 본다. 따라서 그 범위 내에서는 사망한 것으로 간주된다. 그 밖의 사항에 관하여는 잔류자가 생존한 것으로 취급하여야 하므로 잔류자와의 친생자관계부존재확인의 소를 제기함에 있어 잔류자에 갈음하여 검사를 상대방으로 하여 소를 제기할 수 없다.

③ 호적사무관장자에의 통지 : 실종선고에 관한 규정이 준용되므로 부재

선고의 심판이 확정되면 가정법원의 법원사무관 등은 지체없이 그 뜻을 잔류자의 본적지의 호적사무를 관장하는 자에게 통지하여야 한다.

(마) 비용부담의 면제

부재선고의 심판에 관한 비용은 면제한다. 따라서 심판청구체 수수료의 납부를 요하지 아니하고 심판의 고지, 공시최고나 호적사무관장자에의 통지 비용 등을 예납받을 수 없다.

다. 호적신고 절차(부재선고 신고)

(1) 신고인

부재선고의 신고의무자는 그 재판을 청구한 자이다. 따라서 검사가 부재선고를 청구한 때에는 검사가 신고의무자이다.

(2) 신고장소

부재선고신고의 장소는 호적신고의 장소에 관한 일반적 규정에 따라서 사건본인(잔류자)의 본적지 또는 신고인의 주소지나 현주지에서 하여야 한다. 대한민국의 국적이 없는 자에 관한 신고는 그 거주지 또는 신고인의 주소지나 현주지에서 하여야 한다.

(3) 신고기간

부재선고의 신고기간은 재판(심판)의 확정일로부터 1월 이내이다. 실종선고의 심판에 대하여 즉시항고가 허용되므로 부재선고의 심판고지일로부터 14일이 경과한 때에 확정된 다.

(4) 신고서의 기재사항

부새선고신고서는 실종선고에 관한 규정을 부재선고에 준용함으로 부재선고의 신고서에 기재할 사항은 호적신고서의 일반적 기재사항 이외에 특별 기재사항으로 ① 잔류자의 성명, 성별 및 본적 ② 잔류자가 가족인 때에는 호주의 성명 및 호주와의 관계 등을 기재한다.

(5) 첨부서류

부재선고의 신고서에는 재판서등본 및 그 확정증명서를 첨부하여야 한다. 여기서 재판서등본이라 함은 가정법원의 부재선고의 심판서 등본을 말한다.

(6) 부재선고신고서의 작성 요령

부재선고신고는 신고서 양식에 관하여 별도의 규정이 없으며 호적법 중 실종선고에 관한 규정을 부재선고에 준용함으로 부재선고신고에는 실종선 고신고서 양식(별지 제19호 양식)을 사용하게 된다. 다만, 실종선고신고서의 양식에 따라 부재선고신고를 하는 경우에는 실종선고신고서를 부재선고신 고서로 실종자를 잔류자로 고쳐서 기재하여야 한다.

(가) 잔류자란(①란)에는 잔류자의 본적, 성명, 성별을 기재하고 호주의 성명 및 호주와의 관계도 기재한다. 여기서 실종자를 잔류자로 정정하고 최 후 주소나 주민등록번호는 기재하지 아니한다. 잔류자가 호주인 때에는 호 주성명란에 잔류자의 성명란에 기재하고 호주와의 관계란에는 본인으로 기 재한다.

(니) 생시 불명기간만료일란(②란)은 기재하지 아니한다.

(다) 재판확정연월일 및 법원명란(③란)에는 부재선고의 재판확정일자와 재판을 한 법원의 명칭을 기재한다. 재판확정일은 부재선고의 심판에 대한 즉시항고기간(14일)이 경과한 일자로서 확정증명서에 나타난 확정일자를 기재하면 된다.

(라) 신고인란(⑤란)에는 부재선고신고인의 성명, 주소, 주민등록번호, 전

화번호를 기재하고 신고인의 성명 옆에 서명이나 날인 또는 무인을 하여야
하고 무인을 하는 경우에는 서명 또는 날인을 할 수 없는 사유를 기재하여
야 한다.

　(마) 기타 사항란(④란)에는 호적에 기재하여야 할 사항을 분명하게 하는
데 특히 필요한 사항을 기재한다.

【양식 제19호】〈개정 1994. 10. 17.〉

부 재 선 고 신 고 서						
※ 아래의 작성방법을 읽고 기재하시기 바랍니다.					년　월　일	
① 잔류자	본　적			호주 및 관계	의	
	최후주소			성별		
	성　명	한글	한자	주민등록번호		
② 생사불명기간만료일		년　월　일				
③ 재 판 확 정 일 자		년　월　일	법원명			
④ 기　타　사　항						
⑤ 신고인	성　명	서명(인)	주민등록번호			
	주소				전화	

2. 부재신고 취소신고

가. 개설

(1) 의의 및 요건

부재선고를 받은 자가 사망한 사실 또는 미수복지구 이외의 지역에 거주

하고 있는 사실의 증명이 있거나 잔류자가 거주하는 미수복지구가 수복된 경우에는 청구에 의하여 부재선고를 취소하여야 한다.

부재선고의 효과를 뒤집기 위하여는 가정법원의 재판에 의하여 부재선고를 취소하여야 하고 부재선고를 받은 잔류자가 사망한 사실 등의 반증만으로는 뒤집을 수 없다.

부재선고의 취소는 라류 가사비송사건으로서 가정법원의 심판에 의한다.

부재선고의 취소심판이 확정되면 부재선고는 처음부터 없었던 것과 같은 효과가 발생한다.

(2) 절차

부재선고의 취소 또한 부재선고의 심판절차와 같이 가사소송 절차에 의한 부재선고 취소심판절차를 거쳐서 호적법 절차에 의한 부재선고취소신고절차를 밟아야 한다.

나. 취소심판청구 절차

(1) 심판청구

(가) 청구권자

심판을 청구할 수 있는 자는 잔류자 본인, 가족 또는 검사이다.

(나) 관할

잔류자의 본적지의 가정법원이다.

(다) 비용

부재선고의 비용은 면제되나 취소심판비용면제의 규정이 없으므로 가사소송수수료규칙 제3조 제1항에서 정한 수수료(인지) 5,000원과 소정의 송달료를 납부하여야 한다.

(라) 심판청구서

부재선고취소의 심판서에 기재할 사항은 부재선고의 심판청구서의 기재할 사항과 같다 다만, 잔류자확인서 등은 성질상 첨부할 필요가 없다.

부 재 선 고 취 소 청 구

청구인 ○○○(○○○)
○○년 ○월 ○일생
본 적 ○시 ○구 ○동 ○번지
주 소 ○시 ○구 ○동 ○번지
사건본인(잔류자) ○○○(○○○)
○○년 ○월 ○일생
본 적 ○시 ○구 ○동 ○번지
최후주소 ○시 ○구 ○동 ○번지

청 구 취 지

○○가정법원이 ○○년 ○월 ○일 동 법원 ○○느 제 ○○호로 심판한 사건본인(잔류자) ○○○에 대한 부재선고는 이를 취소한다.
라는 심판을 구함.

청 구 원 인

1. 청구인은 사건본인 ○○○의 처입니다.
2. 귀원의 ○○년 ○월 ○일 사건본인에 대하여 부재선고심판(○○년 느 제○○호)이 있었습니다.
3. 청구인의 가족은 6 · 25 전쟁 이전까지는 원적지인 함경남도 원산시에서 살고 있었는데 국군이 진격 후 다시 후퇴 당시에 사건본인은 처인 청구인과 자녀 둘만 먼저 남하하도록 하고 혼자 잔류하게 되었던 것입니다.
   근래 일본에 사는 친척 ○○○을 만났는데 사건본인은 그 후 일본으로 밀입국하여 현재 조총련에 가입하여 일본에서 체류허가를 얻어 생활하고 있으며, 먼 장래에 모국방문단의 일원으로 한국을 방문하기를 희망하고 있다고 합니다.
4. 위와 같이 사건본인은 미수복지구 이외의 지역에서 거주하고 있는 것이 판명되었으므로 사건본인에 대한 부재선고를 취소하기 위하여 청구취지와 같이 심판을 구하는 바입니다.

첨 부 서 류

1. 호적등본   1통
2. 부재선고심판등본   1통
3. 미수복지역 이외에서 거주하고 있다는 증명서   각 1통
(인우보증서, 외국인등록증명서, 재외공관확인서 등)

---

4. 납부서   1통

○○○○. ○. ○.

위 청구인 ○○○

○○가정법원 귀중

(2) 심리·심판 등

(가) 심리방법

취소요건의 구비 여부를 심리하고 그 요건에 해당하는 때에는 가정법원은 반드시 잔류자에 대한 부재선고를 취소하여야 한다. 공시최고는 필요로 하지 않는다.

(나) 심판 주문례

실종선고의 취소에 준하여 『이 법원이 잔류자에 대하여 ○○○○. ○. ○. 에 한 부재선고는 이를 취소한다』는 식으로 한다.

(다) 불복

청구를 기각한 심판에 대하여는 잔류자 본인 또는 이해관계인이 즉시항고를 할 수 있고 부재선고를 취소한 심판에 대하여는 이해관계인이 즉시항고를 할 수 있다.

(라) 선고의 효력

부재선고취소의 심판이 확정되면 부재선고의 효력은 소급하여 효력을 상실한다. 그러나 부재선고 후 그 취소 전에 선의로 한 행위의 효력에 영향을 미치지 아니한다. 또 민법 제29조 제2항의 규정이 준용되므로 부재선고를 직접원인으로 하여 재산을 취득한 자가 선의인 경우에는 그 받은 이익이 현존하는 범위 내에서 반환하여야 하고 악의인 경우에는 그 받은 이익에 이자를 붙여 반환하고 손해가 있으면 이를 배상하여야 한다.

(마) 호적사무관장자에의 통지

부재선고의 취소에는 실종선고의 취소에 관한 규정이 준용되므로 부재선고취소의 심판이 확정되면 가정법원의 법원사무관 등은 지체없이 그 뜻을 잔류자의 본적지의 호적사무를 관장하는 자에게 통지하여야 한다.

다. 호적신고 절차(부재선고 취소신고)

(1) 신고인

부재선고취소신고는 부재선고의 취소를 청구한 자가 신고의무자로서 신고하여야 한다.

그러나 사건본인은 부재선고의 취소를 청구하지 아니한 경우에도 부재선고취소신고를 할 수 있다 할 것이다.

(2) 신고장소

부재선고 취소신고는 호적신고의 장소에 관한 일반적 규정에 따라서 사건본인의 본적지 또는 신고인의 주소지나 현주지에서 하여야 한다.

(3) 신고기간

부재선고취소신고는 부재선고의 취소재판이 확정된 날로부터 1월 이내에 신고하여야 한다.

(4) 신고서의 기재사항

부재선고취소신고서 또한 부재선고신고의 경우와 같이 실종선고에 관한 규정을 준용하고 있으므로 신고서에 기재할 사항은 호적신고서의 일반적 기재사항을 기재하고 이외에 준용되는 양식의 특별기재사항을 기재하면 될 것이다.

(5) 첨부서류

부재선고취소신고서에는 그 재판서등본과 확정증명서를 첨부하여야 한다. 여기서 재판서 등본이라 함은 부재선고의 취소심판서의 등본을 말한다.

(6) 부재선고취소신고서의 작성요령

부재선고취소신고서의 양식은 별도로 마련되어 있지 않으므로 실종선고취소신고서의 양식(호적법시행규칙 제28조 별지 제20호 양식)을 부재선고취소신고서로 고쳐 사용하면 될 것이다.

(가) 잔류자란(①란)에는 산류사의 성명을 한자와 한글로 병기하고 본적과 호주 및 호주와의 관계만을 기재한다. 실종자란의 실종자를 잔류자로 고쳐서 기재한다.

(나) 재판확정일자 및 법원명란(②란)에는 부재신고취소심판의 재판이 확정된 재판확정일자와 그 재판을 한 법원명을 기재한다. 부재선고취소심판에 대하여는 즉시항고할 수 있으므로 즉시항고기간(14일)의 경과 후 확정된다. 따라서 재판확정일자는 확정증명서에 기재된 확정연월일을 기재하면 된다.

(다) 신고인란(④란)에는 신고인의 성명, 주소, 주민등록번호, 전화번호를 기재하고 성명을 기재한 부분에는 신고인이 서명, 날인 또는 무인하여야 한다. 신고인이 무인을 하는 경우 서명 또는 날인할 수 없는 사유를 기재하여야 한다.

(라) 기타 사항란(③란)에는 호적에 기재하여야 할 사항을 분명하게 하는데 특히 필요한 사항을 기재한다.

【양식 제20호】〈개정 1994. 10. 17.〉

부 재 선 고 취 소 신 고 서

※ 아래의 작성방법을 읽고 기재하시기 바랍니다.   년 월 일

① 잔류자	본 적				호주 및 관계	의
	최후주소				세대주 및 관계	의
	성 명	한글		한자	주민등록번호	
② 재 판 확 정 일 자		년 월 일	법원명			
③ 기 타 사 항						
④ 신고인	성 명	서명(인)	주민등록번호			
	주 소				전화	

제10장 호적공무원 처분에 대한
불복 절차

호적사무처분에 대한 불복절차

1. 개설

가. 의의

호적사건에 관하여 이해관계인은 시(구)·읍·면의 장의 위법 또는 부당한 처분에 대하여 관할 가정법원에 불복의 신청을 할 수 있다. 이러한 불복절차를 통하여 국민의 권리와 이익을 구제하고자 함인데, 시(구)·읍·면의 장이 호적사건에 관하여 행한 처분도 행정처분에 해당되기 때문에 이에 대한 불복절차는 원칙적으로 행정소송절차에 따를 것이나 호적사무의 특수성을 고려하여 호적법이 특별한 불복절차를 규정하고 있는 것이다.

나. 신청요건

호적사무에 관한 시(구)·읍·면의 장의 처분이 위법 또는 부당한 처분이어야 한다. 이러한 처분에는 신고 등을 수리하여 호적부에 기재하거나 호적등·초본을 교부하는 등의 적극적 처분은 물론, 신고 등을 불수리하거나 호적등·초본의 교부를 거부하는 등의 소극적 처분도 해당된다.

2. 신청 절차

가. 신청인

그 처분으로 인하여 권리나 이익의 침해를 받은 모든 이해관계인이다. 따라서 신고사건의 신고인이나 사건본인은 물론 신고의무자나 사건본인의 가족 또는 친족으로서 시(구)·읍·면의 장의 위법 또는 부당한 처분으로 인하여 권리나 이익을 침해당한 자는 불복신청을 할 수 있다.

나. 관할법원

위법 또는 부당한 처분을 한 시(구)·읍·면의 장의 사무소 소재를 관할하는 가정법원이나 그 지원이 된다.

가정법원의 설치가 없는 지역의 경우에는 위법 또는 부당한 처분을 한 시(구)·읍·면의 장의 사무소 소재지를 관할하는 지방법원이나 그 지원이 관할 법원이 된다.

다. 제출기관

불복신청은 처분을 한 시(구)·읍·면의 장에게 제출하거나 경유할 필요없이 관할 법원에 직접 제출하여야 한다.

라. 신청서 기재사항

이 불복신청서의 기재사항이나 첨부서류에 대하여 호적법규에서 규정한 바 없으므로 비송사건으로 처리하여야 하는 사건의 성질상 비송사건신청서의 작성방식에 따라야 할 것이다.

(1) 신청서에는 ① 신청인의 성명과 주소 ② 대리인에 의하여 신청할 때에는 그 성명과 주소 ③ 상대방(피신청인)의 표시 ④ 불복신청의 취지와 원인인 사실 ⑤ 불복신청의 연월일 ⑥ 법원의 표시를 하고 불복신청인 또는 그 대리인이 이에 기명 날인하면 될 것이다.

(2) 신청서에는 신청원인사실을 증명할 만한 소명자료인 호적신고 등의 수리 또는 불수리증명서나 신고서의 불수리통지서, 호적신고서류의 등본 등을 첨부하여야 한다.

(3) 불복신청의 비용(첩용인지 등)에 관하여는 비송사건절차법의 규정을 준용한다.

서식 제○○호

불 복 신 청

신 청 인 이 만 구(李萬九)
　　　　　서울특별시 관악구 봉천6동 25번지

신 청 취 지

서울특별시 관악구청 96 제205호로 접수한 신청인과 김영신간의 혼인신고를 불수리한 관악구청장의 1996년 1월 23일자 처분을 취소하고 이를 수리한다라는 결정을 구함.

신 청 원 인 사 실

1. 별첨 혼인신고서류 등본과 같이 신청인과 김영신간의 혼인신고는 1996. 1. 22자로 관악구청에 96 제205호로 접수되었습니다.
2. 그러나 관악구청장은 위 혼인신고의 혼인당사자 가운데 김영신이 중국의 국적을 가진 자로서 적법한 혼인성립 요건 구비 증명서를 제출하지 아니하였다는 이유로 1996. 1. 23자로 혼인신고서를 불수리처분함과 동시에 별첨 불수리 통지서를 신청인에게 송부하였습니다.

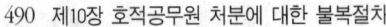

3. 위 혼인신고서에 첨부한 김영신에 대한 혼인성립요건 구비증명서는 적법한 증명서임
에도 관악구청장의 해석상 착오로 정당한 이유없이 혼인신고를 불수리 처분한 것입
니다.

4. 신청인은 관악구청장이 불수리 처분한 혼인신고의 일방당사자로서 이해관계인이므
로 신청취지와 같이 불복신청을 합니다.

첨 부 서 류

1. 혼인신고서류 등본   1통
1. 불수리통지서   1통.

1996. 1. 30.

신 청 인 이 만 구 (인)

서울가정법원 귀중

3. 처리절차

가. 접수 및 처분청에 대한 구의견

불복신청서를 제출받은 가정법원은 이를 비송사건으로 접수하며, 불복신
청에 관한 서류를 처분청인 시(구) · 읍 · 면의 장에게 송부하여 그 의견을
구할 수 있다.

나. 구의견에 따른 시(구) · 읍 · 면의 장의 처리

(1) 처분변경 및 통지

가정법원으로부터 불복신청에 대한 구의견을 받은 시(구) · 읍 · 면의 장

은 그 신청이 이유 있다고 인정하는 때에는 지체없이 그 처분을 변경하고, 그 취지를 가정법원과 신청인에게 통지하여야 한다.

(2) 의견서 첨부 및 불복신청서류의 반송

시(구)·읍·면의 장이 불복신청의 이유가 없다고 인정한 경우에는 그 취지의 의견서를 작성하여 불복신청서류와 함께 지체없이 불복신청서류를 법원에 반환하여야 한다.

다. 법원의 재판

(1) 법원은 비송사건절차법에 의하여 재판을 하여야 하며, 불복신청이 이유가 없다고 인정한 때에는 각하결정을 하고, 이유가 있다고 인정한 때에는 시(구)·읍·면의 장에게 상당한 처분을 명하는 결정을 하여야 한다. 이 결정은 시(구)·읍·면의 장 및 신청인에게 송달하여야 한다.

(2) 법원의 결정에 대하여는 법령에 위배한 재판인 것을 이유로 하는 경우에 한하여 비송사건절차법의 규정에 따라 항고할 수 있다.

호적과태료 처분에 대한 불복절차

1. 개설

호적과태료처분절차라 함은 호적법 소정의 벌칙에 의하여 과태료를 부과 처분하는 일련의 절차를 말한다.

호적은 국민 모두의 신분관계를 공시하고 공증하는 기능과 사명을 지녔기에 언제나 호적의 내용은 신분실체관계와 부합·일치되어야 할 것이 요청되고 있다.

호적법은 각종 호적신고 중 보고적 신고는 법정화하고 그 기간 내에 신고를 하지 아니한 때에는 5만원 이하의 과태료에 처한다고 규정하였다.

위와 같이 호적신고의무자가 신고기간 또는 최고기간을 지키지 아니한 경우에 과태료에 처하도록 한 것은 호적신고의 철저한 이행에 호적사무의 적정한 처리로 신분에 관한 공시기능의 완벽을 도모하여 위의 요청에 부응하려는 입법상의 배려라 할 수 있다.

호적법은 제7장 벌칙에서 ① 과태료 ② 과태료의 부과·징수 ③ 과태료의 재판 ④ 벌칙에 관하여 규정을 하고 있다.

호적과태료는 일종의 행정벌로서 신고해태와 최고해태는 1차적으로 호적 관장자가 부과·징수하고 2차적으로 가정법원이 비송사건절차법에 의하여 재판한다.

신고의 해태라 함은 신고기간 내에 신고의무자가 신고를 하지 아니한 것을 말한다. 시(구)·읍·면의 장이 신고를 해태한 자를 안 때에는 상당한 기간을 정하여 그 기간 내에 신고할 것을 최고하여야 하고, 만일 위 기간 내에 신고를 하지 아니한 때에는 다시 상당한 기간을 정하여 최고를 할 수 있다.

법원 기타 관공서 또는 검사 기타 공무원이 신고를 해태한 자가 있음을 안 때에는 사건본인의 본적지의 시(구)·읍·면의 장에게 통지하여야 하며, 가정법원의 사무관 등이 가사소송규칙 제7조의 규정에 의하여 사건본인의 본적지 시(구)·읍·면의 장에게 판결 또는 심판의 확정통지를 한 때에도 그 통지를 받은 시(구)·읍·면의 장은 신고의 최고를 하여야 한다.

2. 과태료처분

가. 과태료를 부과하는 경우

신고의무자가 정당한 이유 없이 신고 또는 신청을 해태한 때에는 5만원 이하의 과태료에 처하고, 시(구)·읍·면의 장이 신고의무자에게 호적법 제43조 또는 동법 제124조에 의하여 최고를 한 경우에 정당한 이유 없이 그 기간 내에 신고 또는 신청을 해태한 때에는 10만원 이하의 과태료에 처한다.

하나의 신고서로 사망신고와 호주승계신고를 한 경우 그 신고가 각각 신고기간을 해태하였다면 사망신고의 해태에 따른 과태료와 호주승계신고의 해태에 따른 과태료를 각각 별도로 부과한다.

나. 과태료 처분 대상자

① 신고의무자이며, 미성년자나 금치산자의 신고에 관하여는 법정대리인이 과태료처분을 받고, 혼인외의 출생자에 대한 출생신고의 해태책임은 모(母)에게 있다(예규 제81호). 호적신고의 해태책임을 면하기 위하여 생년월일을 허위로 신고한 후 사실대로 정정하는 경우에도 과태료에 처한다.

② 외국에 거주하고 있는 한국인이 출생이나 사망 등 보고적 신고대상인 신분변동사실에 대하여 거행지법에 따라 그 나라의 관공서에 호적신고를 한 경우에도 동일한 신고사항에 대한 호적법상의 신고의무가 면제되는 것은 아니다.

다. 과태료 부과

(1) 부과 및 징수권자

신고 또는 신청을 수리하거나 이를 최고한 시(구) · 읍 · 면의 장이 하고, 동(洞)의 장이 출생신고 또는 사망신고를 수리한 경우에는 그 동의 장이 관할시장 또는 구청장을 대행하여 과태료를 부과징수 한다.

(2) 부과절차

① 시(구) · 읍 · 면의 장이 과태료를 부과하고자 할 때에는 위반행위를 조사 · 확인하여야 하고, 과태료처분대상자에게 구술 또는 서면에 의한 의견진술의 기회를 주어야 한다.

② 과태료를 부과할 때에는 위반사실과 과태료금액을 명시한 과태료납부통지서를 과태료처분대상자에게 송부 또는 교부하여야 한다. 그러나 신고서 제출과 동시에 자진하여 과태료를 납부하는 경우에는 과태료납부통지서를 교부할 필요가 없다.

(3) 부과기준

시(구)·읍·면의 장은 호적법시행규칙 제52조 제6항이 정한 별표의 과태료 부과기준, 즉 해태기간 및 신고의 최고를 하였는지 여부만에 의하여 과태료의 금액을 정하여야 한다.

과태료 부과기준

해 태 기 간	과 태 료	
	제130조 위반	제131조 위반 (최고를 한 경우)
7일 미만	10,000원	20,000원
7일 이상 1월 미만	20,000원	40,000원
1월 이상 3월 미만	30,000원	60,000원
3월 이상 6월 미만	40,000원	80,000원
6월 이상	50,000원	100,000원

3. 과태료 처분에 대한 불복

가. 이의신청

과태료처분에 불복이 있는 자는 30일 이내에 당해 시(구)·읍·면의 장에게 과태료처분이의서(규칙 별지 제41호 서식)를 제출할 수 있는데, 이는 과태료의 처분청인 시(구)·읍·면의 장으로 하여금 이의신청사실을 알 수 있도록 하여 그 처분이 잘못된 경우에 이를 취소하거나 변경할 수 있도록 한 것이다.

나. 이의신청에 대한 재판

① 시(구)·읍·면의 장은 이의신청이 이유가 있다고 인정한 때에는 행정처분인 과태료의 성질상 당해 과태료처분을 취소하거나 변경할 수 있고, 이유가 없다고 인정할 때에는 과태료처분 이의사건 통보서(규칙 별지 제42호 서식)를 지체없이 과태료처분을 받은 자의 주소 또는 거소를 관할하는 가정법원에 송부하여야 한다.

② 과태료처분에 대한 이의통보서를 받은 가정법원은 비송사건으로 접수하여 비송사건절차법에 의한 과태료의 재판을 한다. 이 결정으로 인하여 권리를 침해당한 자는 그 재판에 대하여 항고할 수 있고, 재판을 한 가정법원도 그 재판이 위법 또는 부당하다고 인정한 때에는 스스로 취소 또는 변경할 수 있다.

다. 관련 서식 문례

서식 제○○호

과태료 처분에 대한 이의신청

신 청 인   ○○○(○○○)
　　　　　서울특별시 ○○구 ○○동 ○○번지

신 청 취 지

　서울특별시 ○○구청장이 신청인에 대하여 ○○○○. ○. ○.자 과태료 5만원을 부과한 처분은 이를 취소한다.
라는 결정을 구함.

신 청 원 인 사 실

1. 신청인은 신청인의 자 ○○○의 출생신고 의무자로서 ○○○○. ○. ○.자로

자 ○○○에 대한 출생신고서를 ○○구청장에게 우송한 바 있으며, 동 출생신
　　고서는 ○○구청 ○○년 접수번호 제 ○○호로 접수되었습니다.
2. 신청인의 자 ○○○은 ○○○○. ○. ○.에 출생하였으므로 신청인은 신고기
　　간내에 신고를 하였으며 비록 우편송달의 지연으로 신고기간의 도과 후에 접
　　수되었다 하더라도 이는 신청인이 책임을 져야 할 사유가 아닙니다.
3. 그럼에도 ○○구청장은 신청인이 자 ○○○의 출생신고를 신고기간내에 하
　　지 아니하였다는 이유로 ○○○○. ○. ○.자로, 신청인에게 과태료 5만원을
　　부과한 처분을 하였는바, 신청인이 자 ○○○의 출생신고를 해태한 사실이 없
　　으므로 호적법 제132조의 제2항에 의하여 신청취지와 같이 과태료처분에 대
　　한 이의신청을 합니다.

　　　　　　　　　○○○○. ○. ○.

　　　　　　　　신청인 ○○○ (인)

서울특별시 ○○구청장 귀하

부 록

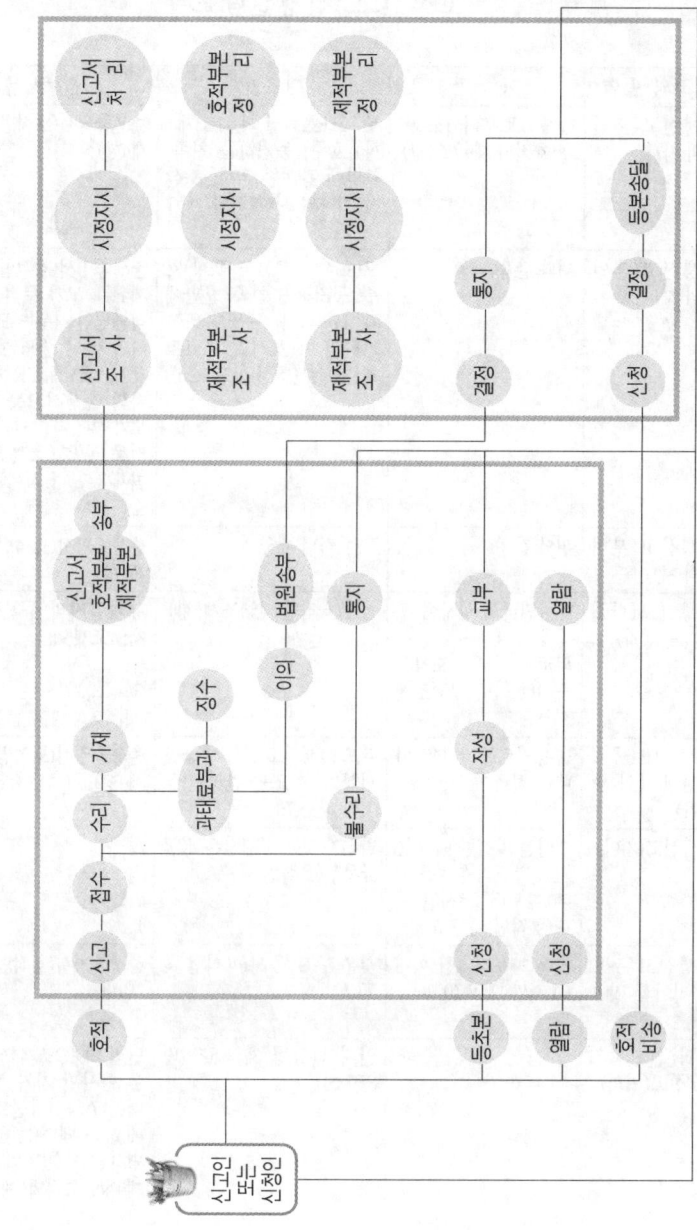

호적사건 처리과정

호적신고, 신청일람표

신고의 종별	기 간	신고인	첨부서류
출생신고(혼인 중의 자)	출생일로부터 1월 이내(호적법 제49조1항)	부, 모(호적법 제51조제1항) 호주, 동거하는 친족, 분만에 관여한 의사, 조산사 기타의 자(호적법 제51조제3항)	출생증명서(호적법 제49조제4항)
출생신고(혼인 외의 자)	위와 같음	모(호적법 제51조제2항)호주, 동거하는 친족, 분만에 관여한 의사, 조산사 또는 기타의 자(호적법 제51조제3항), 부(호적법 제62조)	출생증명서(호적법 제49조제4항), 모가 무적 또는 본적불명인 경우는 모가 유부녀가 아닌 증명(호적예규 제114호), 부가 혼인외의 자의 출생신고를 할 때에 모가 본적지를 달리하면 호적등, 초본(호적법시행규칙제46조, 호적예규 제133호)
출생신고(부미정의 자)	위와 같음	모(호적법 제53조)	출생증명서(호적법 제49조제4항)
출생신고(항해중의 출생자)	대한민국의 항구에 도착후 즉시 외국의 항구에 도착후 즉시(호적법 제54조제3항)	선장(호적법 제54조제3항)	항해일지의 등본(호적법 제54조제3항)
출생신고(공공시설에서의 출생자)	출생일로부터 1월 이내(호적법 제55조)	부모 출생신고 불능시 공공시설의 장 또는 관리인(호적법 제55조)	출생증명서(호적법 제49조제4항)
출생신고(기아)	기아를 발견한 때 또는 기아 발견의 통지를 받은 때부터 24시간 이내(호적법 제57조)	발견자 또는 통지받은 경찰공무원(호적법 제57조)	
출생신고(부모가 기아를 찾을 때)	찾은 때부터 1월 이내(호적법 제58조)	찾은 부 또는 모(호적법 제58조)	출생증명서(호적법 제49조제4항)
인지(친권자지정) 신고(임의)		인지자(민법 제855조 및 859조)	민법 제909조제4항의 친권을 행사할 자가 정하여진 때(친권자지정신고를 동시에 하는 때)에는 내용을 증명하는 서면(민법 제909조제4항, 호적법 제60조제2항)

신고의 종별	기 간	신고인	첨부서류
인지신고(태아)		위와 같음(민법 제858조, 호적법 제61조)	
인지신고(재판)	재판확정일로부터 1월 이내(호적법 제63조)	소제기자 또는 그 소의 상대방(호적법 제63조)	재판의 등본 및 확정증명서
인지신고(유언)	유언집행자 취임일로부터 1월 이내(호적법 제64조)	유언 집행자(호적법 제64조)	유언서등본 또는 유언녹음을 기재한 서면(호적법 제64조)
인지된 태아의 사산신고	사실을 안 날로부터 1월 이내(호적법 제65조)	출생신고의무자 또는 유언집행자(호적법 제65조)	
입양신고		당사자쌍방 및 성년자증인 2인(호적법 제66조 및 민법 제878조)	
입양취소신고	재판확정일로부터 1월 이내(호적법 제71조)	소제기자 또는 그 상대방(호적법 제71조)	재판의 등본 및 확정증명서(호적법 제71조)
파양신고		당사자쌍방 또는 양자를 갈음하여 파양의 협의를 한 자 및 성년자증인 2인(호적법 제73조 및 민법 제904조)	
파양신고(재판)	재판확정일로부터 1월 이내(호적법 제75조)	소제기사 또는 그 상대방(호적법 제75조)	재판의 등본 및 확정증명서(호적법 제75조)
혼인신고		당사자쌍방 및 성년자증인 2인(호적법 제76조 및 민법 제812조)	부의 본적지에서 혼인신고시 : 처의 호적등(초)본 부의 주소지나 현재지에서 혼인신고시 : 당사자쌍방 호적등(초)본(호적법시행규칙 제46조, 혼인신고서 양식 제6호)
혼인취소신고	재판확정일로부터 1월 이내(호적법 제78조)	소제기자 또는 그 상대방(호적법 제78조)	재판의 능본 및 확정승명서(호적법 제78조)
이혼신고(협의)	확인서등본을 교부 또는 송달받은 날로부터 3월 이내	당사자쌍방 및 성년자증인 2인(호적법 제79조의2 및 민법 제836조)	협의이혼의사확인서등본(호적법 제79조의2 및 민법제836조), 민법 제909조 제4항의 경우 그 내용을 증명하는 서면(친권자지정신고를 동시에 할 경우)

신고의 종별	기 간	신고인	첨부서류
이혼신고(재판)	재판확정일로부터 1월 이내(호적법 제81조)	소제기자 또는 그 상대방(호적법 제81조)	재판의 등본 및 확정증명서(호적법 제81조), 민법 제909조제4항의 경우 그 내용을 증명하는 서면(친권자지정신고를 동시에 할 경우)
친권자지정(변경) 신고	친권을 행사할 자를 정하거나 변경한 때로부터 1월 이내(호적법 제82조제1항 및 민법 제909조제4항)	부, 모(호적법 제82조제1항 및 민법 제909조제4항)	부모중 일방이 신고할 경우에는 친권을 행사할 자를 정하거나 변경한 사실을 증명하는 서면(호적법 제82조제1항)
친권(관리권)상실, 사퇴, 회복 신고	재판확정일로부터 1월 이내(호적법 제82조제2항)	재판청구인 및 친권행사자로 정해진 자(호적법 제82조제2항)	재판의 등본 및 확정증명서(호적법 제82조제2항)
후견개시신고	후견인취임일로부터 1월 이내(호적법 제83조)	후견인(호적법 제83조)	유언에 의하여 후견인을 지정한 경우에는 지정에 관한 유언서 및 그 등본 또는 유언녹음을 기재한 서면, 재판이 있었을 때에는 재판의 등본(호적법 제85조)
후견인경질신고	후임자 취임일로부터 1월 이내(호적법 제84조)	후임자(호적법 제84조)	
후견종료신고	종료일로부터 1월 이내(호적법 제86조)	후견인(호적법 제86조)	
사망(호주승계) 신고	사망의 사실을 안 날로부터 1월 이내(호적법 제87조), 호주의 사망신고를 호주승계인이 하는 경우는 호주승계의 사실을 안 날로부터 1월 이내(호적법 제96조)	동거하는 친족이 하여야 하고 호주, 친족, 동거자, 사망장소를 관리하는 자도 할 수 있음(호적법 제88조) 호주승계신고를 동시에 할 경우는 호주승계인(호적법 제96조)	진단서 또는 검안서 부득이한 경우는 사망의 사실을 증명할 만한 서면(호적법 제87조)
호주승계신고	승계의 사실을 안 날로부터 1월 이내(호적법 제96조제1항) 호주승계인이 외국에 있는 경우 3월 이내 신고서를 발송(호적법 제96조제3항)	호주승계인(호적법 제96조제1항)	

신고의 종별	기 간	신고인	첨부서류
호주승계권포기신고	호주승계의 사실을 안 날로부터 3월이 경과하거나 호주승계인으로 된 날로부터 6월이 경과한 때에는 포기하지 못함(호적법 제96조의2)	호주승계인(호적법 제96조의2)	
실종선고신고	재판확정일로부터 1월 이내(호적법 제95조)	재판청구인(호적법 제95조)	재판의 등본 및 확정증명서(호적법 제95조)
실종선고취소신고	재판의 확정일로부터 1월 이내(호적법 제95조)	재판청구인(호적법 제95조)	재판의 등본 및 확정증명서(호적법 제95조)
호주승계회복신고	위와 같음(호적법 제100조)	위와 같음(호적법 제100조)	재판의 등본 및 확정증명서(호적법 제100조)
입적신고		호주 또는 가족(호적법 제102조, 제103조)	호적등(초)본(호적법시행규칙 제46조)
복적(일가창립)신고	복적할 가의 폐가 또는 무후가로 인한 일가창립의 경우는 폐가 또는 무후가된 사실을 안 날로부터 1월 이내(호적법 제104조의2, 제106조)	복적하는 자 또는 일가창립하는 자	위와 같음
분가신고		분가자(호적법 제107조)	위와 같음
인지 등에 의한 국적취득신고	국적법 제3조제1항 또는 동법 제11조제1항의 규정에 의하여 국적을 취득한 날부터 1월 이내(호적법 제109조)	국적을 취득한 자(호적법 제109조)	국적취득을 증명하는 서면(호적법 제109조)
귀화신고	귀화허가의 통지를 받은 날부터 1월 이내(호적법 제109조의 2)	귀화한 자(호적법 제109조)	귀화허가를 증명하는 서면(호적법 제109조의 2)
국적회복신고	국적회복허가의 통지를 받은 날부터 1월 이내(호적법 제110조)	국적을 회복한 자(호적법 제110조)	국적회복허가를 증명하는 서면(호적법 제110조)
국적상실신고	국적상실의 사실을 안 날로부터 1월 이내(호적법 제112조)	호주, 호주승계인, 배우자 또는 사촌 이내의 친족(호적법 제112조)	국적상실을 증명하는 서면(호적법 제112조)

신고의 종별	기 간	신고인	첨부서류
개명신고	허가를 받은 날로부터 1월 이내(호적법 제113조)	본인(호적법 제113조)	허가의 등본(호적법 제113조)
전적신고		호주(호적법 제114조)	호적등본(호적법 제114조)
취적신고	허가일로부터 1월 이내(호적법 제116조)	본인, 호주(호적법 제116조, 제118조)	재판의 등본 및 확정증명서(호적법 제116조, 제119조)
호적정정신청 (허가)	재판이 있었을 때에는 1월 이내(호적법 제122조)	허가를 받은 자(호적법 제122조)	재판의 등본(호적법 제122조)
호적정정신고 (판결)	판결의 확정일로부터 1월 이내(호적법 제123조)	소를 제기한 자(호적법 제123조)	판결의 등본 및 확정증명서(호적법 제123조)
본적신고	본적이 분명하여진 때 또는 본적을 가지게 된 때에는 그 사실을 안 날로부터 1월 이내(호적법 제26조)	신고인 또는 본인(호적법 제26조)	
추완신고		추완을 요할 사건의 신고인 또는 신고의무자(호적법 제44조)	
창성신고	허가일로부터 1월 이내(호적법시행규칙 제39조)	허가를 받은 자(호적법시행규칙 제39조)	허가재판의 등본(호적법시행규칙 제39조)

가림출판사 · 가림M&B · 가림Let's에서 나온 책들

문 학

바늘구멍
켄 폴리트 지음 · 홍영의 옮김

미국 추리작가 협회의 최우수 장편상을 받은 초유의 베스트 셀러로 전쟁을 통한 두뇌싸움을 치밀하고 밀도 있게 그려낸 추리소설. 신국판 / 342쪽 / 5,300원

레베카의 열쇠
켄 폴리트 지음 · 손연숙 옮김

최고의 모험, 폭력, 음모 그리고 미국적인 열정 속에 담긴 두 남녀의 사랑이야기를 독자들의 상상을 뒤엎는 확실한 긴장감으로 미지막까지 흥미진진한 켄 폴리드의 정편 추리소설.
신국판 / 492쪽 / 6,800원

암병선
니시무라 쥬코 지음 · 홍영의 옮김

금세기 최대의 난적인 암을 퇴치하기 위해 7대양을 누빌 암병선을 무대로 인간생명의 존엄성을 지키기 위해 불의와 맞서는 시라도리 선장의 꿋꿋한 의지와 애절한 암환자들의 심리가 생생하게 묘사된 근래 보기드문 걸작. 신국판 / 300쪽 / 4,800원

첫키스한 얘기 말해도 될까
김정미 외 7명 지음

이 시대의 젊은 작가 8명이 가슴속 깊이 간직했던 나만의 소중한 이야기를 살짝 털어놓은 상큼한 비밀 이야기.
신국판 / 228쪽 / 4,000원

사미인곡 上 · 中 · 下
김충호 지음

파란만장한 일생을 보낸 정철의 생애를 통해 난세를 살아가는 우리에게 삶의 지혜와 기쁨을 선사하는 대하 역사 소설.
신국판 / 각 권 5,000원

이내의 끝자리
박수완 스님 지음

앞만 보고 살아가는 우리에게 자신을 뒤돌아볼 수 있는 여유를 갖게 해주는 승려시인의 가슴을 울리는 주옥 같은 시집.
국판변형 / 132쪽 / 3,000원

너는 왜 나에게 다가서야 했는지
김충호 지음

세상에 대한 사랑의 아픔, 그리움, 영혼에 대한 고뇌를 달래야 했던 시인이 살아 있는 영혼을 지닌 이들에게 전하는 사랑의 메시지. 국판변형 / 124쪽 / 3,000원

세계의 명언
편집부 엮음

위인이나 유명인들의 글, 연설문 혹은 각 나라에서 전해져 오는 속담을 통하여 지난날을 되새겨보는 백과전서로서, 오늘을 반성하는 교과서로서, 그리고 미래를 설계하는 참고서로서 역할을 해줄 것이다. 신국판 / 322쪽 / 5,000원

여자가 알아야 할 101가지 지혜
제인 아서 엮음 · 지창국 옮김

남녀가 함께 살면서 경험으로 터득한 의미심장하면서도 재미있는 조언들을 발췌한 내용으로 독신의 삶을 청산하려는 이들이 알아야 할 유용하고 상상력 풍부한 힌트로 가득찬 감동의 메시지이다. 4 · 6판 / 132쪽 / 5,000원

현명한 사람이 읽는 지혜로운 이야기
이정민 엮음

현대를 살아가는 우리들에게 삶의 가치를 부여해주고 자기 성찰의 기회를 갖게 해준다. 신국판 / 236쪽 / 6,500원

성공적인 표정이 당신을 바꾼다
마츠오 도오루 지음 · 홍영의 옮김

고통스러울 때, 괴로울 때, '그럼에도 불구하고'의 스마일을 통해 자신뿐만 아니라 주위 사람들의 마이너스 사고를 플러스 사고로 바꾸어서 사람의 마음을 움직이며, 그리고 사람의 마음에 남는 최고의 웃는 얼굴을 만드는 비법 총망라!
신국판 / 240쪽 / 7,500원

태양의 법
오오카와 류우호오 지음 · 민병수 옮김

불법 진리 사상의 윤곽과 그 목적 · 사명을 명백히 함으로써 한 사람 한사람의 인간이 깨달음을 추구하고 영적으로 깨우치기 위한 명확한 방향을 제시하였다. 신국판 / 246쪽 / 8,500원

영원의 법
오오카와 류우호오 지음 · 민병수 옮김

일찍이 설해졌던 적도 없고 앞으로도 설해지지 않을 구원의 진리를 한 권의 책에 이론적 형태로 응축한 기본 삼법의 완결편.
신국판 / 240쪽 / 8,000원

옛 사람들의 재치와 웃음
강형중 · 김경익 편저

옛 사람들의 재치와 해학을 통해 한문이 묘미를 터득하고 한가를 재미있게 배우며 유머감각까지 높일 수 있는 일석삼조의 효과 만점. 신국판 / 316쪽 / 8,000원

지혜의 쉼터
쇼펜하우어 지음 · 김충호 엮음

쇼펜하우어의 철학체계를 통하여 풍요로운 삶의 지혜를 얻고 기쁨을 얻을 수 있도록 꾸며 놓은 철학이야기.
4 · 6판 양장본 / 160쪽 / 4,300원

헤세가 너에게
헤르만 헤세 지음 · 홍영의 엮음

순수한 애정과 자유를 갈구하는 헤세의 아름다운 세상을 통한 깨끗한 정신세계를 공유할 수 있는 기회를 제공.
4 · 6판 양장본 / 144쪽 / 4,500원

사랑보다 소중한 삶의 의미
크리슈나무르티 지음 · 최윤영 엮음

금세기 최고의 사상가이자 철학자인 크리슈나무르티가 인간의 정신적 사고의 구조와 본질을 규명하여 인간의 삶에 대한 가장 완벽한 해답을 제시. 신국판 / 180쪽 / 4,000원

장자-어찌하여 알 속에 털이 있다 하는가
홍영의 엮음

동양 사상의 저변에 흐르고 있는 자연에의 경외감을 유감없이 표현한 장자를 통하여 인간 본연의 자세로 돌아가 나를 돌아보는 계기를 만들어 주는 책. 4 · 6판 / 180쪽 / 4,000원

논어-배우고 때로 익히면 즐겁지 아니한가
신도회 엮음

인간에게 필요불가결한 윤리와 도덕생활의 교훈들을 평이한 문체로 광범위하게 집약한 논어의 모든 것!!
4 · 6판 / 180쪽 / 4,000원

맹자-가까이 있는데 어찌 먼 데서 구하려 하는가
홍영의 엮음

반성과 자책을 통해 잃어버린 양심을 수습하고 선으로 복귀할 것을 천명하는 맹자 사상의 집대성!! 4 · 6판 / 180쪽 / 4,000원

건 강

식초건강요법
건강식품연구회 엮음 · 신재용(해성한의원 원장) 감수

가장 쉽게 구할 수 있고 경제적인 식품이면서 상상할 수 없을 정도로 뛰어난 약효를 지닌 식초의 모든 것을 담은 건강지침서! 신국판 / 224쪽 / 6,000원

아름다운 피부미용법
이순희(한독피부미용학원 원장) 지음

피부조직에 대한 기초 이론과 우리 몸의 생리를 알려줌으로써 아름다운 피부, 젊은 피부를 오래 유지할 수 있는 비결 제시!
신국판 / 296쪽 / 6,000원

버섯건강요법
김병각 외 6명 지음

종양 억제율 100%에 가까운 96.7%를 나타내는 기적의 약용버섯 등 신비의 버섯을 통하여 암을 치료하고 비만, 당뇨, 고혈압, 동맥경화 등 각종 성인병 예방을 위한 생활 건강 지침서!
신국판 / 286쪽 / 8,000원

성인병과 암을 정복하는 유기게르마늄
이상현 편저 · 민형기 감수

최근 들어 각광을 받고 있는 새로운 치료제인 유기게르마늄을 통한 성인병, 각종 암의 치료에 대해 상세히 소개.
신국판 / 304쪽 / 7,000원

난치성 피부병
생약효소연구원 지음

현대의학으로도 치유불가능했던 난치성 피부병인 건선 · 아토

피(태열)의 완치요법이 수록된 건강 지침서.
신국판 / 232쪽 / 7,500원

新 방약합편
정도명 편역

약물의 성질과 효능을 쉽게 꾸며 놓아 자신의 병을 알고 증세에 맞춰 스스로 처방을 할 수 있는 가정 한방 주치의 역할을 해준다. 증상과 처방에 따라 가정에서 조제할 수 있는 보약 506가지 수록. 신국판 / 416쪽 / 15,000원

자연치료의학
오홍근(신경정신과 의학박사 · 자연의학박사) 지음

대한민국 최초의 자연의학박사가 밝힌 신비의 자연치료의학으로 자연산물을 이용하여 부작용 없이 치료하는 건강 생활 비법 공개!! 신국판 / 472쪽 / 15,000원

약초의 활용과 가정한방
이인성 지음

현대과학이 밝혀낸 약초의 신비와 활용방법을 수록하여 가정에서도 주변의 흔한 식물과 약초를 활용하여 각종 질병을 간편하게 예방 · 치료할 수 있는 비법제시. 신국판 / 384쪽 / 8,500원

역전의학
이시하라 유미 지음 · 유태종 감수

일반상식으로 알고 있는 건강상식에 대해 전혀 새로운 관점에서 비판하고 아울러 새로운 방법들을 제시한 건강 혁명 서적!!
신국판 / 286쪽 / 8,500원

이순희식 순수피부미용법
이순희(한독피부미용학원 원장) 지음

자신의 피부에 맞는 관리법으로 스스로 피부관리를 할 수 있는 방법을 제시하고 책 속 부록으로 천연팩 재료 사전과 피부 타입별 팩 고르기. 신국판 / 304쪽 / 7,000원

21세기 당뇨병 예방과 치료법
이현철(연세대 의대 내과 교수) 지음

세계 최초 유전자 치료법을 개발한 저자가 당뇨병과 대항하여 가장 확실히 이길 수 있는 당뇨병에 대한 올바른 이론과 발병시 대처 방법을 알기 쉽게 상세히 수록!
신국판 / 360쪽 / 9,500원

신재용의 민의학 동의보감
신재용(해성한의원 원장) 지음

주변의 흔한 먹거리를 이용하여 신비의 명약이나 보약으로 활용할 수 있는 건강 지침서로서 저자가 TV나 라디오에서 다 밝히지 못한 한방 및 민간요법까지 상세히 수록!!
신국판 / 476쪽 / 10,000원

치매 알면 치매 이긴다
배오성(백상한방병원 원장) 지음

자연의 생기를 빨아들이면서 마음을 다스리는 B.O.S.요법으로 뇌세포의 기능을 활성화시키고 엔돌핀의 분비효과를 극대화시켜 증상에 맞는 한약 처방을 병행하여 치매를 치유하는 획기적인 치유법을 한의학 가문의 비방을 3대째 이어오고 있는 저자가 이해하기 쉽게 제시하였다. 신국판 / 312쪽 / 10,000원

21세기 건강혁명 밥상 위의 보약 생식
최경순 지음

항암식품으로, 아름다운 몸매를 유지하면서 할 수 있는 다이어트식으로, 젊고 탄력적인 피부를 유지할 수 있게 해주는 자연식으로의 생식을 소개하여 현대인들의 건강 길라잡이가 되도

록 하였다. 신국판 / 348쪽 / 9,800원

기치유와 기공수련
윤한홍(기치유 연구회 회장) 지음

기 수련을 통해 길러지는 기치유는 누구나 노력만 하면 개발할 수 있고 활용할 수 있는 능력임을 강조하는 저자가 기 수련 방법과 기치유 개발 방법을 자세하게 소개하고 있다.
신국판 / 340쪽 / 12,000원

만병의 근원 스트레스 원인과 퇴치
김지혁(김지혁한의원 원장) 지음

현대를 살아가는 사람들에게 스트레스는 피할 수 없는 존재. 만병의 근원인 스트레스를 속속들이 파헤치고 예방법까지 속시원하게 제시!! 신국판 / 324쪽 / 9,500원

김종성 박사의 뇌졸중 119
김종성 지음

우리나라 사망원인 1위. 뇌졸중 분야의 최고 권위자인 저자가 뇌졸중의 예방에서 치료법까지 상세하게 제시한 건강서. 일상생활에서의 건강관리부터 환자간호에 이르기까지 뇌졸중의 모든 것을 수록. 신국판 / 356쪽 / 값 12,000원

탈모 예방과 모발 클리닉
장정훈 · 전재홍 지음

미용적인 측면과 우리가 일상적으로 고민하고 궁금해 하는 털에 관한 내용들을 피부과 전문의인 저자들의 치료 경험을 토대로 다양하고 재미있게 예들을 들어가면서 흥미롭게 구성. 저자들의 글을 풀어가는 입담을 느낄 수 있는 편집도 이 책의 또다른 특징. 신국판 / 290쪽 / 값 8,000원

구태규의 100% 성공 다이어트
구태규 지음

하이틴 영화배우의 다이어트 체험서.
저자만의 다이어트법을 제시하면서 바람직한 다이어트에 대해서도 알려준다. 건강하게 날씬해지고 싶은 사람들을 위한 필독서! 4 · 6배판 변형 / 240쪽 / 값 9,900원

암 예방과 치료법
이춘기 지음

현재 미국 암센터에서 활동하고 있는 저자가 암환자와 가족들을 위해서 암을 쉽게 해설해 놓은 책.
암의 치료방법에서부터 합병증의 예방 및 암이 생기기 전에 알 수 있는 방법에 이르기까지 상세하게 해설해 놓았다.
신국판 / 296쪽 / 값 11,000원

알기 쉬운 위장병 예방과 치료법
민영일 지음

소화기관인 위와 관련 기관들의 여러 질환을 발병 원인, 증상, 치료법을 중심으로 알기 쉽게 해설해 놓은 건강서.
속이 쓰리거나 음식을 삼킬 때 가슴이 막히는 증상 때문에 걱정이 되는 독자들은 이 책으로 근심을 한 방에 날려버릴 수 있다.

성장클리닉 (배오성)   사혈요법 (정지천)
홈체학 (김성훈)   항암식품 (신재용)
발건강학 (최미희)   카이로프랙틱 (이승원)
간클리닉 (전재웅)   녹차와 건강 (석자연스님)
자연피부미용 (이순희)   생활인의 선체조 (혜원스님)
고혈압 (이정균)

우리 교육의 창조적 백색혁명
원상기 지음

자라나는 새싹들이 기본적인 지식과 사고를 종합적 · 창조적으로 발전시켜 창조적인 사고능력을 배양할 수 있도록 한 교육지침서. 신국판 / 206쪽 / 6,000원

육아아이디어 263
생활컨설턴트그룹 엮음 · 한양심 옮김

세상에서 가장 예쁘고 소중한 우리 아기에게 언제나 여유로우면서도 무슨 일이든 척척 처리하는 현명한 신세대 엄마가 되기 위한 최신 육아 정보 수록! 신국판 / 318쪽 / 6,000원

현대생활과 체육
조창남 외 5명 공저

현 체육대학 체육과 교수들이 저술한 생활체육의 모든 것으로 건강의 개념 및 체력의 개요를 비롯한 각종 현대병의 원인과 예방 및 운동요법에 대한 이론과 요즘 각광받는 골프 · 스키 · 볼링 등의 레저스포츠 분야로 나눠 체육학을 전공하는 학생들 및 일반인들이 관심 있는 부분까지 총망라!!
신국판 / 340쪽 / 10,000원

퍼펙트 MBA
IAE유학네트 지음

기존의 관련 도서들과는 달리 Top MBA로 가는 길을 상세하고 완벽하게 수록하였으며, 또 톱 비즈니스 스쿨 지원자들에게 있어 가장 큰 애로사항 가운데 하나인 에세이를 쉽게 작성할 수 있는 작성법과, 톱 비즈니스 스쿨에 합격한 학생들의 원문도 수록하여 톱 MBA를 꿈꾸는 지원자들에게 가장 완벽하고 충실한 최신의 정보를 제공해 줄 것이다. 신국판 / 400쪽 / 12,000원

유학길라잡이 I -미국편
IAE유학네트 지음

미국으로의 유학 · 연수준비생을 위한 알짜배기 최신정보서!! 미국의 교육제도 및 유학을 가기 위해서 준비해야 할 절차, 미국 현지 생활 정보, 최신 비자정보 등을 한 눈에 볼 수 있는 유학길잡이. 4 · 6배판 / 372쪽 / 13,900원

유학길라잡이 II - 4개국편
IAE유학네트 지음

영어권 국가로의 유학 · 연수준비생을 위한 알짜배기 최신정보 수록!! 영국 · 캐나다 · 호주 · 뉴질랜드의 현지 정보 · 교육제도 및 각 국가별 학교의 특화된 교육내용 완전 수록!!
4 · 6배판 / 348쪽 / 13,900원

조기유학길라잡이.com
IAE유학네트 지음

영어권으로 나이 어린 자녀를 유학보내기 위해 준비중인 학부모 및 준비생들이 반드시 읽어야 할 필독서!!
영어권 나라의 교육제도 및 학교별 데이터를 완벽하게 수록하여 유학정보서의 질을 한 단계 상승시킨 결정판!!
4 · 6배판 / 428쪽 / 15,000원

김진국과 같이 배우는 와인의 세계
김진국 지음

포도주 역사에서 분류, 원료 포도의 종류와 재배, 양조 · 숙성 · 저장, 시음법, 어울리는 요리에 이르기까지 일반인의 관심사와 함께 와인의 유통과 소비, 와인 시장의 현황과 전망 등 산업적 부분까지 다루었다.
특히 와인소매점과 레스토랑 종사자들을 겨냥, 와인 판매 요령, 와인의 보관과 재고의 회전뿐만 아니라 고객에게 와인을 권하고 추천할 수 있는 능력, '와인 양조 비밀의 모든 것'을 동영상으로 제작한 CD까지, 와인의 모든 것이 담긴 종합학습서.
국배판 변형양장본(올 컬러판) / 208쪽 / 30,000원

경제 · 경영

CEO가 될 수 있는 성공법칙 101가지
김승룡 편역

21세기를 맞이하면서 새롭게 떠오르는 분야가 바로 'CEO'의 탄생이다. 냉혹한 기업 세계의 현실에서 높은 성장과 수익을 달성하기 위해서는 최고 경영자로서의 자질을 갖춰야 한다.
이 책은 미래의 CEO를 위한 획기적인 경영실용서로서 또 한 번의 경제위기를 겪고 있는 우리의 현실을 극복하고 일어설 수 있는 리더로서의 역할과 책임에 대한 명확한 해답을 제시해줄 것이다.   신국판 / 320쪽 / 9,500원

정보소프트
김승룡 지음

홍수처럼 쏟아지는 정보를 수집 · 분석하여 효과적으로 활용하는 방법을 총망라한 정보 전략 완벽 가이드!!
신국판 / 324쪽 / 6,000원

기획대사전
高橋憲行 지음 · 홍영의 옮김

무한경쟁시대 창업 전문가의 시대에서 성공할 수 있는 것은 완벽한 기획에서만 가능하다. 저자가 신사업 기획안과 지역 활성화의 프로젝트맨으로 수십 년간 활약하면서 얻은 경험과 체험을 토대로 엮은 완전 실용판 기획지침서로서 히트상품의 개발, 창업의 성공, 업무의 효율화, 성공적인 마케팅전략, 인재조직의 활용, 비용절감 등 기획에 관련된 모든 사항을 실례와 도표를 통하여 초보자에서 프로기획맨에 이르기까지 효율적으로 활용할 수 있도록 체계적으로 총망라하였다.
신국판 / 540쪽 / 16,500원

맨손창업 · 맞춤창업 BEST 74
양혜숙 지음

창업대행 현장 전문가가 추천하는 유망업종을 7가지 주제별로 나누어 수록한 맞춤창업서로 창업예비자들에게 창업의 길을 밝혀줄 발로 뛰면서 만든 실무 지침서!!
신국판 / 416쪽 / 12,000원

무자본, 무점포 창업! FAX 한 대면 성공한다
다카시로 고시 지음 · 홍영의 옮김

완벽한 FAX 활용법을 제시하여 가장 적은 자본으로 창업하려는 예비자들에게 큰 투자를 필요로 하지 않으면서 성공을 이끌어주는 길라잡이가 되는 실무 지침서. 신국판 / 226쪽 / 7,500원

성공하는 기업의 인간경영
중소기업 노무 연구회 편저 · 홍영의 옮김

무한경쟁시대에서 각 기업들의 다양한 경영 실태 속에서 인사 · 노무 관리 개선에 있어서 기업의 효율을 높이고 발전을 이룰 수 있는 원칙을 제시하고 있다.
아울러 인간경영에 관한 이론적 바탕과 실천적 내용이 잘 조화를 이루어 급변하는 21세기에 살아남을 수 있는 획기적인 이정표를 제시해줄 것이다.   신국판 / 368쪽 / 11,000원

21세기 IT가 세계를 지배한다
김광희 지음

21세기 화두로 떠오른 IT혁명의 경쟁력에 대해서 일반인들도 쉽게 이해할 수 있도록 전문가의 논리적이고 철저한 해설과 더불어 매장 끝까지 실제 사례를 곁들여 이 책을 통해 21세기 최정상에 오르는 방편을 터득하게 해줄 것이다.
신국판 / 380쪽 / 12,000원

경제기사로 부자아빠 만들기
김기태 · 신현태 · 박근수 공저

날마다 배달되는 경제기사를 꼼꼼히 챙겨보는 사람만이 현대 생활에서 부자가 될 수 있다. 언론인의 현장감각과 학자의 전문성을 접목시킨 것이 이 책의 특성! 누구나 이 책을 읽고 경제원리를 체득, 경제예측을 할 수 있게 준비된 생활경제서적.
신국판 / 388쪽 / 12,000원

포스트 PC의 주역 정보가전과 무선인터넷
김광희 지음

이제 포스트 PC시대를 준비하자.
이 책은 포스트 PC의 주역으로 급부상하고 있는 정보가전과 무선인터넷 그리고 이를 구현하기 위한 관련 테크놀러지를 체계적으로 소개한 21세기의 현자(賢者)가 되기 위한 지침서이다.
신국판 / 356쪽 / 12,000원

성공하는 사람들의 마케팅 바이블
채수명 지음

마케팅의 A에서 Z까지 마케팅 박사가 최근의 이론을 보완하여 내놓은 마케팅 관련 실무서. 마케팅의 정보전략, 핵심요소, 컨설팅실무까지 저자의 노하우와 창의적인 이론이 결합된 마케팅서.

재테크 경제학(박근수)

주 식

개미군단 대박맞이 주식투자
홍성걸 (한양증권 투자분석팀 팀장) 지음

초보에서 인터넷을 활용한 주식투자까지 필자의 현장에서의 경험을 바탕으로 한 주식 성공전략의 모든 정보 수록.
신국판 / 310쪽 / 9,500원

미국 · 일본 · 한국시장의 정공법@주식투자분석
이길영 외 2명 공저

일본과 미국의 주식시장을 철저한 분석과 데이터화를 통해 한국 주식시장의 투자의 흐름을 파악함으로써 한국 주식시장에서의 확실한 성공전략 제시!! 신국판 / 384쪽 / 11,500원

항상 당하기만 하는 개미들의 매도 · 매수타이밍 999% 적중 노하우
강경무 지음

승부사를 꿈꾸며 와신상담하는 모든 이들에게 희망의 등불이 될 것을 확신하는 Jusicman이 주식시장에서 돈벌고 성공할 수 있는 비결 전격공개!! 신국판 / 336쪽 / 12,000원

부자 만들기 주식성공클리닉
이창희 지음

주식투자에 성공하기 위해서는 자신만의 투자철학을 가지고 적기투자를 해야만 한다. 저자의 경험담을 섞어서 주식이란 무엇인가를 풀어서 써놓은 주식입문서. 초보자와 자신을 성찰해 볼 기회를 가지려는 기존의 투자자를 위해 태어났다.
신국판 / 372쪽 / 11,500원

선물 · 옵션 이론과 실전매매
이창희 지음

철저한 정글의 법칙이 적용되는 선물과 옵션시장에서 일반인들이 실패하는 원인을 분석하고, 반드시 지켜야 할 투자원칙에 따라 유형별로 실전 매매 테크닉을 터득함으로써 투자를 성공적으로 할 수 있게 한 지침서!!
실패를 딛고 일어선 저자의 생생한 실전 노하우를 수록.
신국판 / 372쪽 / 12,000원

역 학

역리종합 만세력
정도명 편저

피흉취길해 나갈 수 있는 생활의 지침서!!
현존하는 만세력 중 최장 기간을 수록하였으며 누구나 이 책을 보고 자신의 사주를 쉽게 찾아보고 맞춰 볼 수 있게 하였다.
신국판 / 532쪽 / 10,500원

작명대전
정보국 지음

좋은 이름 짓는 원리를 체계적으로 공식화한 "쉽게 짓는 작명법"으로 독자들 스스로 작명할 수 있도록 한글 소리 발음에 입각한 작

명의 원리를 밝힌 길라잡이이다.
저자와 1:1 운세 상담 전화
휴대폰도 지역번호없이 **0600-0116**
신국판 / 460쪽 / 12,000원

하락이수 해설
이천교 편저

점서학인 하락이수를 직역으로 풀어 놓아 원작자의 깊은 뜻을 원형 그대로 전달하고 원문을 공부하려는 사람들에게 도움이 되는 해설서이다. 신국판 / 620쪽 / 27,000원

현대인의 창조적 관상과 수상
백운산 지음

관상에는 그 사람의 평생 운명이 담겨져 있다. 관상을 보면 그 사람의 성격 및 운세, 미래의 성공 여부도 예측할 수 있다.
관상학을 터득하여 적절히 운명에 대처해 나감으로써 어느 분야에서든지 성공적인 삶을 누릴 수 있는 비법을 전해줄 것이다. 신국판 / 344쪽 / 9,000원

대운용신영부적
정재원 지음

운명을 새롭게 변화시켜주는 신비의 영부적!!
수많은 역사와 신비로운 영험을 지닌 1,000여 종의 부적과 저자가 수십 년간 연구 · 개발한 200여 종의 부적들을 집대성한 국내 최대의 영부적이다. 신국판 양장본 / 750쪽 / 39,000원

사주비결활용법
이세진 지음

컴퓨터와 역학의 만남!! 왕초보자도 한글만 알면 신녹현사주 방정식을 실전에 응용할 수 있다. 운명의 숨겨진 비밀을 꿰뚫어 보는 신녹현사주 방정식의 모든 것을 수록하였다.
신국판 / 392쪽 / 12,000원

컴퓨터세대를 위한 新 성명학대전
박용찬 지음

이름 속에 운명을 바꾸는 비결이 있다. 태어난 아기 이름은 물론 개명 · 상호 · 아호 짓는 법까지 사람이 살아가면서 필요한 모든 이름 짓기가 총망라되어 각자의 개성과 사주에 맞게 이름을 지음으로써 본인의 삶에 이름값을 할 수 있도록 누구나 쉽게 짓는 작명비법을 수록하였다. 신국판 / 388쪽 / 11,000원

길흉화복 꿈풀이 비법
백운산 지음

김일성 사망과 올림픽 유치, 월드컵 공동 개최를 예언하는 등 국내의 큰 예언을 꿈풀이를 통해서 정확히 맞춰온, 30년이 넘는 세월을 역학에 몸담으면서 터득한 꿈과 관련된 해몽들이 상세하게 수록되어 있고 길몽과 흉몽을 구분하여 그림과 함께 보기 쉽게 엮었으며, 특히 요즘 신세대 엄마들에게 관심이 많은 태몽이 여러 가지로 자세하게 풀이되어 있다.
신국판 / 410쪽 / 12,000원

새천년 작명컨설팅
정재원 지음

오랜 세월 철학원을 운영한 저자의 경험을 바탕으로 일반인들도 '참 쉽다' 라는 표현이 저절로 나올 수 있도록 쓰여졌다. 독학으로 풍수지리학, 사주추명학 및 성명학을 섭렵한 저자의 경험을 되살려, 혼자 배워야 하는 독자들도 정말 이해하기 쉽도록 구성된 신세대 부모를 위한 쉽고 좋은 아기 이름만들기의 결정판이다. 더불어 개명 · 상호명 · 회사명 · 상품명까지 체계적으로 원리화하여 손쉽게 지을 수 있는 작명비법을 제시한다.
신국판 / 470쪽 / 13,000원

백운산의 신세대 궁합
백운산 지음

인간의 운명을 예언하는 역리학의 대가이며, 매스컴을 통하여 잘 알려진 백운산 선생이 남녀궁합 보는 법뿐만 아니라 인간관계, 출세, 재물, 자손문제, 건강문제, 성격, 길흉관계 등을 미리 규명할 수 있도록 쉽게 풀어놓았다.   신국판 / 304쪽 / 9,500원

동자삼 작명학
남시모 지음

한글 성명만으로 사람의 운세를 예측할 수 있다. 최초의 한글 성명학으로 한글의 독창성·우수성·과학성을 운명철학 차원에서 검증한, 한국사람에게 알맞은 건물명·상호·물건명 등의 이름을 자신에게 맞는 한글이름으로 지을 수 있는 작명비법을 제시한다.   신국판 / 496쪽 / 15,000원

구성학의 기초
문길여 지음

좋지 않은 운(運)을 길운(吉運)으로 바꾸어 운명을 새롭게 변화시키는 방위학의 모든 것을 통하여 개인의 일생운·결혼운·사고운·가정운·부부운·자식운·출세운을 성공적으로 이끄는 비법 공개.   신국판 / 412쪽 / 12,000원

여성을 위한 성범죄 법률상식
조명원(변호사) 지음

성희롱에서 성폭력범죄까지 여성이었기 때문에 특히 말 못하고 당해야만 했던 이 땅의 여성들을 위한 성범죄 법률상식서. 사례별 법적 대응방법 제시.   신국판 / 248쪽 / 8,000원

아파트 난방비 75% 절감방법
고영근 지음

예비역 공군소장이 잘못 부과된 아파트 난방비를 최고 75%까지 줄일 수 있는 방법을 구체적인 법적 근거를 토대로 작성한 아파트 난방비 절감방법 제시.   신국판 / 238쪽 / 8,000원

일반인이 꼭 알아야 할 절세전략 173선
최성호(공인회계사) 지음

세법을 제대로 알면 돈이 보인다.
현직 공인중개사가 알려주는 합법적으로 세금을 덜 내고 돈을 버는 절세전략의 모든 것!   신국판 / 392쪽 / 12,000원

변호사와 함께하는 부동산 경매 닷컴
최환주(변호사) 지음

경매재테크의 성공을 위한 입찰준비에서 낙찰까지의 경매 입찰 테크닉을 경매 전문 변호사가 명쾌하게 해설한 실전 경매 완벽 가이드서.   신국판 / 364쪽 / 11,000원

혼자서 쉽고 빠르게 할 수 있는 소액재판
김재용·김종철 공저

소액재판·지급명령·민사조정제도는 변호사의 도움 없이도 나 혼자서 간단하고 빠르게 해결할 수 있는 법정분쟁해결방법이다. 나홀로 소액지판을 할 수 있도록 소장작성에서 판결까지

의 실제 재판과정을 상세하게 수록하여 이 책 한 권이면 모든 것을 완벽하게 해결할 수 있다.   신국판 / 312쪽 / 9,500원

"술 한 잔 사겠다"는 말에서 찾아보는 채권·채무
변환철 지음

현대인들의 삶은 채권·채무라는 법률영역으로부터 벗어나서 살 수 없기 때문에 채권·채무 관련 분쟁이 끊임없이 발생하고 있다. 이러한 사실에 착안하여 전문 변호사가 속시원하게 구수한 문장력으로 해설해주는 일반인들이 꼭 알아야 할 채권·채무에 관한 법률 사항을 빠짐없이 수록했다.
신국판 / 408쪽 / 13,000원

알기쉬운 부동산 세무 길라잡이
이건우 지음

부동산을 사거나 팔 경우, 상속을 받을 경우, 또는 부동산을 소유하고 있을 경우에 세금을 내야 한다는 사실을 모르는 사람은 없을 것이다. 이 책에서는 부동산에 관련된 모든 세금을 알기 쉽게 단계별로 해설하고 있다. 합리적이고 탈세가 아닌 적법한 절세법 제시.   신국판 / 400쪽 / 13,000원

부동산 생활법률의 기본지식
대한법률연구회 지음·김원중 감수

부동산관련 기초지식과 분쟁해결을 위한 노하우, 테크닉을 제시하고 권두 특집으로 주택건설종합계획과 부동산 관련 정부 주요 시책을 소개하였다.   신국판 / 480쪽 / 12,000원

고소장·내용증명 생활법률의 기본지식
하태웅 지음

독자들이 고소·고발의 법적 의미를 정확히 이해하고 스스로 고소·고발장을 작성할 수 있도록 예문과 서식을 함께 소개하여 문제 해결에 대응할 수 있도록 하였다. 또 민사소송에 대해서도 자세하게 설명하였으며 부록에는 형법과 형사소송법의 원문을 게재하여 법전 역할까지 할 수 있도록 하였다.
신국판 / 440쪽 / 12,000원

노동 관련 생활법률의 기본지식
남동희 지음

인터넷 노무 상담실을 운영하며 4만여 건 이상의 무료 상담을 계속하고 있는 저자의 상담 사례를 통해 문답식으로 속시원하게 풀어나가는 노동 관련 생활법률 해설의 최신 결정판이다. 아울러 취업규칙·단체협약·고용보험 관련 여러 가지 서류 및 직장 내 성희롱 예방 지도 지침 등과 같은 노동 관련 양식도 곁들였다.   신국판 / 528쪽 / 14,000원

외국인 근로자 생활법률의 기본지식
남동희 지음

외국인 연수협력단의 자문위원으로 오랜 시간 실무를 접했던 저자의 경험을 바탕으로 외국인 근로자의 체류자격 및 취업자격 등 법적 문제와 법률적 지위를 상세하게 다루었다.
신국판 / 400쪽 / 12,000원

계약작성 생활법률의 기본지식
이상도 지음

법을 전공하지 않은 사람이라도 국민생활과 직결된 계약법의 기초를 이루는 핵심 기본지식을 체계적으로 쉽게 이해할 수 있도록 했으며, 간단명료한 해설과 더불어 이와 관련된 계약서 작성 예문을 상세하게 예시함으로써 실제 상황에 활용가능하게 하였다. 신국판 / 560쪽 / 14,500원

지적재산 생활법률의 기본지식
이상도 · 조의제 공저

현대 산업사회에서 중요시되고 있는 특허, 실용신안, 의장, 상표, 저작권, 컴퓨터프로그램저작권 등 지적재산의 모든 것을 체계화하여 한 권으로 요약하였다. 아울러 지적재산 전체를 통틀어 다루되 상호 연관적으로 해설하여 실무에 직접 활용할 수 있도록 하였다. 신국판 / 496쪽 / 14,000원

부당노동행위와 부당해고 생활법률의 기본지식
박영수 지음

노사관계 이슈 중에서 주요 핵심사항인 부당노동행위와 정리해고 · 징계해고를 중심으로 간단 명료한 해설과 더불어 대법원 판례, 노동위원회에 의한 구제절차, 소송절차 및 노동부 업무처리지침을 소개하여 실질적인 도움이 되도록 하였다.
신국판 / 432쪽 / 14,000원

주택 · 상가임대차 생활법률의 기본지식
김운용 지음

전세업자들이 보증금 반환소송이나 민사소송, 경매절차까지의 모든 기본적인 흐름을 알 수 있도록 인터넷을 통한 실제 법률상담을 격정 수록하였다. 이 책을 통하여 사전 분쟁을 막고 많은 시간과 비용 및 정신적 고통까지 당하는 소송이나 강제집행의 단계에 이르지 않고 문제 해결을 할 수 있도록 하였다.
신국판 / 480쪽 / 14,000원

하도급거래 생활법률의 기본지식
김진홍 지음

경제적 약자인 하도급업자를 위하여 하도급거래 관련 필수적인 법률사안들을 쉽게 해설함과 동시에 실무에 필요한 12가지 하도급표준계약서를 소개하여 공정한 하도급거래의 법률자문 역할을 할 수 있도록 하였다.
신국판 / 440쪽 / 14,000원

이혼소송과 재산분할 생활법률의 기본지식
박동섭 지음

이혼과 관련하여 해결해야 할 법률문제들을 저자의 실무경험을 바탕으로 명쾌하게 해설하였다. 아울러 약혼이나 사실혼과 기로 인한 위자료문제도 함께 다루어 가정문제로 고민하는 사람들에게 길잡이가 되도록 하였다. 신국판 / 460쪽 / 14,000원

부동산등기 생활법률의 기본지식
정상태 지음

등기를 하지 않으면 어떤 위험이 따르고, 등기를 하면 어떤 효력이 생기는가! 등기신청은 어떻게 하며, 필요한 서류는 무엇이고, 등기종류에는 어떤 것들이 있는가 등 부동산등기 전반에 걸쳐 일반인이 꼭 알아야 할 법률상식을 간추려 간단, 명료하게 해설하였다. 신국판 / 456쪽 / 14,000원

기업경영 생활법률의 기본지식
안동섭 지음

사업을 구상하고 있는 사람이나 현재 경영하고 있는 사람 및 관리실무자에게 필요한 법률을 체계적으로 알려줌으로써 성공적인 기업 경영자의 비전을 제시해준다. 또한 관련 법률서식과

서식작성 예문도 함께 소개하였다. 신국판 / 466쪽 / 14,000원

교통사고 생활법률의 기본지식
박정무 · 전병찬 공저

교통사고 관련 법률문제를 몰라 당황한 나머지 억울하게 피해를 보는 사람들이 많은 점을 고려하여 사고당사자가 쉽게 응용할 수 있도록 단계별 해결책을 제시함과 동시에 사고유형별 Q&A를 통하여 상세한 법률자문 역할을 하였다.
신국판 / 480쪽 / 14,000원

소송서식 생활법률의 기본지식
김대환 지음

일상생활과 밀접한 소송서식을 중심으로 소장작성부터 판결을 받을 때까지 그 절차마다 법원에 제출하는 순위에 따라 그 서식작성요령을 서식마다 항목별로 자세하게 설명하였다. 실제 "소장 작성례"를 예시하고 주요 항목마다 번호를 붙여 그에 따른 작성요령을 소장말미에 기재함으로써 독자 스스로 소송을 하는 데 실질적인 도움이 되도록 하였다.
신국판 / 480쪽 / 14,000원

호적 · 가사소송 생활법률의 기본지식
정주수 지음

모든 국민은 호적신고에 따라 그 신분관계의 발생 · 변경 · 소멸의 효력이 발생한다. 이 책은 개명, 성 · 본 창설, 취적절차 및 법원의 허가 및 판결에 의한 호적정정절차, 친권 · 후견절차, 실종선고 · 부재선고절차에 이르기까지 상세한 해설과 함께 신고서식 작성요령과 구비할 서류 및 재판절차에 대하여 자세히 설명하였다. 신국판 / 516쪽 / 14,000원

처 세

성공적인 삶을 추구하는 여성들에게 우먼파워
조안 커너 · 모이라 레이너 공저, 지창영 옮김

사회의 여성을 향한 냉대와 편견의 벽을 깨뜨리고 성공적인 삶을 이루려는 여성들이 갖추어야 할 자세 및 삶의 이정표 제시!!
신국판 / 352쪽 / 8,800원

聽 이익이 되는 말 話 손해가 되는 말
우메시마 미요 지음 · 정성호 옮김

상호 교류감이 있는 대화가 인생과 비즈니스를 성공으로 이끈다. 직장이나 집안에서 언제나 주고받는 일상의 화제를 모아 실음으로써 대화의 창의미를 깨닫고 비즈니스를 성공적으로 이끌기 위한 대화술을 기우는 방법 제시!!
신국판 / 304쪽 / 9,000원

성공하는 사람들의 화술테크닉
민영욱 지음

개인간의 사적인 대화에서부터 대중을 위한 공적인 강연에 이르기까지 어떻게 말하고 어떻게 스피치를 할 것인가에 관한 지침서. 자신의 경험을 바탕으로 한 이론을 통해 화술이 부족해서 사회에 적응하지 못하는 사람들에게 길라잡이가 된다.
신국판 / 320쪽 / 9,000원

성공을 부르는 사람 실패를 성공으로 만드는 사람 (번역서)

명 상

명상으로 얻는 깨달음
달라이 라마 지음 · 지창영 옮김

티베트의 정신적 지도자이자 실질적 지도자인 달라이 라마의
수많은 가르침 가운데 현대인에게 필요해지고 있는 인내에 대
해 문답형으로 풀어놓았다. 달라이 라마와 함께 풀어보는 인내
에 대한 이야기.   국판 / 320쪽 / 9,000원

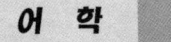

어 학

2진법 영어
이상도 지음

영어학습의 대혁명!!
2진법 영어의 비결을 통해서 기존 영어학습 방법의 단점을 말
끔히 해소시켜 주는 최초로 공개되는 고효율 영어학습 방법.
적은 시간을 투자하여 영어의 모든 것을 획기적으로 향상시킬
수 있는 비법을 제시한다.   4 · 6배판 변형 / 328쪽 / 13,000원

한 방으로 끝내는 영어
고제윤 지음

일상생활에서의 이야기를 바탕으로 하는 영어강의로 영어문법
은 재미없고 지루하다고 생각하는 이 땅의 모든 사람들의 상식
을 깨면서 학습 효과를 높이기 위한 공부방법을 제시하는 새로
운 영어학습서.
이 책으로 영어문법을 마스터하여 영어의 벽을 뛰어넘도록 하
자. 신국판 / 316쪽 / 9,800원

한 방으로 끝내는 영단어
김승엽 지음 / 김수경 · 카렌다 감수

일상생활에서 우리가 무심코 던지는 영어 한마디가 당신의 영
어수준을 드러낸다는 사실을 깨닫게 하는 영어 실용서. 풍부한
예문을 통해 참영어를 배우겠다는 사람, 무역업이나 관광 안내
업에 종사하는 사람, 영어권 나라로 이민을 가려는 사람들에게
많은 도움을 줄 것이다.   4 · 6배판변형 / 236쪽 / 9,800원

대한법률연구회가 만드는 생활법률의 기본지식 15

일 · 반 · 인 · 을 · 위 · 한

호적 · 가사소송 생활법률의 기본지식

지은이/정주수
펴낸이/강선희
펴낸곳/가림M&B

기획 · 편집/장연수 · 이선희 · 김진호 · 홍경숙 · 손일호 · 이정아
마케팅/강명희 · 김진욱

등록/1999. 1. 18. 제5-89호
주소/서울 광진구 구의동 57-71 부원빌딩 4층
대표전화/458-6451   팩스/458-6450
홈페이지 http://www.galim.co.kr
e-mail galim@galim.co.kr
천리안 ID galimmb

ISBN 89-89107-25-3 13360